ENCYCLOPÉDIE-RORET.

JEUX DE CALCUL

ET

DE HAZARD,

OU

NOUVELLE ACADÉMIE DES JEUX.

PARIS.
LIBRAIRIE ENCYCLOPÉDIQUE DE RORET,
RUE HAUTEFEUILLE, N° 10 BIS.

sont destinés à faire toutes les parties de la musique ; d'autres ne sont propres qu'à faire des basses, et d'autres le dessus seulement ; de là vient la différente étendue des uns et des autres. Tous les jeux de l'orgue peuvent se diviser en deux principales espèces, les *jeux à bouche* et les *jeux d'anche*. Comme il faut les décrire séparément, on divisera ce chapitre en deux sections. Dans la première, nous ferons connaître tous les différents jeux à bouche, et dans la seconde nous expliquerons ce que c'est que les jeux d'anches.

SECTION I.

Jeux à bouche.

109. *Les jeux à bouche* sont ainsi nommés parce qu'ils parlent au moyen de leur bouche, qui est construite d'une façon à produire le son convenable à la portée du tuyau. Voyons d'abord dans le détail comment est fait un tuyau à bouche.

110. La figure 87 représente en perspective un tuyau à gnes (14 milli.), aux trous A et C. Les deux fonds de la boîte seront soudés. On fera un tube D E, B F de 10 à 11 lignes (25 à 25 milli.) de diamètre. Il aura 5 pouces 6 lignes (150 milli.) de F à E; et le bout F sera plus bas de 10 lignes (25 milli.) que le fond inférieur de la boîte. De D à E

74. *Une* [...]
sente ronde au [...]
On la fait en cuivre dur, ou mieux
qui la font en fer fondu; mais on n[...]
de la difficulté qu'il y a de la réparer [...]
trop dure et cassante. Du reste la f[...]
ment elle doit être. Pour l'étau [...]
bois, que l'on fait mouler et séparer
on la fait faire en fer forgé, ou donner
qui creusera chaque canal avec de[...]
et finira à la lime. Le dessous de [...]
et uni. Celle-ci est suffisante, pour [...]
Mais si l'on doit construire un tr[...]
une autre étampe en étain, dont les[...]
plus grands; elle résistera suffisam[...]
très-peu de ces grandes anches.

75. *Les étampoirs* (fig. 68). Ce[...]

DESCRIPTION DES OUTI[LS]

78. *Une pince à bec* (fig. 72). Les pl[...] fortes sont les plus commodes. Il est n[...] des plates, bien fortes.

79. *Une pince à long bec*. Elle doit a[voir] (406 milli.) de longueur, ou environ[...]

ENCYCLOPÉDIE-RORET

JEUX

DE

CALCUL ET DE HASARD

OU

NOUVELLE ACADÉMIE DES JEUX

AVIS.

Le mérite des ouvrages de l'*Encyclopédie-Roret* leur a valu les honneurs de la traduction, de l'imitation et de la contrefaçon; pour distinguer ce volume, il portera, à l'avenir, la *véritable* signature de l'éditeur.

MANUELS-RORET

NOUVEAU MANUEL COMPLET

DES JEUX

DE

CALCUL ET DE HASARD

OU

NOUVELLE ACADÉMIE DES JEUX

Contenant 1° tous les jeux préparés simples, tels que les jeux de mots, les jeux de l'oie, loto, domino, etc.; les jeux préparés composés, comme dames, trictrac, échecs, billard, etc.; 2° tous les jeux de cartes, soit simples, soit composés : 1° les jeux d'enfants, comme la bataille, la brisque, la freluche, etc.; 2° les jeux communs, tels que la bête, la mouche, le lenturlu, la triomphe, etc.; 3° les jeux de salon, comme le boston, le reversis, le whist ; 4° les jeux d'application, comme l'hombre, le piquet, etc. ; 5° les jeux de distraction, comme le commerce, le vingt-et-un, etc.; 6° enfin les jeux spécialement dits de *hasard*, tels que le pharaon, le trente et quarante, la roulette, etc.; un appendice contenant les jeux étrangers, comme les tarots suisses, etc., et les jeux de combinaisons gymnastiques, comme la paume, le mail, etc.;

Avec les recherches sur leur origine et leurs probabilités, des anecdotes historiques relatives à plusieurs d'entre eux, et les décisions des plus habiles joueurs sur les coups difficiles ;

Suivi d'un vocabulaire de tous les termes usités dans les jeux ;

PAR MM. LASSERRE, LEBRUN ET LEROY,

MEMBRES DE PLUSIEURS ACADEMIES.

—

Nouvelle Édition, revue, corrigée et augmentée.

—

PARIS,

A LA LIBRAIRIE ENCYCLOPÉDIQUE DE RORET,
RUE HAUTEFEUILLE, N° 12.

1858.

JEUX
DE CALCUL ET DE HASARD.

PREMIÈRE PARTIE.

PREMIÈRE SECTION.
Jeux préparés.

CHAPITRE PREMIER.

JEUX COMPOSÉS FACILES.

Jeu de Mots.

Dans une petite boîte carrée, haute d'un pouce et demi (41 mil.) environ, et fermant à coulisse, est un jeu préparé fort ingénieux : il consiste en cent quarante dés plats ayant la forme des *dominos*. Cent de ces dés contiennent deux alphabets de divers caractères d'impression ; d'un côté du dé on voit une grande lettre, et de l'autre une petite. Ces lettres sont toujours correspondantes : si A se voit à l'endroit, *a* ou a se voit à l'envers ; les quarante autres dés contiennent deux séries de chiffres d'un côté, et de l'autre tous les signes de la ponctuation, depuis la virgule jusqu'au guillemet. Pour jouer à ce jeu, une ou deux personnes prennent diverses lettres dans leurs mains, afin de composer le mot qu'elles ont dans la pensée, puis donnent ces lettres toutes mêlées à une ou deux personnes qui jouent avec elles, et doivent s'exercer à placer ces lettres sur table de manière à trouver le mot sont dits *voyageurs*; ils partent de Paris pour aller s'embarquer à Brest, et font le tour du monde.

La première case, dite de l'embarquement, est le départ de Paris; la seconde est l'Amérique; la troisième, le Mexique, etc.; à la quatorzième on arrive en Asie; les cases suivantes vous conduisent dans tous les pays remarquables de cette vaste contrée; et, à la trente cinquième, on aborde en Afrique. Dix autres cases vous la font parcourir et vous ramènent en Europe, qui occupe le reste des cases; la soixante-dix-huitième et dernière est à Paris. Je me dispense de m'étendre davantage sur ce jeu, que le tableau indique assez, puisque les règles sont imprimées au centre.

Jeu de Marine.

Encore un jeu de tableau, qui se joue comme le précédent, et qui, comme lui, instruit en amusant. Le nombre des joueurs n'est pas limité; il peut s'étendre depuis deux jusqu'à quinze et vingt.

Le tableau dont on se sert est divisé en soixante-trois cases qui ont chacune une dénomination particulière et un numéro distinct. L'inventeur s'est proposé de rendre familiers aux joueurs les termes usités dans l'art de la navigation. Ainsi, les cases représentent, la première, un port de mer; la seconde, une rade; la cinquième, une escadre; la douzième, le sillage d'un vaisseau (le vent en poupe occupe plusieurs cases, comme la figure de l'oie se reproduit souvent au jeu de ce nom, pour faire avancer ou rétrograder les joueurs), la trente-huitième, un ancre; la cinquante-huitième, le naufrage; d'autres la boussole, le quart de cercle, un vaisseau en panne, etc., etc.

Les rapprochements en sont ingénieux : arrivé à la case de la *tempête*, vous mettez un jeton à la poule, et vous retournez à la case du *radoub*; est-on à la case des vents contraires, on retourne à la case du *vaisseau à l'abri*. A la case du *naufrage* ou du vaisseau échoué, on reste jusqu'à ce qu'un autre joueur vienne prendre votre place, etc. Le tableau indique chaque règle plus en détail.

Jeu des Monuments de Paris.

Autre jeu de tableau, calqué sur celui de l'oie. D'après le système qui a présidé au *jeu d'histoire*, il contient à chaque case la figure d'un monument de la capitale. Ainsi, la série des numéros, dont le premier représente la *Porte St.-Denis*, et le dernier, l'*Arc de triomphe de l'Étoile*, comprend tous les édifices de Paris. Arrivé à quelques-uns d'entre eux, au moyen des numéros que l'on amène, vous payez une amende d'un jeton, vous rétrogradez, ou bien vous restez jusqu'à ce que l'un des joueurs se place où vous êtes retenu ; enfin, sous des noms différents, c'est absolument le jeu de l'oie. Par exemple, au lieu de rester noyé dans le *puits*, on est noyé sous le Pont des Arts, etc. Le tableau indique toutes les règles et observances du jeu.

Jeu des merveilles de la Nature et des Arts.

On en peut dire autant de ce jeu-ci : un tableau composé de soixante-trois cases, dont la première commence par les *Pyramides de l'Égypte*; et la dernière représente la *Création*. Un choix de sujets et de numéros qui exigent les mêmes amendes et les mêmes retards que le *puits*, *l'hôtellerie*, *le labyrinthe*, *la prison*, du jeu de l'oie ; la même manière de jouer ; tout rend ce jeu semblable à ce dernier. Ainsi, aux *Mines de Wielistka*, on reste, en payant un jeton, pour faire sa prière dans la chapelle de sel ; on reste aussi sous les décombres du *tremblement de terre de Lisbonne*, jusqu'à ce qu'un des joueurs vienne à cette case. Tout cela est expliqué dans le tableau qui sert de règle pour ce jeu.

Jeu de la Guerre.

Jeu de tableau, dérivé du jeu de l'oie : il n'a que cinquante-trois cases. Le but est de familiariser les joueurs avec les termes relatifs à l'art de la guerre ; ainsi on y voit l'*enrôlement*, *l'escarmouche*, *le siège*, *la fascine*, etc. La première case est dite *les officiers*, et la cinquante-troisième *la valeur récompensée*. Le tableau indique toutes les règles de ce jeu.

Jeu de Loto.

Pour jouer à ce jeu, il faut avoir une *boîte* ou *jeu de loto*. Cette boîte, ordinairement de carton, haute de six pouces (162 mil.) environ, et large de huit à neuf (217 à 244 mil.), contient, 1° un imprimé collé dessous le couvercle de la boîte, dans lequel se lisent les règles du jeu ; 2° dans le devant de la boîte se trouvent placés verticalement dans leur largeur et bien rapprochés, vingt-quatre tableaux, dont six sont bleus, six rouges, six jaunes et six verts; ces tableaux sont partagés transversalement, et de manière à ce que la ligne de partage se rapproche plus du haut que du bas : ils portent sur des cases des numéros, tantôt doublés, tantôt à la suite, tantôt séparés par des cases libres, teintées alors de la couleur du fond.

Les tableaux ont dans la boîte une case qui les contient très justement : ils y sont très serrés, et du reste étant de la largeur de cette boîte, ils semblent faire corps avec elle : le reste de la boîte forme une case à peu près égale, quoique un peu plus grande, dans laquelle est, 3°, un petit sac de peau jaune clair, fermé par des cordons rouges, et contenant environ deux cents de très petits jetons rouges fort minces ; ces jetons sont destinés à former l'enjeu et à couvrir les numéros des tableaux ; 4° un autre sac, au moins double pour la grandeur, de peau très forte, et ordinairement verte, contenant les quatre-vingt dix numéros de la loterie de France. Ces numéros sont marqués sur autant d'une sorte de dés ayant la figure du calice persistant du gland, si on l'avait poli : sur la face plane est le numéro, et pour ne point confondre 69 avec 96, 68 avec 89, etc., ce qui arriverait fréquemment lorsqu'on tire les numéros au hasard, une petite ligne est tracée pour l'indication du numéro ; ainsi on a $\underline{69}$, $\underline{96}$; 5° un petit panier arrondi, ou corbillon semblable au panier de reversis, garni d'une chicorée de saveur rouge ; 6° enfin la boîte contient une sorte de tablette arrondie en chêne, posée sur trois petits pieds, hauts de quelques lignes (milli.), présentant sur sa surface de petits enfoncements demi-sphériques, dans lesquels on place les numéros tirés, d'une façon apparente, afin que chacun puisse faire son contrôle. Cette tablette a un manche assez court.

Première manière de jouer le loto. — C'est la plus simple, et partant, la moins intéressante; elle ne convient qu'aux enfants : on prend plusieurs tableaux, trois par exemple, et on les place sur la table, l'un au-dessus de l'autre, devant soi. On convient du prix de la partie, puis l'un des joueurs prenant le sac, le tourne, le secoue longtemps pour mêler les numéros, puis plongeant la main droite dans le sac, en sort un, qu'il nomme à haute voix, et le place sur la tablette que l'on a mise auprès de lui. Alors chaque joueur prenant dans la main quelques jetons rouges qui remplissent le corbillon placé au milieu de la table, place un de ces jetons sur le numéro correspondant sur leurs tableaux au numéro sorti. Comme les numéros sont souvent doubles, ceux qui ont ce numéro répété plusieurs fois le marquent. On continue ainsi jusqu'à ce que l'un des joueurs ait couvert le premier un tableau. C'est le loto à *tableau couvert*.

Deuxième manière de jouer le loto au premier quine. Le système du jeu de loto est celui de la loterie de France : par conséquent un numéro sorti seul sur un tableau est un *extrait*; deux numéros à la suite l'un de l'autre forment un *ambe*, trois, un *terne*; quatre un *quaterne*; cinq, un *quine*, ce qui couvre toute la ligne transversale du tableau; car, de quelque manière que soient disposés les numéros, ils ne dépassent jamais sur la ligne le nombre de cinq.

On devine maintenant quelle est la manière de jouer. On tire les numéros comme précédemment, et celui qui fait le premier quine gagne la partie.

Troisième manière de jouer le loto. Voici le jeu véritable. On y peut jouer depuis deux jusqu'à douze; chacun prend deux tableaux : on tire seulement quinze numéros, et chacun marque; ensuite, selon qu'on a *ambe*, *terne*, *quaterne* ou *quine*, on prend deux, trois, quatre ou cinq jetons de ceux que chacun a mis à la poule en commençant, d'après la convention que l'on a dû faire. Comme il est très rare de faire *quine*, et que c'est le coup principal, on convient souvent que ce coup annulle les autres et enlève la poule tout entière.

On joue encore au loto d'une autre manière; celui qui tire les numéros est le banquier, et les autres joueurs reçoivent de lui le prix des ambes, ternes, etc., à moins qu'il n'amène un coup plus considérable. Ainsi, si parmi les autres joueurs il se trouve un quaterne, et qu'il n'ait qu'un terne, il paie au possesseur de ce coup; mais ceux des joueurs qui n'ont que des ambes paient à leur tour au banquier.

Depuis quelque temps on a de nouveaux tableaux de loto : au lieu de présenter une surface de tableau, ils se plient longitudinalement par la moitié, comme un livre. Ils n'offrent point non plus d'intervalle entre les numéros, qui se suivent sans interruption, et dans l'ordre ordinaire des chiffres. Ce jeu alors a, selon moi, moins de chances et d'agrément. Il a perdu ce caractère connu de notre enfance, et qui nous le rend cher comme une de nos premières distractions ; mais caractère qui n'a peut-être d'intérêt que pour nous.

Jeu de Domino.

Les dominos sont des dés alongés et plats, dont une face est ordinairement d'ébène et l'autre d'ivoire ou d'os ; c'est sur celle-ci que sont marqués les points. Les dominos communs ne sont point *doublés*, c'est-à-dire ne présentent point une face d'os et une face d'ébène : les plus larges sont les plus beaux.

Les jeux de domino diffèrent seulement par la quantité de dés : ainsi il y a des jeux qui finissent au double-6 ; d'autres au double-7 ; d'autres au double 8 ; d'autres enfin au double-9. Les dés sont rangés les uns sur les autres dans une boîte de bois étroite et longue, fermant à coulisse. Ils commencent toujours par le double-blanc.

Voici la marche de ces dés : double-blanc, blanc et as, blanc et 2, blanc et 3, blanc et 4, blanc et 5, etc., jusqu'à la fin des numéros, et ainsi de suite, pour tous les autres nombres ; double-as, etc. double-2, etc., etc.

Il y a plusieurs espèces de parties au jeu de domino ; nous allons les décrire successivement, après avoir donné les règles du jeu.

On commence par retourner tous les dés à l'envers ; on les mêle en les tournant bien, puis on en prend chacun six : le reste se met à l'écart, et se nomme *le talon* ou *la cuisine*. Chaque joueur relève ses dés, les plante sur leur largeur, près à près, ou plus éloignés, comme il lui convient ; on tire au sort à qui posera le premier, ce qui est un avantage. Celui qui doit poser met à plat, au milieu de la table, un de ses dés, en le nommant : si c'est un doublet, comme double-4, l'autre joueur ne peut mettre qu'un domino commençant par 4, et doit le placer au milieu du doublet, en large, tandis que celui-ci est en long. Supposons que ce dernier dé soit 4 et 7, le joueur nomme ces deux numéros, et il faut dorénavant jouer du 7 et 4, ainsi de suite. Lorsqu'on place les doublets, il va sans dire que le jeu ne change pas.

On peut arranger les dés de telle sorte que les deux extrémités du jeu présentent le même nombre (supposons 5), ce qui s'appelle faire un *partout*, on dit cinq partout. Si l'adversaire ne se trouve pas avoir ce nombre, il *boude*, ou vulgairement va *à la cuisine*, c'est-à-dire, tire au hasard, au talon, un dé : si ce dé ne vaut rien, il recommence jusqu'à ce qu'il en trouve un bon, mais plus ordinairement on convient qu'on n'en prendra qu'un seul : si le hasard ne lui offre pas de 5, l'autre joueur rejoue ; et s'il a double-5, il ne manque pas de le poser pour augmenter le désavantage de son partenaire : celui-ci retourne à la cuisine ; et s'il ne trouvait pas encore de cinq, l'autre jouerait encore, mais force serait alors de rompre 5 partout.

A la fin des parties, il dépend d'un des partenaires de fermer le jeu. Supposons qu'il soit à son dernier dé, que ce dé marque 8 et 9, et que ce nombre soit sur le jeu, si le joueur place au 8, il fera 9 *partout* (*et vice versâ*), ce que je suppose fermer le jeu, parce que tous les 9 sont épuisés, dans les jeux dont la série se continue jusqu'à 9 ; soit 5 et 6 ou tout autre nombre : il le fait cependant s'il est à son dernier dé, ou s'il n'en a plus que peu ou de très légers, afin que son adversaire, qui se trouve un grand nombre de points, perde la partie ; à cette partie, il faut viser à conserver *le moins de points* qu'il est possible dans la main.

Celui qui place le premier ses dés (ce qui s'appelle *faire domino*), ou qui, le jeu fermé, a le moindre nombre de points, gagne la partie, dont le prix est fixé en commençant. En décrivant les règles du jeu, nous avons donné celles de la *partie à quelque nombre de dés que ce soit, sans être aux points*. Nous ferons observer qu'à cette partie les joueurs ont intérêt à ce que les deux bouts du jeu restent ouverts.

Partie du tête-à-tête, chacun ayant six dés. — Chaque joueur se propose, à cette partie, de gagner 100 points. Alors plus on a de points, quand le jeu est fermé, plus cela est avantageux : il faut, en ce cas, toujours commencer par les petits dominos, et noter sur une carte, avec un crayon, ou sur une marque, le nombre de points que l'on fait chacun à son tour ; il va sans dire que celui qui complète le premier le nombre indiqué est le gagnant. Celui qui pose le premier joue bien en avançant le dé dont il a le plus : on ne doit pas, quand on est en second, poser un dé dont on a le doublet sans en avoir quelques-uns de la même espèce, parce qu'il est à peu près certain que ce dé double vous restera dans la main ; à cette partie, on doit viser à conserver *le plus de points* qu'il est possible dans la main.

Partie du tête-à-tête, aux points, chaque joueur ayant douze dés. — Cette partie exige plus d'attention pour la combinaison des dés ; si vous avez un doublet, et plusieurs dés de son espèce, ne posez point ce doublet, parce que vous seriez contraint d'ouvrir le jeu à chaque dé. Il faut surtout avoir le soin de ne point ouvrir un décontenant beaucoup de points, et de couvrir autant qu'on peut ceux qu'avance l'adversaire, principalement quand on a lieu de présumer qu'il boude à l'autre bout.

Partie à quatre, chacun pour soi, sans être aux points.

Chacun met au jeu une somme convenue, et chaque fois que l'on fait *domino*, on retire autant d'argent qu'on en a mis. Celui qui pose le premier gagne nécessairement s'il ne boude pas. Aussi chacun pose à son tour. La partie finie, on relève les dominos à l'envers, on les mêle, ce qui, du reste, se fait toujours. Quelquefois les quatre joueurs se partagent tous les dés, et celui qui boude ne pouvant plus en tirer au talon, attend que le jeu se rouvre pour lui. On agit aussi de cette manière à deux. De tout ceci, il faut conclure que la partie à quatre n'est réellement pas une variété.

Partie de la Poule. — Elle se joue entre trois ou quatre personnes. Chacun met au jeu une somme convenue pour former la poule, qui appartient à celui qui compte le premier cent points. On fait souvent, dans cette partie, le sacrifice de son intérêt pour favoriser le joueur qui a le moins de points, au préjudice de celui qui en a le plus.

Partie au domino voleur. — C'est le jeu de domino à partenaire : deux personnes se mettent contre deux autres, prennent chacune six dés, et jouent pour gagner le plus tôt cent points. En général, on doit tâcher de fermer toujours le dé à son adversaire.

Supposé qu'ayant à poser le premier, vous ayez un double dé avec trois ou quatre dés qui s'y rapportent, et un second double isolé, avec un dé quelconque ; pour bien jouer, posez le double dé isolé, parce que vous obligerez vos adversaires à vous ouvrir les dés auxquels les vôtres se rapportent ; vous devenez ainsi maître du jeu. Si vous avez mauvais jeu, observez le dé que pose votre adversaire, et faites dans ce jeu *un partout*, si vous le pouvez. Prenez garde aussi à la position de vos adversaires, car s'ils jouent pour peu de points, avancez promptement vos gros dés, afin d'éviter la perte du coups si le jeu vient à être bouché par un *partout*.

Observations diverses. — On joue sans annoncer son dé en le posant ; si on l'annonce avant que de le poser et qu'on en présente ensuite un autre, on est forcé de jouer le dé annoncé.

Celui qui doit poser et qui va au talon peut battre les dés.

Dans quelque partie que ce soit, dès qu'un dé est couvert, ou qu'on a joué à l'autre bout, la partie est bonne, quand même le dé n'irait pas.

DEUXIÈME SECTION.

CHAPITRE II.

JEUX PRÉPARÉS COMPOSÉS.

Jeu de Dames.

Moins ancien et moins compliqué que les échecs, ce jeu remonte pourtant au célèbre Mardochée, qui y était de la première force; il est fort estimé en Hollande, en Russie, en Allemagne, et, selon l'expression de M. Commard, son principal temple à Paris est le café Manoury.

Un damier, ou tablier, espèce de tablette carrée, marquée de soixante-quatre petits carreaux en marqueterie, dont 32 noirs et 32 blancs (nommés *cases*); vingt-quatre *dames* ou *pions*, pièces plates et rondes, dont douze en bois d'ébène ou de palissandre, et les douze autres en ivoire, en os, ou en bois de houx : voici les ustensiles du jeu de dames. Le damier est souvent marqué sur une table ordinaire ; très souvent aussi, il est sur une tablette et se place sur les genoux ; de chaque côté du damier est une boîte à coulisses pour ranger les dames.

On n'y joue que deux personnes, en se plaçant en face l'un de l'autre : on tire la couleur au sort avant de ranger les pions; celui qui a les pions blancs joue le premier. Si pourtant on joue avec une dame, il est d'usage de lui donner les pions noirs pour, dit-on, faire ressortir la beauté des mains. Le joueur qui reçoit avantage joue toujours le premier à chaque partie.

On dit par ellipse, *les blancs*, pour indiquer le joueur qui joue les pions blancs, et *les noirs*, pour indiquer de même le joueur des pions noirs.

Chaque joueur met à sa droite ses pions en plusieurs tas, les étale ensuite, et l'on convient des avantages qu'il y a lieu à faire ; car, lorsque les joueurs n'ont pas le même degré d'habileté, il est d'usage, pour rendre la partie égale, que le plus savant fasse avantage à son adversaire ; cet avantage est plus ou moins considérable, suivant la force respective des joueurs.

Aux *Dames à la française*, dont nous nous occupons ici, les pions ne font qu'un pas et ne peuvent prendre qu'en avant ; les dames ont le privilége, et c'est le seul, d'aller en avant et en arrière, et de prendre également en avant et en arrière : aux *Dames à la polonaise* les combinaisons sont plus multipliées ; on le préfère, et il est, pour ainsi dire, le seul dont on s'occupe aujourd'hui. Nous allons donc le traiter avec détail, en y renvoyant au reste pour tout ce qui manque ici à la description du jeu de Dames à la française, puisque, sauf les différences indiquées, les règles sont tout-à-fait les mêmes.

Dames à la Polonaise.

Le damier *à la polonaise* a cent cases, et l'on emploie quarante pions, vingt blancs et vingt noirs ; on pourrait indifféremment placer les pions sur les cases noires ou sur les cases blanches, mais l'usage a prévalu de les placer sur les dernières.

Le damier doit être placé de manière que le trictrac se trouve à la droite de chaque joueur, ou, ce qui revient au même, que la grande ligne de la couleur sur laquelle on a placé les pions, s'étende de la gauche à la droite de chaque joueur : or, le trictrac est, relativement aux pions noirs, les cases quarante-cinq et cinquante, d'où il suit que le damier est placé différemment selon la couleur sur laquelle les pions sont rangés. Ainsi, le damier se trouve naturellement divisé en deux parties ; les pions noirs occupent les vingt cases qui s'étendent depuis le numéro un jusqu'au numéro vingt inclusivement, et les pions blancs sont rangés sur un pareil nombre de cases, depuis le numéro trente-un, jusqu'au numéro cinquante. D'où il suit qu'il reste entre les pions de chaque joueur, deux rangs de cases vides sur lesquelles se jouent les premiers pions.

Règles du jeu de Dames.

On joue l'un après l'autre. Celui qui reçoit avantage joue le premier à toutes les parties; dans les autres circonstances, après avoir tiré la couleur au sort, les blancs jouent les premiers, puis chacun tour à tour.

1. Aussitôt qu'on a touché un pion, on est obligé de le jouer, quand aucun obstacle ne s'y oppose; c'est de là que vient la maxime : *dame touchée, dame jouée.*

2. Un pion est censé touché dès qu'on a mis le doigt dessus; au reste, on est maître de jouer où l'on veut le pion touché, quand on ne l'a pas quitté.

3. Lorsqu'on veut toucher un ou plusieurs pions pour les arranger, on doit auparavant dire *j'adoube*; car, faute de cette précaution, on pourrait être forcé par son adversaire à jouer celui des pions touchés qu'il jugerait à propos de faire avancer. Mais cette extrême sévérité n'est tolérée que lorsqu'on joue gros jeu. Comme elle enfante des querelles, les joueurs honnêtes ne l'admettent pas. D'ailleurs ce jeu n'est point un jeu de hasard, mais de combinaison; il faut donc forcer la partie et non pas la gagner par une distraction de son adversaire : il va sans dire que quand il y a un enjeu, l'on n'est pas obligé d'être si généreux.

4. La marche du pion se fait toujours en avant, à droite ou à gauche, sur même couleur, et ne faisant qu'un pas à la fois, c'est-à-dire, en ne touchant qu'une case; mais quand il a *à prendre*, il fait deux, trois, quatre pas, et même davantage; il peut même alors marcher en arrière.

5. Lorsqu'un pion a devant lui un autre pion de la couleur qui lui est opposée, et que derrière celui-ci il se trouve une case blanche vide, le premier pion passe par-dessus le second, l'enlève, et se place à cette case.

6. Et, s'il y a plusieurs pions de l'adversaire derrière chacun desquels il se trouve une case vide, le pion qui prend continue de passer par-dessus, se place à la dernière case vide, et enlève tous les pions par-dessus lesquels il a passé.

7. Il est bon de faire observer que, lorsqu'il y a plusieurs

pions à prendre, on ne doit en enlever aucun avant que le pion qui prend ne soit posé sur la case où il faut qu'il s'arrête.

8. Le pion qui prend peut passer plusieurs fois sur une même case vide; mais il ne peut passer plusieurs fois sur un même pion ou une même dame; car si ce pion ou cette dame eussent été enlevés la première fois, le bois qui prend ne pourrait plus continuer sa course, et devrait s'arrêter devant un vide, et ça lors même qu'il serait en prise lui-même au point d'arrêt : plus, s'il y a un pion ou une dame par derrière, lors même qu'il y aurait en outre plusieurs pions à prendre, le pion placé derrière celui qui doit prendre a droit de prendre ce pion s'il y a une case vide. Par exemple :

Le joueur aux pions blancs en a un sur chacune des cases vingt-sept, trente-deux, trente-trois et trente-sept, et une dame sur la case quarante-trois. Tandis que l'adversaire a un pion noir sur chacune des cases trois, quatre et neuf, une dame sur la case dix, une autre sur la case treize, et un pion sur la case dix-neuf.

La dame noire de la case treize, qui en a quatre à prendre, est obligée de se placer sur la case vingt-huit, parce qu'elle est arrêtée par le pion de la case trente-deux, qu'elle ne peut enlever qu'après s'être placée; de telle sorte que le pion blanc de la case trente-deux qui se trouve derrière cette même dame noire de la case vingt-huit, la prend, ainsi que deux autres pions, ~~et la dame de la case cinq~~ *et va à dame à la case cinq*

9. Si l'on a plusieurs pions à prendre et qu'en les enlevant on en laisse plusieurs sur le damier, l'adversaire a le droit de *souffler*, c'est-à-dire de saisir, s'il le juge à propos, le pion avec lequel on a pris. On est maître, au surplus, de souffler ou de s'en abstenir; dans le dernier cas, on oblige l'adversaire de prendre, et celui-ci ne peut jamais s'y refuser.

10. Si celui qui est en droit de souffler a touché le pion à souffler, il n'est plus libre de faire prendre, il est obligé de souffler, d'après la règle, *dame touchée, dame jouée*.

11. Quand on refuse de prendre, on perd la partie, en vertu de la maxime générale : *qui quitte la partie la perd*.

12. Si, ayant à prendre d'un côté seulement, vous levez ou touchez par erreur un autre pion que celui que vous deviez prendre, ou qu'ayant à prendre de plusieurs côtés, vous touchiez un autre pion que celui qui doit être pris du bon côté, votre adversaire peut à la fois souffler le pion qui devait

être pris régulièrement, et vous obliger à jouer celui que vous avez touché ; mais cette règle est sévère.

13. Dès qu'on a joué, on ne peut plus souffler, si le joueur qui n'a pas pris d'abord prend le coup suivant, ou si le pion qui devait prendre a changé de position ; mais, si les choses restent dans le même état, le joueur qui a négligé de souffler peut y revenir et faire prendre, même après plusieurs coups, soit qu'il ait aperçu ou non la faute de son adversaire.

14. Un coup est censé joué lorsqu'on a placé ou quitté le pion.

15. On est dans le cas d'être soufflé lorsque, au lieu de prendre le plus, ou le plus fort, on prend le moins et le plus faible.

16. On a à prendre le plus, quand il n'y a d'un côté à prendre qu'un ou deux pions, tandis que d'un autre côté on peut en prendre davantage.

17. On a à prendre le plus fort quand, à nombre égal, il y a des pions d'une part et des dames de l'autre, ou une dame et des pions. On doit prendre du côté des dames, ou de la dame, attendu qu'une dame vaut mieux qu'un pion ; mais il est temps d'expliquer la différence qui se trouve entre ces deux noms appliqués au même objet.

18. Quand un pion est arrivé sur une des cases extrêmes où il doit être *damé*, on le couvre d'un autre pion de même couleur, et il prend alors le titre de *dame*.

19. Les pions blancs se dament sur les cases une, deux, trois, quatre, cinq ; et les pions noirs sur les cases quarante-six, quarante-sept, quarante-huit, quarante-neuf et cinquante.

20. Nous avons dit que les dames valent mieux que les pions ; cependant, lorsqu'il y a d'une part trois pions à prendre, et d'autre part un pion et une dame, ou même deux dames, il faut, pour éviter d'être soufflé, prendre les trois pions, attendu qu'ils l'emportent en nombre sur les dames, mais s'il y avait une dame d'un côté et un pion de l'autre ; ou d'un côté une dame et 3 pions, et 4 pions d'autre côté, il faudrait prendre du côté de la dame, parce qu'il y a plus de bois à enlever.

21. Il ne suffit pas qu'un pion passe sur une des cases désignées pour être damé, il faut qu'il y reste placé par un

coup qui s'y termine ; ainsi, un pion arrivé sur les cases à damer ayant encore à prendre, sera obligé de continuer son chemin et de demeurer pion : s'il s'arrêtait à tort sur la case où l'on dame, et qu'il omît à cet effet de prendre les pions qui lui restent, on pourrait le souffler.

22. Une *dame* diffère du *pion*, non-seulement par la valeur, mais encore par la marche et la manière de prendre : 1° Parce que dans sa marche le *pion* ne fait qu'un pas en avant, à moins qu'il ne prenne, et il ne prend que de case en case ; au lieu que la dame est libre d'aller d'une extrémité du damier à l'autre extrémité, si le passage est libre, c'est-à-dire, si dans cet espace il ne se trouve aucun pion de la couleur de cette *dame*, ou des pions de la couleur opposée qui ne soient point en prise. * 2° La *dame* diffère du *pion* par la manière de prendre, en ce qu'elle peut, ayant à prendre, traverser plusieurs cases à la fois, pourvu qu'elles soient vides, ou qu'il s'y trouve des pions en prise de la couleur opposée, en sorte qu'elle peut tourner à droite, à gauche, et faire quelquefois parcourir tout le damier.

23. Quand deux joueurs d'égale force restent à la fin d'une partie, l'un avec trois dames et l'autre avec une seulement, mais sur la ligne du milieu, cette partie est nécessairement remise.

24. Si la dame unique n'a pas la ligne du milieu, il y a plusieurs coups à gagner ; mais, comme ils ne sont pas forcés et qu'il faut que la partie se termine, il est de règle que le joueur des trois dames ne puisse obliger son adversaire à jouer que de quinze coups (ce qui cependant est peu). On pourrait convenir de vingt coups.

25. Le joueur des trois dames faisant avantage, ne peut également exiger que quinze coups.

26. Mais si l'avantage que fait un joueur consiste dans la remise, on lui accorde vingt coups, après lesquels la partie est finie et perdue pour lui, si son adversaire a conservé sa dame jusqu'alors.

27. Dans une partie où les coups sont fixés, soit à quinze soit à vingt coups, on ne peut les excéder, sous prétexte que le coup qui excède est une suite nécessaire du coup précé-

* Les dames n'avancent pas plus que les pions, on l'a déjà dit, aux dames françaises ; leur seul privilège est de marcher et de prendre en arrière.

dent : en pareil cas, la partie est gagnée irrévocablement lorsque le dernier coup est joué.

28. Un coup n'est complet que lorsque chaque joueur a joué une fois : ainsi, quand celui qui a commencé joue pour la douzième ou la quinzième fois, le douzième ou le quinzième coup n'est achevé que quand celui qui joue le dernier a joué aussi pour la douzième ou la quinzième fois.

29. Lorsqu'à la fin d'une partie un joueur qui n'a qu'une *dame* offre à l'autre, qui se trouve avoir une *dame* et deux pions, ou deux *dames* et un *pion*, de lui damer les deux pions ou le pion, afin de compter aussitôt les coups limités, ce dernier est tenu d'accepter l'offre, ou de compter les coups de ce moment là, sinon le premier peut quitter la partie comme remise.

30. Quand un joueur fait une fausse marche, il dépend de son adversaire de faire rejouer en règle ou de laisser *le pion* (ou *la dame*) mal joué sur la case où il se trouve.

31. Il n'y a nulle faute à jouer un pion qui ne peut être joué.

32. Il n'y a pareillement point de faute à jouer un des pions de son adversaire : on ne pourrait même, en pareil cas, être soufflé, si l'on avait à prendre : la raison en est que, pour faire naître le droit de souffler, il faut qu'on ait touché des pions à soi, jouables, autres que ceux qui avaient à prendre, ou autrement joués qu'ils ne devaient l'être pour prendre le plus de pions possible.

33. Si un joueur donne à l'autre pour avantage la moitié, le tiers ou le quart de la remise ou du pion, il en résulte, pour tous deux, l'obligation de jouer deux, trois ou quatre parties, afin de remplir la convention. Ces parties n'en sont proprement qu'une alors : c'est pourquoi, si l'on donne la revanche, il faut encore jouer le même nombre.

34. A la fin d'une partie, se trouve-t-on avec une *dame* et un pion, il faut donner le *pion* dès qu'on le peut, attendu qu'on défend plus aisément la partie avec une dame seule.

35. On appelle *faire tant pour tant*, l'action de donner à son adversaire à prendre un ou plusieurs pions, une ou plusieurs dames, pour se trouver ensuite dans une position à lui prendre le même nombre de pièces que celui qu'il a pris. C'est par cette sorte de spéculation que les joueurs habiles parent des coups ou en préparent ; qu'ils dégagent leur jeu, fortifient

leur côté faible, se placent dans un poste avantageux ; c'est encore au moyen du *tant pour tant* qu'un pion en tient souvent plusieurs enfermés.

36. Voyons maintenant le *coup du repos*. C'est une position dans laquelle l'un des joueurs a plusieurs fois de suite à prendre, et l'autre, par conséquent, à jouer librement et sans obstacle. Tandis que le premier fait des prises, le second arrange ses pions de manière à faire un coup que son adversaire ne puisse empêcher, ou il se met derrière un ou plusieurs pions en prise. Ce coup se nomme *de repos*, par la raison que le pion du second joueur, placé derrière ceux de son adversaire, ou qui est disposé pour faire un coup, se repose, en attendant son tour de marcher. Le coup de repos est presque toujours occasionné par trop de précipitation de la part de l'adversaire, qui, voyant un pion en prise, se met derrière, se trouve obligé de le prendre, et donne par là le loisir à l'autre joueur de former un plan avantageux. Cependant le coup de repos est quelquefois un coup de combinaison.

37. Lorsque deux pions d'un même joueur sont placés de manière qu'il y a derrière chacun d'eux une case vide, et entre eux une autre case vide, où l'adversaire peut se placer, cela s'appelle *une lunette*. S'y place-t-on, un des deux pions est nécessairement pris, attendu qu'on ne peut les jouer, ni par conséquent les sauver tous deux à la fois.

La lunette présente fréquemment plusieurs pions à prendre, tant d'un côté que d'un autre. Comme elle est le plus souvent un piége tendu par un joueur adroit, on doit y prendre garde ; car il est naturel de penser que ce n'est pas sans motifs que l'adversaire s'expose à perdre un ou plusieurs pions. En pareil cas, avant d'entrer dans la lunette mettez-vous en idée à la place de votre partenaire, et calculez ce que vous feriez vous-même si vous aviez à jouer son jeu.

On perd la partie quand on la quitte, quand on refuse de prendre, quand on n'a plus ni pions, ni dames, ou quand on ne peut plus jouer ceux qui restent.

Voici les règles fondamentales du jeu de dames, les coups les plus ordinaires et les observations les plus importantes. Cela pourrait suffire à la rigueur : cependant, pour remplacer, autant que possible, les traités spéciaux de ce jeu, nous allons indiquer : 1° la marche générale à suivre ; 2° un exemple pris dans les coups de pions sans dames faits en jouant ; 3° un autre exemple pris dans les coups de pions sans dames composés ; 4° enfin, un dernier exemple dans les coups de dames damées.

1° Il faut commencer, avant toute chose, par apprendre le jeu de défense, puis en contracter l'habitude. C'est le moyen de s'assurer d'abord de la remise, de se forcer à la prudence, de prendre en quelque sorte des leçons de présence d'esprit, et de permettre l'heureux essort de l'intelligence en donnant moins à la passion. Le jeu d'attaque est dangereux, à moins que le joueur ne soit d'une grande force, d'une conception prompte, et qu'il n'ait l'heureuse habitude de se maîtriser. Sans ces précieuses qualités, il s'égare, hasarde des positions périlleuses, se distrait lui-même, s'aveugle sur les piéges que son adversaire lui tend, et, tout en attaquant, finit par ne pas savoir se défendre.

On trouvera peut-être étrange que nous prétendions suppléer aux innombrables coups insérés dans les recueils de MM. Dufour, Manoury, Commard et tant d'autres, par quatre seuls exemples, qui ne sont pas, après tout, les plus compliqués. A cette objection nous ferons deux réponses assurément fort plausibles. En vain l'on multiplierait les coups de manière à faire des volumes, il pourrait toujours arriver qu'aucun d'eux ne se présentât dans nulle partie. Leur étude étroite et routinière serait donc en pure perte. Ce jeu ne s'apprend point de mémoire, comme une leçon à répéter, c'est une erreur que les joueurs médiocres et sans vigueur d'intelligence peuvent seuls admettre ; et pourvu que l'on offre aux bons esprits quelques coups animés de l'entente du jeu, établis dans une position naturelle, et indiquant bien la progression des moyens, il n'en faut assurément pas davantage. Car l'important, au jeu de dames, n'est pas tant de se souvenir que d'inventer, de réfléchir, de ne pas jouer un pion sans intention marquée, et sans prévoyance de l'avenir. Qu'on ne l'oublie point, une des grandes difficultés, c'est de savoir jouer le pion juste, dans l'embarras de plusieurs pions à faire mouvoir. Souvent, à cet égard, faute de réflexion ou de portée d'esprit, on joue précisément celui qui doit inévitablement faire perdre ensuite.

2° Un damier numéroté est indispensable pour les coups que nous allons présenter : il sera bon de le tenir devant soi. Nous le donnons fig. 1re ; ensuite, fig. 3, nous dessinons en

20 JEU DE DAMES.

a le pion noir, en *b* la dame noire ; et fig. 4, en *c*, le pion blanc, en *d* la dame blanche.

Les chiffres sont en regard des tableaux représentant le damier sur lequel a lieu la partie indiquée par les numéros. La manière de procéder est de placer le pion blanc ou la dame blanche, de tel numéro à tel numéro.

Ainsi, à la fig. 2, les blancs jouent de 37 à 31, et les noirs de 19 à 28 ; ce qui signifie que les derniers déplacent le pion casé au n° 19, et le casent au n° 28, tandis que les premiers déplacent le pion du n° 37 et le placent au n° 31, ainsi que l'indique la marche du jeu, fig. 2.

blancs.		noirs.
37 à 31.		19 à 28
29 — 24		30 — 19
39 — 34		49 — 29
27 — 22	si	18 — 27
31 — 11 prennent 6 pions, et gagnent. .	si	28 — 17
41 — 37	si	36 — 27
37 — 32		27 — 38
42 — 4 prennent 8 pions.		

De même, à la fig. 5, les blancs jouent de 27 à 21, c'est-à-dire qu'ils déplacent le pion casé au n° 27 et le casent au n° 21 ; les noirs jouent de 39 à 27, ainsi de suite.

EXEMPLES POUR LE JEU DE DAMES.

1° *Voici l'indication de cet exemple de pions sans dames faits en jouant.*

Coups d'un et de six, fig. 5.

blancs.	noirs.
27 à 21	36 à 27 autrement perte.
21 — 12 prennent un pion.	7 — 20
39 — 33	14 — 23
38 — 32	27 — 29
26 — 21	16 — 27
37 — 32	27 — 38
42 — 2 prennent 6 pions.	

Il ne se trouve pas un coup où ce ne soit aux blancs à jouer ; ils gagnent ou remettent toujours.

JEU DE DAMES.

2° *Coups de pions sans dames composés.*

Deux coups de cinq, fig. 6.

blancs.	noirs.
21 à 16	40 à 38
28 — 23	19 — 28
39 — 33	28 — 39
26 — 21	17 — 26
16 — 11	6 — 17
37 — 31	26 — 28
27 — 21	17 — 26
36 — 31	26 — 37
41 — 14 en passant par les cases 32, 43, 34, 25, 14, prennent cinq pions.	9 — 20
35 — 30	24 — 35
15 — 2 prennent cinq pions.	

Les blancs peuvent gagner un pion ; mais les noirs passeraient à dame. Leur attaque serait donc bonne sans le coup des blancs.

3° *Passons aux coups de dames damées*, fig. 7.

Coup d'un, de six, et deux coups d'un.

blancs.	noirs.
33 à 28	22 à 42
37 — 48 prennent un pion.	34 — 45
32 — 28	23 — 21
44 — 40	45 — 34
31 — 27	21 — 32
41 — 39 prennent 6 pions en passant par les cases 28, 11, 2, 19, 30, 39. si	6 — 44
50 — 39 prennent une dame	25 — 43
48 — 39 prennent une dame . si	25 — 43
au lieu de	6 — 44
même résultat.	

Ces indications ne sont pas des règles, et la preuve, c'est qu'un coup peut avoir une fin de partie, qui s'exécute de 1, 2, 3 et 4 manières différentes.

4° *Fin de partie*, fig. 8. — 1ʳᵒ manière.

blancs.		noirs.
	32 à 28.	22 à 33
	9 — 3 à dame.	31 — 37
dame	3 — 20.	33 — 39
d.	20 — 47.	39 — 43
	49 — 38.	37 — 42
d.	47 — 36.	42 — 33
d.	36 — 27.	33 — 39
d.	27 — 49 gagne.	

2ᵉ manière.

blancs.		noirs.
	32 à 28.	22 à 38
	9 — 3 à dame.	31 — 36
d.	3 — 20.	33 — 39
d.	20 — 47 gagne.	

3ᵉ manière.

blancs.		noirs.
	32 à 28	22 à 33
	9 — 3 à dame	33 — 38
dame	3 — 20	38 — 43
	49 — 38	31 — 36 ou 37
d.	20 — 14 gagne.	

Je ne puis résister au désir de donner ici une des fins de partie les plus rares, les plus bizarres, les plus inattendues qu'on puisse jamais rencontrer :

blancs.   1ʳᵉ manière.   noirs.

blancs.	noirs.
36 — 42 — 47 — 48	26 — 19 dame
joue 42 à 37.	19 à 46
36 — 31.	26 — 31 — 37
47 — 41.	37 — 42
48 — 37 gagne.	

2ᵉ manière.

blancs.		noirs.
joue 42 — 37.		19 — 41
36 — 31.		26 — 31 — 37
47 — 41 — 36.		
48 — 42 — 37 }	ou	{ 37 — 42
36 — 41 — 47 }		{ 37 — 41
gagne.		

On peut, si l'on veut, jeter les yeux sur les 624 coups recueillis par M. Dufour parmi les plus habiles joueurs de dames, tels que MM. *Leger*, *Blonde*, *Chálon-Harvau*, *Lamontagne*, *le célèbre Philidor*, également habile aux dames et aux échecs, *Manoury*, *Mardochée*, *Wolff l'aîné* : on peut y joindre les coups savants des *Hollandais*, mais l'on sentira qu'il nous était impossible d'insérer même la plus faible partie de tout cela.

Jeu de Trictrac.*

Contre la loi de la progression, je vais m'occuper d'un jeu très difficile et très long, avant d'en décrire plusieurs autres bien plus faciles ; mais tous ces jeux étant dérivés du trictrac, il faut commencer par le faire connaître.

Le trictrac est fort ancien. L'abbé Barthélemy en parle dans son voyage d'Anacharsis, et d'autres auteurs témoignent que ce jeu était connu des Grecs, qui, comme on le sait, tenaient leurs usages des Phéniciens. A leur tour, les Romains, qui furent les élèves de la Grèce, en reçurent le trictrac. Il paraît qu'ils le jouaient comme de nos jours ; du moins leur table de jeu était, comme la nôtre, partagée de douze flèches, mais ces douze flèches étaient coupées par une diagonale que nous n'avons point ici, et qu'ils nommaient *linæa sacra* (ligne sacrée). Les dames, au nombre de quinze de chaque couleur, s'appelaient *calculs*.

Quant à l'étymologie du mot *trictrac*, Gilles Menage, Furetières, Pasquier et beaucoup d'autres érudits prétendent que ce mot vient du bruit que font les dés et les dames : cette opinion me semble fondée.

On ne peut jouer que deux personnes au trictrac ; c'est ordinairement des hommes ; mais lorsqu'une dame est l'adversaire, il est de la politesse de lui offrir les dames de couleur foncée.

Les instruments de ce jeu sont, 1° une table dont le dessus présente une espèce de boite sans couvercle, en forme de

---

* Louis XIV aimait beaucoup le trictrac. Un jour qu'il s'y exerçait avec plusieurs de ses courtisans, il survint un coup douteux. Le chevalier de Grammont entrant dans cet instant : Vous allez nous juger, dit le roi — Vous avez perdu, sire, répond l'arbitre. — Comment, reprit le prince, vous me condamnez, et vous ignorez de quoi il est question. — Eh ! ne voyez-vous pas, Sire, que si le coup était le moins du monde susceptible d'être décidé pour vous, tous ces messieurs se disputeraient à qui prouverait que vous avez gagné. Le monarque sourit et paya.

carré long, et profond d'environ deux pouces. Cette boîte parallélogramme est divisée en deux parties par une traverse moins haute que les bords : douze petits trous destinés à marquer les points sont percés le long des bords et distribués, moitié d'un côté de la traverse, moitié de l'autre ; enfin trois trous pareils sont percés à chaque extrémité du trictrac (cette boîte se nomme ainsi); elle porte encore le nom de damier ou tablier du trictrac.

Vis-à-vis chaque trou, et de l'un à l'autre, vingt-quatre flèches de deux couleurs s'étendent sur le fond de la boîte ; elles doivent opposer leurs pointes, être séparées par un espace uni, et disposées de manière que si on enlevait la traverse qui les sépare, on verrait deux rangées de flèches de chaque couleur partager le fond de la boîte. Si l'une commence à un bout par une flèche de couleur claire, l'autre commence au même bout par une flèche de couleur foncée. Les flèches, lames ou languettes, sont ou vertes et blanches, ou vertes claires et brunes, etc. Souvent le trictrac se compose d'une boîte dont le couvercle porte un damier ordinaire ; alors on peut se servir à deux fins de cette boîte, qui se pose sur une table ordinaire : elle sert aussi à ranger les autres instruments du jeu, que voici :

2° Quatre dames de chaque côté, un peu plus larges que les dames ordinaires, de même matière, et de deux couleurs; 3° deux cornets, 4° deux dés cubes; 5° trois jetons plats en ivoire pour marquer les points ; 6° deux fiches ou pavillons pour marquer les trous ou les parties.

Il faut, pour commencer, ou plutôt préparer le jeu, que chacun mette d'abord ses dames en masse sur deux ou trois piles, dans la première flèche ou lame de trictrac : l'on doit observer qu'il faut tourner le jeu de façon que la pile des dames soit du côté de la lumière.

Pour jouer le soir, on place deux bougies sur les bords du trictrac, de chaque côté, et comme alors la lumière est égale, il n'importe de quel côté l'on mette la pile des dames.

On se *sert* soi-même, c'est-à-dire que l'on met dans le cornet les dés que l'on veut lancer. *Servir les dés*, pour dire les jeter dans le cornet, est une expression technique.

Les points que l'on marque, à mesure qu'on les prend, avec les trois jetons, se placent sur la pointe de la troisième flèche, à partir du talon (de la flèche où sont empilées les dames) : quatre points sur celle de la cinquième ; six points contre la bande ou traverse du milieu ; huit points de l'autre côté de cette bande, et dix points contre la dernière bande ou paroi de la boîte.

Lorsqu'on prend des points le second, on marque en *bredouille*, c'est-à-dire avec deux jetons que l'on conserve jusqu'à ce que l'adversaire prenne de nouveaux points, auquel cas on est *débredouillé* et l'on ôte un jeton.

Ces préliminaires exposés, voyons comment on s'y prend pour jouer. Après que le sort* ou la politesse a décidé qui commencera, un joueur prend les deux dés, les agite dans son cornet, du bord duquel il touche le fond du trictrac, et les lance de telle sorte qu'ils ne reviennent qu'après avoir été renvoyés de la bande opposée.

Le dé s'énonce en commençant par le plus grand nombre. Par exemple, si l'on amène un 3 et un 4, on dit 4 et 3. S'il vient deux nombres égaux, cela fait un doublet. Tous les doublets ont des noms particuliers qui n'appartiennent qu'au trictrac, le double-deux excepté.

Le double-as se nomme *bezet*.

Le double-trois se nomme *terne*.

Le double-quatre se nomme *carme*.

Le double-cinq se nomme *quine*.

Le double-six se nomme *sonnez*.

Après avoir lancé et nommé ses dés, on joue le premier coup, soit en prenant deux dames au talon pour les deux nombres qu'on a faits, et les jouant chacune sur la flèche éloignée de ce même talon, d'autant de flèches (celle du talon non comprise) qu'il y a de points dans chacun de ces deux nombres, soit en prenant pour les deux nombres une seule dame que l'on joue sur la flèche éloignée de ce même talon d'autant de points (celle-ci non comprise), qu'il y a de points dans les deux nombres ensemble.

Par exemple, si je fais 6 et 2, je compte les flèches et je

---

* Pour savoir à qui appartiendra le premier coup, un des joueurs jette les dés dans l'une ou l'autre table, en disant en cette occasion : *coup et dés* ; puis l'on regarde les dés lancés, et le premier coup est à celui du côté duquel se trouve le dé le plus gros. Si c'est un doublet, l'épreuve est nulle, et l'autre joueur jette les dés à son tour, pour savoir à qui aura le droit de commencer.

Avant de commencer, on convient encore si l'on rompra les dés (ce que je vais expliquer), et combien l'on paiera d'argent, de points ou de trous, si, le second cas étant adopté, on vient à violer la convention.

pose une dame sur la sixième après celle du talon, laquelle se trouve de l'autre côté de la bande du milieu dans le grand jan (jan se prend ici pour partie de la boîte, mais ordinairement il signifie coup). Je compte de même les flèches pour arriver à la deuxième, qui se trouve bien en deçà de cette bande dans le petit jan, et je pose une autre dame dessus. Ou bien, comptant toutes les flèches jusqu'à la huitième pour le montant de 6 et 2, je la trouve au commencement du grand jan, et je pose une dame dessus : cela s'appelle *jouer tout d'une*.

Au second coup, vous suivez le même procédé, mais vous pouvez prendre, soit du talon, ce qui est dit *abattre du bois*, ou des dames déjà jouées, autrement dites *abattues*. Si, par exemple, j'ai 5 et 3, après avoir joué le 3 je puis jouer le 5, ou d'une dame du talon, en la plaçant à la cinquième flèche (celle du talon non comprise, ce qu'il faut toujours observer), ou prendre celle déjà jouée de la quatrième, et la transporter dans le grand jan à 5 de distance, depuis la flèche d'où je la prends, et ainsi de l'autre dame. Je jouerais *tout d'une* si je voulais ; je puis également jouer du talon les deux nombres en deux ou en une seule dame ; en un mot, je puis jouer, ou de deux dames, ou d'une seule, en prenant du talon, ou des dames placées antérieurement sur les flèches. Aux coups suivants, on a encore plus de facilité pour le choix.

En conséquence, il est de règle que *l'on doit considérer toutes les flèches sur lesquelles sont posées des dames, comme autant de talons*, d'où l'on peut prendre, ou les deux dames, ou la seule dame que l'on veut jouer.

La flèche sur laquelle il y a au moins deux dames placées se nomme *case*.

Manière de jouer ou de jeter les dés.

Cela paraît bien simple ; cependant il y a plusieurs cas qu'il faut prévoir et décider par des règles invariables.

1° Il faut pousser les dés fort, de telle sorte qu'ils touchent la bande (la paroi du tablier) voisine de l'adversaire. Les dés, au reste, doivent toujours sortir ensemble et du même jet.

2° Le dé est bon partout dans le trictrac, excepté quand les deux dés sont l'un sur l'autre, ou sur la bande du trictrac, ou même s'ils sont dressés l'un contre l'autre, en sorte que tous deux ne soient pas sur leurs cubes.

Sur les piles des dames, sur une ou deux dames, sur les jetons, sur l'argent, le dé est bon, pourvu qu'il soit sur son cube, de manière qu'il puisse porter l'autre dé; c'est-à dire qu'un autre dé demeure dessus sans tomber.

Le dé qui est en l'air, c'est-à-dire qui pose un peu sur une dame et se trouve soutenu par la bande contre laquelle il s'appuie, ne vaut rien. Pour savoir s'il est en l'air ou non, celui des joueurs auquel le coup est favorable doit tirer doucement la dame sur laquelle il est; s'il reste dessus, il est bon, parce que c'est une preuve qu'il est bien sur son cube; si au contraire il tombe, c'est une marque qu'il était en l'air, et qu'il n'est pas bon.

Si, en jetant les dés, il en passe ou saute un dans une des tables du trictrac, et que l'autre demeure dans l'autre table, c'est-à-dire que les dés se trouvent séparés par la bande, le coup vaut.

Il arrive quelquefois que les dés étant poussés fort, pirouettent et tournent longtemps, principalement quand ils sont usés, ce qui est désagréable. On peut, du fond du cornet, arrêter le dé qui pirouette; mais seulement d'un commun accord, et en évitant de le pousser avec le cornet; car alors le dé pourrait sauter hors du tablier, et dans ce cas l'autre joueur pourrait faire retirer le dé, ou même recommencer le coup entier, à son choix. C'est une précaution prise contre la mauvaise foi.

Par le même motif, on ne doit pas ôter l'autre dé du tablier lorsque le premier pirouette.

Voici encore, relativement aux dés, quelques règles incontestables.

On ne doit pas les relever avant que le coup soit joué, ou du moins avant que les points amenés aient été bien appelés et bien reconnus par les deux joueurs: ni jeter les dés avant que l'adversaire ait achevé de jouer son coup; ni les couvrir avec le cornet renversé, lorsqu'on a eu l'imprudence de les lancer avant le coup consommé.

Mais si l'on ne peut couvrir les dés lancés et fixés dans le tablier, et qui alors appartiennent à l'un et à l'autre joueur, on peut les *rompre*, c'est-à-dire les arrêter au moment où on les lance, avant qu'ils soient fixés, et qu'aucun des points soit connu. On rompt avec la main, ou le cornet, ou même seulement avec la parole, si le temps manquait. Dans tous les cas, il faut dire je *romps*; ne le faire que rarement, et jamais lorsqu'on est en veine de gain.

Des Jans.

Le mot de jan, qui s'applique à tous les coups de trictrac, est, dit-on, dérivé de *Janus*, qui avait plusieurs faces : ce mot fut mis en usage dans ce jeu, pour désigner symboliquement sa diversité. Voici la liste des jans :

Le premier est le jan de trois coups ;
Le deuxième, le jan de deux tables ;
Le troisième, le contre-jan de deux tables ;
Le quatrième, le jan de mézeas ;
Le cinquième, le contre-jan de mézeas ;
Le sixième, le petit jan ;
Le septième, le grand jan ;
Le huitième, le jan de retour.

Plus, une grande quantité de *jans de récompense* et de *jans qui ne peuvent*, ou *impuissants*. Nous allons successivement les expliquer.

Le jan de trois coups. — Ce jan se fait, quand au commencement d'une partie on abat en trois coups six dames tout de suite ; c'est-à-dire, depuis la pile jusques et compris la case du sonnez.

Le coup vaut quatre points à celui qui le fait, et ne saurait valoir davantage n'étant point produit par doublet.

Observez que, pour profiter de ce jan, l'on n'est pas obligé de jouer le dernier coup, mais que l'on peut marquer quatre points pour son jan, et faire une case dans son grand jan avec le bois qui est abattu dans son petit jan. L'on appelle petit jan la première table où les dames sont empilées, parce qu'on y fait son petit jan, ou petit plein. La seconde table est appelée grand jan, parce qu'on y fait son grand jan, ou grand plein. Il n'est donc pas nécessaire d'abattre le dernier coup pour profiter du jan de trois coups ; mais, avant de faire la case dans le grand jan ou même de toucher son bois, il faut marquer quatre points pour son jan ; car si le joueur oublie de marquer les points qu'il gagne, l'autre les marque à son lieu et place ; cela s'appelle, au trictrac, *envoyer à l'école*; et c'est une règle générale pour tous les autres jans.

Le jan de deux tables. — Le jan qui nous occupe maintenant se fait lorsqu'en commençant la partie vous n'avez que deux dames abattues, qui sont placées de manière que, par le résultat de votre dé, vous pouvez mettre une de ces dames dans votre coin de repos, et l'autre dans le coin de votre adversaire.

Ce jan simple vaut quatre points et six par doublet que vous marquez, et quoiqu'en effet vous ne puissiez pas mettre ces dames dans l'un ni dans l'autre de ces coins, qui ne peuvent être pris que par deux dames à la fois, néanmoins, comme vous avez la puissance de les y mettre, vous en recueillez le profit. C'est un des hasards les plus favorables du jeu.

Le contre-jan de deux tables. — Lorsque votre adversaire ayant son coin, vous n'avez que deux dames abattues en tout votre jeu, dont vous battez les deux coins, et comme le coin de celui contre qui vous jouez se trouve pris, c'est pour vous un jan qui ne peut, et qui produit à votre adversaire quatre points par simple et six par doublet ; bien entendu que vous l'envoyez à l'école, s'il oublie de les marquer : c'est le contre-jan de deux tables.

Le jan de mézeas. — Ce quatrième jan se fait quand, au commencement d'une partie, l'on a pris son coin de repos sans avoir aucune dame abattue dans tout son jeu ; alors, si l'on amène un as, c'est jan de mézeas qui vaut quatre points ; si l'on amène deux as ou *bezet*, il en vaut six.

Le contre-jan de mézeas. — Nous savons que les contre-jans sont des contre-coups : celui-ci se fait lorsqu'en commençant à jouer vous avez pris votre coin sans avoir aucune dame abattue, après que votre adversaire a pris le sien ; alors, si vous faites un as, ou bezet, le coin de ce dernier qui est plein est pour vous un obstacle, ou *jan qui ne peut*, et ce contre-jan de mézeas vaut à votre adversaire le même nombre de points que le jan de mézeas. Ce coup arrive rarement, mais néanmoins il faut y prendre garde.

Le petit jan. — Le petit jan, ou petit plein, advient lorsqu'on a douze dames toutes couvertes dans la première table où est la pile de bois ou dames : ce jan, par simple, vaut quatre points, et six par doublet, comme tous les autres jans ; par deux moyens (*voyez plus bas*), il vaut huit ; par trois moyens, douze. On compte toujours quatre points pour chaque moyen par simple ; par doublet, deux moyens valent douze. C'est surtout au petit jan qu'il importe de penser à marquer. Il faut s'en acquitter avant de couvrir la case qui reste à faire.

Les dés n'étant pas parfaitement cubes, ceux qui sont plus plats sur quatre et trois, ou cinq et deux, font plus souvent petit jan, que ceux qui sont sur six et as.

Tant que vous pourrez conserver ce petit jan, vous gagnez le nombre fixé pour tous les jans, à chaque coup de dé que vous jetez.

Le grand jan. — Voyons le grand jan, ou grand plein : il se fait lorsqu'on a douze dames couvertes dans la seconde table du trictrac. Quand on remplit son grand jan, on marque le nombre de points fixé ; est-il fait, tant qu'on le conserve, on a le bénéfice indiqué pour le petit jan, pour chaque coup.

Le jan de retour. — Quand le grand jan est rompu, l'on passe ses dames dans la première table de son adversaire, et on les conduit dans la deuxième table, c'est-à-dire, dans celle où était d'abord la pile de bois de celui ci ; dès qu'on est parvenu à remplir toutes les cases de cette dernière table, on a opéré son jan de retour. Mais, pour passer, il faut trouver des passages libres, c'est-à-dire que la case ou la flèche sur laquelle vous prenez passage, soit absolument une ou vide; car, s'il y a une dame, c'est un passage pour battre cette dame, et même une autre qui serait plus loin ; mais ce n'est pas une raison pour passer.

Si l'on parvient à faire son jan de retour, et tant qu'on le conserve, on gagne autant qu'aux grand et petit jan, et à chaque coup que l'on joue.

Le joueur du jan de retour ne pouvant pas jouer tous les nombres qu'il a faits, perd deux points pour chaque dame qu'il ne peut jouer, soit que le nombre qu'il a amené soit double ou simple.

Le jan de retour étant rompu, on lève à chaque coup, selon le dé, les dames du trictrac, et celui qui a plus tôt levé gagne quatre points par simple, et six par doublet, comme de coutume; cela fait, on remet les dames en pile, on recommence à abattre du bois et à faire de nouveaux jans, ou pleins, jusqu'à ce qu'on ait gagné les douze trous qui composent la partie entière du trictrac, appelée le *trou* ou *trictrac*.

Le jan de récompense. — Nous avons dit que ce jan arrive fréquemment dans ce jeu : en voici plusieurs exemples. 1º Lorsque les nombres des dés tombent sur une dame découverte de l'adversaire (une dame découverte est une dame seule sur une flèche) deux dames accouplées forment une case et ferment le passage.

Dans la table du petit jan, on gagne alors, sur chaque dame découverte, le nombre de points fixé jusqu'ici pour tous les autres jans : si l'on bat, par deux moyens simples, on gagne huit points ; et par trois moyens, douze ; par l'un et l'autre doublet, on gagne douze également : dans l'autre table, on ne gagne que deux points par simple pour chaque moyen, et quatre points par doublet, aussi pour chaque moyen.

2º Le jan de récompense survient encore lorsque, ayant son coin de repos, l'on frappe le coin vide de son adversaire; l'on gagne alors le nombre de points fixé pour les divers jans.

Le jan qui ne peut, ou impuissant. — Nous avons vu que ce jan malencontreux arrive au jan de retour, quand on ne peut jouer les nombres que l'on a amenés; mais il se montre plus souvent lorsque les coups de dés, c'est-à-dire les nombres amenés, frappent et tombent sur une dame découverte de l'adversaire, pourvu que les passages se trouvent fermés par des cases, car autrement ce serait le cas du jan de récompense.

De la manière de marquer les points.

Sitôt que l'on a lancé le dé, on doit regarder si l'on gagne ou perd quelque chose, avant que de toucher à son bois, et le marquer ; car après que l'on a touché ses dames, on n'y est plus reçu, et en outre, il faut jouer ce qu'on a touché, d'après la règle formelle que nous avons mentionnée dans le jeu de dames, *dame touchée, dame jouée.* Cette règle ne souffre d'exception que lorsque les dames ne peuvent pas absolument être jouées, comme, par exemple, si une donnait dans votre coin qui n'est pas encore pris, et où une dame ne saurait entrer ni sortir seule, ou bien qu'elle donnât dans le grand jan de votre adversaire avant qu'il fût rompu.

Pour obvier à ces inconvénients, lorsqu'on ne veut pas jouer ses dames, mais voir seulement la couleur de la flèche pour compter plus facilement les points que l'on gagne, il faut, avant de toucher son bois, dire j'*adoube;* ce terme, ainsi qu'au jeu de dames, indique que ce n'est point pour jouer que l'on touche le bois. Cette règle doit être beaucoup plus rigoureuse à ce jeu de probabilités qu'aux jeux forcés des échecs et des dames; il faut donc s'y soumettre sans mot dire, et, par contre, y obliger son adversaire.

Toutes les fois qu'on omet de marquer les points qu'on a, ou qu'on marque les points qu'on n'a pas, l'adversaire *envoie à l'école*. Nous expliquerons cela plus en détail.

On marque de la manière suivante, savoir : deux points au bout et devant la flèche de l'as*; quatre points devant la flèche du trois, ou plutôt entre la flèche du trois et celle du quatre; six points devant la lame de cinq, ou contre la bande de séparation; huit points au-delà de la bande de séparation, devant la flèche ou lame de six; dix points devant les lames du huit, du neuf, ou du dix; douze points sont le trou ou partie double ou simple que l'on marque avec un fichet dans les trous de la bande du trictrac, en commençant du côté de la pile des dames.

Si votre adversaire ayant jeté le dé, fait jan de récompense et joue ce qu'il amène avant de marquer ce qu'il gagne, vous l'envoyez à l'école, et marquez pour vous ce qu'il gagne par le jan de récompense, avec ce qu'il perd par obstacle sur les dames que vous avez découvertes et qui bat contre lui par jan qui ne peut.

Si, au contraire, lorsque vous avez jeté le dé, voyant que vous ne gagnez rien, vous jouez ce que vous avez amené, et que votre adversaire ne marque pas ce que vous lui donnez par obstacle, et jette le dé sans l'avoir marqué, vous marquez pour vous ce qui était à lui et l'envoyez ainsi à l'école.

Lorsqu'en comptant ce que l'on gagne l'on omet quelques points, comme si, après avoir dit « *je gagne huit points,* » on n'en marque que six, on peut être envoyé à l'école de deux, si l'on a touché son bois après avoir fait cette marque insuffisante.

Qui, au contraire, dit je gagne six points et en marque huit, peut être envoyé à semblable école, même avant d'avoir touché son bois, parce que, dès que le jeton est aban-

---

* C'est-à-dire la flèche qui se trouve en face le premier trou. La flèche du trois, du quatre, etc., signifie du troisième, du quatrième trou.

donné, l'école est faite, et l'on ne peut reculer sans être envoyé à l'école.

Mais le joueur qui, d'un coup, gagne plusieurs points, peut fort bien marquer quatre, puis huit ou dix points, et enfin le trou, pourvu qu'il les marque avant de toucher son bois ou jouer, parce que l'on peut toujours avancer.

Celui qui joue ou jette les dés marque toujours ce qu'il gagne avant qu'on puisse marquer ce qu'il perd. Quand on marque le trou, on efface tous les points que l'autre joueur avait faits.

De la Bredouille. — Gagner deux points sans que l'adversaire en ait gagné depuis, s'appelle *être en bredouille*, et si l'on en gagne douze sans être interrompu, ils valent deux trous, que l'on nomme *partie bredouille* ou *partie double*. Toutefois, l'on prend souvent douze points sans interruption ou même davantage, et néanmoins l'on ne gagne pas la partie bredouille.

Par exemple, d'un coup de dé vous gagnez quatre points; je jette le dé ensuite et fais un sonnez ou un quine, qui me vaut six points sur une dame que je vous bats par passage ouvert; du même coup vous gagnez douze points sur deux dames que je vous bats par jan qui ne peut; ces douze points sont gagnés tout de suite et non interrompus, puisque vous les amenez après moi; mais, parce que vous aviez précédemment quatre points, vous ne marquerez qu'un trou, sans bouger, ces quatre points, interrompus par les six que j'ai gagnés, étant comptés les premiers sur les douze que vous gagnez sans interruption; de sorte que les quatre points qui vous restent, la partie simple marquée, sont censés être restés des douze derniers que vous aviez gagnés.

Mais, si vous aviez huit points simples et moi autant en bredouille, et que d'un coup de dé vous gagnassiez dix-huit points, alors, comme dix-huit et huit font vingt-six, vous marqueriez partie, une, deux et trois, et deux points sur l'autre, c'est-à-dire que la première partie serait simple, parce qu'elle serait composée de huit points que vous aviez et que j'avais interrompus, et l'autre se trouverait double; l'interruption ayant cessé au moyen de ce que vous avez effacé en marquant votre premier trou, les huit points que j'avais en bredouille.

Pour distinguer le double d'avec le simple, le joueur gagnant le premier des points les marque avec un seul jeton (supposons qu'il se nomme Charles et son adversaire Jules); celui-ci, qui interrompt et en gagne après, les marque avec deux jetons. Si Charles gagne encore des points, il les marque et ôte un jeton à Jules, ou lui dit de l'ôter, pour faire voir qu'il est débredouillé et que le premier qui achèvera la partie la marquera simple. Observons que la politesse ainsi que la bonne foi exigent que l'on se débredouille sans attendre qu'on en soit averti, car souvent l'adversaire est tellement occupé, qu'il oublie de dire à l'autre joueur de se débredouiller : il serait même convenable d'établir une légère amende pour celui qui omet de se débredouiller. On est reçu à faire sa déclaration à cet égard jusqu'à ce que l'adversaire ait marqué la partie; mais si l'on attendait que la partie fût marquée et que l'on eût joué quelques coups depuis, on n'y serait plus reçu.

Il n'en est pas ainsi de celui qui, pouvant marquer en bredouille les points qu'il gagne, les marque seulement simples, c'est-à-dire avec un seul jeton; car, sitôt qu'il a joué le dé ou son bois, il ne peut plus dire qu'il doit être en bredouille. La même chose a lieu à l'égard du joueur qui, gagnant partie bredouille, la marque simple; il ne peut être envoyé à l'école, parce qu'on n'envoie point à l'école d'un trou, mais dès qu'il a joué, il n'est plus reçu à parler de son oubli.

Du Coin de repos. — Le coin de repos, que l'on nomme aussi seulement le coin, est la onzième case, non compris celle du tas ou pile de dames; il s'appelle ainsi parce que celui qui l'a est véritablement en repos, au lieu que le joueur qui ne l'a pas est toujours exposé à être battu. On doit donc toujours chercher à prendre son coin le premier. Pour cela, il faut continuellement avoir, s'il se peut, des dames sur les cases de quino et de sonnez, qui sont nommées les *coins bourgeois*.

Le coin, qui ne peut se prendre qu'avec deux dames à la fois, s'obtient *par puissance* ou par *effet*.

Il se prend *par puissance* quand votre adversaire n'a pas le sien, et que de votre dé vous pourriez mettre deux dames dans son coin; vous ne les y mettez pas, parce que cela l'empêcherait de faire son grand jan, grand embarras qui lui reste;

mais comme vous en avez la puissance, vous prenez votre coin, ce qui est un grand avantage pour vous.

Il se prend *par effet* lorsque de votre dé vous avez deux dames qui battent dans votre coin. Remarquez que, quand vous pouvez prendre votre coin par effet, vous ne devez pas le prendre par puissance, et que cette puissance vous est absolument interdite lorsque votre adversaire a son coin.

De même qu'on ne peut prendre le coin qu'avec deux dames, on ne peut le quitter que l'on n'ôte les deux dames à la fois.

Manière de compter la perte ou le gain. — Lorsque Charles a son coin et que Jules n'a pas le sien, chaque coup de dé que joue le premier lui vaut quatre ou six points, s'il bat le coin de Jules de deux dames. Nous savons que cette différence tient au dé simple, ou au doublet.

Ce qui paraît le plus difficile aux commençants, est de compter ce qu'ils gagnent ou perdent et de connaître s'ils battent ou non. Le tarif, et les deux règles suivantes, résoudront, je l'espère, la difficulté.

Tarif de la valeur des coups.

Ce tarif, qui n'est qu'une récapitulation, donnera aussi l'explication de ce qu'on entend par *moyen*.

Le jan de trois coups vaut.	4 points.
Le jan de deux tables vaut, par simple.	4
Par doublet.	6
Le jan de mézeas vaut, par simple.	4
Par doublet.	6
Le petit jan fait par un moyen simple, vaut.	4
Par deux moyens.	8
Par trois moyens.	12
Par doublet, par un moyen.	6
Par double doublet, ou deux moyens.	12
Le grand jan fait par un moyen simple, vaut	4
Par deux moyens.	8
Par trois moyens.	12
Par doublet, par un moyen.	6
Par double doublet, autrement deux moyens.	12

Chaque dame battue, dans la table du petit
jan, vaut, par un moyen simple. . . . 4
Par deux. 8
Par trois. 12
Par doublet. 6
Par double doublet. 12
Chaque dame, dans la table du grand jan,
vaut, par un moyen simple. . . . 2
Par deux. 4
Par trois. 6
Par doublet. 4
Par double doublet. 8
Le coin battu par un moyen simple, vaut. 4
Par doublet. 6
Le jan de retour fait par un moyen simple,
vaut. 4
Par deux. 8
Par trois. 12
Par doublet. 6
Par double doublet. 12

Le joueur qui a son jan, ou plein petit, grand, ou de retour, gagne, tant qu'il le conserve, pour chaque coup qu'il joue :
Par simple. 4
Par doublet. 6
Pour chaque dame qui ne peut être jouée,
on perd. 2

Et il n'importe que le nombre amené soit simple ou doublet; mais l'on est obligé de jouer le plus gros nombre quand on le peut.

Celui qui a levé le premier au jan de retour gagne
Par simple. 4
Par doublet. 6

Règle pour connaître combien il y a de coups en deux dés, et voir promptement combien il y en a pour et contre.

Considérez premièrement que les dés portant six nombres, six carrés ou six faces, produisent nécessairement trente-six coups, parce que d'après les lois de l'arithmétique, qui veulent que pour savoir combien un nombre est dans un autre, il faut multiplier l'un par l'autre ; six-fois six donnant trente-six, il y a exactement trente-six coups dans les deux dés.

Et quoiqu'il paraisse d'abord, en comptant tous les coups que produisent les dés, qu'il n'y en ait que vingt-un, comme il est vrai en un sens qu'il ne s'en trouve pas davantage, savoir : six et as ; — six et deux ; — six et trois ; — six et quatre ; — six et cinq ; — sonnez ; — cinq et as ; — cinq et deux ; — cinq et trois ; — cinq et quatre ; — quine ; — quatre et as ; — quatre et deux ; — quatre et trois ; — carme ; — trois et as ; — trois et deux ; — terne ; — deux et as ; — double deux ; et enfin bezet, il n'est pas moins vrai de dire qu'il y a trente-six coups, et cela d'une certitude incontestable, comme je vais le démontrer.

Quoiqu'il semble que six et as, et as et six ne soient qu'une même chose, il est pourtant certain que cette même chose se produisant en deux façons doit se compter deux fois, ainsi que nous le verrons bientôt dans la table *des règles à savoir pour assembler le nombre des dés ;* car, puisque dans chaque dé il y a un as et un six, il faut que dans les deux dés il y ait deux as et deux six, et par conséquent six et as sont deux coups, parce que le dé qui a produit un as une fois, peut une autre fois faire un six, et ainsi de l'autre.

De sorte que tous les coups se divisent en doublets ou en simples, et n'y ayant que six doublets (*bezet, double deux, terne, carme, quine et sonnez*), ces six doublets étant retranchés de vingt un coups qui s'appellent, il en reste seulement quinze, qui, se produisant chacun deux fois, font trente coups. Ajoutez les six doublets qui ne peuvent se produire qu'une fois, vous avez les trente-six coups.

Cela étant bien démontré, il faut s'en faire une règle et dire au trictrac que tout doublet est simple, parce qu'il ne peut se produire qu'une fois, et que tout simple (non doublet) est double, parce qu'il se produit deux fois.

Or, l'application de cette règle revient continuellement, car sans cesse on doit examiner combien il y a de coups pour et contre soi, ce qui se fait en un instant. Quand on voit qu'il n'y a qu'un coup pour soi, on conclut nécessairement qu'il y en a trente-cinq contre ; s'il y en a vingt pour soi, on sait encore qu'il y en a seize contre, etc., et c'est cette connaissance qui détermine la manière de jouer.

J'ajouterai que le nombre sept arrive le plus souvent en

deux dés : il y en a plusieurs raisons ; il vient en six façons, et tous les autres coups ne viennent qu'en une, deux, trois, quatre ou cinq façons : bezet, double-deux, terne, carme, quine et sonnez, ne viennent qu'en une manière ; trois et onze viennent en deux ; quatre et dix en trois ; cinq et neuf en quatre ; six et huit en cinq, et sept vient en six tout seul.

Règles pour connaître les coups pour ou contre soi, et assembler le nombre des dés.

On a vu dans les articles précédents, que l'on bat ou que l'on est battu en trois manières : 1° d'un dé seul ; 2° d'un autre dé seul ; 3° du nombre que les deux dés assemblés composent.

Par exemple, si Jules fait cinq et six, il voit d'abord s'il bat Charles par un cinq, puis il voit s'il le bat par un six, ou bien il joint ces deux nombres qui font onze, et regarde s'il le bat par onze points.

Première règle. — Si le nombre des dés assemblés passe six points, il ne peut y avoir qu'un, ou deux, ou trois, ou quatre, ou cinq, ou six coups.

S'il faut douze pour battre, il n'y a qu'un coup, parce que douze ne vient, et n'est qu'une fois dans les dés.

S'il faut onze pour battre, il n'y a que deux coups, qui sont six et cinq, et cinq et six, desquels il n'y a qu'un nombre qui s'appelle, savoir : le premier.

Faut-il dix points, il y a trois coups, six et quatre, et quatre et six ; et quine, dont il n'y a que deux nombres qui s'appellent, savoir : ce dernier, puis six et quatre.

En faut-il neuf, il y a quatre coups : six et trois, et trois et six ; cinq et quatre (*vice versâ*), desquels il n'y a encore que deux qui s'appellent : savoir, six et trois, et cinq et quatre.

S'il en faut huit, il y a cinq coups, qui sont six et deux (*vice versâ*), cinq et trois (*vice versâ*), et quaterne, desquels on n'en appelle que trois : six et deux, cinq et trois, et carme.

En faut-il sept ? il y a six coups : six et as (*vice versâ*), cinq et deux (*vice versâ*), quatre et trois (*vice versâ*), desquels vous n'en appelez que trois : six et as, cinq et deux, quatre et trois.

Voici donc la manière de compter quand on est au-delà de

six points et qu'il faut assembler le produit des deux dés pour battre son adversaire.

Seconde règle. — Voyons maintenant la règle concernant le cas où l'on peut battre ou être battu par un dé seul, jusqu'à six points. On doit se souvenir qu'il faut toujours ajouter un dix au point sur lequel on peut être battu.

Si, par exemple, on est découvert sur un six, ajoutant dix à six, on a seize coups ; savoir : terne, — cinq et as, — as et cinq, — quatre et deux, — deux et quatre, — six et as, — as et six, — six et deux, — deux et six, — six et trois, — trois et six, — six et quatre, — quatre et six, — six et cinq, — cinq et six, et enfin sonnez ; desquels coups il n'y a néanmoins que neuf qui s'appellent, qui sont : six et as, — six et deux, — six et trois, — six et quatre, — six et cinq, — quatre et deux, — cinq et as, — terne et sonnez. Mais, parce que de ces neufs les sept premiers se produisent deux fois, cela fait que l'on compte seize coups, suivant l'observation ci-dessus.

Si vous êtes découvert sur un cinq, ajoutant dix, vous avez quinze ; et partout il y a quinze coups ; savoir : trois et deux, — deux et trois, — quatre et as, — as et quatre, — cinq et as, — as et cinq, — cinq et deux, — deux et cinq, — cinq et trois, — trois et cinq, — cinq et quatre, — quatre et cinq, — quine, — cinq et six, — six et cinq, desquels on n'appelle que huit coups, qui sont : trois et deux, — quatre et as, — cinq et as, — cinq et deux, — cinq et trois, — cinq et quatre, — cinq et six, et quine.

La marche est toujours la même : êtes-vous découvert sur un quatre, ajoutez dix, vous avez quatorze ; pour ces quatorze coups, il y a double deux, — trois et as, — as et trois, — quatre et as, — as et quatre, — quatre et deux, — deux et quatre, — quatre et trois, — trois et quatre, — quatre et cinq, — cinq et quatre, — quatre et six, — six et quatre, et carme, dont on n'appelle que huit coups : double deux, — trois et as, — quatre et as, — quatre et deux, — quatre et trois, — quatre et cinq, — quatre et six, et carme : voici les coups appelés.

Découvert sur un trois, et ajoutant dix, par conséquent ayant treize coups ; savoir : deux et as, — as et deux, — trois et as, — as et trois, — trois et deux, — deux et trois, — trois et quatre, — quatre et trois, — trois et cinq, —

cinq et trois, — trois et six, — six et trois, et terne. Sept coups seulement s'appellent, et les voici : deux et as, — trois et as, — trois et deux, — trois et quatre, — trois et cinq, — trois et six, puis terne.

Si vous êtes découvert sur un deux, on fait douze coups, puisqu'on ajoute dix : ces coups sont : bezet, — deux et as, — as et deux, — deux et trois, — trois et deux, — deux et quatre, — quatre et deux, — deux et cinq, — cinq et deux, — deux et six, — six et deux, — et double deux, desquels on n'appelle que sept coups, qui sont : bezet, — deux et as, — deux et trois, — deux et quatre, — deux et cinq, — deux et six, — et double deux.

Si l'on est à découvert sur un, ajoutant dix, cela fait onze coups, qui sont : as et deux, — deux et as, — as et trois, — trois et as, — as et quatre, — quatre et as, — as et cinq, — cinq et as, — as et six, — six et as, — et bezet, dont vous n'appelez que six coups; savoir : as et deux, — as et trois, — as et quatre, — as et cinq, — as et six, et bezet.

Il importe d'observer que ces deux règles n'ont lieu que lorsqu'il n'y a point de passages fermés entre la dame que l'on bat et celle d'où l'on bat; car, s'il y en avait, cela augmenterait les coups contraires, et ces règles ne se trouveraient plus fondées.

Quant à la différence qui se trouve entre ces deux règles, c'est que dans la première, lorsqu'il faut assembler les dés pour battre, plus vous êtes éloigné, plus vous êtes en sûreté ; tandis que dans la seconde, quand vous êtes battu par un dé seul, plus vous êtes prêt, plus vous êtes à couvert.

On voit donc, par toutes deux, tous les coups par lesquels on peut toucher et battre une dame découverte, en quelque case qu'elle soit placée. Réduisez tous ces coups à ceux qui s'appellent, et dites : Pour battre une dame sur 12, il n'y a qu'un coup, qui est sonnez, lequel, quoique doublet, est ici appelé simple, parce qu'il ne se produit qu'une seule fois, n'y ayant dans deux dés que deux six, et par conséquent pour faire une deuxième fois sonnez, il faudrait que ce fût avec les deux mêmes 6.

Sur 11, il y a un coup double, parce qu'il se peut produire différemment, le dé qui a fait un 6 pouvant faire un 5, et celui qui a produit un 5 pouvant produire un 6.

Sur 10, deux coups, dont l'un double et l'autre simple.

Sur 9, deux coups doubles;
Sur 8, trois coups, deux doubles et un simple;
Sur 7, trois coups doubles;
Sur 6, neufs coups, dont sept doubles;
Sur 5, huit coups, dont sept doubles;
Sur 4, huit coups, dont six doubles;
Sur 3, sept coups, dont six doubles;
Sur 2, sept coups, dont cinq doubles;
Sur 1, six coups, dont cinq doubles.

Ainsi, cette récapitulation apprend deux choses : 1° qu'il y a trente-six coups en deux dés, parce qu'au trictrac tout coup double est simple, et tout coup simple, au contraire, est double, par les raisons ci-devant expliquées. 2° On apprend la manière de compter, ou pour mieux dire la manière de lire dans le trictrac même, combien il y a de coups pour et contre soi.

Des cases. — Pour bien caser à propos, et ne pas vous créer d'obstacles, il faut, quand l'adversaire est fermé par le haut, ne pas vous empresser de faire les cases *avancées* ou *basses*, parce que si vous faites gros jeu, vous battriez infailliblement contre vous les dames qu'il aura découvertes dans les première et deuxième cases.

Les *cases basses* sont celles qui sont le plus près de votre adversaire. Ne vous hâtez pas de les faire, quand votre jeu est pressé, et que vous avez beaucoup de bois sur les cases de quine et de sonnez, autrement vous vous *enfilerez* vous-même ; c'est-à-dire, vous vous fermeriez les passages d'un tablier à l'autre.

Les cases les plus difficiles à faire sont la septième et la dixième ; aussi les nomme-t-on *les cases du diable*. Pour y réussir, il faut tâcher d'avoir toujours des six à jouer.

Lorsqu'on veut seulement caser et voir les flèches, il faut dire j'*adoube*, de crainte d'être forcé de jouer le bois touché.

Du privilége de s'en aller. — Quand on a fait un grand coup, comme sonnez, quine, qui fait passer votre jeu, si vous gagnez de ce coup assez de points pour achever votre trou, vous pouvez *vous en aller*, c'est-à-dire lever vos dames, et recommencer la partie, ce qui est un grand avantage ; car souvent il arrive que ces grands coups, non-seulement passent votre jeu, mais encore font gagner plusieurs coups à votre adversaire, par le moyen des dames que vous lui battez contre vous ; en vous en allant, vous l'empêchez de gagner.

Lorsqu'on veut s'en aller, on dit, *je m'en vais*, avant de rompre son jeu, ou en commençant à le rompre.

Prenez bien garde de ne pas tenir mal à propos, quand le jeu de votre adversaire est plus avancé et plus beau que le vôtre, ou que le vôtre se passe, de peur de courir à l'*enfilade*. Or, l'*enfilade* est une série de mauvais dés, résultant d'une mauvaise position, qui, vous mettant dans l'impossibilité de jouer, vous force de relever, et laisse votre adversaire prendre une certaine quantité de trous.

Celui qui s'en va a le dé, et peut jouer sans crainte d'être envoyé à l'école faute d'avoir ôté son jeton; mais le joueur qui, achevant son trou, le marque et joue son bois sans ôter son jeton, est envoyé à l'école de ce qu'il a marqué par le jeton. Si cependant il avait des points de reste, il n'est envoyé à l'école que de ce qui se trouve marqué au-dessous des points qui étaient restés.

Remarquez que vous ne pouvez plus envoyer votre adversaire à l'école du jeton, ou des points oubliés, ou marqués mal à propos, si vous avez joué depuis.

Si Charles achève le trou, et veut s'en aller, il le peut tant qu'il tient son jeton, ou qu'il ne l'a point ôté de sa place, mais, s'il a des points de reste, et qu'il les ait marqués, il ne peut plus s'en aller.

Il faut se déterminer promptement ; car il n'est pas permis de tenir après avoir dit *je m'en vais*, ni de s'en aller après avoir dit *je tiens*. On doit aussi ne pas toucher ni jouer son bois lorsqu'on veut s'en aller ; car alors on ne peut plus le faire. En outre, on doit bien observer qu'on ne peut s'en aller qu'après avoir achevé le trou de son dé, et non quand on l'achève du dé ou de la perte de son adversaire.

Qui s'en va, perd tous les points qu'il a de reste.

Des écoles. — Nous avons expliqué déjà ce que l'on entend par *envoyer à l'école*: voyons quels sont les cas les plus ordinaires où l'on risque d'y être envoyé.

Il est très dangereux de vouloir entretenir un jeu trop longtemps, et de concevoir l'espérance de faire petit jeu, et de recevoir des points, car souvent on se trouve obligé de répondre.

Le jeu de Charles, par exemple, est les dames noires, son

grand jan est fait, il a six points marqués, et s'est tenu dans l'espérance que Jules lui donnerait quatre points sur la dame qu'il a découvert en sa cinquième case. Jules, cependant, ne lui a rien donné parce qu'il a fait six et trois, et qu'il n'a rien dans sa neuvième case. Le coup suivant, Charles fait un sonnez, et croyant n'être pas obligé de rompre, se flattant de conserver son plein, il marque avec les six points qu'il a, et six points pour son plein, une partie bredouille, puis il s'en va, tant parce qu'il a donné six points à Jules, que parce que son jeu étant très avancé, celui-ci pourrait remplir et l'enfiler.

Mais d'abord que Charles a touché son bois, Jules lui fait démarquer sa partie bredouille et l'envoie à l'école de six points qu'il a marqués à tort pour son plein, parce qu'il fallait le rompre et lever une dame de sa huitième case pour la passer par la neuvième de Jules dans la troisième. Ainsi, Jules qui gagne six points sur la dame que Charles lui avait battue contre lui, et six points dont il l'envoie à l'école, marque une partie bredouille.

Nous avons dit que dès que Charles a eu touché son bois, Jules l'a envoyé à l'école, parce que l'on n'envoie pas à l'*école du fichet*, c'est-à-dire que, lors même que vous eussiez marqué plusieurs trous, vous pouvez les démarquer sans crainte d'être envoyé à l'école, pourvu que vous n'ayez pas touché votre bois, joué le dé, ou ôté votre jeton, que vous abandonnez.

Observons cependant que si Jules, croyant, comme Charles, que celui-ci a gagné, ou feignant de le croire, avait levé ses dames, ou du moins une partie en même temps que Charles, il ne serait plus maître de l'envoyer à l'école ; étant censé avoir quitté la partie, comme le joueur de cartes qui brouille et mêle son jeu.

Quand on a fait son jan, grand ou petit, ou de retour, il faut avoir soin de marquer ce qu'on gagne sur les dames découvertes ou par le plein qu'on achève, avant que de remplir ou faire la case qui reste à faire.

Si votre adversaire, achevant son petit jan, marque les points qu'il gagne et que, par inadvertance, il joue la dame avec laquelle il pouvoit remplir, pour un autre nombre, en sorte qu'après il ne puisse plus remplir, comme, par exemple, si ayant fait cinq et deux, et ne pouvant remplir que du deux, il joue le cinq avec la dame dont il devait jouer le deux pour faire son jan, vous pouvez l'envoyer à l'école, faute d'avoir fait son plein; ce qui signifie que vous prenez pour vous les points qu'il avait marqués pour son plein, qu'il n'a point opéré; et après, si son jeu est avancé, et que vous voyiez qu'il ne pût gagner de son petit jan le trou, et que vous espériez pouvoir le faire passer dans votre petit jan, vous pouvez lui faire rejouer son bois, et lui faire faire son petit jan. Mais s'il avait son jeu reculé, et des dames dans son petit jan, avec lesquelles il pût encore remplir, il faudrait, dans votre intérêt, laisser les choses en l'état où il les aurait mises par sa faute.

Si, au contraire, votre adversaire achevant son petit jan ne marque point les points qu'il gagne, et qu'il ne fasse pas son plein, soit par mégarde, soit à dessein, parce que son jeu étant avancé il craint d'être forcé de passer dans votre petit jan, vous pouvez d'abord l'envoyer à l'école des points qu'il a dû marquer pour son petit jan, et ensuite lui faire faire son plein, si cela vous est avantageux.

Si, ayant fait son petit jan, il a des dames avancées dans son grand jan, qu'il fasse un nombre qui lui donne le pouvoir de passer dans votre petit jan, et qu'au lieu d'y passer il rompe son petit jan volontairement, ou par méprise, vous avez droit de l'envoyer à l'école des points qu'il n'a pas marqués, pour son jan qu'il conservait, et, outre cela, de le faire rejouer et passer dans votre petit jan, si cela vous semble avantageux.

Relativement au grand jan, si votre adversaire marque les points qu'il gagne en l'achevant, et que néanmoins il omette de le faire, parce qu'il a joué la dame avec laquelle il pouvait remplir pour une autre marque, vous l'envoyez à l'école et prenez les points qu'il a marqués, mais vous ne le faites point rejouer et faire son plein, parce que vous avez intérêt qu'il n'en fasse point afin de l'enfiler. La même chose s'observe pour le jan de retour, que vous devez, dans votre intérêt, empêcher de faire.

Si votre adversaire ayant levé le premier au jan de retour, marque les points qu'il gagne, et qu'ensuite ayant empilé ses dames pour recommencer, il ôte par méprise son jeton, vous pouvez, dès qu'il aura jeté le dé, l'envoyer à l'école des points qu'il s'est ôtés.

Celui qui, ayant quatre ou six points marqués, marque ce qu'il gagne avec un autre jeton, peut être envoyé à l'école des quatre ou six points qu'il avait, et auxquels il n'a pas pris garde.

On ne peut pas envoyer à l'école d'un trou entier, c'est-à-dire d'un trou que l'adversaire aurait oublié de marquer, ou qu'il aurait marqué de trop par surprise, ou s'il avait encore marqué partie double au lieu de simple ; il faut se borner à l'en avertir. On peut cependant envoyer à l'école de plus d'un trou, quand, par exemple, l'on fait un sonnez qui vaut dix-huit ou vingt points, et qu'on joue son bois avant d'avoir marqué ce qu'on gagnait par ce sonnez.

Lorsque ce n'est pas vous qui avez jeté le dé, vous pouvez toucher votre bois sans crainte d'être obligé de le jouer, ou d'être envoyé à l'école ; par exemple, votre adversaire ayant fait un quine sur lequel il ne gagne que quatre points, vous croyez qu'il en a assez pour un trou, et qu'il s'en va, vous levez alors trois ou quatre dames de votre jeu pour vous en aller aussi : en même temps, votre adversaire, qui ne s'en est point allé, et ne le pouvait, n'ayant pas achevé la partie, veut vous envoyer à l'école pour n'avoir point marqué ce qu'il vous donnait avant de toucher votre bois ; mais il n'en a point le pouvoir, par la raison expliquée en commençant, ce qui est essentiel à retenir. On n'est à l'école de ce qui est donné par l'adversaire, et qu'on n'a pas marqué, que lorsqu'on a jeté le dé.

Une autre règle invariable, c'est que l'on *n'envoie point à l'école de l'école*, c'est-à-dire, que si votre adversaire fait une école, oubliant de marquer ce qu'il gagne, et que vous ayez omis de l'envoyer à l'école, il ne peut pas vous y envoyer pour avoir oublié de l'y envoyer lui-même. Remarquez toutefois que si votre adversaire, croyant que vous avez fait une école, vous y envoie, ce n'est plus alors *l'école de l'école*, et vous pouvez fort bien l'envoyer à l'école de ce dont il vous a envoyé à l'école mal à propos, et, de plus, le faire démarquer des points de cette école prétendue, s'il les avait déjà pris.

Il se trouve des personnes qui font exprès des écoles pour ôter à leurs adversaires les moyens de s'en aller. En ce cas, il faut examiner s'il vous est avantageux de laisser faire l'école et de la marquer, ou si vous aviez intérêt de l'empêcher ; cela dépend absolument de vous, et vous devez consulter la disposition de votre jeu et celle du jeu de votre adversaire. Vous êtes libre de laisser faire l'école sans la marquer, ou bien de dire à votre adversaire de marquer ce qu'il gagne ; et s'il marque des points, quoique ne gagnant rien, vous pouvez lui faire ôter son jeton pour prévenir l'école ; mais tout cela doit être fait dans le même instant, c'est-à-dire, avant qu'un autre coup soit joué. C'est une preuve, entre mille, qu'il faut beaucoup de présence d'esprit pour réussir au trictrac.

Quand on envoie à l'école, il faut y envoyer de tous les points qui ont été oubliés, car il n'est point permis, pour mieux faire son jeu, de n'y envoyer que pour une partie quelconque de ces points ; manque-t-on à cette règle, le joueur, envoyé imparfaitement à l'école, peut, si son intérêt le lui conseille, vous forcer de marquer l'école tout entière, ce qui n'est point contraire à la règle : *qu'on n'envoie point à l'école de l'école*. Au total, on ne peut être contraint d'envoyer à l'école ; on ne peut également être mis à l'école de ce qu'on n'a pas entièrement marqué l'école ; mais, du moment que l'on marque une partie de l'école, l'adversaire peut obliger de marquer le tout. *Une école n'est pas divisible.*

Vous n'êtes pas obligé de mettre votre adversaire à l'école pour les points qu'il marque mal à propos ; vous les effacez, et cela suffit.

Si votre adversaire a fait une *fausse école*, c'est-à-dire vous a mis à l'école à tort, vous pouvez l'y mettre lui-même.

On n'est pas obligé de vous avertir des points que l'on marque en vous mettant à l'école ; c'est à vous d'en chercher la raison. Cependant, la politesse exige que vous vous empressiez d'expliquer à votre adversaire pourquoi vous l'envoyez à l'école. Faute de cet égard si naturel, il pourrait résulter *l'école perpétuelle*.

Voyons *l'école impossible* : elle se fait de deux façons. 1° Lorsqu'on amène des dés qu'on ne peut jouer par impuissance, on ne peut être envoyé à l'école des points qu'ils produisent, et qu'on a oublié de marquer. 2° L'autre genre *d'école impossible* est piquante et bizarre, la voici : quand votre adversaire croyant prendre plus de points qu'il n'en prend réellement, marque un ou plusieurs trous, et, sans toucher ses jetons ou ses dames, dit : *je m'en vais* ; vous qui voyez son école, vous ne pouvez prendre vos dames et vous en aller; vous ne pouvez, non plus, dans votre intérêt, l'avertir de son erreur; s'il vous faut attendre qu'il relève ses dames, il peut revenir sur le coup; la situation est embarrassante et pressante même; on ne voit point d'autre manière de lui faire consommer son école, que de lui dire d'un air d'indifférence : *Eh bien! allez-vous-en.* Alors, aussitôt qu'il a touché un certain nombre de dames, vous l'arrêtez, et non-seulement vous le mettez à l'école, mais vous lui faites jouer celle de ses dames qui vous plait, suivant qu'il vous est le plus avantageux.

Si, immédiatement après le coup où vous avez donné des points à votre adversaire, il joue sans les avoir marqués, et que, par ce nouveau coup, il prenne des points et vous en donne, vous ne pouvez à la fois le mettre à l'école des points qu'il n'a pas marqués, et conserver la bredouille pour ceux qu'il vous donne ensuite, en en prenant lui-même. Par exemple, vous avez fait une école de quatre points, je la marque; le coup d'après, vous en prenez quatre en me battant à vrai, et vous m'en donnez quatre en me battant à faux, j'ai donc huit points en tout, mais j'ai perdu la bredouille que j'aurais prise si je ne vous avais pas mis à l'école précédemment; il en résulte que votre école m'a été onéreuse, mais c'est ma faute. C'est à moi de voir si je dois vous mettre ou non à l'école, suivant le dé que vous amenez.

De la manière de battre et de remplir son jan par plusieurs moyens. — On peut battre une dame par plusieurs moyens : ainsi, par exemple, Charles, après avoir marqué une partie bredouille de son petit jan, à voulu tenir, et a été obligé de passer une de ses dames dans votre cinquième case.

Quant à Jules, il a des dames blanches, et fait un cinq et un trois, ce qui lui vaut, sur la dame qu'il a découverte en sa neuvième case, six points; sur celle qui en est la septième, quatre, et sur celle qu'il a passée dans la cinquième case de Charles, huit points; il en gagnera six sur celle qui est dans la neuvième case, parce qu'il la battra par trois moyens qui lui valent chacun deux points; il la battra du trois, comptant de son coin; du cinq, comptant de la neuvième case de Charles, et du cinq et trois, comptant de sa sixième case; enfin, celle qui est dans la septième lui vaut quatre points, parce qu'il la bat par deux moyens : savoir, du cinq, en comptant de son coin ; et du cinq et trois, comptant de sa huitième case.

A l'égard de la dame passée en sa cinquième case, il la bat du cinq, en comptant de son tas, et du trois, en comptant de sa deuxième case, qui sont deux moyens de la valeur de chacun quatre points.

Un plus beau coup pour lui sur ce jeu-là serait un quine, qui lui vaudrait huit points sur la première, parce qu'il la battrait du double et double doublet ; la deuxième lui vaudrait autant ; et la troisième, qui est dans sa cinquième case, lui vaudrait six points, qui feraient en tout vingt-deux, c'est-à-dire partie double et dix points de reste.

Il y aurait aussi sur ce jeu carme et terne, qui lui vaudraient chacun vingt points : savoir, six du coin, six sur la dame passée dans la cinquième case, et huit sur les deux autres.

Relativement à la manière de faire son jan, quand on dit que pour chaque moyen dont on le remplit, l'on marque quatre par simple et six par doublet, cela s'entend dans le cas où on n'a plus qu'une demi-case à faire ; car si l'on avait encore une case entière, quoique d'un coup de dé l'on y pût mettre les deux dames à la fois par simple ou par doublet, ce ne serait toujours qu'un moyen ; mais si vous n'aviez qu'une demi-case à faire, et que votre jeu fût les dames noires, alors si vous faisiez six et trois, ou quatre et deux, chaque moyen vous vaudrait quatre points, parce que ce serait par simple, et que vous rempliriez du trois et du six : si vous faisiez terne, comme vous rempliriez du trois et du terne, chaque moyen vous vaudrait six points, étant par doublet, etc.

Mais de la manière dont est disposé le jeu de votre adversaire, s'il faisait un sonnez, bien qu'il n'ait qu'une demi-case à faire, et qu'il restât deux dames sur sa pile, cela ne serait compté que pour un moyen, et lui vaudrait seulement six points.

Quoiqu'on ne puisse sortir les dames de son coin, ni les y mettre l'une sous l'autre, néanmoins plusieurs personnes prétendent que si au jan de retour l'on peut remplir par plusieurs moyens, et que, comptant du coin, l'on batte juste sur la demi-case qui reste à remplir, l'on doit marquer pour la puissance quatre par simple et six par doublet, quoiqu'en effet l'on ne puisse sortir une dame du coin pour remplir la demi-case. Ayant les dames noires, si vous amenez six et trois, vous pouvez, suivant cette opinion, remplir par trois moyens, savoir : du six, comptant de la neuvième case ; du trois, comptant de la sixième ; et du six et trois, par puissance, comptant de votre coin.

Si, au contraire, votre adversaire faisait six et as, comme il n'a point d'as pour remplir, quoique par six et as, en comptant son coin, il batte juste la demi-case qui lui reste à remplir, toutefois cela ne lui vaudrait rien ; mais s'il faisait quatre et trois, cela lui vaudrait huit points, parce qu'il remplirait du quatre, comptant de la neuvième case, et du quatre et trois par puissance, en comptant de son coin.

Si la dame de votre adversaire, qui est en la septième case, était sur la sixième, et que celle qu'il a en la neuvième case fût passée dans le petit jan, alors s'il faisait six et as, il ne pourrait pas dire qu'il remplit de l'as, et qu'il n'a point de six, mais il serait obligé de jouer un six de la dame qu'il aurait en sa sixième case, et partant ne remplirait point. Mais si, outre la dame qu'il aurait en sa sixième case, il en avait encore une en la septième ou en la huitième, il gagnerait par six et as huit points, parce qu'il remplirait de l'as et du six et as par puissance, comptant de son coin, parce que, d'après cette opinion, pour profiter de cette puissance, il faut non-seulement pouvoir remplir d'une autre dame, mais encore il faut pouvoir jouer tous les nombres que l'on a amenés, et cela indépendamment du coin ; car, par exemple, si faisant quatre et trois, votre adversaire avait un quatre et point de trois, il serait obligé, s'il remplissait du quatre, de rompre en même temps pour jouer le trois, ou de sortir de son coin (s'il avait le passage ouvert), pour jouer son quatre et trois ; par conséquent, il ne pourrait pas faire de plein ce coup-là, et ainsi il ne gagnerait rien.

Démonstration de la manière de lever et rompre le jan de retour. — Quand d'un jan de retour on a gagné une partie simple ou double, il vaut mieux s'en aller que de lever jusqu'à la fin, à moins qu'il n'y eût espérance de gagner beaucoup de points. Observez que l'on ne lève point que l'on n'ait passé toutes les dames dans le petit jan.

Il est dangereux au jan de retour de n'avoir pas sorti de son coin : il y a cependant des coups favorables, comme si, ayant les dames noires, vous avez encore votre coin, votre plein fait, et vous avez une surcase sur la quatrième flèche ; en cet état vous faites un six et un as. Vous ne pouvez pas sortir de votre coin parce que l'as donnerait dans le coin de votre adversaire où une dame ne peut entrer seule ; vous ne pouvez point jouer de six avec les dames qui sont dans votre coin, parce que les dames du coin n'en peuvent sortir l'une sans l'autre ; vous ne pouvez pas non plus jouer le six avec les dames qui sont passées dans le petit jan de votre adversaire, qui composent votre jan de retour, parce qu'on ne peut lever aucune dame de ce jan que toutes ne soient passées dans le petit jan : ainsi vous conserverez votre plein, et jouerez un as avec la surcase que vous avez sur la quatrième flèche, et votre adversaire marquera deux points pour le six que vous ne pouvez pas jouer.

Si, sur ce même jeu, vous faisiez cinq et as, ce serait un très mauvais coup, car vous seriez obligé de rompre et de jouer le cinq avec une des dames qui sont dans la cinquième case, l'as avec la surcase qui est sur la quatrième ; néanmoins, vous auriez encore l'espérance de refaire votre plein, si le coup suivant vous pouviez sortir de votre coin.

Les dames étant toutes passées dans le petit jan, on lève à chaque coup de dés, tout ce qui bat juste sur le bord, selon le nombre qu'on a amené ; autrement on ne peut point lever, mais il faut jouer ce qui ne bat point sur le bord, où votre adversaire faisant quine, ne peut rien lever, à cause que sa quatrième case, qui bat juste sur le bord, est vide ; ainsi, pour jouer son quine, il faut qu'il mette sur la flèche de la pile les dames qui sont en sa cinquième case, il leverait les dames qui seraient en sa troisième ou seconde case, parce que, du moment où il n'y a point de dames derrière la case d'où doit partir le nombre qui bat sur le bord, on lève les plus éloignées ; ainsi, les cases de quine, carme et terne étant vides, on lève pour un sonnez les dames qui sont sur la deuxième. Si cette case est encore vide, on lève celles qui sont sur la première, etc.

Le joueur qui a levé le premier toutes ses dames, gagne quatre points par simple et six par doublet ; c'est-à-dire, que le dernier coup qu'il joue, s'il fait un doublet, il marque six points ; s'il fait un nombre simple, il n'en marque que quatre avec les autres points qui peuvent lui être restés d'ailleurs ; et, outre cela, il a le dé pour recommencer une autre partie.

De la grande bredouille. — La bredouille ordinaire est une partie double, que produisent douze points pris sans interruption ; mais la grande bredouille a lieu quand l'un des joueurs gagne le *tour* ou la partie entière de trictrac, qui est composée de douze trous, sans interruption. Le profit de la grande bredouille est de gagner le double de ce qui est au jeu, lorsqu'on est convenu de jouer grande bredouille.

Celui qui gagne le premier des trous, n'a pas besoin de se servir d'aucune marque pour la bredouille ; cela n'étant nécessaire qu'au joueur qui marque après, afin de faire connaître qu'il est en grande bredouille, c'est-à-dire que son adversaire n'a pris aucun trou depuis lui. Lorsqu'on interrompt la grande bredouille, il est important de la faire démarquer pour éviter les disputes, surtout si l'on joue sans témoins.

Une bredouille de trous se fait absolument comme une bredouille de points ; et pour la marque on met le *pavillon*, sorte de petit étendard qu'on plante dans le trou de son fichet.

Des tenues. — Nous avons déjà vu que l'on ne doit tenir qu'après avoir considéré s'il y a plus à perdre qu'à gagner. Les *tenues* sont la partie la plus difficile du trictrac, et les joueurs faibles ou médiocres y trouvent toujours un écueil. Voici les cas où il ne faut point faire de *tenues* : 1° Si votre adversaire a un jeu retardé, ne tenez point, à moins que vous ne jouiez pour un trou ou deux : rien n'est plus dangereux qu'un jeu retardé ; vous n'avez qu'à battre à faux votre adversaire, votre jeu est dès lors usé, et il n'y a pas de raison pour qu'il ne prenne vingt trous de suite.

2° Si votre jeu *n'est pas long*, c'est-à-dire, si vous n'avez encore des dames au talon, ou non loin, ne tenez point : vingt-un points à jouer, voilà le nombre de rigueur pour motiver une tenue : ne vous laissez cependant pas séduire par ces vingt-un points, si le jeu de votre adversaire est arriéré.

3° Si, dans le commencement d'un *relevé* (l'action de lever les dames), vous avez plus de cases que lui, c'est un avantage ; mais si l'un a plus de cases, et l'autre plus de bois, en même proportion, l'un compense l'autre, et vous devez vous abstenir de tenir.

4° Rarement on peut prendre plus de douze points à un petit jan, à moins qu'ayant amené des as et des deux, on n'ait encore de quoi tenir trois fois ; ce qui suppose qu'on a dix-huit ou vingt points à jouer pour conserver ; autrement il faut s'en aller. Il existe au trictrac, un vieil adage qui dit : *On ne fait jamais de faute à s'en aller.* Cela est vrai jusqu'à un certain point, car on perd plus par des tenues inconsidérées qu'en s'en allant prudemment : toutefois, il est nuisible de s'en aller trop facilement ; au trictrac comme à la guerre, les gens trop timides sont battus.

Si vous avez *une partie désespérée*, c'est-à-dire, si vous n'avez qu'un trou, ou même point, et que votre adversaire en ait dix ou onze, risquez une tenue, même avec moins de vingt-un points, pour peu que vous ayez une ou deux dames à faire battre à faux, et que son jeu soit avancé. La raison de cela est qu'il n'y a de ressource pour celui qui est en perte, que dans les fins de relevé, quand on est près d'un jan de retour : c'est ordinairement lorsque les deux jeux sont dans cet état qu'il survient le plus d'événements avantageux. Le moindre désastre qu'éprouve votre adversaire, par l'arrivée subite d'une quine ou d'un sonnez, suffit pour lui faire perdre une partie.

Des reprises et accidents. — Quand une dame a été ôtée de sa place et posée sur une autre dame, on est obligé de jouer celle sur laquelle on a mis la première dame ; il n'y a aucune reprise à cet égard.

Lorsqu'on place et abandonne une dame sur une flèche autre que celle où le point doit aboutir, soit en deçà, soit au-delà, cette dame reste à la discrétion de l'adversaire, qui peut, d'après son intérêt, la laisser à la place qu'elle occupe à tort, la faire mettre à sa véritable place, ou même forcer, s'il se peut, de jouer avec cette dame le coup entier tout d'une ; mais dans le cas seulement où cette dame, mal posée, l'eût été au-delà du nombre le plus fort.

S'il arrive qu'une dame ait été posée et abandonnée sur une flèche pour jouer l'un des points amenés, et qu'on se repente ensuite de n'avoir pas joué préférablement l'autre point avec cette même dame, on n'est plus admis à le faire : elle doit nécessairement rester à la place où elle a été posée pour jouer le premier point, et n'en peut sortir que pour servir à jouer les deux points tout d'une, si on le juge à propos.

Fausse case. — Si, avec l'intention de faire une case entière, on enlève deux dames à la fois, et qu'au lieu de prendre celles qui aboutissent à cette case, on se soit trompé, deux résultats divers s'en suivent. Si on s'aperçoit de l'erreur avant d'avoir abandonné ces dames, on est bien forcé de les jouer, mais de la manière qu'on juge la moins désavantageuse. Ont-elles été, au contraire, complétement laissées sur la flèche où l'on voulait faire case, l'adversaire a le droit de les faire jouer à son plus grand avantage, ainsi que la position du jeu le permet.

Le danger des fausses cases est tel que les joueurs sages ont bien soin de ne lever et poser qu'une dame l'une après l'autre lorsqu'ils ont une case à faire.

Quant au reste, un joueur ne s'aperçoit de la fausse case qu'après avoir jeté son dé ; il ne peut plus réclamer contre le coup, qui par là se trouve achevé.

Lorsqu'un joueur a une dame hors du trictrac, et joue avec quatorze, elle est remise à sa place naturelle ou laissée en dehors, d'après la disposition du jeu. Au contraire, un joueur a-t-il seize dames, l'adversaire peut faire annuler la partie, à moins que cette partie soit au premier relevé.

Principes généraux pour bien jouer au Trictrac.

Casement. — Lorsque vous jouez le premier coup de dés, mettez tout à bas.

La case de quine et sonnez, appelée *coins bourgeois*, est essentielle à faire quand votre adversaire a son coin, parce que vous vous donnez par là des six pour faire le vôtre, lesquels, autrement, gâteraient votre jeu ; mais quand vous avez votre coin fait, il faut éviter de les surcharger de dames, parce qu'elle appauvrit et serre le jeu.

Si, après les deux premières dames jouées, vous amenez un gros dé, passez ces deux dames dans votre grand jan, soit de manière à faire des demi-cases, si votre adversaire est éloigné, soit à faire une case s'il est trop proche : la raison en est que vous vous mettez, en jouant ainsi, à même ou de battre les deux coins et les dames découvertes de votre adversaire, ou de prendre votre coin le premier.

La dixième case, nommée *case d'observation*, ou vulgairement *la travanais* [*], est bonne à faire dans les premiers

---

[*] On nomme cette case la *Travanais*, parce que le marquis de Travanais,

coups, parce qu'elle empêche souvent votre adversaire d'opérer son petit jan, de s'étendre, de faire des demi-cases qui pourraient lui coûter un ou plusieurs trous ; elle l'oblige de se couvrir, et trouble singulièrement son jeu ; elle est également bonne lorsqu'il a son coin, et que vous n'avez pas le vôtre. Faites-là donc d'abord en ce cas, bien que les anciens, qui l'appelaient *case de l'écolier*, eussent pour principe de ne l'opérer que la dernière. N'appauvrissez point votre jeu pour cela, et lorsque vous êtes le plus avancé, évitez soigneusement cette case, au contraire, parce qu'elle étrangle le jeu, le serre, rend les quines pernicieux à jouer, augmente les chances qui vous font battre votre adversaire à faux, vous donne une mauvaise position, et vous mène à la perte d'une partie. C'est à la fois la case qui offre le plus d'avantages et de dangers.

Un des grands principes du trictrac est d'abattre du bois ; ainsi, avant que d'avancer votre jeu, abattez du bois tant dans le grand que dans le petit jan, car il ne faut pas se presser follement d'avancer son jeu, sans avoir rien pour l'alimenter. D'autre part, quand vous aurez assez de bois d'abattu, avancez-vous de nouveau. Si vous mettiez trop de dames à bas, vous useriez et raccourciriez votre jeu.

La prudence doit toujours, à ce jeu, tempérer la hardiesse ; il ne faut ni s'avancer ni s'étendre sans nécessité, ni s'exposer à se faire battre par un trop grand nombre de coups, ni donner un trou mal à propos, ni perdre le fruit d'une belle position ; il faut cependant s'avancer autant que possible, et faire beaucoup de cases et de revirades ; un jeu serré et timide est le plus mauvais de tous les jeux.

Ne vous amusez point à retenir de mémoire les dés passés que votre adversaire et vous avez amenés, ni à baser sur ce souvenir la conduite de votre jeu : par exemple, s'il a fait six fois de suite des six, six fois des cinq, etc., ne lui donnez point à battre par les six et les cinq, dans l'idée qu'il n'en amènera plus. Toutes les lois du calcul des probabilités prouvent qu'il n'y a pas de raison pour qu'une quantité qui a paru vingt fois de suite, ne reparaisse encore une vingt-unième : elle n'est pas plus épuisée au vingtième qu'au premier coup.

joueur renommé de trictrac, fut le premier qui s'avisa, malgré l'ancien préjugé, de faire cette case de préférence : ce qui lui fit gagner beaucoup d'argent.

On ne doit essayer un petit jan que lorsqu'on amène des petits dés, c'est-à-dire des as, des deux et des trois. Si l'on répète les trois, les quatre et les cinq, il faut passer vite dans le grand jan.

Lorsqu'on essaie un petit jan, il ne faut pas se presser de faire les dernières cases ; n'essayez le jan de six tables que le cas seul où l'on a commencé par de petits dés, car si l'on a commencé par de gros dés, il est mieux de jouer dans le grand jan pour avancer.

Passez, le plus que vous pouvez, les dames de votre petit jan dans le grand jan, surtout au commencement, afin de prendre promptement votre coin, et faire le plus de cases possible ; toutefois, ne vous découvrez pas trop, surtout si votre adversaire a quatre, six, huit ou dix points.

Ne craignez pas de perdre un trou ou deux, quand il s'agit d'éviter une mauvaise position, ou d'en prendre une bonne.

Un des grands secrets du jeu, est de faire des sacrifices pour sortir d'une mauvaise position.

Il faut, pour essayer une position, que le dé se déclare d'une manière analogue, et l'on doit y renoncer dès que le dé la contrarie.

Évitez surtout, quand vous n'avez ni le coin bourgeois, ni le coin de repos, et que l'adversaire a le sien, d'empiler sur la case du six, parce que vous auriez à craindre la répétition des six.

Une des premières finesses du trictrac consiste à se faire battre à faux, c'est une attention qu'il faut avoir en cassant et abattant du bois, et lorsqu'ayant fait le plein du grand jan on a besoin de points pour arriver au trou.

Évitez pourtant de vous faire battre à faux, quand vous avez huit ou dix points, car vous vous *feriez renvoyer*, c'est-à-dire qu'on vous forcerait de prendre le trou ; alors vous ne seriez plus maître du jeu et vous ne pourriez plus vous en aller.

Si vous n'avez pas votre coin, et que votre adversaire ait le sien, votre principale ressource doit être d'abord d'avancer tant que vous pourrez, en revirant des cases supérieures sur les inférieures ; ensuite, de vous faire battre à faux en fermant les passages dans votre grand jan.

Si vous êtes au dernier trou d'une partie, cherchez à vous faire battre à faux, ce qui vous donne gain plus tôt, et ne craignez pas d'étendre votre jeu ; il ne faut pas jouer serré sur la fin d'une partie.

Dans le cours du jeu, ayez toujours l'attention de ne pas mettre contre vous les *dés carrés* (les dés à nombre pairs) ; ayez toujours, au contraire, le soin d'en avoir à jouer de directs et de composés ; la raison en est que les *dés pointus* (les dés à nombre impairs) se trouvent dans les carrés, au lieu que les carrés ne se trouvent pas dans les pointus. Par conséquent, donnez-vous de préférence les six, soit pour caser, soit pour remplir : mais quand on peut se donner des six et des cinq, des pairs et des impairs, c'est encore mieux.

Le jan de retour est ce qu'il y a de plus difficile à jouer au trictrac, car là le dé ne peut rien réparer ; toute faute demeure, et pas un coup n'est indifférent : examinons donc bien la manière d'y opérer.

Ce qui est important à ce jeu, c'est de passer le coin à propos. Si vous aspirez à une grande bredouille, passez le plus vite possible quand vous n'avez plus que deux cases, ou que votre adversaire n'en a plus que deux lui-même, à moins qu'il n'ait six ou huit points, auquel cas ne vous pressez point de passer le coin, si ce n'est point pour ne pas gâter votre jeu.

Principe général au jan de retour. — Si l'adversaire a plus de dames passées dans votre petit jan que vous dans le sien, tâchez de lui interdire longtemps le passage pour le forcer à perdre des dames dans votre petit jan. Si, au contraire, vous êtes plus avancé que lui, rebroussez promptement, sans vous embarrasser de lui fermer un passage. Vous perdriez un temps précieux que vous devez passer à courir au plein.

Etes-vous près de faire un jan de retour, obstinez-vous, aussi longtemps que possible, à tenir vos passages fermés en ne relevant qu'une dame ou deux de ces cases, parce que votre adversaire ne pouvant pas passer, perd beaucoup de points par les impuissances, sans compter ceux qu'il peut vous donner en vous battant à faux.

Lorsque vous arrivez à jouer sur la bande, ou à sortir vos dames, ayez soin de jouer celles que vous ne pouvez sortir des cases les plus éloignées de la bande, afin de lever plus tôt si vous amenez des dés moyens ou petits dans les coups suivants.

On doit se rappeler que l'*enfilade* est le pis-aller au trictrac. Pour prévenir cette terrible position, il faut, lorsqu'on risque d'être enfilé, *mettre plusieurs dames dedans*, c'est-à-dire à découvert dans le grand jan.

Ne recherchez point le jan de deux tables; mais toutefois prenez-y garde, ainsi qu'aux jans de mézeas, et aux contre-jans de mézeas.

Soyez attentif à votre jeu pour bien caser; ayez en même temps l'œil sur le jeu de votre adversaire; remarquez sa conduite et les fautes qu'il fait, pour les mettre à profit. Est-il timide et malheureux? avancez et hasardez. Au contraire, est-il hardi, a-t-il le dé heureux? ne risquez rien, et tenez-vous couvert autant que possible.

Il y a en même temps de la science et de l'avantage à faire toujours les cases les plus éloignées, quand la disposition du jeu en laisse le choix.

Il faut surtout, dans tout le cours du jeu, s'attacher à remarquer les coups qui sont le plus contraires à l'autre joueur, et vous découvrir sur ses nombres, afin que s'il les fait, il vous donne des points par jan qui ne peut.

Si son grand jan était fait avant le vôtre, et que son jeu fût bien pressé, il faudrait voir quel nombre il ne pourrait jouer sans rompre, comme sonnez, quine, six et cinq, six et quatre, ou autre nombre, et ôter les dames que vous auriez sur les flèches où ces nombres battent, afin que, faisant un de ces nombres, il soit obligé de rompre et de passer dans votre petit jan.

Et remarquez encore que lorsque le jeu de votre adversaire est mauvais, et qu'il a huit ou dix points, il ne faut jamais laisser une dame découverte qui puisse être battue; car, s'il la frappe et s'il gagne le trou, il lève et s'en va.

Si son jeu étant encore mauvais, vous lui donnez assez de poids pour achever le trou, et qu'il veuille faire l'école, dites-lui de marquer, afin, par ce moyen, de l'empêcher de pouvoir s'en aller. Si toutefois vous avez des points, et que l'école qu'il ferait pût achever le trou, il ne faudrait rien dire, mais marquer votre trou, parce que de cette manière vous ôtez toujours à votre adversaire le moyen de s'en aller, puisque vous lui effacez tous les points qu'il aurait.

Quand on gagne le trou simple ou double, il faut examiner si l'on doit tenir ou s'en aller ; et pour le connaître, on doit comparer son jeu avec celui de son adversaire, voir lequel est mieux disposé et plus avancé, lequel a plus de bois à bas, et de cases à faire. Si le vôtre est en meilleur état, vous devez tenir, c'est-à-dire marquer les points qui pourraient être restés, et jouer les nombres que vous avez amenés ; mais si les deux jeux étaient égaux, et que vous donnassiez plusieurs points, il faut vous en aller avec l'avantage du dé qui vous reste.

Lorsqu'on n'a pas son coin de repos, il faut avoir les coins de sonnez et de quine, ou *coins bourgeois*, garnis, surtout si l'adversaire a le sien ; mais, ce cas excepté, il vaut mieux tenir la case de quine vide, parce qu'étant pleine, elle presse le jeu, et ôte le six.

Des diverses positions du Jeu.

Il y a au trictrac, comme aux dames et aux échecs, une multitude innombrable de positions, c'est-à-dire, de configuration de dames casées sur les flèches, d'après les nombres amenés par les dés. Il serait donc impossible de les énumérer et de les analyser ; lorsqu'on le pourrait, la mémoire ne pourrait les retenir, et par conséquent cet immense travail serait inutile, si toutefois il n'était pas nuisible aux commençants qu'il épouvanterait. Nous allons donc simplement faire des observations générales sur toutes, et des observations particulières sur celles qui sont les plus importantes, et se reproduisent le plus souvent. On sent qu'il est impossible que nous disions positivement : *Jouez de telle manière dans tous les cas*, puisque tout dépend de votre position, de celle de votre adversaire, et que les conseils, bons dans un cas, seraient pernicieux dans un autre : il faut donc nous borner aux préceptes suivants.

1° Évitez d'avoir une position telle, qu'outre votre coin vous ayez les dixième, huitième et septième cases faites, lorsque vous n'avez point de bois d'abattu, ou que vous avez des dames sur la cinquième case. Le moyen de l'éviter, c'est de ne point faire la case dixième, si elle n'était point faite dès le commencement. Ce serait bien pis si vous aviez des dames en surcharge sur la case du six, ou sur la case du diable ; car vous seriez exposé à l'*enfilade.*

2° Craignez encore la position telle qu'ayant votre coin, vous ayez les sixième, huitième et neuvième cases faites, et point de bois à bas, ou seulement sur la troisième case ; car si vous amenez des trois et des six dans cette position, vous courrez risque de perdre votre jeu et d'être enfilé.

3° Lorsque vous amenez un sonnez, un six et cinq, un quine, ou tout autre gros dé, et que vous avez déjà une de ces mauvaises positions ou quelque autre pire, s'il y a ouverture dans le jeu de l'adversaire, passez une dame dans son petit jan plutôt que de remonter en surcharge dans votre grand jan celles qui sont encore dans votre petit jan, et qui sont votre seule ressource.

4° Lorsque vous cherchez à faire votre plein dans le grand jan, il faut vous hâter de mettre dedans le premier, ou pour mieux dire, de placer une dame sur la flèche vide qui vous reste, afin de remplir le premier : à moins que l'autre joueur, ayant des dés directs pour battre cette dame, n'ait déjà huit ou dix points.

5° Mais, lors même qu'il les aurait, il faudrait encore mettre dedans, au risque de perdre le trou, si son jan était long, et que le vôtre fût court et usé. Un coup de retard pourrait vous faire perdre la partie.

6° Quand vous avez mis une dame dedans par l'un des dés que vous avez amené, et qu'il vous reste à en jouer une autre, vous l'abattez du talon ou vous l'avancez d'une flèche sur l'autre, de manière à vous donner le plus de moyens possibles de remplir. Il n'est pas indifférent de choisir entre plusieurs manières de jouer qui se présentent, celle qui vous procure le plus de facilité pour le faire. Ainsi, vous ferez mieux de jouer de façon à avoir les six, les quatre et les deux, qui donnent trente-trois coups pour remplir, que les six, les quatre et les as qui n'en donnent que vingt-neuf.

7° Ce que nous venons de dire est néanmoins subordonné aux circonstances, aux points dont vous avez besoin. S'il ne vous faut que quatre points, jouez de manière à avoir le plus grand nombre de moyens de remplir d'une seule façon. Vous faut-il huit points ? il est préférable alors de vous ôter des moyens de remplir d'une façon pour augmenter ceux qui font remplir de deux.

8° Lorsque votre adversaire n'a pas son coin, et que votre jeu commence à s'user, afin d'éviter la mauvaise position où vous seriez s'il venait à le prendre, jouez (si le dé le permet) une dame en surcase sur votre coin, afin de battre le sien par les as, et de prendre plus vite le trou.

9° Quand vous jouez une dame dans le petit jan, ne vous embarrassez pas qu'elle puisse être battue à vrai, si elle peut l'être à faux, et qu'il vous importe moins de perdre un trou que d'en gagner un.

10° A plus forte raison faut-il jouer une dame découverte dans votre petit jan, lorsque, pour deux coups, par lesquels elle sera battue à vrai, il y en a quatre ou cinq par lesquels elle sera battue à faux.

11° Lorsque l'adversaire ne joue plus que pour un ou deux trous, qu'il a dix points, et que vous n'avez pas votre coin ; lorsqu'enfin votre partie est désespérée, n'hésitez pas à vous avancer, et surtout à vous faire battre à faux, quand même vous seriez exposé à être battu à vrai. En pareil cas, c'est une duperie de s'amuser à défendre une partie ; il faut la regarder comme perdue et tout risquer : dans une situation désespérée les moyens désespérés sont les seuls convenables.

De l'enfilade. — L'enfilade, comme on sait, est, au trictrac, le comble du malheur : alors vous ne pouvez pas faire votre plein, vous amenez des coups contraires en si grande quantité, que vous êtes obligé de mettre vos dames l'une sur l'autre sans pouvoir caser, tandis que votre adversaire, à qui tout réussit, ayant fait son grand jan, le conserve, passe ses dames par les passages qui se trouvent dans votre grand jan, et les place dans votre petit jan. En ce cas, s'il vous reste encore une ou deux cases à faire, et qu'il manque à l'autre joueur beaucoup de trous pour gagner le tour, risquez des demi-cases pour lui fermer les passages, tâchez de l'obliger de rompre son jan, et par ce moyen retirez-vous, s'il est possible, d'embarras.

Observez que s'il ne lui faut qu'un ou deux trous, vous devez bien vous garder de rien découvrir, autrement ce serait le moyen de le faire gagner plus vite et plus aisément.

Si votre jeu est tellement reculé que votre adversaire a fait son grand jan avant même que vous ayez pris votre coin, comme à chaque coup qu'il joue il gagne des points par son plein et par votre coin qu'il bat, il faut, pour lui ôter cette source de points, prendre votre coin, quand vous devriez vous découvrir.

L'enfilade arrive encore quand on a tenu mal à propos un grand jan, dans l'espérance de gagner des points qu'on n'a point reçus, ou bien même lorsqu'on n'a pu s'en aller, ou qu'enfin on a été obligé de rompre son plein, en sorte que celui contre qui l'on joue trouve des passages ouverts, et conserve le sien.

Si, pressé par quelque gros coup, vous trouvez un passage ouvert dans le jeu de votre adversaire, passez-y une dame, afin de vous conserver encore quelques coups à jouer sans rompre.

Pour conserver son grand jan plus longtemps, il faut passer ses dames, autant qu'il se peut, sur la première case de la deuxième table, afin de s'ôter les six à jouer : cela épargne une dame, et l'on ne perd que deux points.

S'il arrive que l'on soit obligé de rompre son grand jan par cinq et quatre, ou quatre et trois, il est préférable de découvrir deux dames (au hasard d'y perdre quelques points) que de donner si tôt passage à l'adversaire, parce que, ayant le passage ouvert, il conserverait plus longtemps son plein.

Après les grands jans rompus, l'on passe au jan de retour ; mais les bons joueurs n'en font point, parce que, comme ils connaissent le danger qu'il y a de tenir un grand jan mal à propos, ils s'en vont et ne se trouvent jamais à cette extrémité : toutefois on y est souvent entraîné, surtout quand un des joueurs a été enfilé.

Dans le jan de retour, l'on tient une conduite tout autre qu'aux jans précédents ; car, au lieu de se couvrir et de faire des cases tant que l'on peut, comme à ceux-là, à celui-ci, au contraire, ne craignant plus d'être battu, on tient ses dames toutes découvertes, c'est-à-dire que l'on ne fait d'abord que des demi cases. Il y a, toutefois, à ce jan de retour un écueil très dangereux, c'est lorsque vous n'avez pu quitter votre coin de repos, dont les dames ne peuvent sortir que toutes deux à la fois ; alors, si votre jan est pressé, vous êtes contraint de passer vos dames, et souvent il arrive que vous ne pouvez plus faire votre plein.

Pour prévenir ce danger, il faut d'abord ménager votre jeu, ne pas couvrir les dames les plus éloignées, ne pas perdre les occasions de passer vos dames, et ne pas vous obstiner à tort à empêcher votre adversaire de passer. Sitôt qu'il n'y a plus que deux cases dans son grand jan, il faut sortir votre coin, et même le faire quand il en aurait encore trois, si la disposition de votre jeu l'exigeait, car il faut toujours avoir égard aux circonstances.

Tâchez de faire votre coin le premier, 1° parce qu'il est plus facile de le prendre quand les deux coins sont vides ; 2° parce que le joueur qui l'a d'abord, frappe, et toujours plus aisément, dans le jeu de l'autre ; 3° parce que celui-ci le voyant plus près de lui, se serre, et contraint son jeu pour se mettre à couvert ; 4° parce qu'enfin négliger de faire son coin est le premier pas vers l'enfilade.

Sachez mettre une dame dedans à propos, quand l'adversaire n'a pas de points, et qu'il n'en peut pas gagner assez pour un trou. Examinez l'importance qu'il y a d'être couvert, quand particulièrement il s'agit d'une double partie en bredouille : bien plus encore quand il y va du tout ou d'une enfilade. Nous ne saurions trop recommander de s'appliquer à éviter cette position, parce qu'elle détermine presque toujours la perte.

Sur la fin du jeu, il ne faut avancer que le moins que l'on peut, afin d'éviter les enfilades ; si les dés étaient favorables, ils devraient amener du gros au commencement et du petit à la fin, pour permettre de continuer longtemps et éviter les enfilades.

EXEMPLES DES RESSOURCES DU TRICTRAC.

Il ne faut jamais désespérer à ce jeu, où la présence d'esprit, la prévoyance, le soin de ne rien négliger, réparent souvent les positions les plus désespérées. Les deux exemples suivants en donneront la preuve sans réplique.

1° *Ressource unique de deux coups de dés successifs, prévus pour rétablir un jeu presque perdu. V. fig. 9.*

Les deux joueurs ont chacun onze trous : le premier a rempli par un doublet, et marque par conséquent six points ; il semble impossible que le marqué lui échappe. Le second a cinq cases dans son grand jan, la dixième lui manque ; il a une dame en surcase au coin de repos, et dans son petit jan la quatrième case complète, et une dame sur chaque flèche 1re et 2e. Il amène 4 et as, observe le jeu du premier joueur ; jeu très étendu puisqu'il permet de jouer deux forts coups de dés; qu'il a de plus tous les doublets, et qu'ayant déjà six points, le trou ne peut échapper à ce joueur si bien servi. Lui, le second, ne voit pour lui qu'une seule ressource fort incertaine, il la tente. Il joue son deux avec une dame de la quatrième flèche, qui porte sur la sixième; il joue son as avec la dame de la deuxième case qu'il porte sur la troisième : ces deux demi-cases peuvent être battues à faux par cinq et quatre : c'est le seul coup favorable, car, quine, six et cinq, six et quatre, six et trois donnent au joueur au moins quatre points qui, ajoutés aux quatre points de son plein, lui donnent le trou. Mais il amène cinq et quatre, compte pour sa tenue quatre points qui, ajoutés aux six qu'il avait déjà, font dix : alors il bat à faux les deux dames en demi-cases, et donne par conséquent huit points à l'adversaire qui, pour avoir le trou, doit remplir par six et quatre qu'il amène effectivement, ce qui lui fait gagner le marqué. Il résulte donc de cet exemple, que l'on ne doit jamais rien négliger; que le coup unique arrive souvent, et qu'il faut le tenter lorsqu'on n'a pas d'autres ressources.

2° fig. 10. *Grande bredouille perdue avec onze trous et huit points, et le joueur qui l'a perdue marqué lui-même en grande bredouille.*

Ayant onze trous et huit points, un joueur dont l'adversaire n'avait que huit points en bredouille, a été marqué lui-même en grande bredouille par quatre coups de dés, quoiqu'il ne fallût que quatre points pour la gagner. Il avait son plein fait, et trois dames en surcase sur les sixième, septième et huitième flèches; son adversaire avait fait son plein, à l'exception d'une demi-case à la sixième flèche, et, pour remplir, il avait quatre dames sur les deuxième, troisième, quatrième et cinquième flèches. Le premier joueur amène quine qui était le seul point qui pouvait l'empêcher de tenir; par conséquent, il bat à faux les quatre dames du petit jan et la sixième case du grand jan de l'adversaire qui, ayant huits points en bredouille, et gagnant vingt-huit, marque six trous et prend le pavillon : il joue ensuite, amène 3 et as, et remplit de trois manières, marque deux trous, et joue tout d'une avec la dame de la seconde flèche : l'adversaire amène une deuxième fois quine, bat à faux les trois dames dans le petit jan, et ne peut jouer un des 5, ce qui vaut au joueur deux trous et huit points de reste qui, joints aux quatre qu'il gagne par sa tenue, complètent ses douze trous en grande bredouille.

Diverses considérations doivent déterminer le joueur prudent à se contenter de la petite bredouille, savoir : si le marqué lui vaut le postillon ; s'il joue cher ; s'il ne veut pas courir la chance du dé unique. Au reste, ce coup est très-piquant, car n'ayant que le quine à craindre, c'est la chance de un contre trente-six. Il prouve qu'un jeu qui a la plus mauvaise apparence peut se rétablir, et que bien que l'on ait un seul coup de dés pour unique ressource, on doit espérer jusqu'à la fin.

Trictrac à écrire.

Voici le trictrac par excellence, qu'affectionnent à la fois les gens de bonne compagnie et les bons joueurs, parce qu'il donne moins au hasard qu'à l'habileté des combinaisons : aussi le joue-t-on de préférence dans les salons. On le nomme *à écrire*, parce qu'il consiste en un certain nombre de parties dont on tient compte, soit avec des jetons, soit sur du papier au crayon ; mais on emploie plus communément les premiers.

Une partie à écrire se compose, pour l'ordinaire, de huit ou douze marqués.

Pour gagner un marqué, il faut, le premier, prendre six trous : on peut chercher à en prendre plus si l'on veut, et si l'on a assez beau jeu pour cela. Le nombre de trous que l'on peut prendre peut aller à douze, dix-huit, vingt-quatre ou trente ; il n'y a pas de quantité fixée, passé six trous.

Si l'on gagne le marqué sans que la partie adverse ait un trou, on est en bredouille ; de même que si, après qu'elle en a pris, on prend précisément sans interruption ceux qui font gagner le marqué.

Une bredouille de trou ne diffère pas d'une bredouille de points ; et, comme je l'ai déjà dit, on met le *pavillon* pour la marquer.

Des six trous ou plus qu'on a gagnés, on retranche ceux qu'a pris l'adversaire, et l'on marque la somme restante, en y ajoutant une *consolation* de deux points. Si l'on est en bredouille, on double les six trous ou plus, avant la déduction, de même que la consolation. Ainsi, a-t-on gagné six trous, on compte douze et quatre de consolation qui font seize, dont, en déduisant un trou que je suppose pris par l'autre joueur, on marque quinze, soit au crayon sur du papier, soit avec des jetons et des fiches, comme cela se pratique au reversis et au boston, et d'après la convention que l'on en a fait avant de commencer le jeu. De plus, on reçoit, dans ce dernier cas, deux jetons de celui qui est marqué, lesquels servent à indiquer les marqués que l'on a joués.

Lorsque, par la note écrite, ou par le nombre de jetons, on sait que la partie est finie, le compte se règle. Si l'un des joueurs a fait moins de marqués que l'autre, il est *postillonné*, c'est-à-dire que l'on augmente son compte de vingt-huit points pour le premier marqué qui lui manque, et de huit pour chacun des autres. Il peut donc, de cette manière, être postillonné quatre fois si l'on joue en huit marqués, ou six fois si l'on joue en douze.

On additionne ensuite le tout, et le joueur qui est marqué d'un plus grand nombre de points que l'autre, perd, pour la différence des points dont il est marqué en plus (ceux de son adversaire déduits), le montant du prix dont ils étaient convenus pour chaque jeton ou fiche; en outre il perd *la queue*, c'est-à-dire, deux, trois ou quatre fiches en sus, ou une somme quelconque.

Si l'on a joué à tant... la fiche, il peut arriver qu'il y ait un certain nombre de jetons en fraction; s'il y en a cinq et au-dessous, cela compte pour une fiche; dans le cas contraire, ils sont négligés ou ne servent qu'à déterminer la queue. Lorsqu'on marque avec des jetons, il peut se rencontrer que le compte du joueur qui a fait le moins de marqués soit supérieur en nombre de jetons ou points: alors il gagne la queue des jetons, parce qu'ayant le plus fort nombre de jetons donnés à chaque marqué, il a le droit de prendre la totalité de ces jetons donnés de part et d'autre, et les paie en déduction des *postillons* qu'il a essuyés; ou bien, une queue compensant l'autre, il n'en perd point.

Ajoutons, à ce que j'ai dit sur les marqués en bredouille, qu'il y a la petite et la grande bredouille. La petite est celle où l'on compte double seulement les trous d'un marqué gagné jusqu'à douze exclusivement; mais si l'on arrive à douze trous, on gagne la grande, qui consiste à marquer quadruples les trous qu'on a faits, ainsi que la consolation. Dans quelques maisons et même dans certains pays, on continue cette progression jusqu'à dix-huit trous, que l'on marque octuples; jusqu'à vingt-quatre, seize fois, ainsi de suite, en doublant toujours la bredouille existante de six trous en six trous. On devrait jouer ainsi partout, selon les joueurs habiles; à la vérité, cela ferait monter le jeu un peu plus haut, mais le rendrait plus savant et d'un plus grand intérêt.

Si, lorsque celui qui a pris assez de trous pour s'en aller avec le gain du marqué, ayant néanmoins resté pour gagner quelque chose de plus, son adversaire le rejoint au même nombre de trous, c'est un *refait*, on recommence, et le joueur qui perd ensuite le marqué sur nouveaux frais, perd la consolation double, triple, etc., selon qu'il y a eu un ou deux refaits.

Trictrac à la chouette.

Le trictrac à écrire, que l'on joue deux contre un, se nomme *à la chouette*, parce que celui qui joue contre les deux autres reçoit cette dénomination, ce qui a lieu du reste dans bien des jeux. Les deux joueurs, ou associés, tirent entre eux au sort pour savoir qui jouera le premier. Ils jouent chacun deux marqués, dans le premier desquels, à chaque rentrée, la chouette a le dé du premier coup et dans le second, le cède au joueur adversaire.

On joue aussi deux contre deux, et alors celui des deux associés qui a perdu le premier marqué, fait place à l'autre, qui en joue deux de suite, puis il reprend par deux autres de suite également, jusqu'au dernier seul que joue son partenaire.

Dans ces deux arrangements de parties, l'associé qui ne joue pas a le droit de conseiller celui qui joue et de l'empêcher de faire des écoles, ou l'enfilade.

Trictrac à tourner.

Lorsqu'on est plusieurs personnes et qu'aucune d'elles ne veut faire la chouette, ni s'associer, on joue pour son compte à son tour, ce qui s'appelle *trictrac à tourner*.

Si, par exemple, on est trois, et que l'on convienne de jouer en tout douze marqués, c'est quatre pour chacun, et l'on ouvre trois comptes. Celui des deux premiers joueurs qui perd, se lève pour faire place au troisième, qui joue deux marqués de suite, de sorte qu'il se trouve successivement avec deux adversaires, et ainsi de suite, jusqu'au dernier marqué que joue celui qui s'est retiré le premier ; mais à chaque marqué le joueur oisif reçoit une consolation du perdant, égale à la consolation que celui-ci paie à son antagoniste.

Nous terminerons cette instruction sur le trictrac par quelques règles qui n'ont pu trouver place dans la description du jeu, où elles auraient apporté de la confusion et des longueurs.

1. Si l'un des dés sort du cornet après l'autre, le coup n'est pas bon : il en est de même si un dé retombe sur l'autre de manière à le couvrir.

2. Si on lance les dés avant que l'adversaire ait joué son coup, et qu'ils viennent à toucher sa main, le coup est bon, à moins qu'il ne les repousse avec cette main ; ce qui indique l'intention de rompre et y équivaut.

3. Lorsque les dés lancés n'ont touché ni l'une des bandes, ni les dames, le coup doit être recommencé du propre mouvement du joueur qui les a lancés ; il ne doit pas attendre les observations de son adversaire.

4. On ne doit point regarder dans son cornet quand on y a mis les dés.

5. Quand vous avez pris une dame pour l'autre, vous êtes obligé de jouer cette dame, bien qu'elle n'aille pas sur la flèche où vous voulez caser ou couvrir.

6. Si, après avoir fait une fausse case, ou joué inexactement, vous voulez jouer avec exactitude, vous ne le pouvez plus, votre adversaire ayant le droit de trouver que vous avez bien joué.

7. Lorsqu'on a touché, sans dire *j'adoube*, des dames qu'on ne peut pas jouer, il n'y a point de faute, et l'on joue celles que l'on veut.

8. Si vous arrangez mal votre jeu, et qu'une ou plusieurs dames se trouvent entre deux flèches, de manière qu'on ne sache pas à laquelle elles appartiennent, vous les placez sur la flèche où vous croyez qu'elles doivent être ; en cas que vous l'ignoriez, vous pouvez les placer sur la flèche où elles seront moins exposées à être battues.

9. On ne peut pas mettre à l'école des trous : ainsi, si votre adversaire marque un trou de plus, ou oublie d'en marquer un, vous vous bornez à l'avertir.

10. Lorsqu'on a passé son coin ou jan de retour, on peut toujours le reprendre par puissance, si l'adversaire a le sien vide.

11. On peut battre le coin évacué comme celui qui n'a pas été pris.

12. On peut toujours jouer sur la bande pour sortir, lors même que le plein est encore possible au jan de retour. C'est à tort que quelques joueurs soutiennent le contraire.

13. Le dernier coup qui se joue pour la sortie au jan de retour, ne sert pour le premier coup de relevé suivant, que quand on dit : *Je joue pour tout.*

14. On peut faire jouer d'avance à son adversaire le dernier coup de la partie, quoiqu'il ait encore plus de deux dames à sortir; mais on ne peut le forcer de jouer pour tout.

15. Lorsqu'on regarde jouer, on ne doit manifester aucun sentiment d'approbation, de désapprobation, d'admiration ou de surprise, parce que ces divers mouvements avertissent les joueurs, les font tenir sur leurs gardes, et préviennent les écoles et l'enfilade qu'ils ont intérêt à se faire opérer mutuellement.

Il y avait autrefois au trictrac la *pile de misère*, épisode qui rendait le jeu plus difficile, et par cela même plus agréable et plus piquant : on l'a abandonnée; mais des joueurs qui entendraient leur plaisir, feraient bien de la remettre en vigueur. On nomme *pile de misère* la case du coin sur laquelle se trouvent empilées les quinze dames d'un joueur qui n'a pu encore en passer une dans son jan de retour. On gagnait quatre ou six points quand on la faisait, et autant à chaque coup pendant qu'on la conservait.

Il serait à désirer qu'on obligeât, sous peine d'être forcé à rester, le joueur qui s'en va à le dire, ou au moins à le manifester en levant les dames qui ne peuvent se jouer : car il arrive souvent qu'un joueur prend une dame jouable mais dangereuse pour la jouer, et se ravisant, au lieu de la placer, la remet au talon et s'en va. Au reste, c'est une duplicité indigne d'un homme de bon ton et de bonne foi.

Jeu de Dames rabattues.

Le nom de ce jeu en indique la marche : en effet, l'on y rabat toutes ses dames les unes après les autres et on les couche toutes plates à la file. Il est très facile à apprendre, et le hasard l'emporte sur le calcul.

Les préliminaires sont ceux du trictrac : on y joue deux seulement, dans un trictrac garni de quinze dames de chaque couleur, deux cornets et leurs dés.

Chaque joueur doit mettre toutes ses dames dans la table du trictrac, le plus près du jour, et là, il fait six piles ou tas de ses dames, sur toutes les flèches qui sont de son côté ; sur chacune des trois premières flèches, proche du jour, l met deux dames qui font six dames, et sur chacune des trois autres flèches, qui sont jusqu'à la bande de séparation, il place encore trois dames qui, avec les six précédentes, composent les quinze de chaque joueur.

Il faut mettre toutes les dames l'une sur l'autre, et non point accouplées en manière de case.

Ainsi qu'au trictrac, on nomme le plus gros nombre du dé le premier ; les doublets ne s'y jouent qu'une fois ; il est permis de changer de dés et même de rompre, pourvu que l'on ne soit point convenu d'avance qu'il sera interdit de rompre. Celui qui a le plus gros dé commence le jeu. Voici comment on le joue.

Quand chacun a empilé ses dames, celui qui doit commencer jette le dé, puis il rabat de dessus sa pile deux dames, selon le nombre qu'il a fait.

Il doit compter par la case la plus près du jour (ce que l'on observe constamment); ainsi, le joueur qui amène six et as, abat la dame qui est empilée sur la première case où il n'y a que deux dames, et par là joue l'as. Pour le six, il abat une des trois dames qui sont sur la case qui joint la bande de séparation.

Il faut entendre par là que l'on prend l'as sur la première case ou pile, le deux sur la seconde, le trois sur la troisième, le quatre sur la quatrième, et le cinq sur la cinquième, et enfin le six sur la sixième, qui est la dernière.

On voit d'abord que cette manière de jouer les nombres est bien différente des autres jeux de table, où ordinairement, pour jouer un six, on place la dame six flèches au-dessus de l'endroit d'où elle part, au lieu qu'ici l'on ne fait que mettre la dame à bas, sur la même flèche où elle se trouvait empilée.

Quand vous avez joué votre six et as, votre adversaire

joue le dé à son tour ; comme vous avez dû l'observer, il lance les dés rondement, sans hésiter, et les fait toucher au moins votre bande : le coup est bon partout dans le trictrac, pourvu que le dé ne soit pas en l'air ; si, par exemple, votre adversaire amène un dé simple, il joue comme vous l'avez fait ; mais s'il amene un doublet, tel que terne ou double-deux, etc., il n'a qu'une dame à abattre, car vous abattez l'autre pour lui ; mais, en récompense, il a le privilége de recommencer, et lance de nouveau le dé. S'il fait un second doublet, le dé lui appartient encore, et cela jusqu'à ce qu'il amène un nombre simple ; règle qui rend quelquefois le jeu très piquant.

Remarquez deux choses essentielles : 1° la règle précédente ; 2° tout ce qui ne peut point être joué par l'un des joueurs, l'autre le joue, supposez qu'il le puisse ; et s'il ne le peut pas, le coup alors n'est joué ni par l'un ni par l'autre. Ainsi, supposons que votre adversaire a fait d'abord deux et as, qu'il a joué, vous avez ensuite joué, et amené le même coup, que vous avez également joué ; votre adversaire rejoue et fait encore deux et as, il ne les joue point, ni vous non plus, parce que vous n'avez ni l'un ni l'autre aucun de ces nombres, puisque vous les avez déjà abattus.

Ce jeu n'exige presque qu'une attention suivie aux nombres qu'amène la personne contre qui l'on joue, afin de ne pas manquer à jouer ce qu'elle ne joue pas ; car votre adversaire n'est pas obligé de vous avertir de votre jeu ; au contraire son intérêt exige que vous omettiez tous les nombres que vous pourriez jouer, afin d'avancer plus que vous.

On rabat les dames de dessus les diverses piles, voilà la première partie du jeu : on les relève ensuite, voici la seconde. Ainsi, le joueur qui le premier les a toutes rabattues, lève à chaque coup de dé les dames, dans le même ordre où il les a jouées d'abord.

Par exemple, s'il fait bezet, il lève les deux dames de la première case, et parce qu'il a eu un doublet, il joue encore une fois ; s'il fait un second bezet, il ne lève rien, car il n'est pas permis de jouer le bezet tout d'une, en prenant une dame sur la seconde case : la raison en est que chaque case en ce jeu a son nombre fixe et certain, et que la seconde case ne peut servir qu'à jouer un deux, ou deux, la troisième, un trois, et ainsi des autres. Bien que nous ayons dit que les nombres qu'un joueur ne peut jouer sont joués par l'autre, cette règle reçoit ici une exception; car, par exemple, si, après que vous avez rabattu l'as, le deux, le trois, etc., il vous reste encore un cinq ou un six à rabattre, et que votre adrersaire ayant tout rabattu et levé un bezet, ait amené un second bezet; en ce cas, ni lui, ni vous, ne leverez rien : lui, parce qu'il n'a plus de bezet à jouer, et vous, parce que c'est une des règles de ce jeu, qu'on ne peut rien lever tant que l'on n'a point abattu toutes ses dames. Ainsi, lorsque vous n'avez point abattu toutes vos dames, non-seulement vous ne pouvez pas jouer ce que votre adversaire ne joue point, mais encore vous n'avez pas la faculté de jouer même les nombres que vous faites, et c'est votre adversaire qui les joue pour vous, jusqu'à ce que vous ayez rabattu votre dernière dame; ce qui fait que très souvent votre adversaire n'a plus que deux ou trois dames à lever quand arrive votre dernier nombre; quelquefois même il ne lui en reste plus qu'une : mais lorsqu'une fois vous avez abattu votre dernière dame, vous levez bien plus promptement qu'il n'a fait, car vous ne pouvez plus rien faire dans son intérêt, à moins que vous ne fussiez extrêmement malheureux. Lui, au contraire, travaille toujours pour vous; car ayant peu de dames, il ne saurait si facilement faire les nombres qui lui manquent, et toutes les fois qu'il lui en arrive de petits, il reste dans l'inaction; aussi arrive-t-il souvent que celui qui a commencé à lever perd la partie. Celui qui le premier a levé toutes ses dames est le gagnant.

La règle que bois touché est bois joué, n'est point admise au jeu des dames rabattues, parce que chaque pile de bois a son nombre fixe, car il est impossible de pouvoir jouer le même nombre de différents endroits; ainsi, supposé que vous ayez fait un carme, et qu'au lieu d'abattre les dames de la quatrième case, vous ayez abattu deux dames de la cinquième, vous devez remettre ces deux dames sur leur case, et jouer votre carme avec celles de la quatrième.

Jeu du Revertier.

Ce jeu, dont le nom vient du mot latin *revertere*, qui signifie revenir ou retourner, est très justement dénommé; car il consiste à faire faire à ses dames tout le tour du trictrac, et à les faire revenir dans la même table d'où elles sont parties.

Le revertier se joue dans un trictrac : comme à ce dernier jeu, il faut trente dames, quinze d'une couleur et quinze d'une autre, deux cornets et des dés. C'est à celui qui amène le plus gros dé à commencer ; on nomme le plus gros nombre le premier ; les doublets portent les noms particuliers qu'on leur donne au trictrac. On lance les dés de la même manière, et les règles établies pour qu'ils soient valables ou non, sont exactement les mêmes. Le privilége de rompre les dés, la convention qu'il faut faire d'avance à cet égard, sont encore les mêmes qu'au trictrac.

On ne peut jouer que deux ensemble ; cependant, si l'un des joueurs est beaucoup plus faible que l'autre, il peut prendre un conseil, de son consentement.

Il faut préalablement disposer son jeu : pour cela, chacun empile ses dames, de telle sorte que celles avec lesquelles vous devez jouer soient dans le coin de votre adversaire, de son côté, et que celles qui doivent lui servir soient dans le coin de votre côté, et à votre gauche.

Cela fait, commencez la partie. Vous ne pouvez faire aucune case, c'est-à-dire mettre deux ou plusieurs dames accouplées l'une sur l'autre dans les deux tables du trictrac, qui sont du côté de la pile de votre adversaire. Pour entendre cela plus facilement, imaginez que vous jouez contre moi, et que, par conséquent, le tas de vos dames est dans le coin, à ma gauche, sur la première flèche de la bande qui me touche. Les miennes sont pareillement de votre côté et à gauche. Nous avons tiré le dé, c'est à vous de jouer le premier, et vous amenez terne. Vous ne pouvez faire une case, mais vous devez jouer ce terne de manière que vous ne mettiez qu'une dame sur chaque flèche ou lame.

Avant d'aller plus loin, je vais vous donner deux avis. Le premier, c'est qu'il vous faut conduire vos dames qui sont empilées à ma gauche, jusqu'au coin qui est à ma droite ; de là vous les passerez sur les flèches qui sont de votre côté à votre gauche et les ferez aller jusqu'à votre droite ; puis moi je suivrai exactement la même marche, en sens contraire, bien entendu.

Le second avis est que les doublets se jouent doublement, c'est-à-dire, que l'on joue deux fois le doublet qu'on amène, soit avec une seule dame, soit en plusieurs. Si vous avez fait terne, qui ne se compose que de six points, vous êtes obligé d'en jouer douze ; quand le doublet est du premier coup, par conséquent vous ne pouvez le jouer que de votre tas, alors il vous faut jouer d'abord trois 3, avec une seule dame que vous mettez sur la neuvième case, et jouer le quatrième 3 sur la troisième case.

Il arrive souvent qu'on ne peut jouer tous les nombres que l'on amène ; par exemple, quand du premier coup on fait sonnez, on le joue seulement une fois, parce qu'on ne peut mettre sur les flèches du côté de son tas de bois qu'une dame seule, et qu'on ne saurait jouer tout d'une dame, parce que le passage se trouve fermé par le tas de bois de l'autre joueur : souvent aussi l'on est obligé de passer ses dames de son côté, quand après avoir joué un ou deux coups, on fait un gros doublet que l'on ne peut jouer du côté où est sa pile de dames ; c'est ce qu'il faut éviter autant que possible, et pour cela se donner d'abord tant que l'on pourra tous les grands doublets, comme terne, carme, quine ou sonnez, afin de pouvoir les jouer ensuite, s'ils viennent, sans gâter son jeu.

De la tête. — Quoique vous ne puissiez mettre qu'une seule dame sur les lames du côté de votre tas, il y a toutefois une flèche sur laquelle vous en pouvez placer à volonté. Cette flèche, nommée *la tête*, est la onzième case, c'est-à-dire la dernière en comptant depuis votre tas, ou, pour être plus clair, c'est la flèche du coin qui est à la droite de votre adversaire. Il faut avoir soin de la bien garnir, parce que l'on case ensuite plus facilement ; il n'y a aucun risque d'y mettre sept ou huit dames.

Des cases et de la manière de battre. — Quand vous avez mené une partie assez considérable de vos dames, de la gauche à la droite de votre adversaire, et que votre tête est bien garnie, il faut commencer à caser du côté de la pile de l'autre joueur, contre elle le plus près que vous pourrez, en joignant vos cases autant qu'il vous sera possible, et faisant des *sur-cases*, lorsque vous ne pourrez caser, ou passant toujours des dames de votre tas à votre tête.

Or, ces *sur-cases*, qui consistent à mettre une ou deux dames sur une lame où il y en a déjà deux accouplées, sont d'une grande utilité. On les nomme *batadours*, parce qu'elles servent à battre les dames découvertes, sans que l'on soit forcé de se découvrir soi-même.

Lorsque vous avez fait quelques cases auprès de la pile de votre adversaire, si vous trouvez l'occasion de lui battre une ou deux dames, il faut la saisir. On appelle *battre une dame*, lorsqu'on met une de ses dames sur la flèche où est placée celle de son adversaire. L'on peut encore, en passant, battre une ou deux dames avec une seule. Par exemple, vous faites cinq et quatre ; vous jouez d'abord le cinq, et vous battez une dame ; puis de la même dame dont vous avez joué le cinq vous jouez le quatre, et vous couvrez une de vos dames, ou bien vous battez une autre dame.

Vous donnez toutes les dames battues hors du jeu, au joueur auquel elles appartiennent, ou bien il les prend de lui même et ne peut plus jouer qu'il ne les ait toutes rentrées.

De la manière de jouer. — Chacun doit rentrer les dames qu'on lui a battues, du côté et dans la table où se trouve la pile de bois ; mais pour cela il faut trouver des passages ouverts. On ne peut rentrer sur soi, mais on peut rentrer sur son adversaire en le battant, quand il se trouve quelques unes de ses dames découvertes.

Lorsqu'on rentre, on compte toutes les flèches, même celle où est le tas de bois, laquelle est la première, et, par conséquent, la rentrée de l'as. Ainsi, le joueur qui a fait des as, ayant encore des dames sur sa pile, ne peut point rentrer.

Comme le plus haut point d'un dé est six, et qu'on ne rentre que par le nombre que chaque dé amène, il est clair que l'on ne saurait rentrer que dans la première table, celle où se trouve le tas de bois.

Il est donc établi que vous ne pourrez rentrer que dans cette table, et que vous ne pourrez rien jouer tant que vous aurez des dames à rentrer. Vous voyez bien que si vous aviez deux ou plusieurs dames à la main, et que votre adversaire eût fait plusieurs cases dans cette première table, en sorte qu'il restât seulement une case vide, il vous serait inutile de rentrer une dame, parce que votre adversaire jouant ensuite, ne manquerait pas de battre cette dame, et ce serait du temps perdu. C'est pour cela que lorsqu'un joueur a plus de dames à la main qu'il ne trouve de rentrées ou passages ouverts, l'on dit *qu'il est hors de jeu*, et il laisse jouer son partenaire jusqu'à ce que celui-ci ouvre des passages.

Prenez bien garde de découvrir aucune dame dans la table de rentrée de votre adversaire, après avoir mis des dames de votre tas sur toutes les cases ou les lames de la table de votre rentrée; car bien que j'aie dit précédemment que celui qui a plus de dames à la main qu'il n'a de rentrées, soit *hors de jeu*, il lui est permis de rentrer toujours une des dames qu'il a à la main. Si vous avez quelque dame découverte, et que votre adversaire soit assez heureux pour la battre, dans le temps où vous vous êtes fermé tous les passages, vous auriez perdu la partie, lors même qu'il aurait encore plusieurs dames à la main; et la raison qui vous fait perdre, c'est qu'en vous battant, votre adversaire a joué; que c'est ensuite à votre tour, et que cependant vous ne le pourriez pas du tout, malgré que vous ayiez une dame à la main, parce que les passages vous manqueraient pour rentrer.

De la conduite à tenir à ce jeu. — Quand vous êtes parvenu à mettre votre adversaire hors du jeu, appliquez-vous à faire des cases jointes et serrées, depuis le tas de bois de votre adversaire, et surtout gardez-vous d'épouser d'abord des cases éloignées dans la seconde table auprès de la tête de votre adversaire.

Dès que vous aurez six cases ou tabliers, ou même sept de suite, et bien joints, poussez vos cases dans la *table-tête* de votre joueur, et joignez toujours bien vos cases, en laissant quelques-unes de vos dames découvertes dans sa table de rentrée, afin qu'il soit obligé de rentrer et de vous battre.

Est-il rentré et vous a-t-il battu, il est contraint de jouer tous les nombres qu'il amène, de telle sorte qu'insensiblement il passe son jeu dans votre *table-tête*, pendant que vous menez les dames qu'il vous a battues.

Si, après être rentré, votre adversaire n'avait pas encore assez *vidé*, c'est-à-dire passé son jeu dans votre *table-tête*, il faudrait vous faire encore battre; car tandis que vous rentrez et ramenez les dames qu'il vous a battues, il est forcé de jouer et de toujours passer son jeu, parce que, tant que vous avez six cases jointes, il ne peut pas jouer les dames qui sont sur son tas ou dans les cases de sa rentrée; ainsi, il est obligé de jouer tout ce qui est sur sa tête et dans les autres tables, et de passer dans votre *table-tête*.

De la double. — En commençant le jeu l'on convient de

jouer la partie double ou simple. Pour entendre ce que c'est que la double, il faut se rappeler ce qui a déjà été dit, que l'on rentre les dames battues dans la table du tas, dans laquelle, comme dans les autres tables, il y a six flèches, dont la première est occupée par la pile des dames. Or, supposons que vous avez des dames sur votre tas ; qu'en outre, vous avez quatre dames sur quatre autres lames de cette même table du tas, vous voyez que ce serait cinq lames occupées, et que n'y ayant que six lames, et ne pouvant rentrer sur vous-même, il ne vous resterait qu'une entrée : si, en cet état, votre adversaire vous battait deux dames, vous seriez infailliblement *doublé*, parce que vous ne pourriez, n'ayant qu'un passage, rentrer ces deux dames. Quand on joue la double, le *doublé* perd le double de ce qu'on a joué.

Si, après que votre adversaire vous a battu, et qu'il est rentré, il lui est venu des coups si contraires qu'il n'a pu faire de cases, et qu'il a été forcé de mettre plusieurs dames à découvert ; si vous pouvez, en rentrant les dames qu'il vous a battues, ou après être rentré, lui battre plusieurs dames, en sorte qu'il lui reste plus de dames que de passages, il est *doublé*, si, comme je l'ai dit, on est convenu de jouer la double.

De la manière de lever et finir le jeu. — Quand les chances et l'habileté sont à peu près égales entre les deux joueurs, et que ni l'un ni l'autre n'ont été doublés, il faut jouer et faire ses cases toujours jointes en s'approchant peu à peu de la tête de son adversaire.

Lorsque toutes les dames sont passées dans la table-tête de celui-ci, à chaque coup de dé alors on peut lever toutes celles que le nombre du dé porte sur la table du trictrac, de même qu'il se pratique au jeu de trictrac, lorsqu'on rompt un jan de retour.

Si, néanmoins, votre adversaire avait encore quelques dames derrière vous, il vaudrait mieux découvrir une de vos dames, la plus voisine de lui, pour vous faire battre, afin de lui faire entièrement passer son jeu ; car si vous leviez d'abord tout ce que vous pourriez jouer, ou que vous guindiez votre jeu sur la flèche de la tête de votre adversaire, il serait possible que vous fussiez par la suite obligé de *faire table*, c'est-à-dire de laisser une dame découverte, qu'il vous battrait d'abord ; puis vous seriez peut-être encore forcé d'en découvrir une autre qu'il vous battrait de nouveau, de manière que, faisant après cela quelques coups avantageux, il pourrait avoir levé avant vous.

L'on doit cependant se régler suivant la disposition du jeu de son adversaire ; car si son jeu était entièrement passé au fond de la table de votre tête, qu'il fût empilé sur deux ou trois cases, ou même sur quatre, qu'il n'eût qu'une ou deux dames, et même trois ou quatre derrière vous, et rien sur la tête, alors il n'y aurait rien à craindre pour vous, il serait inutile de vous faire battre, et vous pourriez en toute sûreté lever ou *trousser* tout votre jeu.

Celui qui a plus tôt levé toutes ses dames gagne la partie. En troussant, on joue les dés doublement comme dans le cours du jeu. Le revertier ressemble à cet égard *aux dames rabattues*. *Caser* est la moitié du jeu, *trousser* est l'autre moitié. Celui qui a gagné la partie a le dé pour la revanche.

Des avantages qui peuvent être donnés. — Ceux qui ont l'expérience de ce jeu donnent des avantages aux joueurs peu exercés, et ces avantages varient suivant le degré de force de celui qui les reçoit.

Le premier et le moindre des avantages, quoiqu'il ne laisse pas d'avoir de l'importance, est de donner le dé.

On accorde ensuite six et as abattus, ou bien quatre et trois, ou deux dames sur la tête, et même davantage à proportion de la faiblesse de l'*avantage* ; il n'est pas possible de régler précisément l'avantage que chacun doit donner et recevoir, car cela dépend absolument de la disposition des joueurs.

Ainsi qu'aux jeux précédents (le trictrac et les dames), il faut avoir soin de dire *j'adoube*, lorsqu'on veut arranger son jeu, ou même seulement voir la couleur de la flèche ; car la règle *dame touchée, dame jouée*, subsiste au *revertier*, dans toute sa rigueur.

Jeu de Gammon ou Toutes-Tables.

Le nom de *toutes-tables* était autrefois, en France, la dénomination de ce jeu, mais le titre de *gammon*, ou *back-gammon*, l'a remplacé : ce dernier nous vient des Anglais, chez lesquels ce jeu est très usité : c'est là leur trictrac ; car ils ne jouent point le nôtre.

Tous les préliminaires indiqués pour le trictrac et le revertier sont nécessaires ici ; il faut les quinze dames, le tablier, les cornets, les dés, les fichets (de plus qu'à ce dernier jeu). On ne joue que deux personnes, en s'aidant d'un conseil, s'il y a lieu ; on appelle les nombres les plus forts du dé les premiers, et les règles établies pour la valeur des dés lancés sont absolument les mêmes qu'aux jeux précédents.

Du placement des dames. — Pour entendre comment vous devez disposer le jeu et placer vos dames, imaginez-vous que vous êtes assis devant une table, auprès d'une fenêtre placée à votre gauche ; que sur cette table il y a un trictrac ouvert, et que de l'autre côté de la table soit votre adversaire. Il faut alors mettre vos dames dans ce trictrac, savoir : deux sur la flèche qui est dans le coin à la droite de votre adversaire et de son côté ; cinq sur la flèche qui est dans l'autre coin à sa gauche ; trois sur la cinquième flèche de la table qui se trouve de votre côté et à votre droite, et les cinq dernières sur la première flèche qui joint la bande de séparation dans la seconde table, de votre côté et à votre gauche.

Votre adversaire doit faire la même chose : il doit mettre deux dames sur la première lame du coin qui est de votre côté à votre gauche ; cinq sur la dernière lame du coin placée de votre côté à votre droite ; trois sur la cinquième lame de son côté à sa gauche, et les cinq dernières sur la première lame qui joint la bande de séparation dans la seconde table de son côté à sa droite.

De la manière de jouer. — Ce jeu, qui a beaucoup de rapport avec le revertier, veut, comme lui, que les doublets se jouent doublement : on bat les dames de la même manière, et toutes les dames qui ont été battues sont encore, comme au revertier, mises *hors de jeu*, et le joueur auquel elles appartiennent ne peut jouer quoi que ce soit, qu'il ne les ait toutes rentrées.

Au commencement de la partie, selon les dés que vous amenez, vous pouvez jouer ou les deux dames qui sont dans le coin à droite de votre adversaire, ou celles qui se trouvent dans le coin à sa gauche, ou bien celles qui sont dans les tables de votre côté, et faire des cases indifféremment dans toutes les tables (privilége qui donnait autrefois au jeu le nom de *toutes-tables*) : afin que vous ne fassiez pas marcher vos dames d'un côté pour l'autre, il importe que vos deux dames qui sont dans le coin à droite de votre adversaire viennent jusqu'au coin à sa gauche ; de là vous les passez de votre côté à droite, et les faites ensuite aller avec tout le reste de vos dames dans la table située à votre gauche, parce que c'est dans cette table-là que vous devez passer votre jeu, et qu'il est essentiel que vous y passiez toutes vos dames avant d'en pouvoir lever aucune.

De la manière de rentrer. — Les détails que nous avons donnés au revertier sur la manière de battre les dames, nous dispensant d'y revenir ici, nous allons immédiatement nous occuper des rentrées. On a observé qu'il fallait que vos deux dames, placées à la droite de votre adversaire, allassent à sa gauche, qu'elles vinssent de là à votre droite, et de votre droite dans la table qui est à votre gauche, de votre côté, tandis que les deux dames de votre adversaire suivraient une marche semblable : par conséquent, ces deux dames, qui font absolument le tour du trictrac, sont la *tête* ou *pile* du jeu : toutes les dames qui ont été battues doivent rentrer par la table où l'on place ces *dames-tête*, c'est-à-dire que vous, vous devez rentrer par la table où sont ces deux dames, tables situées, comme vous le savez, à la gauche de votre adversaire.

Il est facile de rentrer à ce jeu, car, non-seulement vous pouvez rentrer sur votre adversaire en le battant, quand il a quelques dames découvertes, mais encore vous pouvez rentrer sur vous-même, et mettre sur une même flèche autant de dames que vous voudrez. Par exemple, si, n'ayant point encore joué vos deux dames du coin ou tête de votre jeu, vous faites un bezet, et que vous ayez quatre dames à rentrer, vous pouvez les mettre toutes sur cette même flèche où sont vos deux dames ; si vous avez quelque autre case dans la table de votre rentrée, vous pouvez de même y mettre le nombre de dames qu'il vous plaît. On nomme ces cases-là des *ponts*, parce qu'elles servent à passer, et sont fort utiles.

De la conduite à tenir au gammon. — Il y a dans ce jeu quatre piles de dames : 1° celle qui fait la tête du jeu, et qui se compose des deux dames placées dans le coin à droite de votre adversaire ; 2° les cinq dames dans le coin à sa gauche ; 3° les trois dames qui se trouvent sur la cinquième case de la table qui vous touche à gauche ; 4° les cinq dames mises sur la première flèche qui joint la bande de séparation dans la seconde table. Si du premier coup que vous jouez vous faites six ou cinq, il faut jouer une des dames de la tête et la mettre sur la seconde.

Faites-vous un six et un as, jouez un six de votre seconde pile, un as de la troisième, et faites une case.

Amenez-vous trois et as, jouez le trois de votre troisième pile, l'as de la quatrième, et faites également une case : en un mot, il faut tâcher de faire quatre ou cinq cases de suite autour de vos troisième et quatrième piles, afin d'empêcher votre adversaire de passer les dames de sa tête ou première pile.

Quand vous avez quatre ou cinq cases, si vous pouvez encore caser, gardez-vous d'en manquer l'occasion, et joignez toujours vos cases tant que vous pourrez ; si votre adversaire se découvre lorsque votre jeu est ainsi avancé, il ne faut point hésiter : si, au contraire, son jeu était plus avancé que le vôtre, et qu'il se découvrît, il ne faudrait pas le battre, car souvent les bons joueurs tendent des pièges pour faire tomber dedans, et gagner ensuite la partie double, ou du moins avoir la simple assurée. Il convient donc d'examiner, avant de battre, si votre adversaire ne pourra pas vous battre à son tour, et en cas qu'il vous batte, si vous pouvez rentrer facilement.

De la manière de lever et finir le jeu. — Lorsqu'on a passé toutes ses dames dans la table de la quatrième pile, on lève à chaque coup de dé toutes les dames qui donnent sur la bande du trictrac, de même qu'au revertier et au jan de retour du trictrac.

Pour chaque doublet on lève quatre dames, quand on en a qui donnent justement sur le bord ; si la case que l'on devait lever se trouve vide, et qu'il y ait des dames derrière pour jouer le doublet que l'on a fait sans rien lever, il faut le jouer ; s'il n'y a rien derrière, on lève celles qui suivent la flèche, d'où le doublet amené devait partir. Celui qui a le premier levé toutes les dames gagne la partie simple.

De la double. — On joue souvent en deux ou trois parties, et même en plus grand nombre, parce que ce jeu va assez vite.

Quelquefois aussi on joue à la première partie, et l'on convient que le joueur qui gagnera la partie double, recevra le double de ce que l'on a joué.

On gagne la partie double quand on a levé toutes ses dames avant que l'adversaire ait passé toutes les siennes dans la table de sa quatrième pile, et qu'il en ait levé une ; autrement le gain ne regarde que la partie simple. Quand on joue en plusieurs parties, et que l'on gagne double, on marque deux parties : le gagnant recommence et a le dé.

Des avantages. — Les avantages que l'on peut faire au *gammon* étant les mêmes que ceux du *revertier*, nous y renvoyons le lecteur. Outre les avantages communs à ces deux jeux, il y a encore pour celui qui nous occupe, *toute-table, ambezas, à bas le dé*, et autres qui dépendent de la convention des joueurs. Comme ces titres annoncent assez leur nature, il est inutile que nous nous arrêtions à les expliquer.

Jeu du Garauguet.

Le nombre trois est la chose importante à ce jeu, qui est encore un dérivé du trictrac. Les instruments et les préliminaires sont semblables à ceux de ce dernier, à l'exception que l'on a trois dés, et que l'on joue les dames de manière à les amener dans la région où est le talon de son adversaire ; celui qui est sorti le premier gagne un trou ou deux, si la double a été convenue.

Le garauguet est, à proprement dire, le trictrac à trois dés ; mais si dans les nombres qu'on amène avec ces trois dés il se trouve un doublet, on le joue double, comme au revertier et au gammon, pourvu toutefois que l'un des deux nombres qui le composent soit plus fort que le troisième dé ; au cas contraire, on le joue comme un nombre simple. Ainsi, si j'amène deux, deux, trois, je joue sept points en une, deux ou trois dames ; mais si je fais quatre, quatre, trois, je joue seize points pour les carmes, et trois pour le troisième dé ; si j'amène trois nombres égaux, six, six, six, ce qui forme un *triplet*, je joue trois fois. Voyez pour le reste du jeu le *trictrac* et le *gammon*.

Jeu du Plein.

Ce jeu est encore, comme les précédents, un dérivé du trictrac : il a beaucoup de rapport avec le revertier. On lui donne le nom de *plein*, parce que son but est de faire le plein, c'est-à-dire que les joueurs s'efforcent de parvenir à mettre douze dames couvertes et accouplées dans la table du grand jan, que l'on appelle aussi grand plein au trictrac.

Les dames, les cornets, les dés, le tablier, tout est réglé comme à ce jeu; les joueurs n'y sont pas en plus grand nombre; on jette les dés avec force, et les coups en sont déterminés d'après les usages du trictrac et du revertier; les doublets s'y jouent doublement comme à ce dernier jeu et au gammon.

Lorsqu'on sait jouer au trictrac, on apprend avec la plus grande facilité le jeu du plein, qui demande bien, il est vrai, quelque combinaison, mais qui dépend en grande partie du hasard. Ce que nous avons déjà dit sur le trictrac et le revertier nous interdit de longs détails, qui seraient des répétitions.

Chaque joueur ayant empilé ses dames sur la première case, ou flèche de la table, la plus éloignée du jour (comme au trictrac), on abat beaucoup de bois; on couche ensuite six autres dames toutes plates sur les flèches du grand jan, parce qu'ayant du bois abattu, il est après cela plus facile de couvrir.

Il est permis de mettre une seule dame dans le coin, qu'on nomme au trictrac *coin de repos*.

Il est important de ne point forcer son jeu et d'avoir toujours les grands doublets à jouer. Celui qui a plus tôt couvert toutes ses dames dans la seconde table a gagné la partie; mais, au contraire des jeux précédents, il n'a pas le dé pour la revanche, et on tire à qui il appartiendra.

Jeu du Jacquet.

Modification du gammon, le *jacquet* se joue dans le tablier d'un trictrac. Les doublets s'y jouent doublement; on convient à l'avance si l'on jouera la partie simple ou double: celui des deux joueurs qui a levé ou sorti le premier, gagne un trou ou deux, selon la convention que l'on a faite. Les finesses et les combinaisons de ce jeu consistent uniquement à s'étendre et à occuper le plus de flèches qu'on peut, afin de fermer tous les passages à son adversaire, de le retarder dans les efforts qu'il tente pour rentrer le plus promptement possible, et enfin, de sortir par conséquent le premier: voici les ressemblances du jacquet avec le gammon. Quant aux différences, chaque joueur met son talon de dames dans un des coins en face de lui, de manière que les deux talons sont aux deux extrémités de la transversale du trictrac. Les deux joueurs sont obligés de jouer la première dame seulement, jusqu'à ce qu'elle soit arrivée dans la partie ou région opposée à leurs talons respectifs ; après cela, tous les autres coups se jouent à volonté, soit en abattant du talon, soit en jouant les dames abattues.

Il est inutile de dire que les règles des dés sont les mêmes qu'au trictrac.

Jeu du Toc.

Autre dérivé du trictrac. Le jeu du *toc* est très facile pour les personnes qui connaissent le premier : elles n'ont aucune étude à faire, parce que l'un et l'autre ont les mêmes règles, la même marche et la même disposition. Seulement le toc est moins compliqué que le trictrac, parce qu'il n'embrasse que quelques-unes des parties de ce jeu. Son nom de *Toc* lui vient de ce que le but des joueurs est de toucher et de battre les dames de leurs adversaires, ou de gagner une partie double ou simple par un jan ou par un plein. Ce jeu se réglant comme le trictrac, nous savons à l'avance qu'il faut y jouer avec les instruments de celui-ci ; que l'on joue deux seulement ; que l'on tire le dé pour savoir à qui commencera ; que les conventions reçues pour la valeur des dés sont invariables et en certain nombre ; qu'en définitive, le dé est bon partout, comme dans le trictrac, pourvu qu'il ne soit point en l'air ; qu'enfin on doit jouer le dé rondement et ne point affecter de le laisser seulement couler hors du cornet pour tâcher de faire un petit nombre.

Ajoutons que les plus gros nombres s'appellent les premiers ; que les doubles ne se jouent qu'une fois ; qu'on place ses dames sur la première lame de la première table pour les mener ensuite dans la seconde à son plein ou grand jan ; toutes choses qui sont d'usage au trictrac.

L'on ne marque pas néanmoins comme à ce dernier jeu ; car, au lieu de points, on marque un trou ou deux, selon le coup que l'on a fait. On joue en plusieurs trous ; il dépend des joueurs d'en fixer le nombre ; on peut même jouer au premier trou.

Pour comprendre cette variation du trictrac, imaginez-vous que vous jouez contre moi au premier trou ; que j'ai mon petit jan fait, à la réserve d'une demi-case, et qu'au premier coup que je joue je fais mon petit jan par un nombre simple : si nous jouions au trictrac, je marquerais seulement quatre points; mais comme c'est au toc, le trou remplace les points, et la partie est gagnée, parce que nous étions convenus de jouer au premier trou.

Si, en convenant de jouer au premier trou, nous convenons aussi de jouer à la double : si alors je remplis par deux moyens ou par un doublet, ou que je vous batte une dame par deux moyens ou par doublet, ou enfin, que je fasse quelque jan ou rencontre du jeu de trictrac par doublet, comme, par exemple, si je battais le coin, ou que, commençant la partie, je fisse jan de deux tables ou jan de mézeas par doublet, je gagnerais la double, et vous paieriez le double de la valeur jouée.

Les mêmes jans et coups du trictrac se rencontrent à ce jeu, tant à profit qu'à perte pour le joueur qui les fait.

Si l'on joue à plusieurs trous, celui qui gagne un trou de son dé a la liberté de s'en aller, ainsi qu'au trictrac.

Quand on parvient à battre les dames de son adversaire, on dit : *Je fais toc*. Relativement à la manière de jouer, l'essentiel est de marcher le plus serré qu'on peut, et toujours couvert, autant qu'il se peut encore.

Jeu du Tourne-Case.

Le hasard décide seul à ce jeu, car l'intelligence y a très peu de part; aussi n'aurions-nous pas manqué de le mettre à la TROISIÈME PARTIE, si ses rapports étroits avec le trictrac et les dérivés de ce jeu ne nous avaient semblé commander de le placer dans la même série. On pense bien que les instruments et les préliminaires du tourne-case sont ceux du trictrac, excepté qu'on n'emploie que trois dames de chaque couleur. Nous n'y reviendrons donc pas; seulement, nous dirons que *chacun se sert*, et qu'à l'égard des règles des coups de dés, il arrive rarement qu'il se trouve des coups douteux, à raison du petit nombre des dames. Toutefois, lorsqu'il y a lieu, on a recours aux règles observées au trictrac et au revertier.

Vous commencez par mettre vos trois dames à part, à convenir si vous jouerez la simple ou la double; à tirer le dé pour savoir à qui commencera. Supposons que le sort décide pour vous; supposons encore que vous amenez d'abord six et cinq : vous ne pouvez jouer que le second, parce que, au *tourne-case*, c'est une règle absolue qu'on ne joue jamais que le plus bas nombre; par conséquent, au lieu d'appeler, comme aux jeux précédents, le plus gros nombre le premier, on appelle le plus petit, et l'on ne nomme pas du tout l'autre. Si, après avoir fait six et cinq, vous amenez sonnez, vous n'en pouvez jouer que la moitié, et il faut jouer cette moitié avec la même dame avec laquelle vous avez déjà joué un cinq, parce que, si vous la jouiez avec une autre dame, il faudrait passer par-dessus celle dont vous avez joué le cinq; et, à ce jeu, il n'est point permis de passer aucune dame par-dessus l'autre; il faut qu'elles se suivent et marchent alignées.

Afin d'entendre cela clairement, il importe de savoir que les trois dames que vous aviez d'abord hors du trictrac, à votre gauche, doivent aller l'une après l'autre jusqu'au coin de la seconde table qui est à votre droite. Votre adversaire doit également conduire ses trois dames depuis sa droite jusqu'au coin qui se trouve à sa gauche; mais avant que ces dames puissent arriver à ce coin que l'on peut nommer le *coin de repos*, elles sont plusieurs fois respectivement battues.

Comme les deux joueurs jouent et marchent également dans les mêmes tables et en face l'un de l'autre, chaque fois que le nombre du dé porte une dame sur une flèche qui se rencontre vis-à-vis de celle où il y a une dame de l'adversaire, cette dame est battue, et son possesseur est obligé de la prendre et de la rentrer dans le jeu.

A ce jeu l'on bat malgré soi, parce que jouer constamment le plus petit nombre, et ne point passer une dame par-dessus l'autre sont deux règles fondamentales. Ainsi, votre joueur fait d'abord trois et deux, et joue le dernier nombre comme le plus petit. Si vous faites deux et as, vous ne pouvez pas battre et jouer le deux, et vous êtes contraint de jouer l'as d'après la règle.

Si votre adversaire fait six et deux au second coup, il faut, en vertu de la même règle, qu'il joue le deux de la même dame dont il avait joué le deux précédent, parce que c'est encore une des règles de ce jeu que, hors le coin du repos, on ne peut accoupler ses dames : or, l'adversaire ayant joué ce second deux, a sa dame sur la quatrième case de la première table de son côté, vous avez votre as sur la première table aussi de votre côté : ainsi, si vous faites quatre et trois, vous ne pouvez vous dispenser de battre la dame de votre adversaire, c'est à-dire de mettre votre dame sur la quatrième case de votre côté, vis-à-vis la sienne, parce que vous ne pouvez jouer le trois (qui est le plus petit nombre) qu'avec la dame dont vous avez joué l'as, puisqu'il ne vous est point permis de passer une dame par-dessus l'autre.

Votre adversaire, qui a été battu, reprend donc sa dame et joue ; s'il fait cinq et quatre, forcé de jouer ce dernier nombre, il vous bat à son tour.

La règle qui défend de passer ses dames l'une sur l'autre, fait que l'on joue souvent beaucoup de coups inutiles, surtout quand on a conduit ses dames, savoir : l'une dans un coin, et les deux autres tout auprès, en sorte qu'on ne peut les mettre sur le coin qu'en faisant un as, puis un deux, et l'on souhaite alors vivement d'être battu pour sortir de cette gêne.

Le joueur qui a mis le plus tôt ses trois dames dans un coin, gagne la partie ; s'il les y mettait toutes trois avant que son adversaire y en eût mis aucune, il gagnerait la double, si l'on était convenu de jouer ainsi.

CHAPITRE III.

Jeu des Échecs.

Maintenant que nous avons enseigné les règles du trictrac et de ses nombreux dérivés, passons aux échecs. C'est un des jeux les plus anciens, les plus savants et les plus susceptibles d'intérêt[*]. On attribue l'invention des *échecs* à Pala-

[*] C'est peut-être le seul qui ait eu les plus illustres joueurs. Euripide rapporte dans *Iphigénie en Aulide*, qu'Ajax jouait aux échecs en présence d'Ulysse. Homère dit, dans le premier livre de l'Odyssée, que les princes, amants de Pénélope, s'exerçaient à ce jeu devant la porte de cette princesse. On montrait, plusieurs années avant la révolution, à l'abbaye de Saint-Denis, les échecs avec lesquels Charlemagne se délassait de ses travaux. Henri IV jouait à ce jeu de préférence, et je me rappelle à ce sujet avoir lu une anecdote assez piquante dans les notes du poème publié sur les échecs par M. Cérutti. Le roi faisait sa partie avec Bassompierre, et tous deux étaient très-occupés. Tout à son jeu, Bassompierre, en levant un cavalier, laisse échapper certain soupir dont le bruit est fort retentissant. Le partenaire était le bon Henri ; mais enfin c'était le roi. Bassompierre, tout en rougissant, prend sur-le-champ son parti : « Au moins, dit-il, Sire, ce cavalier n'est point parti sans trompette. » Le prince répondit en riant aux éclats.

mède. D'autres auteurs prétendent que ce jeu est dû au philosophe Smersa, conseiller d'Ammoltin, roi de Babylone, qui l'inventa pour divertir ce prince, et le détourner par ce moyen de son penchant à la cruauté.

Instruments des échecs. — Les échecs se jouent sur une table carrée, que l'on nomme *échiquier* : cette table est divisée en soixante-quatre cases, aussi carrées, disposées sur huit de base et huit de hauteur. Ces cases sont alternativement de deux couleurs différentes, dans le sens de la base et dans celui de la hauteur; blanches et noires, suivant l'usage le plus général, ou blanches et brunes. Viennent après cela les *échecs*, qui sont trente-deux pièces, seize blanches et seize noires : ces pièces se distinguent en huit grandes et huit petites. Les petites, égales en figure et en valeur, se nomment *pions*. Les grandes, inégales en valeur et en figure, consistent : 1° en deux *tours*, pions dont la tête représente effectivement une tour; 2° en deux *cavaliers*, pions dont la tête représente une figure de guerrier; 3° en deux *fous*; 4° en un roi et une reine ou dame. Les échecs se font en ivoire et en ébène, ou en os et en bois de palissandre, ce qui est plus commun. On distingue sur l'échiquier deux sortes de cases contiguës l'une à l'autre : les unes ont un côté de commun à elles deux, et sont de couleurs différentes : on les appelle *cases contiguës de la première espèce*; les autres n'ont qu'un angle de commun, et sont toujours de même couleur : on les nomme *cases contiguës de la deuxième espèce*.

Placement des pièces. — Voyons à présent comment on commence à placer les diverses pièces, et par conséquent à jouer. Deux joueurs s'asseyent en face l'un de l'autre, de

---

Reprenons notre liste historique qu'a interrompue ce trait de présence d'esprit. Charles XII, l'Alexandre du Nord, qui haïssait le jeu, et le défendait sévèrement à ses troupes, avait excepté le jeu d'échecs, et semblait même exciter à y jouer par le plaisir qu'il y prenait. Voltaire nous apprend que lorsque ce monarque était à Bender, il jouait journellement aux échecs avec le général Poniatowski, ou avec son trésorier Grothusen. Louis XIII, qui a tant sévi contre le jeu, aimait tant les échecs, qu'il fit placer dans sa voiture un échiquier rembourré, sur lequel s'adaptaient les pièces montées sur des aiguilles. Voltaire lui-même s'amusait aux échecs avec le jésuite Adam, « qui, disait-il, n'était pas le premier homme du monde. » J.-J. Rousseau avait pour partenaire le musicien Philidor, le plus grand joueur d'échecs alors connu, qui a composé un savant traité sur son jeu favori, et n'a eu pour supérieur que le célèbre de la Bourdonnais. Napoléon avait fait de ce beau jeu une de ses distractions; mais il y réussissait moins bien qu'au grand jeu des batailles; son défaut était de toujours faire agir son roi, ce qui l'exposait au mat.

chaque côté de l'échiquier, de manière que chacun ait à sa droite la case blanche angulaire : l'un prend les pièces noires et l'autre les blanches. Chaque joueur arrange, de son côté, les *pions* sur la seconde bande de l'échiquier, un par case. Les huit grandes pièces se placent sur la première bande, que j'appellerai *base de l'échiquier;* savoir : les deux tours dans les cases angulaires, l'une à droite et l'autre à gauche; les deux cavaliers à côté des tours, et les deux fous à côté des cavaliers. Le roi et la reine seront sur les deux cases restantes, de façon que la reine noire soit sur la case noire qui reste à remplir, et la dame blanche sur la case blanche, d'où est venu ce proverbe et ce vers latin :

« .... Servat semper Regina colorem »

qui sert de base à tout l'arrangement des pièces.

Marche des pions. — Les pions doivent cheminer suivant les bandes perpendiculaires aux bases de l'échiquier, et formées par conséquent d'une suite de cases contiguës de la première espèce. Ils avancent toujours, du jeu du joueur qui les conduit, vers le jeu ou dans le jeu de l'adversaire, et ne doivent jamais reculer.

La première fois qu'on joue un pion, on peut lui faire faire un pas ou deux à volonté; mais ce premier coup joué, il ne peut faire qu'un pas au coup suivant. Au reste, la case sur laquelle on se propose de jouer le pion doit être vide. Si une pièce de l'adversaire est placée sur une case contiguë de la seconde espèce à celle occupée par le pion, et contiguë de la première espèce à celle où le pion pourrait aller le coup suivant, selon la marche précédemment expliquée, alors le pion peut prendre la pièce, ce qui se fait en enlevant cette pièce de dessus l'échiquier, et en mettant le pion à la place de la pièce enlevée. Cette prise compte pour un coup, et on ne joue pas autant de coups de suite qu'il y a de pièces à prendre, comme aux dames. Ceci s'applique aux prises faites avec toute autre pièce.

On n'est pas non plus obligé de prendre comme aux dames, et ceci doit s'entendre également des autres pièces.

Si un pion blanc, par exemple, est poussé deux pas à son premier coup, et si un pion noir est assez avancé pour prendre le pion blanc, si on n'eût joué celui-ci qu'un pas, alors il est dit *passer prise:* le pion noir peut le prendre, comme s'il n'eût été poussé qu'un pas, et cela s'appelle *prendre en passant*. Ce pion noir doit donc se mettre sur la case qu'aurait occupée le pion blanc, s'il n'eût été poussé que d'un pas, et non sur celle que le pion blanc occupe alors. Au surplus, cette prise en passant doit avoir lieu immédiatement après que le pion blanc a été poussé, et l'adversaire ne peut plus revenir à la faire dans les coups suivants.

Enfin, si ce pion arrive à la base de l'échiquier, occupée primitivement par les grandes pièces de l'adversaire, on dit qu'il est arrivé à *dame*, parce qu'alors il devient une dame, à l'exception du roi : il peut, de la même façon, devenir toute autre pièce au gré de celui qui le mène, et dès-lors il n'est plus distingué de la pièce en laquelle il a été transformé; il en a la marche et la valeur, telles que je vais les expliquer.

Marche des tours. — Les tours marchent suivant les bandes perpendiculaires aux bases, ou suivant les bases parallèles à ces bases. Sur ces bandes, elles font un pas, deux ou trois ou plus à volonté, de manière qu'une tour, placée sur une base quelconque, peut être un coup aux bases ou aux limites latérales de l'échiquier, pourvu néanmoins qu'il n'y ait pas de pièces dans sa direction. Dans ce dernier cas, si la tour et la pièce sont de couleur semblable, la tour pourra aller jusqu'à la pièce sans pouvoir passer par dessus. Si la pièce appartient à l'adversaire, la tour n'en pourra pas plus passer par-dessus cette pièce, mais elle pourra la prendre : alors on enlèvera la pièce de dessus l'échiquier, et on mettra la tour à la place de la pièce enlevée.

Il en sera de même des autres pièces dont il nous reste à parler; elles prendront la pièce de l'adversaire qui s'opposera à leur marche : les pions seuls prennent différemment.

Marche des cavaliers. — Un cavalier étant placé sur une case donnée (que nous nommerons B), un certain nombre de cases sont contiguës de la première espèce à B, au moins deux, au plus quatre. Un certain nombre de cases sont contiguës de la seconde espèce à ces cases contiguës de la première ; deux au moins, huit au plus. Or, le cavalier peut aller en un coup de la case B à l'une de ces contiguës de la seconde espèce, à volonté : ainsi il ira toujours du blanc au noir, ou du noir au blanc ; et on pourra le jouer au moins de deux manières, et au plus de huit; bien entendu que la case où on se propose de jouer le cavalier ne sera pas occupée par une pièce de même couleur; mais pour former cette sorte de demi-cercle, le cavalier peut sauter par-dessus toutes pièces, soit de sa couleur, soit de celle opposée.

Marche des fous. — Les fous diffèrent des tours dans leur marche, en ce qu'elles suivent des lignes formées par des cases alternativement blanches et noires, contiguës de la première espèce, et que les fous, au contraire, suivent des lignes formées par des cases de même couleur, et contiguës de la seconde espèce.

Par conséquent, de deux fous qu'il y a dans chaque jeu, l'un placé d'abord sur le noir ne quitte pas cette couleur; et l'autre placé sur le blanc ne quitte pas davantage; le reste leur est commun avec les tours.

Marche de la dame. — Cette pièce renferme dans sa marche celles de la tour et du fou.

Marche du roi. — Cette pièce principale va en un coup de sa case de départ à l'une des contiguës à cette case, de la première ou seconde espèce, à volonté. De plus, le roi et la tour n'ayant été joués ni l'un ni l'autre, si l'intervalle entre ces pièces est vide, la tour peut se mettre à côté du roi, et dans ce même coup, le roi saute par-dessus la tour, et se met de l'autre côté : ce qui s'appelle *roquer*. Il y a deux *rocs*: celui du côté du roi et celui du côté de la dame. Nous ferons observer que les pièces du côté du roi se nomment *pièces du roi*, et celles du côté de la dame, *pièces de la dame*.

Nous avons annoncé deux rocs, les voici : dans celui du côté du roi, la tour du roi se place à la case de son fou, et d'un même coup le roi saute par-dessus et se place à la case de son cavalier. Dans le roc du côté de la dame, la tour se place à la case de la reine, et d'un même coup, le roi saute par-dessus pour se mettre à la case du fou de sa dame.

Dans ces deux cas, on peut bien jouer les tours à côté du roi sans roquer, c'est-à-dire sans faire sauter le roi, mais on ne peut pas le faire sauter sans mettre les tours à côté de lui. Dans plusieurs cas, le roi ne peut pas roquer; et je l'expliquerai bientôt.

On ne gagne pas, aux échecs, la partie comme celle des dames, en prenant toutes les pièces de son adversaire, mais en lui prenant son roi seulement, quand toutes les autres pièces lui resteraient. Un joueur s'attache donc à faire marcher ses pièces pour défendre son roi le mieux possible, et attaquer plus vivement celui de son adversaire; celui-ci oppose la même résistance, et tente de semblables efforts.

Il est de règle que le roi ne peut se prendre par surprise; ainsi quand on l'attaque, c'est-à-dire quand on joue une pièce qui le mettrait dans le cas d'être pris au coup suivant, s'il n'y était pourvu, on doit avertir l'adversaire de retirer son roi, ou plus généralement de faire cesser l'attaque. Cet avertissement se donne en disant : *il y a échec*. Si l'adversaire, sans être attaqué, met lui même son roi en prise, on n'en pourra pas non plus profiter pour le prendre, mais on l'avertira, et il jouera un autre coup, s'il le peut ; car si l'adversaire, lorsque son roi n'est pas attaqué, ne peut pas jouer son coup sans mettre le roi en prise, il ne joue pas, et la partie est remise. On dit alors qu'il est *pat*, ou que son roi est *pat*.

Mais si ce roi attaqué ne peut pas se retirer sans être pris par quelque pièce de l'adversaire, et s'il ne peut se couvrir d'aucune pièce, c'est alors qu'il est vraiment pris ; la partie est gagnée par ce coup, et le vainqueur annonce sa victoire, en disant : *échec et mat*, ou plus simplement, *mat*, si néanmoins il s'aperçoit de son avantage; car il arrive quelquefois que le joueur ne voit pas qu'il fait *mat*; et alors un tel *mat* est dit *aveugle*. Mais, en France, la partie n'en est pas moins gagnée.

Voici les trois cas où le roi ne peut *roquer:*

1° Quand il reçoit échec; 2° lorsqu'en se plaçant à la case qui lui est destinée par le *roc*, il se trouve en prise, ou, comme on dit ordinairement, en *échec;* 3° enfin, si la tour se trouve aussi en prise à la case qui lui est destinée par le roi. Dans ces trois cas, si un joueur voulait faire roquer son roi, on l'avertirait qu'il ne le peut, en lui disant dans le premier cas : *vous êtes échec ;* dans le second, *vous tombez sous l'échec ;* et dans le troisième, *vous passez sous l'échec.*

Nous allons, d'après Philidor, donner une partie élémentaire d'échecs, pour faciliter la pratique des marches expliquées ci-dessus et dans les premiers principes. Le lecteur rangera les pièces des deux couleurs sur l'échiquier, comme s'il devait jouer une partie, puis il les jouera des deux côtés, comme nous allons l'indiquer. Cette répétition du jeu le familiarisera immanquablement avec ses règles et ses diverses combinaisons.

1° Partie d'après Philidor.

1.

Blanc. Le pion du roi, deux pas.
Noir. Le pion du fou de la dame, deux pas.

2.

B. Le fou du roi, à la quatrième case du fou de sa dame.
N. Le cavalier de la dame, à la troisième case de son fou.

3.

B. La dame, à la troisième case du fou du roi.
N. Le cavalier de la dame, à la quatrième case de la tour pour prendre le fou.

4.

B. Ce fou donne *échec et mat*, en prenant le pion du fou du roi noir.

Note première. Ce mat s'appelle l'*Échec du berger*; on n'en sait pas trop la raison. Un joueur attentif ne le souffre qu'une fois.

Première variante au troisième coup du noir.

Blanc. La dame, à la troisième case du fou du roi.
Noir. Le cavalier du roi, à la troisième case de son fou pour éviter le mat qui vient de lui être appliqué.

4.

B. La dame, à la troisième case de son cavalier.
N. Le cavalier du roi prend le pion.

5.

B. Le fou donne *échec et mat*, en prenant le pion du fou du roi noir.

Note deuxième. Ce mat est presque aussi simple que l'échec du berger : un commençant comprendra par ce coup qu'il ne faut pas toujours prendre une pièce ; souvent un tel appât trompe un joueur faible, et lui cache le danger dont il est menacé. Il y a plusieurs autres défenses de ce mat, qui ne valent pas mieux, et qui n'ont d'autre effet que de le reculer d'un petit nombre de coups, ou contribuent au moins au désordre du jeu. Dans une seconde variante le noir opposera une meilleure défense.

Deuxième variante au troisième coup du noir.

3.

Blanc. La dame, à la troisième case du fou du roi.
Noir. Le cavalier de la dame, à la quatrième case du roi.

4.

B. La dame, à la troisième case de son cavalier.
N. Le cavalier prend le fou.

Note troisième*. Vous jouez votre dame à cette case, parce que vous conservez l'espérance de lui donner le mat comme dans la première variante, s'il venait à déplacer son cavalier sans défendre d'une manière convenable le pion du fou du roi ; mais le cavalier rompt vos projets en prenant votre fou. Bien entendu qu'à votre quatrième coup, au lieu de jouer la dame où vous l'aviez jouée, vous ne pourriez pas prendre utilement le pion du fou de son roi ; car si vous l'aviez pris avec votre fou ou avec votre dame, il aurait pris l'un ou l'autre avec son cavalier, et par conséquent aurait gagné une pièce.

Continuation de la deuxième variante.

5.

Blanc. La dame reprend le cavalier.
Noir. Le pion du cavalier de la dame, un pas.

6.

B. Le cavalier du roi, à la troisième case de son fou.
N. Le fou de la dame, à la deuxième case de son cavalier.

7.

B. Le cavalier du roi, à la quatrième case du roi noir.
N. Le cavalier du roi à la troisième case de sa tour, afin de parer le mat.

8.

B. Le pion de la dame, deux pas.
N. Le pion prend le pion.

9.

B. Le fou prend le cavalier.

* Dans la suite de cette partie et dans d'autres, nous adresserons la parole au blanc à la seconde personne, et nous parlerons du noir à la troisième, afin d'éviter de fastidieuses répétitions.

N. Le pion du roi, un pas.

Note quatrième. Vous l'auriez fait mat s'il avait repris votre fou. Ainsi, il perd une pièce pour n'avoir pas prévu ce coup, et n'avoir pas, par conséquent, attaqué le cavalier avec le pion de sa dame, au lieu de prendre la vôtre. Dans ce cas, vous, jouant le même coup, il aurait pris votre cavalier, vous auriez retiré votre fou, et il n'y aurait eu qu'une pièce pour pièce.

Continuation de la variante.

10.

Blanc. Le fou, à la deuxième case de la dame.
Noir. Le pion de la dame, un pas.

11.

B. La dame donne échec à la première case de sa tour.
N. Le roi, à sa deuxième case.

12.

B. Le cavalier du roi donne échec à la troisième case du fou de la dame noire.
N. Le fou prend le cavalier.

13.

B. La dame reprend le fou.
N. Le pion du fou du roi, un pas.

Note cinquième. Par le jeu de ce pion il prépare une retraite à son roi et le dégagement de ces pièces ; s'il avait poussé ce pion deux pas, vous lui auriez donné échec avec le fou, à la quatrième case du cavalier de son roi. Ce roi se serait forcément retiré à la deuxième case de son fou, n'ayant pas d'autre place ; alors vous auriez pris sa dame avec votre fou.

Continuation de la variante.

14.

Blanc. La dame donne échec à la deuxième case du cavalier de la dame noire.
Noir. Le roi, à sa case.

15.

B. La dame donne échec à la troisième case du fou de la dame noire.

N. Le roi, à la deuxième case de son fou.

16.

B. La dame, à la quatrième case de son fou.
N. La tour de la dame, à la case de son fou.

17.

B. La dame prend le pion à sa quatrième case.
N. La tour prend le pion.

Note sixième. Vous devez défendre ce pion, plutôt que de prendre le sien, qui était *double*. C'est ainsi que l'on nomme deux pions de même couleur, placés sur la base perpendiculaire. Un tel pion, cependant, n'est pas toujours un désavantage ; mais ce n'est pas trop le cas ici. Nous vous avons fait jouer ainsi afin d'avoir l'occasion de parler des pions doubles.

Continuation de la variante.

18.

Blanc. Le cavalier de la dame, à la troisième case de sa tour.
Noir. Le pion du roi, un pas pour prendre la dame.

19.

B. La dame donne échec à sa cinquième case.
N. Le roi, à sa case.

20.

B. La dame donne échec à la troisième case du roi-noir.
N. Le fou couvre l'échec.

Note septième. Il a attaqué votre dame en laissant sa tour en prise, parce qu'il a cru qu'il serait temps de la retirer après que vous auriez retiré la dame. Il n'a pas prévu que, retirant la dame par échec, après qu'il aurait paré l'échec, vous prendriez cette tour. Vous ne deviez pas lui donner le deuxième échec à la troisième case de son roi, car cela n'aboutit qu'à dégager ses pièces. Vous étiez aussi bien maître de son jeu en tenant votre dame à la cinquième case, d'autant plus qu'il n'osera vous proposer la dame pour dame, puisqu'il va avoir deux pièces de moins. Par ce motif, vous n'en gagnerez pas moins, et vous n'aurez perdu que du temps ; mais il y a des circonstances où un échec si mal donné vous eût fait perdre la partie.

Continuation de la variante.

21.

Blanc. Le cavalier prend la tour.
Noir. La dame, à la deuxième case de son fou.

22.

B. Vous roquez du côté du roi.
N. La dame prend le cavalier.

23.

B. La tour de la dame, à la case de son fou.
N. La dame prend le fou.
B. La tour de la dame met à la case du fou de la dame noire.

Après ces premières explications et ce premier exemple qui donnent la connaissance technique du jeu, et les instructions purement élémentaires, nous allons passer aux règles et aux combinaisons plus élevées qui doivent faire des joueurs plus habiles et qui ne peuvent d'ailleurs être comprises que par eux.

Règles du jeu des Échecs.

Les règles reçues ou perfectionnées d'un jeu si intéressant sont chose très importante. Nous croyons donc devoir mettre en regard, 1° les règles *du Traité des Amateurs*, qui font aujourd'hui loi en France, mais qu'on s'accorde généralement à trouver incomplètes et trop sévères; 2° les règles que M. de la Bourdonnais propose :

1°	2°
RÈGLE PREMIÈRE.	ARTICLE PREMIER.
	Les joueurs doivent avoir à droite la case angulaire blanche de l'échiquier. Si l'échiquier est mal posé, celui des deux qui s'en apercevra, avant de jouer son quatrième coup, pourra exiger qu'on recommence la partie; mais ce quatrième coup joué des deux parts, la partie sera enga-

Règles.

Idem.
Ajoutez à la fin : * qu'avec le consentement de l'adversaire.

2.
Idem.
* et si une pièce n'est pas à sa place sur l'échiquier, celui qui s'en apercevra, etc.

Ajoutez :
** qui ne pourront plus être remises à leur vraie place que du consentement de l'adversaire.

3.
Si l'on a commencé une partie à but avec une pièce ou un pion de moins, le quatrième coup étant joué de part et d'autre, on sera obligé de finir la partie sans pouvoir prendre ce pion ou cette pièce que du consentement de l'adversaire.

4.
Idem.
* celui qui a oublié ne sera pas admis, dans le cours de la partie, à rendre ce pion ou cette pièce en l'ôtant de l'échiquier. On continuera la partie dans l'état où elle sera ; et celui qui devait recevoir avantage pourra bien la gagner, mais il ne pourra la perdre, et le pis-aller pour lui sera qu'elle soit remise.

5.
Le *trait* est le droit de

JEUX DE CALCUL.

Art.

gée, et ne pourra être recommencée*.

2.
Si les pièces sont mal rangées*, celui qui s'en apercevra pourra rectifier, ou faire rectifier cette irrégularité avant de jouer son quatrième coup. Mais ce coup une fois joué de part et d'autre, il faudra continuer la partie dans la position où se trouveront les pièces**.

3.
Si l'on a oublié un pion ou une pièce en commençant la partie, il sera au choix de l'adversaire de la recommencer ou de la continuer en laissant remettre la pièce oubliée.

4.
Si on est convenu de faire avantage d'un pion ou d'une pièce, et qu'on ait oublié de le faire en commençant*, il sera au choix de celui au préjudice duquel cet oubli aura été fait, de continuer la partie ou de la recommencer.

5.
Dans les parties à but, le

Règles.

jouer le premier : on doit tirer ce trait avant de commencer la partie.

Art.

trait se tire d'abord au sort, et devient ensuite alternatif, quand même les parties seraient remises. Le trait appartient à celui qui fait avantage d'une pièce.

6.

Celui qui gagne la partie a le trait à la partie suivante, à moins qu'on ne soit convenu du contraire.

6.

En cas de difficulté sur la couleur, que la partie se fasse à but ou à avantage, le choix de la couleur sera tiré au sort pour toute la séance.

7.

Celui qui fait avantage a le trait, à moins qu'on ne convienne du contraire.

7.

Lorsqu'on fait avantage du pion, on doit donner celui du fou du roi. Celui qui reçoit avantage de plusieurs traits, ne peut en user qu'à condition de ne pas dépasser son terrain, c'est-à-dire la moitié de l'échiquier.

8.

Idem.

* Si une pièce vient à tomber sur l'échiquier, on pourra la toucher pour la relever, sans être forcé de la jouer ; mais le mieux sera toujours de dire : *j'adoube.*

8.

Quand on a touché une pièce, on est obligé de la jouer, à moins qu'on n'ait dit préalablement : *j'adoube.** Il faut même avoir dit ce mot pour replacer une pièce qui se serait dérangée sur l'échiquier.

9.

Quand on a joué une pièce et qu'on l'a quittée, on n'est plus maître de la reprendre pour la jouer ailleurs.

9.

Quand on a quitté sa pièce, on ne peut plus la reprendre pour la jouer ailleurs ; mais tant qu'elle n'est pas abandonnée, on est maître de la poser où l'on veut.

10.

Idem.

* si cette pièce touchée ne

10.

Quand on a touché une pièce de l'adversaire sans dire :

Règles.

peut être prise par aucune pièce, celui qui l'a touchée jouera ce qu'il voudra.

Art.

j'adoube, il peut vous obliger de la prendre*, si c'est à vous de jouer. Si cette pièce ne peut être prise, celui qui l'aura touchée, jouera son roi, pouvant le faire; et s'il ne le peut, la faute sera sans conséquence.

11.

Si l'on joue par méprise la pièce de l'adversaire pour la sienne, il a le droit, ou de vous forcer à prendre cette pièce si elle est prenable, ou de la faire remettre à sa place, ou de la laisser à la case où vous l'aurez mise, et de jouer son coup.

11.

Si, par erreur, vous aviez joué une des pièces de l'adversaire au lieu d'une des vôtres, vous pouvez, au choix de celui ci, être forcé, soit de prendre la pièce, si elle peut être prise; soit de la remettre à sa place et de jouer votre roi, soit enfin de la laisser à la case où vous l'aviez jouée par inadvertance. En ceci, comme en tout autre cas semblable, si le roi ne pouvait jouer sans être en échec, cette partie de la peine ne serait pas applicable.

12.

Si l'on prend la pièce de l'adversaire avec une pièce qui ne puisse pas la prendre, on est obligé de la prendre avec une autre pièce si cela se peut, ou de jouer la pièce touchée, au choix de l'adversaire.

12.

Dans le cas où, par suite d'une erreur, vous seriez obligé de jouer votre roi, la faculté de roquer vous est retirée.

13.

Si vous prenez votre propropre pièce avec une des vôtres, ce sera une pièce perdue pour vous, si vous ne vous en apercevez pas avant

13.

(Disposition exactement semblable à la règle 12 des *Amateurs*).

Règles.

que l'adversaire ait joué son coup : en tous cas, il aura le choix de vous faire jouer celle des deux pièces touchées qu'il lui plaira.

14.

Si vous faites une fausse marche, l'adversaire peut, à son choix, vous faire laisser la pièce à la case où vous l'avez mise*, ou bien vous la faire jouer ailleurs.

15.

Si vous jouez deux coups de suite, l'adversaire peut, à son gré, avant de jouer son coup, laisser passer les deux coups joués, ou vous faire remettre le second.

16.

Si on pousse un pion deux pas en passant devant un pion de l'adversaire, il sera le maître de le prendre.

17.

Le roi ne peut plus roquer quand il a remué, ou quand il passe en échec, ou quand la tour a remué ; et si, dans un de ces trois cas, on touche le roi et la tour pour roquer, l'adversaire a le choix de faire jouer le roi ou la tour.

Art.

14.

Si vous avez pris votre propre pièce avec une des vôtres, l'adversaire pourra vous prescrire de jouer celle des deux pièces touchées qu'il jugera à propos.

15.

Idem.

Comme la règle 14 jusqu'à * ou la laisser jouer régulièrement, ou la faire remplacer en vous obligeant à jouer le roi.

16.

(Disposition pareille à la *règle 15.*)

17.

Chaque pion a le privilége d'avancer de deux cases la première fois qu'on le joue ; mais en ce cas il peut être immédiatement pris en passant par tout pion qui serait à portée de le prendre, s'il n'eût été poussé qu'un pas.

Le roi, en roquant, ne doit sauter que deux cases ; c'est-à-dire que la tour avec laquelle il roque, se mettra sur la case attenante immédiatement au roi, et celui-ci, sautant par dessus, se placera

Règles.

Art.

de l'autre côté de la tour.

Le roi ne peut pas roquer étant en échec, ni lorsqu'il a remué, ni lorsqu'il essuierait un échec en passant, ni avec une tour qui aurait remué de sa place; et si dans un de ces quatre cas on jouait le roi et la tour pour roquer, l'adversaire a le choix de faire jouer le roi ou la tour.

Celui qui fait avantage d'une tour, peut également roquer du côté où manque cette tour, en disant : *je roque.*

18.

Si l'on touche une pièce qui ne puisse être jouée sans mettre le roi en échec, il faut jouer le roi; et si le roi ne peut se jouer sans être échec, alors la faute est sans conséquence, et l'on joue ce que l'on juge à propos.

18

Quand on conduit un pion à dame, on prend pour ce pion telle pièce qu'on veut.

19.

On avertit de l'échec au roi. Si le joueur dont le roi est échec, n'ayant pas été averti, joue tout autre coup que de défendre son roi de l'échec, et que l'adversaire veuille, sur le coup, prendre ou attaquer une pièce, en disant : *échec au roi*, alors celui dont le roi était en échec rejouera son coup pour couvrir l'échec ou s'en défendre.

19.

(Disposition qui rappelle exactement la *règle* 18.)

20.

Mais si l'on se met soi-même en échec, et qu'on ne s'en aperçoive pas avant que

20.

(Même disposition que la *règle* 19.)

Règles.

l'adversaire ait joué son coup, il peut, sur le coup, prendre ou attaquer la dame, ou toute autre pièce, en disant : *échec au roi.*

21.

(Disposition égale à l'*art.* 21), puis *ajouter:** Si l'adversaire s'en aperçoit le premier, il pourra prendre ou attaquer telle pièce que bon lui semblera, en déclarant l'échec au roi.

22.

(Disposition pareille à l'*art.* 22.)

23.

(Disposition pareille à l'*art.* 23.)

24.

Quand on mène un pion à dame, on prend pour ce pion,

Art.

21.

Si, depuis plusieurs coups, le roi est en échec, sans qu'on l'ait vu, et qu'il soit impossible de vérifier si on lui a donné échec ou s'il s'est mis en échec lui-même, le joueur dont le roi est en échec peut, lorsqu'il s'en aperçoit, ou qu'il en est averti, remettre à sa place la dernière pièce qu'il a jouée et défendre l'échec.*

22.

Si l'adversaire vous déclare échec au roi, sans pourtant vous donner échec, dans ce cas, si vous touchez le roi, ou toute autre pièce, pour défendre l'échec, et que vous reconnaissiez que le roi n'est pas échec, vous pourrez rejouer votre coup, avant que l'adversaire ait joué le sien.

23.

Mais vous ne serez plus à temps d'y revenir, si l'adversaire a joué son coup : en général, toute irrégularité sera couverte du moment que celui qui l'aura commise aura joué ou touché une pièce pour jouer le coup suivant.

24.

Lorsqu'on n'a rien à jouer, et que le roi étant hors d'é-

Règles.

une deuxième dame, un troisième cavalier, ou telle pièce que l'on juge la plus utile au gain de la partie.

25.

(Même disposition qu'à l'*art.* 24.)

26.

Tout coup contesté doit être décidé suivant les règles ci-dessus. Si la décision dépend d'un fait, il doit être jugé par les spectateurs, auxquels les joueurs seront tenus de s'en rapporter.

Art.

chec, ne peut bouger sans s'y mettre, le roi est *pat*, et la partie est remise.

25.

Lorsqu'un joueur ne paraît pas pouvoir faire les mats difficiles, tels que celui du cavalier et du fou contre le roi, celui de la tour et du fou contre la tour; celui de la dame contre la tour; alors, sur la réquisition de l'adversaire, on fixera à 60 coups de chaque côté la fin de la partie; lesquels coups passés, elle sera censée remise.

26.

(Répétition de la *règle* 26 et dernière.)

Observations générales sur le jeu des Échecs. — *Le Trait.*

Le trait seul n'est point un avantage décisif pour le gain de la partie : le joueur qui n'a pas le trait le gagnera lui-même, si son adversaire manque une fois de jouer le coup juste, et en supposant les coups joués régulièrement de part et d'autre, la partie doit être remise.

Débuts de partie. — Rien n'est plus important pour le gain ou la meilleure défense des parties, dit M. de la Bourdonnais, que de débuter régulièrement, c'est-à-dire, de dégager ses pièces à propos, et de les sortir de manière à ce qu'elles ne masquent pas la direction d'autres pièces.

Presque toujours le gain ou la perte d'une partie dépend du premier coup mal joué, des premiers temps perdus de part ou d'autre. L'on ne saurait trop inviter les joueurs de s'attacher, dès le début d'une partie, à gagner des temps. C'est en gagnant des temps que l'on parvient, soit à renfermer les pièces de l'adversaire qui vous laissent alors un champ libre pour former et suivre une attaque, soit à avancer ses pions de manière à arriver le premier à dame.

En règle générale, gardez-vous de faire pièce pour pièce, lorsque, restant maître de le faire, vous pouvez mieux employer le temps à dégager vos pièces ou à suivre votre attaque. La science des échecs est celle de gagner des temps ; celui qui la possède le mieux a l'avantage.

« Les pions, dit Philidor, sont l'ame des échecs ; ce sont eux uniquement qui forment l'attaque et la défense ; et de leur bon ou mauvais arrangement dépend uniquement le gain ou la perte de la partie. »

« Un joueur qui ne sait pas (même en jouant bien un pion) la raison pour laquelle il le joue, est semblable à un général qui a beaucoup de pratique et peu de théorie. »

D'après une telle autorité, le jeu des pions a donc bien de l'importance.

Le service des pions consiste à défendre le roi ; ils sont très-utiles pour attaquer et repousser les pièces sous la direction d'un bon joueur. Il est essentiel de les établir au centre du jeu, quoique cependant il ne faille pas, sans de bonnes raisons, pousser les pions des ailes. Au reste, des pions doublés, quand ils ne sont point isolés, ont la même valeur que les autres, et quelquefois même c'est un avantage.

Voici différents axiomes relatifs aux jeux des pions : ce sont pour ainsi dire autant d'oracles empruntés à M. de la Bourdonnais.

On doit généralement éviter de sortir les pièces devant les pions.

Il ne faut pas éloigner la dame du centre de l'échiquier, mais la maintenir sous les pions.

C'est un mauvais coup de prendre le fou avec le pion, mais il est fort avantageux d'échanger le pion du fou du roi contre celui du roi adverse ; car par ce moyen l'on peut établir ses pions au centre, puis, en roquant à sa droite, la tour se trouve en état d'agir dès le commencement de la partie. Néanmoins il n'est pas toujours bon de proposer cet échange de pion.

En général, on ne doit pas aisément se décider à passer les pions des ailes avant que l'adversaire ait roqué, parce qu'il se retirera toujours du côté où vos pions sont le moins avancés, et par conséquent le moins en état de lui nuire.

Il ne faut pas commencer les attaques de pions avant qu'ils ne soient bien soutenus par eux-mêmes, et par les pièces, sans quoi ces sortes d'attaques se trouvent manquées.

Il importe de ne pas défendre le pion du roi quand il est attaqué par la dame.

Un *pion isolé*, c'est-à-dire, un pion qui n'est point soutenu d'un autre pion, est, pour l'ordinaire, un pion perdu.

Lorsqu'on attaque, il est de règle, dans une fin de partie, lorsque vous avez un fou, de placer ses pions sur les cases de la couleur opposée, afin d'empêcher les pièces de l'adversaire de se porter entre vos pions. Au contraire, êtes-vous sur la défensive, vous devez placer vos pions sur la couleur du fou.

En thèse générale, celui qui peut le premier séparer les pions de son adversaire, où ils sont en plus grand nombre que les siens, doit indubitablement gagner la partie.

Jeu des gambits. — Le mot gambit provient du mot italien *gambitto*, qui signifie croc-en-jambe. « La partie prend cette dénomination, quand le possesseur du trait sacrifie, au second coup, le pion du fou du roi ; car le pion sacrifié se nomme *gambit*. Le sacrifice de ce pion donne le moyen de dégager plus aisément ses pièces, et d'entrer en attaque immédiatement.

Toutefois la partie, dans le cas d'une attaque et d'une défense également louables, doit être gagnée par celui qui reçoit et qui prend le pion du gambit. L'avantage de ce pion devant décider le gain de la partie, entre joueurs d'égale force, M. de Labourdonnais (au gambit du roi, § 3, p. 57) ne partage pas l'opinion de Philidor, qui prétend : qu'un gambit bien attaqué et bien défendu, n'est jamais une partie décisive de côté ni d'autre : « *Gambitto a ginocator farsi non lice.* »

S'il arrivait que le joueur à qui l'on donne le gambit, se défiât de ses forces, on ne connût pas la défense régulière des premiers coups, il aurait la ressource de ne pas l'accepter. Les coups arrangés, que nous donnerons dans la série des exemples, pour indiquer le moyen d'y parvenir, sont fréquemment joués par ceux qui désirent éviter l'attaque du gambit. Remarquons néanmoins qu'ils sont assez bons quand on reçoit la pièce ; mais entre deux joueurs qui jouent à but, il est meilleur de prendre le pion du gambit.

Quand le gambit n'est pas suffisamment et convenablement défendu, il amène la partie connue sous le nom de gambit de Cuningham (qui selon Philidor a trois renvois compliqués). Le *gambit du capitaine Evans* est l'un des plus intéressants et des plus modernes. Le gambit, au reste, occupe plus les joueurs d'échecs de nos jours qu'autrefois.

Parties à avantages. — Quand on fait avantage, on perd des temps pour tenter des coups qu'un joueur faible est censé n'avoir pas le moyen de prévoir.

Il est rare que les joueurs d'échecs soient de force pareille : on ne peut donc faire de parties égales à ce beau jeu, qu'en compensant par des avantages faits au plus faible, ce que l'un des joueurs a de plus en calcul, en habitude, en savoir. Sans doute, cette appréciation est difficile aussi bien qu'approximative, mais n'importe ; il vaut mieux engager ses parties avec des adversaires plus forts que soi, c'est l'unique moyen de faire des progrès. Vous apprendrez peu de chose avec un joueur de votre force, et la diminution graduée des avantages que vous fera un habile joueur, en vous encourageant par la certitude des progrès, vous amènera à une connaissance approfondie du jeu.

On fait avantage d'une pièce ou du trait. L'avantage à cet égard est unique ou multiplié : ainsi, on fait l'avantage d'un pion, et de deux traits, de plusieurs pions et d'un trait seulement, selon la force des joueurs. Lorsque le célèbre M. Deschapelles se rendit, après la bataille d'Iéna, au cercle des amateurs d'échecs de Berlin, il défia le plus fort en lui offrant l'avantage du *pion et deux traits.* Le cercle prussien ayant été tout entier battu, M. Deschapelles finit par offrir l'avantage de la *tour.*

L'avantage ne doit pas être fait à la légère. Quand on fait un avantage tel que celui du pion et deux traits à un joueur qui en sait profiter, on est réduit à ne jouer que des coups forcés en défense, ou même des coups qui n'ont aucun objet, et cependant le joueur instruit et avantagé a tous les temps nécessaires pour disposer son jeu, et former une attaque qui lui vaut ou un avantage ultérieur, ou même le gain forcé de la partie.

Il est de règle que quand on donne un pion, c'est toujours le pion du fou du roi.

Milieux de parties. — Le milieu d'une partie, dit le célèbre souverain du club Ménars, a tant de diverses combinaisons, tant de variantes imprévues, qu'il est impossible de les prévoir, de les analyser toutes et d'arriver à des résultats aussi exacts que dans les débuts et les fins de partie. Ici, poursuit-il, la théorie n'est plus d'aucun secours, et les joueurs sont livrés à leurs propres forces. La parfaite connaissance des temps, la justesse des coups, la profondeur des calculs, décident à la fois de leur supériorité et du gain de la partie.

Du milieu d'une partie dérivent deux résultats : partie remise ; partie gagnée ou perdue. Le premier cas peut avoir lieu lorsque les joueurs d'égale force luttent en poussant, en sacrifiant habilement tour à tour des pièces, en variant leurs combinaisons, de manière à défendre mutuellement l'entrée de leur jeu, se garantissant de l'échec et mat. On a vu des parties être remises ainsi pendant des années et continuer à se jouer à distance ; non pas seulement de ville à ville, de province à province, mais de pays à pays. La France et l'Angleterre ont à cet égard de nobles et longues rivalités.

C'est au milieu d'une partie qu'il convient surtout de se souvenir que l'objet des échecs est de donner mat, et non de prendre des pièces ; qu'il est bon même de sacrifier ses propres pièces, quand leur perte ouvrira la ligne de défense adoptée par l'adversaire. Il est des cas où l'on peut sacrifier une tour pour une autre pièce.

Avant de vous presser à prendre une pièce ennemie exposée, examinez si elle ne l'est pas par nécessité, par faute, ou à dessein, dans le but de vous tromper, de vous faire espérer le gain de la partie et de vous rendre échec et mat, tandis que vous croirez avoir le jeu en main. Votre plan d'attaque, bien préparé, bien formé dès le début de la partie, doit vous occuper sans distraction ; cette attaque, si elle va bien, doit être invariablement poursuivie, quel que soit l'appât que votre antagoniste mette dans votre chemin ; car, nous l'avons déjà dit, on ne gagne pas toujours en prenant une pièce ; en prenant même une reine on peut être mat : il ne faut pas non plus se hâter de prendre un pion devant le roi, car l'adversaire ne pouvant le prendre, il protège souvent mieux qu'une de vos pièces.

Changer une pièce pour une autre, de temps en temps est bon jeu : on peut même changer une reine pour un pion, lorsqu'il vous empêcherait de donner mat, ou changer pièce pour pièce, lorsque la pièce ennemie, ainsi prise, est particulièrement en action.

Ne brouillez pas trop vos pièces, car cela les empêche de se mouvoir, et une pièce qui ne peut agir est souvent pire que perdue, en restant dans le chemin. Tâchez de brouiller le jeu de votre adversaire ; vous y parviendrez en mêlant avec vos pions, ses pièces, s'il les amène trop tôt. Efforcez-vous d'ouvrir votre jeu, en changeant des pièces dans les endroits où vous avez besoin de place, si vous vous embrouillez sans le vouloir.

Il faut toujours opposer les tours à celles de l'antagoniste, et ne jamais lui céder les ouvertures ; éviter de roquer trop promptement, car alors on lui donne l'occasion de faire un coup fort agréable et qui se présente assez souvent : du reste, il y a des cas où il n'est pas toujours bon à faire. En toutes choses d'ailleurs, ne jouez jamais sans examiner si vous êtes en danger par le moindre coup de votre adversaire, ou si vos mouvements lui permettent de vous nuire pour le coup suivant. Car c'est une guerre, une guerre savante, opiniâtre, pleine de retours, où le moins attentif est inévitablement vaincu.

Lorsque vous avez deux pions de front, il importe de les y maintenir, sans avancer aucun des deux, jusqu'à ce que l'adversaire vous propose l'échange d'un pion contre un des vôtres : vous l'évitez alors en poussant le pion attaqué.

Quand les pions se trouvent enlacés les uns dans les autres, le joueur qui a les siens plus avancés sur l'échiquier, gagne s'il peut sacrifier une pièce, et se procurer ainsi le progrès d'un pion à dame, en supposant toutefois que le roi adverse soit trop éloigné pour l'arrêter.

Un pion doublé, lorsqu'il est lié avec d'autres pions, n'est point un désavantage, surtout lorsqu'il se rapproche du centre du jeu, et qu'il fait groupe avec deux autres. On parvient ordinairement, par la suite, à le doubler.

On appelle *pion passé*, le pion qui n'a plus de pions en son chemin qui puissent arrêter sa marche. Un pion de ce genre, quand on peut le soutenir, est un très grand avantage, parce qu'il sert d'appui aux pièces que vous portez dans le jeu de votre adversaire.

Il est bon de donner ici pour règle générale, que lorsqu'on a des pions passés, il faut tâcher de se défaire des fous de l'adversaire, parce qu'ils peuvent s'opposer aux pions et les arrêter dans leur marche, mieux que toute autre pièce. D'ailleurs il ne faut jamais céder les passages, ni laisser doubler les tours à son adversaire.

Songez à éviter les cavaliers de l'ennemi, car ils commandent différentes cases. Si un cavalier commande la case d'une tour ou d'une reine pendant qu'il donne échec, la pièce doit être perdue, à moins qu'on ne puisse prendre le cavalier. Ce désagrément s'appelle *fourcher*; pour s'en garantir, il vous faut ne jamais tenir une bonne pièce sur une case de la même couleur que celle de votre roi. Quant à vos cavaliers, gouvernez-les avec soin. En général, lorsqu'on a deux cavaliers, il est essentiel d'établir entre eux une communication réciproque, et de les poser sur des cases où les pions de l'adversaire ne puissent ni les attaquer, ni les forcer à la retraite.

Fins de partie. — Des indications précédemment données, nous pouvons conclure :

Que souvent le désir de gagner une pièce, fait perdre la partie, et que les véritables attaques ne subsistent qu'autant qu'elles sont formées par plusieurs pièces réunies, et bien rarement avec une ou deux ;

Qu'on ne doit pas éloigner la dame du centre, mais la maintenir sous les pions ;

Que le roque sert généralement à placer le roi hors des attaques, mais qu'il ne faut jamais roquer à la légère et sans y avoir bien réfléchi.

Maintenant nous allons entrer dans les détails relatifs à la fin des parties.

En ce moment, les rois sont les meilleures pièces pour soutenir les pions qu'on se propose de conduire à dame ; c'est ordinairement la marche respective des rois, leur situation plus ou moins avancée sur l'échiquier, qui décide du gain ou de la perte de la partie.

Il faut donc, surtout lorsqu'il n'y a plus sur jeu de pièces qui puissent faire rétrograder le roi, le porter en avant, soit pour protéger les pions que l'on veut conduire à dame, soit pour le mettre en opposition avec le roi de l'adversaire et l'empêcher de pénétrer dans votre jeu.

On entend par le terme *opposition*, le plus grand voisinage où les rois puissent être l'un de l'autre, qui est une case de distance.

Lorsque vous parvenez le premier à ce point, vous avez l'avantage, toutes choses égales d'ailleurs, et bien entendu qu'il ne reste plus rien à jouer à l'antagoniste, qui puisse vous faire perdre votre position; car alors il faut ou se maintenir dans cette opposition en portant son roi toujours à une case de distance du vôtre, auquel cas il fera partie remise, ou être forcé de rétrograder, ce qui presque toujours lui fera perdre la partie.

Quand la fin de partie se fait avec un pion seul, il faut toujours retirer son roi en face du pion de l'adversaire, pour pouvoir opposer son roi au sien; il faut encore que ce pion, pour arriver à dame, ne donne pas échec, en parvenant à sa septième case, une case de dame, parce que, dans ce cas, le roi seul se retire derrière, et se trouve forcément pat, au lieu que si ce pion, en parvenant à une case de dame, ne donne pas échec, le roi seul, obligé de jouer, est forcé d'abandonner l'opposition et de vous laisser conduire votre pion à dame.

Quand le pion se trouve sur la ligne des tours, le roi seul doit occuper la ligne du fou, de manière à empêcher le roi adverse d'occuper une case de la ligne du cavalier, et conséquemment de mener son pion à dame.

Il est fort essentiel de conserver le plus longtemps possible deux *pions du centre*. On nomme ainsi les pions du roi et de la dame, ou ceux du roi et du fou réunis, ou ceux également réunis de la dame et du fou. Ces pions ainsi réunis sont de la plus grande importance, soit pour empêcher la direction et le jeu des pièces de l'adversaire sur votre roi, soit pour soutenir les pièces que vous porterez par la suite dans son jeu. Ils valent même une pièce quand on peut les conserver jusqu'à la fin de la partie; et l'adversaire est obligé d'en sacrifier une pour empêcher que l'un des pions n'aille à dame; d'où l'on peut juger de leur utilité pour le gain ou la meilleure défense d'une partie.

Il est d'ailleurs impossible, et chacun le sent bien, de prévoir ou d'épuiser toutes les combinaisons résultantes des diverses positions des rois et des pions sur la fin des parties : l'exemple qu'on vient de donner suffira pour faire connaître la force et la marche des rois dans ces circonstances ; ce qu'on entend par leur opposition ; comment on peut y parvenir et s'y maintenir de part et d'autre ; enfin le parti que l'on peut en tirer pour le résultat de la partie.

Souvent, dans cette marche compliquée, on reconnaît qu'un seul temps décide le gain de la partie d'un côté à l'autre. Ainsi, gagner des temps est plus que jamais une nécessité impérieuse.

S'il s'agit d'une partie d'une tour et d'un pion contre un fou, on doit, pour parvenir au gain de cette fin de partie, amener d'abord sa dame le plus près possible du roi adverse, puis le forcer à se mettre devant son pion : comme il ne peut alors faire dame, vous profitez de cet instant pour amener votre roi près du sien.

Cette position fait souvent partie remise, parce que les pions des deux fous et des deux tours à une case de dame, font perdre dans cette position les pions du roi, de la dame, et des deux cavaliers.

Vous n'avez rien de mieux à faire que de finir par des échecs perpétuels, quand à la fin de la partie les derniers pions de l'adversaire sont près de dame, et que votre roi est trop éloigné pour les empêcher d'y parvenir.

Outre ces indications générales, nous ajoutons les suivantes, d'après MM. Deschapelles et de Labourdonnais.

1° Quand la fin de partie a lieu *d'un roi et d'un fou contre un roi et une tour*, elle est ordinairement remise. Pour parvenir à ce résultat, il faut que le joueur en possession du fou ne joue le roi que lorsqu'il y est forcé, en ayant soin d'empêcher son adversaire de gagner l'opposition, quand le fou a couvert un échec.

Un autre moyen d'assurer la remise, est de placer le roi sur une des cases angulaires, d'une autre couleur que celle de votre fou qui sert alors à couvrir les échecs que vous pouvez recevoir.

2° *Un roi et un cavalier contre un roi et une tour.*

Cette fin de partie est aussi généralement remise, mais il faut néanmoins que le cavalier soit près du roi : il sert alors à couvrir les échecs, et à empêcher le roi adverse de gagner l'opposition.

En général, une tour et un fou contre une dame, sont partie remise, tandis qu'une dame contre un fou et un cavalier peut gagner la partie.

Partie remise encore avec une tour contre un fou et deux pions : *idem*, une tour contre un cavalier et deux pions, parce que dans ces deux derniers cas, on ne peut empêcher celui qui n'a que la tour, de la sacrifier pour les deux pions.

Enfin, une dame contre une tour et deux pions, fait partie remise.

Positions curieuses et parties spéciales.

Les premières sont autant de problèmes plus ou moins compliqués, qu'il faut résoudre. Leur étude, assez difficile, mais pleine d'intérêt, donnera une idée des ressources que présente le jeu des échecs, ainsi que l'habitude de calculer plusieurs coups de suite.

On doit, autant qu'il se peut, calculer le coup dans tout son ensemble, et ne toucher les pièces que lorsqu'on croit l'avoir saisi.

Si, après avoir joué quelques coups, on s'aperçoit que l'on s'est trompé, alors on rétablit la position sur l'échiquier, et l'on cherche de nouveau jusqu'à ce que l'on soit obligé d'y renoncer. Dans ce cas seulement, on peut regarder le premier coup de solution, à l'aide duquel on tâche de découvrir la suite, et ce n'est qu'en méditant, qu'en s'exerçant de la sorte qu'on peut arriver à faire des progrès.

Quant aux secondes, aux parties spéciales, ce sont, comme l'annonce leur titre, des particularités, de véritables tours de force qui sont parfois bien voisins des positions curieuses et qui se confondent avec elle.

Pat-Pat forcé. Nous savons déjà que si vous n'avez que le roi sur l'échiquier, ou pas une seule pièce qu'on puisse jouer, et que votre roi, n'étant pas en échec, ne puisse bouger sans s'y mettre, il s'ensuit qu'il est *pat*, et que vous gagnez. Pour pouvoir forcer votre adversaire à vous rendre pat, il faut ou avoir un de vos pions sur la ligne de la tour, ou en avoir un de votre adversaire sur la ligne de la tour ou du cavalier.

Or, le pat forcé arrive lorsque, pendant la partie, un joueur s'engage à forcer l'adversaire à lui donner pat ou à perdre. A cet effet, il faut avoir un pion sur une des lignes des tours, ou garder un pion de l'antagoniste sur une ligne de cavalier ou de tour, comme dans le pat.

Partie du pion coiffé. — Est un pion, qu'on distingue par un petit morceau de papier, et qu'on s'oblige à mener à dame, malgré tous les efforts de l'adversaire; si l'on y parvient, la partie est gagnée; s'il est pris auparavant, la partie est perdue.

Le pion découvert. — Est celui avec lequel un joueur s'engage à donner le mat à l'adversaire : s'il ne réussit pas à cela, il perd la partie.

Le blanc (ou *vice versâ*) peut, en outre, obtenir de faire passer son pion entre tous ceux de l'ennemi sans en prendre, quoiqu'ils doivent être pris, et ne laissant au noir, à chaque coup, qu'une seule manière de jouer. Ce coup est attribué au maréchal de Saxe.

Partie de qui perd gagne. — Cette disposition dont on a fait un proverbe, est un ingénieux renversement des règles ordinaires; l'on perd si on donne le mat à son adversaire, et on gagne si on le reçoit de lui.

Il faut, pour réussir à cette partie, commencer à enlever à son adversaire tout moyen de résistance, puis le forcer à vous donner le mat. On y parvient en faisant changer à un pion ennemi sa ligne, comme dans le pat forcé.

Des mats. — Le mat, ce dénouement des parties, auquel pensent sans cesse les joueurs pour le donner ou l'éviter, est plus ou moins compliqué, plus ou moins difficile. Dans ses *autres manières de jeu*, le vieux Calabrois en indique un grand nombre qui ferait sourire les modernes célébrités du club Ménars. Les diagrammes d'un auteur espagnol, non moins ancien et plus rare, offrent parfois dans leur brièveté une instruction pleine d'intérêt que nous aimerons à faire passer sous les yeux de nos lecteurs. Mais tout vieux qu'ils sont, l'un et l'autre ont très probablement puisé dans *Pietro-Carera*, dont Philidor critique judicieusement les instructions imparfaites, tout en disant qu'il omettra dans son essai tous les mats qu'ils ont donnés, se réservant de traiter le plus difficile (le mat du fou et de la tour contre la tour adverse) dont seul il a résolu le problème effrayant. Ainsi donc, nous aurons peu d'exemples à produire, car le joueur le plus pratique, et tout à la fois le plus profondément penseur de notre époque, M. de Labourdonnais, indique seulement, dans son grand ouvrage, sept mats, y compris le mat couronne de Philidor : 1° *Une tour contre un roi seul*, mat facile où vous menez en peu de coups le roi adverse à la bande en lui donnant l'échec avec la tour lorsqu'il est en face du vôtre. 2° *Deux tours contre une :* un peu plus compliqué, où, pour gagner, il faut que le possesseur des deux tours réduise le roi qui n'en a qu'une à une des bandes de l'échiquier ; là on le force facilement, soit au mat, soit à faire tour pour tour. 3° *Une dame contre une tour*. Là, avant tout, il faut prendre garde que l'antagoniste ne puisse sacrifier sa tour pour être pat ; puis faire rétrograder le roi qui n'a que la tour jusqu'à une ligne extrême de l'échiquier. Pour cela, vous tenez votre roi opposé au sien, et vous manœuvrez avec votre dame, soit en donnant échec, soit en prenant des positions. 4° *Un roi contre deux fous*. Vous parviendrez à ce mat en faisant rétrograder le roi de l'adversaire dans une des cases angulaires de l'échiquier, et les deux fous lui donneront aisément le mat, pourvu que vous évitiez le pat avec soin.

Voici assez d'indications pour mettre sur la voie ; les trois autres mats, et principalement celui de Philidor, exigeraient des développements qui dépasseraient de beaucoup, et sans utilité réelle, les bornes d'un Manuel sur tous les jeux.

Exemples à l'appui des précédentes instructions.

Nous allons maintenant apporter les exemples nécessaires aux instructions données jusqu'alors, et qui laissent encore quelque chose à désirer.

Le premier exemple concerne le trait ; il montre que les joueurs débutant chacun par le pion du roi, celui qui a le trait joue mal, et le perd en jouant au second coup le cavalier du roi à la troisième case de son fou.

2° *Partie du traité des amateurs.*

1.

Noir. Le pion du roi, deux pas.
Blanc.   *idem.*

2.

Noir. Le cavalier du roi à la troisième case de son fou.
Blanc. Le pion de la dame, un pas.

3.

N. Le pion de la dame, deux pas.
B. Le pion du fou du roi, *idem.*

4.

N. Le pion de la dame prend le pion.
B. Le pion du fou du roi, *idem.*

5.

N. Le cavalier du roi, à la cinquième case.
B. Le pion de la dame, un pas.

6.

N. Le pion du roi, un pas.
B. Le cavalier du roi, à la troisième case de sa tour.

Nota. Ce sixième coup du noir est le coup juste qui lui fera gagner la partie.

7.

N. Le pion du fou de la dame, deux pas.
B. Le pion du fou de la dame, un pas.

8.

N. Le cavalier de la dame, à la troisième case de son fou.
B. Le fou du roi, à la quatrième case du cavalier de la dame noire.

9.

N. Le pion prend le pion.
B.   *Idem.*

10.

N. La dame donne échec à la cinquième case de sa tour.
B. Le roi, à la case de son fou.

11.

N. Le cavalier, à la deuxième case du fou du roi blanc.
B. La dame à la case du roi.

12.

N. La dame prend le pion.
B. Le cavalier prend le cavalier.

13.

N. Le pion reprend le cavalier.
B. La dame, à la troisième case de son fou.

14.

Noir. La dame donne échec à la dame blanche.
Blanc. Le roi prend le pion.

15.

N. La dame prend la tour.

Dans cette position, ce que le noir pourra faire de mieux sera de remettre la partie. On peut conclure de cette partie, sinon rigoureusement, mais du moins très probablement, que celui qui a le trait le perd, et en fait passer l'avantage à son adversaire, quand il joue le cavalier au second coup. Peut-être même en jouant votre troisième coup, autre que celui qu'on vous a fait jouer, vous feriez encore repentir le noir d'avoir joué son cavalier à cette case, parce que le pion du fou de son roi étant retenu par ce cavalier, il ne pourra pas le lier aux autres pour rester maître du centre de l'échiquier.

Si celui qui a le trait joue mal en jouant ainsi son second coup, on connaît encore que ce coup serait aussi plus mauvais, si, outre ce trait, on lui faisait avantage du pion. Quand on a le pion et le trait, on ne doit jamais jouer les cavaliers devant les fous, au second coup, ni au suivant, si l'on n'y est contraint pour réparer quelques lourdes bévues, ou pour profiter de celles de son adversaire.

Le second exemple prouve ce que nous avons souvent dit, que lorsqu'une partie paraît désespérée, on peut la gagner contre toute attente. Tel donne le mat à son adversaire qui lui-même semblait ne pouvoir l'éviter.

3° *Partie d'après Stama.*

Situation des pièces noires :

1. Le roi, à la case de sa dame.
2. La dame, à la troisième case du roi blanc.
3. Le fou du roi, à la deuxième case du fou de sa dame.
4. Le fou de la dame, à la case de sa tour.
5. Le cavalier, à la deuxième case du fou du roi.
6. La tour du roi, à la case du roi.
7. La tour de la dame, à la case du fou de la dame.
8. Le pion du fou de la dame, à la quatrième case de ce fou.
9. Un pion, à la quatrième case du fou du roi.
10. Un pion, à la troisième case du cavalier du roi blanc.
11. Un pion, à la troisième case de la dame.

12. Un pion, à la quatrième case de la tour du roi blanc.
13. Un pion, à la deuxième case du roi.

Situation des pièces blanches.

1. Le roi, à la case de son fou.
2. La dame, à la troisième case du roi noir.
3. Le fou du roi, à la case de la dame.
4. La tour de la dame, à sa cinquième case.
5. Un cavalier, à la troisième case du cavalier de la dame.
6. Un cavalier, à la quatrième case de la tour de la dame.
7. Un pion, à la cinquième case du roi.
8. Un pion, à la quatrième case du fou du roi.
9. Un pion, à la quatrième case du cavalier du roi.
10. Un pion, à la deuxième case du cavalier du roi.
11. Un pion à la troisième case de la tour du roi.

Jeu.

1.

Blanc. La dame, à la deuxième case de la dame noire, donne *échec.*

Noir. Le roi prend la dame.

2.

B. Le cavalier prend le pion du fou de la dame, et donne *échec.*

N. Le pion prend le cavalier.

3.

B. Le cavalier prend le pion et donne *échec.*
N. Le roi, à la case de sa dame.

4.

B. Le cavalier donne échec à la troisième case du roi noir.
N. Le roi, à la deuxième case de la dame.

5.

B. Le fou donne échec à la quatrième case de la tour de la dame.
N. Le fou de la dame couvre l'*échec.*

6.

B. Le fou prend le fou, et donne *échec.*
N. Le roi prend le cavalier.

7.

Le pion de la dame donne *échec et mat.*

Exemple pour les gambits. Le docte de Labourdonnais

donne dans son excellent traité le *gambit du roi*, avec ses renvois savants et multipliés. Il nous apprend à cette occasion, que la manière de roquer, adoptée par les Italiens, fait gagner un temps à celui qui a l'attaque, et lui permet de placer son roi, en roquant hors de tout échec. Il se livre aux développements les plus intéressants, et prodigue les variantes les mieux combinées. Philidor analyse avec soin, avec amour, d'abord trois gambits, escortés chacun de cinq à sept renvois, puis le gambit de Cuningham; puis enfin le *gambit de la dame*, qui, selon ses propres expressions, « en- » traînant après soi un grand nombre de différentes parties, » a rebuté jusqu'à présent tous les auteurs d'en entreprendre » la dissection. » Ce gambit, surnommé le gambit d'Alep, est, selon le jugement de M. de Labourdonnais, parfaitement analysé par Philidor. C'est donc celui-ci que nous allons choisir, en nous abstenant toutefois de donner ses six volumineux renvois. Ce sera en même temps un objet de recherche et d'attrait pour les joueurs.

Gambit de la dame, d'après Philidor.

Blanc.   Noir.

1.

Le pion du roi, deux pas.   *idem*.

2.

Le pion du fou de la dame,   Le pion prend le pion.
deux pas.

3.

Le pion du roi, deux pas (*a*)   *idem* (*b*).

4.

Le pion de la dame, un pas   Le pion du fou de la dame,
(*c*)   deux pas (*d*).

(*a*) Si ce pion n'était poussé qu'un pas, l'adversaire pourrait tenir le fou de votre dame renfermé pendant la moitié de la partie.

(*b*) Si, au lieu de jouer ce pion, il eût soutenu celui du gambit, il aurait perdu la partie.

(*c*) Si, au lieu de pousser en avant, vous eussiez pris le pion de son roi, vous perdiez l'avantage de l'attaque.

(*d*) S'il eût joué autre chose, vous auriez poussé le pion du fou de votre roi deux pas, et par là vous auriez procuré entière liberté à vos pièces.

JEU DES ÉCHECS. 119

Blanc. Noir.

5.

Le cavalier de la dame à la 3ᵉ case de son fou. Le cavalier du roi *idem*.

6.

Le pion du fou du roi, un pas. Le fou du roi à la 4ᵉ case du fou de la dame.

7.

Le cavalier de la dame à la 4ᵉ case de sa tour (*e*). Le fou prend le cavalier près de la tour du roi blanc (*f*).

8.

La tour reprend le fou. Le roi roque.

9.

Le cavalier à la 3ᵉ case du fou de sa dame. Le pion prend le pion.

10.

Le fou du roi prend le pion du gambit (6ᵉ *renvoi*). Le pion prend le pion du fou du roi blanc.

11.

La tour reprend le fou. Le roi roque (*g*).

12.

Le cavalier à la 3ᵉ case du fou de la dame. Le pion prend le pion.

13.

Le fou du roi prend le pion du gambit. Le pion prend le pion du fou du roi blanc (*h*).

14.

Le pion reprend le pion (*i*). Le fou de la dame à la 4ᵉ case du fou de son roi.

(*e*) Si, au lieu de jouer ce cavalier pour vous défaire du fou de son roi, ou le faire retirer de cette ligne, vous eussiez pris le pion du gambit, vous auriez perdu la partie.

(*f*) Si, au lieu de prendre le cavalier, il eût joué son fou à la quatrième case de votre dame, vous deviez l'attaquer avec votre cavalier royal, et le prendre le coup suivant.

(*g*) Pour montrer les suites d'un autre jeu du roi.

(*h*) Pour démontrer que si vous eussiez repris le pion du fou de son roi, avec celui du vôtre, vous perdiez la partie.

(*i*) En reprenant de ce pion, vous donnez ouverture à votre tour sur son roi ; et ce pion qui couvre mieux votre roi, arrête aussi son cavalier.

Blanc.	Noir.

15.

Le fou de la dame à la 3ᵉ case de son roi.	Le cavalier de la dame à la 2ᵉ case de sa dame.

16.

La dame à sa 2ᵉ case.	Le cavalier de la dame à la 3ᵉ case.

17.

Le fou de la dame prend le cavalier.	Le pion de la tour reprend le fou.

18.

Le roi roque du côté de sa dame.	Le roi à la case de sa tour.

19.

La tour du roi à la 4ᵉ case du cavalier du roi noir.	Le pion du cavalier du roi, un pas.

20.

La dame à la 3ᵉ case de son roi.	La dame à sa 3ᵉ case.

21.

Le cavalier à la 4ᵉ case de son roi.	Le fou prend le cavalier.

22.

Le pion reprend le fou pour se réunir à son camarade.	La tour du roi à la case de celui-ci.

23.

Le roi à la case du cavalier de sa dame.	La dame à la 4ᵉ case de son fou.

24.

La dame prend la dame.	Le pion reprend la dame.

25.

La tour de la dame à la case de son roi.	Le roi à la 2ᵉ case de son cavalier.

26.

Le roi à la 2ᵉ case du fou de sa dame.	Le pion de la tour du roi, un pas.

27.

La tour du roi à la 3ᵉ case de son cavalier.	Le cavalier à la 4ᵉ case de la tour de son roi.

JEU DES ÉCHECS.

Blanc.	Noir.
28.	
La tour attaquée par le cavalier se sauve à la 3ᵉ case du cavalier de sa dame.	Le pion du cavalier de la dame, un pas.
29.	
Le pion de la dame, un pas pour faire ouverture à votre tour et à votre fou.	Le pion prend le pion.
30.	
La tour du roi prend le pion.	La tour de la dame à la case de celle-ci.
31.	
La tour de la dame à la case de la dame.	Le cavalier à la 3ᵉ case du fou de son roi.
32.	
La tour du roi donne échec.	Le roi à la case de sa tour.
33.	
Le fou à la 4ᵉ case de la dame noire pour empêcher d'avancer les pions adverses.	Le cavalier prend le fou.
34.	
La tour reprend le cavalier.	La tour du roi à la case de son fou.
35.	
La tour de la dame à la 2ᵉ case de sa dame.	La tour du roi à la 4ᵉ case du fou du roi blanc.
36.	
La tour de la dame à la 2ᵉ case de son roi.	Le pion de la dame un pas.
37.	
Le pion prend le pion.	La tour de la dame reprend le pion.
38.	
La tour du roi à la 2ᵉ case du roi noir.	Le pion du cavalier du roi, un pas (s'il soutenait le pion, il perdrait la partie).
39.	
Une des deux tours prend le pion.	La tour prend la tour.

Blanc.	Noir.

40.

La tour reprend la tour.	La tour donne échec à la 2e case du fou du roi blanc.

41.

Le roi à la 3e case du fou de sa dame.	La tour prend le pion.

42.

Le pion de la tour, deux pas. (Si vous eussiez pris le pion adverse avec votre tour, vous auriez perdu).	Le pion du cavalier du roi, un pas.

43.

Le pion de la tour un pas.	Le pion du cavalier, un pas.

44.

La tour à la case de son roi.	Le pion du cavalier un pas.

45.

La tour à la case du cavalier de son roi.	La tour donne échec.

46.

Le roi à la 4e case du fou de sa dame.	La tour à la 3e case du cavalier du roi blanc.

47.

Le pion de la tour, un pas.	La tour à la 2e case de son cavalier.

48.

Le roi prend le pion.	Le pion de la tour, un pas.

49.

Le roi à la 3e case du cavalier de la dame noire.	Le pion de la tour, un pas.

50.

Le pion de la tour, un pas.	La tour prend le pion (autrement le noir perdrait la partie).

51.

La tour prend le pion. *idem.*	La tour à la 2e case de la tour du roi.

52.

Le pion, deux pas.	Le pion, un pas.

53.

La tour à la 2e case de la tour de son roi.	Le roi à la 2e case de son cavalier.

JEU DES ECHECS. 123

Blanc. Noir.

54.

Le pion, un pas. Le roi à la 3e case de son cavalier.

55.

Le roi à la 3e case du fou de la dame noire. Le roi à la 4e case de son cavalier.

56.

Le pion, un pas. Le roi à la 4e case du cavalier du roi blanc.

57.

Le pion avance. La tour prend le pion, et jouant ensuite son roi sur la tour, vous voyez que c'est un refait, parce que son pion vous coûtera la tour.

Exemple pour les Mats.

Cet exemple fort intéressant est tiré d'un ancien ouvrage espagnol sur le jeu des échecs.

Diagramme espagnol. — Le blanc donne mat en sept coups, comme on peut le suivre sur la vignette suivante, dont voici l'explication.

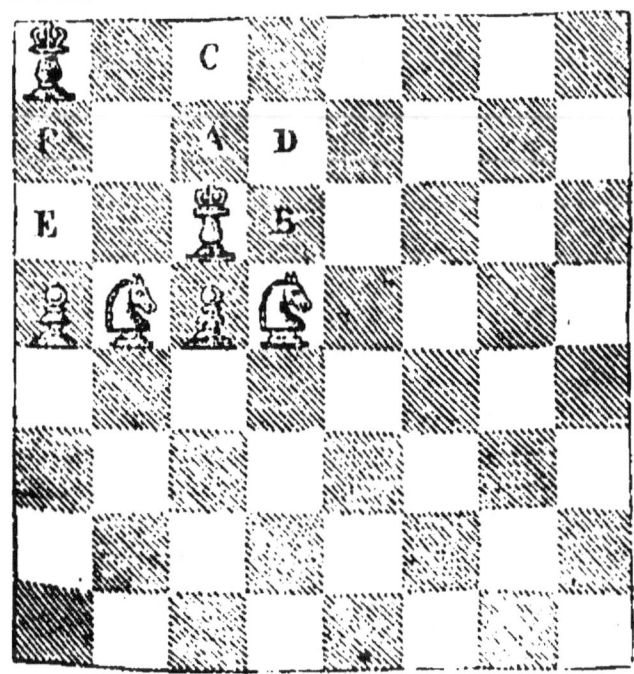

Avec le cavalier de droite, le blanc donne échec dans A; il joue ensuite l'autre à B, et donnant alors échec dans C, le roi va à D, le pion gauche de E donne échec avec le même dans F, et par conséquent l'autre pion doit donner mat.

Exemple emprunté aux exercices anglais.

Fig. 11. *Le blanc joue et donne échec et mat en cinq coups (mouvement) par le sacrifice de la reine.*

Blanc.	Noir.
La tour (*le château*) donne échec.	Le roi à la seconde case de son chevalier.
Le chevalier reçoit échec de l'adversaire, et se place à la 3ᵉ case du roi.	Le roi à la 3ᵉ case de sa tour.
La reine reçoit échec et se place à la 4ᵉ case du chevalier du roi.	Le chevalier s'interpose.
Nouvel échec de la reine à la 4ᵉ case du chevalier du roi.	Le chevalier prend la reine.

Le pion prend le chevalier et donne échec et mat.

Autre exercice anglais.

Fig. 12. *Le blanc gagne la partie en trois coups en sacrifiant son cavalier et une tour.*

B. Le cavalier donne échec au roi en se plaçant à la quatrième case du cavalier adverse.

1. *N.* La tour prend le cavalier.

B. La tour du roi donne échec au roi adverse en se mettant à la troisième case du fou de ce roi.

2. *N.* Le roi prend la tour.

B. La tour de la reine, en se plaçant à la troisième case de la reine noire adverse, donne échec et mat.

Les nombreuses explications que nous avons données pour les débuts, les milieux et les fins de partie nous dispensent d'apporter des exemples, qui d'ailleurs ne pourraient être complets qu'à condition d'immenses développements ; nous nous bornerons donc à joindre aux indications des parties et positions curieuses, une partie rare et spéciale, après avoir rappelé tous les cas où l'on peut avoir l'échec perpétuel, et tous les coups de ressource suffisamment expliqués par les précédents détails.

Partie du Café de la Régence.

Il s'était introduit, avant la révolution, dans ce café renommé, une sorte de partie qui se joue rarement, et n'a lieu que parmi les joueurs de première force. Dans cette partie un joueur ôte sa dame, et y substitue un certain nombre de pions qui puissent maintenir l'égalité entre ses forces et celles de son adversaire. Si l'on joue à but, à la partie ordinaire, le nombre des pions est de sept à huit, et alors celui qui ôte la dame pourra prendre sept pions à une partie et huit à l'autre.

Quand on ne joue pas à but, on prend un nombre de pions plus ou moins grand, selon qu'on sera plus ou moins fort que son adversaire. Par exemple, on pourra prendre quatre pions pour la dame retranchée si l'on fait avantage de la tour à la partie ordinaire.

Nous sommes loin d'avoir épuisé, et surtout de croire avoir épuisé tout ce qui peut se dire sur ce beau jeu, mais nous croyons avoir dit tout ce qu'il y a de vraiment utile.

Jeu du Solitaire.

Un jeu à jouer seul est bien peu séduisant; mais s'il arrivait que dans une société, tout le monde étant occupé à divers jeux, il restât une seule personne qui ne voulût point varier ou s'associer aux autres, le solitaire serait son lot.

Le nom de ce jeu est on ne peut plus juste, il n'a qu'un seul joueur : c'est une série de combinaisons qui demande, avec beaucoup de patience, assez d'intelligence et d'attention. Il vient, dit-on, de l'Amérique, où un Français en conçut l'idée et en régla la marche, en voyant les Américains planter, au retour de la chasse, leurs flèches en différents trous préparés à cet effet et rangés par ordre dans leurs cases.

JEU DU SOLITAIRE.

Voici la disposition de ce jeu.

```
                1   2   3
                o   o   o
            4   5   6   7   8
            o   o   o   o   o
        9  10  11  12  13  14  15
        o   o   o   o   o   o   o
       16  17  18  19  20  21  22
        o   o   o   o   o   o   o
       23  24  25  26  27  28  29
        o   o   o   o   o   o   o
           30  31  32  33  34
            o   o   o   o
               35  36  37
                o   o   o
```

Ainsi, le solitaire, que l'on pourrait presque nommer *échecs à une seule personne*, est disposé sur une tablette de bois de forme octogone et percée de trente sept trous, dans lesquels sont enfoncées trente sept fiches pointues, d'ivoire ou d'os ; ces fiches sont placées dans l'ordre suivant : trois au premier rang, cinq au deuxième, sept au troisième, sept au quatrième également, sept encore au cinquième rang, cinq au sixième, et trois au septième. Avant de commencer à jouer, on ôte une fiche, n'importe laquelle, afin de laisser un vide pour marcher.

Une fiche en prend une autre lorsqu'elle peut passer par-dessus, en droite ligne, à un trou vide, comme un pion prend un pion au jeu de dames, et comme les pièces se prennent l'une l'autre aux échecs ; on prend aussi, au solitaire, toutes les fiches jusqu'à la dernière. La difficulté de ce jeu consiste à choisir justement les fiches qu'il faut ôter pour terminer par ne laisser qu'une fiche sur la tablette, ou pour parvenir à celles qu'on se propose d'ôter pour gagner le jeu : on fait à cet égard une convention avec soi même.

Voici diverses *marches* ou combinaisons qui ont toutes pour but de ne laisser qu'une fiche.

JEU DU SOLITAIRE.

Première marche.

Otez le 1, et allez du

3	à 1
12	— 2
8	— 6
2	— 12
4	— 6
18	— 5
1	— 11
16	— 18
18	— 5
9	— 11
5	— 7
30	— 17
26	— 24

Otez le 1, et allez du

24	à 10
36	— 26
35	— 25
26	— 24
25	— 11
12	— 26
10	— 12
6	— 19
34	— 32
20	— 23
33	— 31
19	— 32

Otez le 1, et allez du

31	à 33
37	— 27
22	— 20
20	— 33
29	— 27

Otez le 1, et allez du

33	à 20
20	— 7
15	— 13
7	— 20

Seconde marche, dite le Lecteur, *au milieu de ses amis.*

Otez le 19, et allez du

6	à 19
4	— 6
18	— 5
6	— 4
9	— 11

Otez le 19, et allez du

24	à 10
11	— 9
26	— 24
35	— 25
24	— 26

Otez le 1, et allez du

27	à 25
33	— 31
25	— 35
29	— 27
14	— 28

Otez le 1, et allez du

27	à 29
19	— 21
7	— 20
21	— 19

Troisième marche, à commencer par 1 et finir par 37.

Otez le 1, et allez du

3	à 1
12	— 2
13	— 3
20	— 7

Otez le 1, et allez du

33	à 31
2	— 12
8	— 6
6	— 19

9 — 11	22 — 20
23 — 25	29 — 27
15 — 3	18 — 31
4 — 6	31 — 33
18 — 5	34 — 32
1 — 11	20 — 33
31 — 18	37 — 27
18 — 5	5 — 18
20 — 7	19 — 32
3 — 18	36 — 26
33 — 20	30 — 32
18 — 20	26 — 36
20 — 33	35 — 37

Quatrième marche, dite le Corsaire.

Otez le 3, et allez du 13 à 3   Otez le 3, et allez du 12 à 14
15 — 13   15 — 13
28 — 14   20 — 7
8 — 21   3 — 13
29 — 15   10 — 12

Otez le 3, et allez du 24 à 10   Otez le 3, et allez du 9 — 11
26 — 24   12 — 15
36 — 26   4 — 17
1 — 11   16 — 18
11 — 25   25 — 11

Otez le 1, et allez du 23 à 25   Otez le 1, et allez du 35 à 25
26 — 24   34 — 32
30 — 17

Prenez neuf fiches sur les onze restantes avec le *corsaire*, qui est la deuxième, et qui se trouve prise ensuite par la fiche du trente-septième trou : ces neuf fiches sont les 6, 11, 17, 25, 19, 13, 21, 27, 32. Allez, en finissant, de 37 à 35.

Cinquième marche, dite le Tricolet.

Otez le 19, et allez du 6 à 19   Otez le 19, et allez du 10 à 21
10 — 12   22 — 20
4 — 6   8 — 21

JEU DE BILLARD. 129

17 — 19	32 — 19
31 — 18	28 — 26
10 — 17	21 — 19
16 — 18	7 — 20
30 — 17	19 — 32
19 — 6	36 — 26
2 — 12	34 — 32

Sixième marche, à commencer par la dernière fiche, et finir par la première.

Otez le 37, et allez   Otez le 37, et allez
du

35 à 37	du	24 à 10
15 — 13		26 — 24
28 — 14		36 — 26
8 — 21		20 — 7
29 — 15		7 — 5
12 — 14		4 — 6
15 — 13		18 — 5
20 — 7		1 — 11
3 — 13		33 — 20
10 — 12		20 — 18

Otez le 37, et allez   Otez le 37, et allez
du

18 à 5	du	19 à 6
5 — 7		2 — 12
36 — 26		6 — 6
30 — 32		12 — 2
32 — 19		3 — 1

Si l'on s'occupait au solitaire, en attendant qu'un des joueurs vous donnât sa place à quelque jeu de salon, et que l'on n'eût pu parvenir à ne laisser qu'une fiche sur la tablette, le successeur s'efforcerait à faire disparaître les fiches excédantes; il pourrait aussi, s'il avait de l'habitude, s'exercer à trouver d'autres combinaisons analogues aux marches indiquées dans ce chapitre.

Jeu de Billard.

Le jeu de billard, dont évidemment le nom est emprunté à ses billes, a des instruments et un langage tout particuliers. Ses règles nombreuses se divisent en règles générales et règles particulières. Ces dernières constituent une suite de parties différentes, dont nous donnerons successivement les détails. Ce jeu était, il y a une quinzaine d'années, consacré spécialement aux hommes et surtout aux jeunes gens ; il se jouait seulement dans les cafés et autres endroits publics ; mais maintenant il s'est beaucoup généralisé. Les dames y jouent, et un billard est devenu l'accessoire obligé de tout salon à la campagne : on le trouve même à la ville, dans les riches appartements. Enfin, avoir chez soi un billard, est tout-à-fait de bon ton et de convenance.

Instruments du jeu de billard. — La table sur laquelle s'exercent les joueurs porte le nom du jeu. Ce billard donc est composé de quatre parties principales : la table, le tapis, le fer et les bandes. La table est haute de trente à trente-six pouces (812 à 972 milli.), de douze pieds (3.^{m}89) de longueur, et de six pieds, (1.^{m}94) de largeur, prises entre les bandes. Celles-ci, au nombre de quatre, encadrent la table, et sont rembourrées de lisière de drap ; un drap vert attaché en dessus, autour de la table, la recouvre entièrement. Aux quatre coins, et au milieu des longues bandes, sont pratiqués des trous, nommés *blouses*, qui doivent recevoir les billes, et aux deux tiers de la table, vers le haut, est un fer appelé *passe* ; mais ce fer a été supprimé, parce qu'on en a reconnu l'inutilité.

On appelle également billard la masse ou la queue recourbée avec laquelle on pousse les billes. Elle est ordinairement garnie, par l'extrémité la plus grosse, d'ivoire ou simplement d'os, et pourrait même se passer de cette garniture. On tient cet instrument par le petit bout, et l'on pousse la bille avec l'autre extrémité, et alors il est spécialement nommé *billard* ; mais quand on joue de la pointe (ce qui arrive presque toujours), cette sorte de bâton se nomme *queue*.

La table, comme je l'ai déjà dit, a des blouses. Ces blouses, enfoncements demi circulaires de deux pouces (54 milli.) de diamètre, au nombre de six, sont destinées à recevoir les billes ; celles-ci sont de petites balles d'ivoire ou d'os, d'une grosseur relative aux blouses, et diversement colorées. Il y en a de blanches, de rouges, de roses, de bleues, de vertes et de jaunes ; leur valeur varie suivant la couleur.

Règles générales. — Le billard, jeu d'adresse et d'exercice, consiste à faire rouler une bille ou à conduire par le choc même, sa bille ou celle de son adversaire, juste où l'on veut, soit dans une blouse, soit sur une autre bille pour en frapper une autre et la faire entrer dans les blouses; toute la difficulté se rencontre dans la manière de frapper avec sa bille celle de son adversaire. Ce problème, comme tous les autres propres à ce jeu, reçoit sa solution des deux principes suivants : 1° l'angle d'incidence de la bille contre une des bandes ou rebords du billard, est égal à l'angle de réflexion ; 2° quand une bille en rencontre une autre, si l'on tire une ligne droite entre leur centre, laquelle nécessairement passera par le point de contact, cette ligne sera la direction de la bille frappée après le coup : c'est de l'application exacte de ce problème que découle ce que l'on appelle *la connaissance des effets*, connaissance qui ne peut s'acquérir que par la démonstration sur le billard même, et une longue pratique ; aussi n'entreprendrais-je pas de faire comprendre par le raisonnement seul ce qui est presqu'inexplicable par la théorie sans usage.

1° Le billard a un *quartier* d'où l'on joue en commençant la partie. Il est marqué par une ligne droite tirée d'une des bandes longues à l'autre. Cette ligne et le point de la bille rouge se mettent en général au cinquième à peu près. Le joueur qui a la bille en main ne peut se placer au-delà de cette ligne.

2° Pour savoir à qui commencera, les joueurs doivent donner leurs coups ensemble. Celui dont la bille approche le plus de la petite bande où ils ont tiré a le droit de commencer la partie.

3° L'on nomme le *haut* et le *bas* du billard, toujours en longueur et d'après la convention qu'il plaît d'en faire ; par exemple, on dira : le haut sera de tel ou tel côté, auprès de tel ou tel objet ; le bas est du côté de la bille à jouer.

4° On commence par mesurer de l'œil le chemin que l'on veut faire suivre à sa bille, ce qui s'appelle *mirer* ; prenant ensuite la queue de la main droite, et le corps tendu en avant, on se met en devoir d'ajuster. Mais une fois la main placée pour ajuster, celui qui touche sa bille en mirant perd un point ou deux, et perd un coup suivant les conventions. Cette règle a lieu toutes les fois que l'on joue la bille en main ; il suffit de l'avoir poussée hors de la ligne du quartier.

5° Il n'est permis, dans aucune partie, d'avoir le corps ou les pieds hors de la direction de la grande bande, lorsqu'on joue la bille en main.

6° Il n'est jamais permis non plus de jouer sans avoir au moins un pied sur le parquet, quelque incommode que soit la position, comme aussi d'abandonner la queue des deux mains, après avoir visé le coup.

7° Quand, ajustant son coup, un joueur touche légèrement sa bille, et s'empresse de la pousser ensuite, son adversaire a toujours le droit, avant de jouer, d'exiger non-seulement le point, mais encore ceux perdus par suite d'un second coup, s'il en arrivait ainsi; pour le replacement des billes, c'est à la volonté de l'adversaire, sans aucun égard pour le deuxième coup donné. Qui *bâtonne* sa bille perdra trois points, et la prendra en main, au choix de l'adversaire. Si celui-ci réclame seulement le point, ou les points du manque à toucher, la bille reste où elle est. Or, *bâtonner* signifie qu'une bille n'ayant pas été frappée d'abord sur son centre, l'est une seconde fois par un des côtés de la queue.

On voit déjà que nous avions raison de dire que le billard a son langage particulier; on le reconnaîtra souvent encore. *Queueter* est donner un coup de l'un des bords de la pointe de la queue sur un des côtés de la bille, au lieu d'avoir rencontré les deux centres : le *queuetage* est ce coup. On confond quelquefois le mot *bâtonner* avec celui de *queueter*, et c'est une erreur, parce que l'acception de ces deux mots est différente. Pour *bâtonner*, l'on commence souvent, il est vrai, par *queueter*; mais l'on peut très-bien faire *fausse queue* sans *bâtonner*. Faire *fausse queue* est un faux mouvement qui n'ébranle point la bille.

Billarder, signifie qu'un même coup chasse les deux billes à la fois, c'est-à-dire, quand l'impulsion donnée à sa propre bille est en même temps reçue par une autre, et qu'il n'y a pas eu deux coups distincts.

8° Si, après avoir touché sa bille, et la poussant une seconde fois, un joueur fait des points, il ne compte rien, et en perd également deux.

9° Si, dans le moment même de l'exécution d'un coup, le joueur remue une bille quelconque, soit avec la queue, soit avec le corps, il perd un point et ne peut rien acquérir de la suite de son coup. On voit combien la précision des mouvements est indispensable au billard.

10° Quoique l'adversaire ait demandé sur le moment même le point d'une bille touchée, ou d'une faute quelle qu'elle soit, il conserve cependant le droit d'acquérir tous les points perdus par suite du coup, ainsi qu'il est dit à l'article 7.

11° Qui billarde perd un point.

12° Toucher deux billes avec la sienne se nomme *caramboler*. Lorsque deux billes se baisent, et que l'une d'elles est celle à jouer, l'on doit chasser de là celle-ci sans remuer l'autre, car autrement l'on se trouverait dans le cas de bâtonner ou de billarder. Pour caramboler dans cette position, il suffit d'envoyer sa propre bille sur une autre ; ce parti, très facile, est aussi très avantageux, puisque l'on gagne deux points en carambolant.

13° Qui lève ou seulement remue une bille fixée, sans le consentement de l'adversaire, perd un point.

14° Si l'adversaire arrête une bille roulante, et que le joueur ne se soit pas perdu, ce dernier compte la valeur de la bille en sus de ce qu'il a gagné ; si c'est une colorée, on la place à son poste ; si c'est une blanche, elle est en main, c'est-à-dire à jouer.

Si la bille arrêtée ou déviée appartient au joueur qui l'arrête, l'autre joueur peut la faire placer contre la bande vers laquelle elle se dirigeait, mais alors il n'acquiert pas les deux points.

15° Dans le cas précédent, si le joueur s'est perdu, l'adversaire qui arrête sa bille ne lui fait rien acquérir, et compte la perte faite. Le joueur ne conserve que le droit du choix pour toutes les billes.

16° Si la bille du joueur est arrêtée ou déviée par l'adversaire avant qu'elle en ait touché une autre, celui-ci perd la valeur de la bille sur laquelle la bille déviée se dirigeait, et le joueur continue, s'il s'agit d'une partie à suivre.

17° Si le joueur lui-même, ne s'étant pas perdu, arrête une bille, il ne perd rien, etc., comme à l'article 14 ci-dessus ; mais quand il s'est perdu, l'adversaire acquiert la valeur de la bille arrêtée. Si elle n'est moindre de la perte, on a le choix, comme il est dit en l'article 15.

18° Quand le joueur arrête ou dévie sa bille, il perd autant de points qu'il en a précédemment gagnés ; et s'il n'a rien fait, il perd la valeur de la bille sur laquelle il a joué. S'il arrête ou dévie sa propre bille avant qu'elle en ait touché une autre, il perd trois points. Dans tous ces cas il prend la bille en main.

19° L'on ne peut perdre plus que l'on n'aurait gagné.

20° Qui se perd sans toucher fait acquérir trois points à l'adversaire.

21° Le joueur qui, sans se perdre, manque de toucher, fait compter un point à son adversaire, pourvu toutefois que sa bille soit arrivée à la hauteur d'une autre sur laquelle il a le droit de jouer, il suffit pour cela qu'elle touche la ligne que l'on peut tirer de l'épaisseur de l'autre bille.

22° Celui qui, en jouant, fait sauter sa bille hors du billard, perd comme s'il l'envoyait dans une blouse.

Le saut droit, c'est-à-dire de la bille adverse d'une autre que sa propre bille, est nul dans toutes les parties où il entre plus de deux billes ; elles se mettent à leur place.

23° Lorsqu'on joue une autre bille que la sienne, on perd seulement son coup ; si cette bille est de couleur, elle se place sur la blouse ou à son poste, au choix de l'adversaire ; si c'est une bille blanche, son poste est en main.

Si la bille faite est le *casin*, on le met *d'acquit*, ou il reste sur le bord de la blouse.

Si celui qui se trompe joue avec la bille de l'adversaire, on suit la règle précédente, avec la différence que ce dernier est libre d'adopter, pour la suite, celle des deux qui lui plaira.

24° Qui perd un point par son jeu, ne saurait rien acquérir par le même coup.

25° Dans toutes les parties où l'on donne l'acquit, le joueur qui, en le donnant, envoie trois fois sa bille dans une blouse, ne perd rien ; mais celui qui joue après peut le faire placer au milieu de la petite bande, à la distance de deux billes ; après la seconde fois, il est libre de donner lui-même l'acquit.

26° Quand, après avoir donné le coup pour s'acquitter, on touche une seconde fois sa bille, on est dans le cas du troisième coup de l'article précédent.

27° Lorsqu'une bille saute hors du billard, et qu'elle y rentre après avoir heurté quelqu'un, un meuble, ou la muraille, elle est bonne, et compte comme si elle était dans une blouse.

On regarde comme perdue la bille qui, étant sur la bande,

est touchée et repoussée ; est également *bille perdue*, celle qui reste sur la bande.

28° L'on ne doit jamais jouer qu'avec la pointe de la queue; mais en France, l'usage est reçu de se servir du gros bout.

29° Quand une bille se trouve partagée en deux portions égales par la ligne du *quartier*, elle est censée dedans.

30° Dans toutes les parties possibles, le joueur qui a perdu la dernière, commande pour commencer la suivante. Cependant, dans les parties à suivre, l'usage veut que le gagnant ait le droit de commencer.

31° Dans le cas où une bille quelconque, se trouvant sur le bord d'une blouse, tombe pendant qu'une autre roule, et sans être heurtée, le jeu va comme s'il n'y avait pas eu de bille sur le bord, et elle s'y replace.

Lorsque la bille en mouvement s'arrête aussi sur le bord, la bille tombée se remet le plus près de la place qu'elle occupait et sans toucher l'autre.

32° Quand une bille, arrivée sur le bord d'une blouse, s'arrête et tombe ensuite, l'on ne peut pas établir une règle précise autre que celle de s'en rapporter au marqueur et à la galerie des joueurs qui auront à décider si la bille est tombée spontanément de son premier mouvement, ou après s'être évidemment arrêtée. Dans ce dernier cas, elle ne peut compter et se place sur le bord, parce que sa chute provient d'une autre cause que du coup.

Il existe encore quelques règles relatives à la police du billard.

Parties françaises, avec différentes billes.

Ces parties se divisent en cinq espèces : 1° la *partie ordinaire*; 2° la *partie à suivre*; 3° *à trois billes*; 4° la *partie à cinq billes*, dite *russe*; 5° la *partie du doublet*.

Partie ordinaire. — 1. Pour toutes les parties françaises en général, il faut faire, en dedans de la ligne qui forme le quartier, un demi-cercle d'environ un pied (525 milli.) de largeur, et dont le point doit être le centre. Dans ce demi-cercle est circonscrit le joueur qui a la bille en main, et il ne peut la placer en dehors pour donner son coup.

2. Cette partie va en vingt points, et chaque joueur ne joue qu'un coup; celui qui commence doit jouer sur la rouge.

3. Il y a trois billes égales, savoir : deux blanches et une

rouge ; les blanches que l'on fait aller dans une blouse quelconque, comptent deux points, et la rouge compte trois.

4. Cette bille est l'importante : dans toutes les parties où elle se trouve, on la place à son poste, au commencement du jeu ; de même, lorsqu'on la conduit dans une blouse, ou hors du billard, son point doit être marqué ; elle forme le centre du carré du haut du billard.

5. Quand les deux billes se trouvent dans le quartier, et que celle à jouer est en main, il faut battre sur la bande du haut avant de toucher les billes : c'est ce qu'on appelle le *coup du bas.*

6. Celui qui fait sauter sa bille hors du billard perd comme s'il l'avait envoyée dans une blouse.

Le *saut droit*, c'est-à-dire celui de la bille adverse, est nul.

La rouge se met à son point, et la blanche en main.

7. On peut jouer à volonté sur la rouge ou sur la blanche.

8. Si le point de la rouge se trouvait occupé lorsqu'elle est faite, on la placerait sur celui du quartier ; si celui-ci l'était également, et il est censé l'être lorsque la bille à jouer est en main, on la place sur le point qui forme le milieu du billard, entre les deux blouses. Dans tous les cas, le joueur peut battre dessus ; si la bille n'a pas été touchée sur le coup, elle reprend sa place naturelle.

Partie à suivre. — Cette partie va jusqu'à vingt-quatre points ; ses règles sont celles de la précédente, avec la différence que le joueur qui acquiert des points continue de jouer.

Partie des cinq billes, ou dite *russe.* — 1. Cette partie va en quarante points, et se joue avec cinq billes : deux blanches, une rouge, une rose ou verte ou blanc céleste, et une jaune.

2. Les billes blanches comptent deux points ; la rouge compte trois, la rose quatre et la jaune six. Les premières se font partout ; la rouge et la rose aux quatre coins seulement, car elles perdent au milieu ; la jaune se fait aux seules blouses du milieu ; partout ailleurs elle perd autant de points qu'elle en aurait gagné, c'est-à-dire six.

3. Celui qui gagne des points continue de jouer.

4. Le joueur qui commence donne son acquit hors du quartier, où bon lui semble, et sans être tenu de battre sur la bande.

5. Si, en donnant son acquit, l'on touche les billes, on perd

autant de points qu'il y a de billes touchées : ces dernières restent où elles se trouvent ; si elles vont en blouse, on les remet sur leurs points respectifs.

6. Quand, par erreur, on donne l'acquit, et que l'on touche une ou plusieurs billes, on reste acquitté, mais on perd comme à l'article ci-dessus.

7. Le joueur qui joue le second, doit battre le premier coup sur la bille blanche ; s'il touche les autres avant, il perd comme il a été dit à l'article 5 ; après ce premier coup, il joue sur celle qui lui plaît.

8. La bille rouge se met sur le même point qu'aux autres parties ; la jaune au milieu, et la bleue sur celui qui forme le centre du demi-cercle du quartier.

9. Pour les billes qui sont dans le quartier, ou pour mieux dire, pour *le coup du bas*, voyez ce qui a été expliqué à cet égard dans l'article 5 de la partie ordinaire. Le point de la bille bleue est dans le quartier.

10. Quand la place d'une bille faite se trouve occupée, cette dernière se met sur le point vacant le plus éloigné du joueur ; s'ils sont tous occupés, on la place auprès de la petite bande la plus éloignée, et dans la direction des autres billes. On peut jouer dessus, comme à l'article 9 de la partie ordinaire.

11. Lorsque tout autre que le joueur en exercice arrête ou seulement dévie une bille roulante, et que ce dernier ne se soit pas perdu, celui qui a arrêté perd une bille, et l'autre continue.

12. Si le joueur en exercice touche une bille roulante de couleur, ou la sienne, il en perd la valeur ; mais il n'y a aucune perte si c'est la bille de l'adversaire : celui-ci est maître alors de la laisser où elle se trouve, ou de la prendre en main.

Partie du doublet. — Il y a plusieurs espèces de *doublets* : le doublet simple, les *doublets composés*, qui se subdivisent à leur tour en *contre-coup, coup dur, bricole, l'une par l'autre*, etc. Tous ces genres de doublets se jouent avec trois billes, deux blanches et une rouge.

Doublet simple. — Cette partie, sans suivre, finit en douze points ; elle va à seize lorsqu'on continue de jouer en gagnant des points.

2. Le joueur qui commence doit battre sur la rouge. Quand

la bille sur laquelle on joue frappe une bande et va dans une blouse opposée, c'est un *doublet*.

3. On considère aussi comme doublet le *contre-coup* qui se fait lorsqu'une bille, ayant frappé sur une bande, rencontre une autre bille quelconque qui l'envoie dans une blouse même de la bande frappée.

4. Le *coup dur* est considéré *doublet*. Ce genre de coup arrive quand une bille, touchant la bande, est frappée en plein par une autre bille qui la fait entrer dans une blouse.

5. La bille faite sans être doublée, c'est-à-dire faite *au même*, est nulle. La rouge se place sur son point, et la blanche en main.

Doublets composés. — Les parties des *doublets composés*, qui se jouent toutes en seize points, sont les suivantes. *La première*, la bille faite par *bricole*, c'est-à-dire quand le joueur frappe la bande avant la bille.

2. *L'une par l'autre* compte de même : cela signifie qu'en envoyant la bille sur laquelle on a joué, contre une troisième, celle qui se blouse est bonne, ainsi que la bille sur laquelle on a carambolé.

La bille faite au même est nulle, et comme ci-devant, avec cette différence que la blanche se place sur le bord de la blouse où elle a été faite.

La seconde partie. — Dans celle-ci, la bricole n'est pas comptée pour doublet, mais bien l'une par l'autre.

Qui fait une bille au *même* perd.

La troisième. — Dans cette dernière partie de doublets composés, la bricole, l'une par l'autre, perde comme faite *au même*.

On voit que ces diverses parties sont de convention, et que chaque joueur peut les modifier à sa fantaisie ; néanmoins, leurs formes doivent être toujours soumises aux règles générales, et il est quelques combinaisons assez communément admises pour n'être pas tout-à-fait regardées comme purement conventionnelles ; nous allons les indiquer.

Parties variées au billard.

Partie tout de bricole. — 1. Si les joueurs sont convenus de jouer *tout de bricole*, et que l'un des deux touche la bille de son adversaire, sans avoir touché aucune bande, il perd un point.

2. La bricole de fer est bonne dans toutes sortes de parties.

3. Si un joueur touche la bille adverse sans avoir touché aucune bande, se blouse ou se fait sauter, il perd trois points.

Partie tout de doublet. — 1. Cette partie se joue en dix.

2. Les billes faites par contre coup sont réputées doublées, et le joueur qui les fait gagne deux points.

3. Les billes faites en bricole ou à coup de talon sont nulles.

Partie sans passer la raie des milieux. — 1. Si l'un des joueurs qui sont convenus de jouer ce genre de partie, fait rester la bille de son adversaire sur la raie qui aura été faite sur le tapis, il ne perdra rien ; mais pour peu qu'il fasse passer cette bille du côté défendu, il perdra un point.

2. Si le joueur fait passer la bille de l'adversaire du côté défendu, qu'il se blouse ou se fasse sauter, il perd trois points.

3. Si l'un des joueurs se blouse ou se fait sauter, sans cependant faire passer du côté défendu de la bille adverse, il perd deux points.

Partie faite en sauvant les cinq blouses, pour une à perte et à gain. — 1. Quand un joueur sauve à l'autre cinq blouses pour une à perte et à gain, les parties se jouent en douze.

2. Si celui des deux joueurs qui a cette blouse ne parle point du saut, il est bon pour l'un comme pour l'autre sur ladite blouse.

3. Si celui qui n'a qu'une blouse à perte et à gain, met la bille de l'adversaire, ou toutes les deux dans sa blouse, il gagne le point ; et, s'il a aussi le saut à perte et à gain sur la même blouse, et qu'il fasse sauter la bille ou toutes les deux ensemble, il gagne aussi deux points.

4. Si celui qui n'a qu'une blouse à perte et à gain se perd dans cette blouse, il ne perd rien ; il en est de même du saut.

Si le joueur qui n'a que cette blouse, fait sauter sa bille, et met celle de son adversaire dans sa blouse, il gagne deux points ; de même, s'il fait sauter celle de l'adversaire, et met la sienne propre dans sa blouse, il gagne encore deux points.

Partie de qui perd gagne. — Nous retrouvons au billard cette partie piquante et bizarre que nous avons déjà remarquée aux échecs.

1. A cette partie conventionnelle, le joueur qui blouse sa bille ou la fait sauter, gagne deux points.

2. Si l'un des joueurs blouse sa bille, ou toutes les deux, il gagne deux points. Il en est de même du saut.

3. Si l'un des joueurs blouse, ou fait sauter la bille seule de son adversaire, il perd deux points, et celui qui les gagne donne l'acquit.

4. S'il y a quelques coups à juger dans chacune de toutes les diverses parties du billard, le marqueur doit le demander tout bas à ceux qui ne sont point intéressés au jeu, et la pluralité des voix l'emporter.

Parties à trois ou à quatre joueurs.

Quand on ne se trouve que trois joueurs, chacun fait la *chouette* à son tour : nous savons que cela signifie jouer seul contre deux qui alternent.

1. Lorsque deux joueurs sont contre deux autres, ils se remplacent alternativement, à mesure qu'ils perdent deux points, ou comme ils seront convenus de le faire avant de commencer.

2. A la fin de chaque partie, on change de partenaire ; et, après le *tour*, ou les trois parties, on récapitule le jeu.

3. Le tour une fois commencé, nul ne peut quitter le jeu sans le consentement des autres joueurs.

4. Chaque partie, après la mutation faite, l'on tire pour savoir qui jouera le premier, puisque c'est toujours une partie nouvelle.

5. Les partenaires commencent à volonté. Toutes les fautes du partenaire qui n'est pas le joueur, comptent comme s'il l'était.

6. Chaque partenaire a la liberté de donner son avis, de citer les points et de conseiller.

7. Dans le tour à trois, lorsqu'on est deux contre un, le partenaire qui ne joue pas doit rester passif, et ne peut avertir le joueur, son second, pour une erreur quelconque excepté celle des points.

8. Celui qui joue lorsque c'est le tour de son partenaire, fait bon jeu : c'est aux adversaires à l'en empêcher.

Pour les parties, *voyez* les *règles générales*, et remarquez toutefois qu'il y a encore les parties dites *de commande*, qui doivent être placées dans la classe des parties dites de convention. Les principes y sont invariables, malgré les diverses modifications que l'on y introduit. Le joueur y doit d'abord toucher la bille désignée par l'adversaire, sinon, il perd, et on remet les billes touchées.

Parties à deux billes, dites blanches.

Les *parties blanches* ne se jouent jamais qu'avec deux billes, comme leur titre l'annonce : on en compte plusieurs sortes : 1° *la partie ordinaire ;* 2° *la partie de la perte ;* 3° celle *de la blouse défendue,* etc.

Voyons d'abord *la partie ordinaire.* — 1. Elle va en dix points, si c'est *au même ;* en huit, si c'est *au doublet ;* chaque bille compte deux points.

2. Le joueur commençant donne son *acquit*, et dans la suite, celui qui gagne des points d'une bille faite ou perdue, donne son acquit également.

3. La faute compte pour celui dont la bille reste sur le billard. Si le joueur saute en faisant bille, il perd ; s'il se perd en faisant sauter, il perd de même.

Partie de la perte. — 1. Cette deuxième partie va en douze points, et commence aussi par un *acquit*.

2. Celui qui fait bille, soit au saut, soit en blouse, sans se perdre, fait compter deux points à l'adversaire ; saute-t-il en faisant bille, il en perd quatre.

3. Celui qui se perd après avoir touché, gagne deux points ; s'il fait en même temps la bille adverse, ou au saut, il en gagne quatre.

4. Quant à l'acquit, *voyez* l'article 2 de la *partie ordinaire*.

Partie de la blouse défendue. — 1. Cette partie va en huit points. Le premier qui joue donne son acquit, puis indique une blouse où l'adversaire ne peut faire la bille sans perdre les deux points ; ainsi de suite, sur chaque coup à jouer.

2. L'acquit ne se donne, ainsi qu'aux deux précédentes parties, que dans le cas où il y a une bille hors du jeu.

3. Comme dans toutes les parties, le joueur perdant a le droit de donner l'acquit.

4. Le saut droit est bon et peut s'indiquer comme une blouse.

5. Qui joue avant qu'on lui ait désigné une blouse, pour ce qu'il a fait.

Parties de la poule ou de la guerre.

Ici l'on joue la poule, lit-on en très gros caractères sur la devanture de tous les cafés où l'on joue ainsi au billard ; ce qui annonce que la *poule* est l'objet le plus intéressant du jeu, et l'annonce n'est point trompeuse. Les parties de ce genre se divisent en plusieurs espèces : les unes se jouent seulement avec deux billes, bien que les joueurs soient plus nombreux (c'est ici la *poule* proprement dite); les autres se jouent avec une bille pour chaque joueur ; et ces dernières parties se distinguent par la dénomination de *guerre*; juste dénomination, car elles en sont tout-à-fait l'image.

Poule à deux billes. — Avant de commencer, les joueurs prennent des numéros, pour établir quand et après qui chacun devra jouer.

2. Une fois les numéros distribués, personne ne peut entrer dans la *poule*, sans le consentement unanime des joueurs.

3. Le n° 1 donne l'acquit, et appelle le n° 2, ainsi de suite jusqu'au dernier, qui appelle le 1; et l'acquit une fois donné ne peut être repris pour aucune raison.

4. Avant de commencer, les joueurs doivent convenir en combien de points ou marques ira le jeu.

5. Il faut jouer avec la bille qui a reçu le coup.

6. Un manque de touche compte comme une bille faite.

7. Le saut droit est bon : celui de sa propre bille fait perdre.

8. En aucun cas, on ne doit prendre plus d'une marque sur le même coup.

9. Chaque marque prise, le joueur suivant doit donner son acquit.

10. On ne saurait jouer deux fois de suite, à moins que ce ne soit pour prendre à faire, comme je vais l'expliquer à l'article 14 ci-après.

11. Quand un joueur a la quantité de points fixée, il se retire du jeu, ainsi de suite jusqu'au dernier, qui est celui qui gagne la poule.

12. Aucun cas ne peut permettre de jouer deux billes à la fois, c'est-à-dire que le joueur qui n'est pas encore hors du jeu, ne peut pas jouer la bille d'un autre, ni avoir deux numéros à jouer ; il en est de même si la bille vendue existe encore.

13. Quand il ne reste plus que deux joueurs, celui qui prend la marque reçoit l'acquit.

14. Lorsqu'on veut jouer une bille qui n'est pas la sienne, l'on doit en avertir à haute voix le propriétaire par ces mots : *Je prends à faire*, qui signifient que l'on s'engage à faire la bille, ou à prendre la marque.

Dans le cas où plusieurs joueurs *prennent à faire*, le droit appartient à celui qui a parlé le premier ; s'il n'a pas été distingué, ou qu'on ait parlé plusieurs à la fois, le sort doit en décider. Le propriétaire seul à la préférence, mais il est soumis à la même condition.

15. Celui qui joue lorsque ce n'est point à lui, sans avoir dit qu'il *prenait à faire*, prend une marque ; et s'il fait bille, le joueur à qui appartient cette bille prend la marque également.

16. Quand on a *pris à faire*, ou qu'un autre a joué, comme dans l'article précédent, le coup compte pour le propriétaire, c'est-à-dire que c'est au numéro suivant à s'acquitter.

17. Quand un joueur fait faute, tous ceux du jeu ont droit de faire marquer ; mais si la faute n'est observée que par un spectateur neutre, la marque ne peut avoir lieu.

18. Le joueur qui joue la bille *en main*, peut se placer où il le juge convenable, en dedans de la ligne du *quartier*, d'une bande à l'autre.

Voici les règles générales de la poule : les autres poules à deux billes sont de convention.

Au doublet, la perte, à blouse défendue, etc., les principes et les règles sont semblables à ceux de la partie dont la poule prend le titre.

La guerre ou poule à toutes billes. — On la joue de différentes manières, selon la convention : *sur la près, la plus éloignée* ou *la dernière, au même*, ou au doublet, et à blouse défendue, etc.

Les règles sont pareilles, en général, à celles des parties : voici celles qui sont particulières à la guerre.

Jouant sur la plus près. — 1. On commence, comme à la poule, à deux billes ; mais les billes doivent être toutes numérotées, afin d'être reconnues sur le tapis.

2. En dedans du *quartier*, et près de la ligne transversale, on fait un demi-cercle, ainsi qu'on le pratique pour les parties françaises, mais de quelques millimètres plus grand. Celui qui joue la bille en main ne peut pas se placer hors de son enceinte.

3. L'on doit toujours jouer sur la bille la plus rapprochée de celles qui se trouvent hors du *quartier*. Lorsqu'il n'y en a pas, l'on joue sur celles qui sont dedans ; si l'on n'est pas en

main ; autrement l'on donne l'acquit, ainsi que lorsqu'il n'y a plus de billes sur le jeu.

4. Avant de jouer, il faut toujours faire connaître la bille sur laquelle on bat, afin d'éviter toute discussion.

5. Toutes les billes qui vont en blouse, ou qui sautent hors du billard par suite du coup joué, prennent la marque, si le joueur ne s'est point perdu.

6. Qui touche la bille avant celle sur laquelle il devait jouer, prend la marque, et a la bille en main : l'autre se replace.

7. Le joueur qui fait bille continue toujours sur la plus proche.

8. Si celui qui a *pris à faire* veut continuer, il doit le dire chaque fois, et alors il obtient la préférence sur les autres joueurs, le propriétaire de la bille excepté.

9. On ne peut, dans aucun cas, pour jouer le coup, ôter une bille qui gêne.

10. On n'a la liberté de prendre la bille en main que lorsque la marque a eu lieu par l'action du jeu. Mais si c'est pour avoir arrêté ou dévié une bille, celle de celui qui prend la marque reste où elle est. Si, dans l'action de son coup, le joueur touche une bille avec le corps ou la main, il se trouve dans le premier cas de cet article.

La guerre à blouse défendue, à toutes billes. — Mêmes règles que pour la partie et la guerre précédentes, sauf les exceptions que voici.

Jouant sur la plus près. — 1. La marque se divise en deux points, c'est-à-dire qu'il faut manquer deux fois de toucher pour prendre une marque. Une simple faute ne comptant qu'un point, la bille reste sur le billard.

2. La bille ne peut être en main que lorsqu'elle a été dans une blouse, ou hors du billard, ce qui fait que l'on peut prendre plusieurs marques de suite et sur un seul coup.

3. Celui qui se perd sans toucher prend une marque et un point.

4. Quand un joueur vient de faire toutes les billes qui étaient sur la table, il ne donne point son acquit, comme aux autres guerres ; sa bille demeure où elle est, et le joueur suivant bat dessus si elle se trouve dehors du quartier.

5. Si l'on est dans le cas de l'article 21 des *Règles générales,* l'on peut prendre la marque par un manque de touche.

6. Arrive-t-il qu'une bille, autre que celle sur laquelle on a joué, aille dans la blouse défendue, elle est bonne, pourvu que la première n'y soit pas.

7. Quand la bille jouée est faite dans la blouse défendue, toutes celles qui le sont par le même coup sont nulles et en main.

8. Dans quelque guerre que ce soit, lorsqu'il y a parité de distance, le choix reste au joueur.

Autre manière de jouer au Billard.

Le billard se joue à six billes dans quelques maisons ; deux jaunes, deux rouges et deux blanches, ces dernières sont celles des joueurs. Les rouges se placent sur des *mouches* (marques convenues), en face des blouses d'en haut, à dix-huit pouces (487 milli.) des blouses et des bandes. Les jaunes se posent à l'alignement des blouses du milieu et des billes rouges.

Quand les joueurs sont *en main*, ils se placent dans tout le quartier indifféremment, et sans être obligés de se mettre *en billard*.

La partie est à suivre, et de soixante points.

Les billes rouges ne se font qu'aux blouses de coin, et comptent quatre points. Les jaunes ne se font qu'au milieu, et comptent cinq. Les blanches se font partout, et comptent trois.

Les carambolages à deux billes comptent un point, et les autres en comptent deux.

La Carambole.

La partie la plus usitée actuellement est celle du carambolage. Elle se joue avec trois billes, une rouge et deux blanches.

Comme son nom l'indique, il n'y a dans cette partie que le carambolage qui compte : les pertes, les manques de touche, les sauts au dehors du billard, les queutages même ne sont punis que parce que le coup ne se recommence pas.

Ordinairement la partie se joue en 15 points ou carambolages.

Celui qui joue le premier, d'après les règles déjà indiquées, joue sur la rouge, du quartier où les deux billes blanches sont placées, et cherche à faire revenir sa bille sur celle de son adversaire qui est aussi en main : tant qu'il carambole, il continue à jouer ; l'autre peut jouer à son tour sans être, lui, astreint à rester dans le billard ; il a donc le droit de jouer, en se plaçant pour sa plus grande commodité, sur toutes billes n'importe où elles sont placées, avec la sienne placée sur mouche.

Chaque fois que la bille à jouer en touche une autre, il faut placer la bille à jouer, en main, et l'autre bille sur sa place naturelle, si elle est libre, ou sur la mouche du milieu, si sa place n'est pas libre.

Ordinairement pour ce jeu, on ferme les blouses avec des petits tampons fort justes.

Billard rond.

Depuis quelques années on a fait des billards ronds.

Les règles de ce jeu varient un peu ; mais c'est surtout les effets des bandes qu'il faut étudier spécialement, et que nous ne saurions expliquer ici.

Du reste, dans chaque billard, les règles des diverses parties sont ordinairement affichées dans des tableaux spéciaux, et en cas de contestation, la galerie interprète la règle et juge le coup douteux.

Le billard est un jeu susceptible d'une perfection inouïe. Il y a des joueurs tellement forts, qu'ils peuvent faire une partie sans quitter la queue. C'est pour eux qu'on a inventé la partie à décompter, ainsi nommée parce que chaque fois que l'adversaire fait un point, ils démarquent tous ceux qu'ils avaient : malgré cela ils gagnent très souvent.

On joue encore au billard avec de petites quilles placées sur diverses mouches ; mais ce jeu peu répandu est réglé diversement, et des tableaux très divers sont les seules règles spéciales à chaque maison.

Quilles.

Ce jeu est ancien, il se joue avec neuf quilles et une boule.

On range les quilles en carré, sur trois de front et trois de profondeur, espacées entre elles de la longueur d'une quille : la boule pour être proportionnée doit avoir en diamètre les 3/5 de la hauteur des quilles.

Le joueur qui doit jouer le premier lance la boule du but,

placé presque vis-à-vis l'un des angles du carré ; il marque autant de points qu'il a abattu de quilles ; puis il se met où sa boule a été en dérive, et de là il rabat et ajoute encore autant de points qu'il a jeté de quilles. Si sa boule est restée dans le carré après avoir abattu les premières quilles, le joueur se place où il veut pour rabattre.

Chaque joueur ainsi à son tour, jusqu'à ce qu'un joueur ait *juste* le nombre de points voulus pour faire partie. Je dis *juste*, car s'il abat une quille de plus, il crève et revient à 13 si la partie est en 25, à 16 si elle est en 30, en un mot, à la moitié plus un.

Quand on abat la quille du milieu seule, et qu'on la fait sortir du carré entièrement, elle compte neuf points, et ainsi peut faire crever.

Toute quille qui tombe sans être touchée ne compte pas ; toute quille qui tombe après que la boule est arrêtée compte si elle a été touchée par la boule ou par une quille tombée. La quille penchée qui tombe quand l'adversaire relève le bois, compte contre lui.

Celui qui fait choux-blanc ne recommence pas le coup.

Celui qui laisse passer son tour, le perd.

Siam.

C'est, dit-on, un ambassadeur envoyé à Louis XIV qui importa ce jeu en France, qui de sa cour est descendu aux guinguettes.

Ce jeu se compose de 13 quilles : 9 se placent en rond, 1 dans le centre, et 3 en tête sur une même ligne ; la première de ces trois vaut 3 points ; la deuxième 4 ; la troisième 5 ; celle du milieu 9 ; toutes les autres un point.

Au lieu d'une boule, on se sert d'une sorte de roue pleine à pan-coupé, de façon que sa courbe ne soit qu'un cercle se rétrécissant toujours.

Pour que les points comptent, il faut que cette roue ait passé d'abord au-dessus des 3 quilles de tête.

Les autres règles sont celles du jeu de quilles.

Jeu du Palet.

Ce jeu est aussi simple qu'il est ancien.

On peut le jouer avec des sols dans le premier endroit venu.

On peut le jouer à deux, à trois, ou à plusieurs ; chacun pour soi ou deux contre deux.

Celui qui joue le premier, soit d'après convention, soit d'après le sort, jette une pièce d'autre genre que les palets, pour la distinguer d'eux.

Ensuite il joue ses deux palets le plus près possible de cette pièce devenue le but.

Chacun joue à son tour de la même façon.

Celui qui approche le plus du but compte le nombre de points convenu pour sa pièce ou ses deux pièces si ce sont les deux plus proches.

Et quand un joueur a fait le nombre de points convenu il a gagné, et prend l'enjeu déposé.

Le jeu du Bouchon.

Ce jeu ressemble pour tous les préliminaires au jeu du petit palet : outre les instruments de ce dernier, il faut avoir un bouchon, sur lequel on dépose l'enjeu en menue monnaie.

Ensuite le premier joueur joue en se mettant le plus près possible du bouchon de sa première pièce ; puis de sa seconde il cherche à couper, c'est-à-dire à faire tomber le bouchon : dans ce cas, toutes les pièces qui, tombées, sont plus près de ses pièces que du bouchon lui appartiennent.

Le joueur suivant cherche à se placer, puis à chasser le bouchon : mais souvent le joueur à qui c'est à jouer, relève le bouchon, en y faisant mettre une mise nouvelle, et joue comme l'a fait le premier.

Ce jeu tout simple qu'il est, demande une certaine adresse, soit pour pointer, soit pour couper, et même pour chasser le palet d'un adversaire.

Jeu du Tonneau.

On se sert à ce jeu d'une sorte de table perforée de trous, dont quelques-uns sont surmontés de têtes, soit pour en rétrécir l'entrée, soit pour la rendre plus difficile.

Chaque joueur joue à son tour avec dix palets de cuivre, et cherche à les faire passer par un des trous ménagés dans la table, ce qui, selon la difficulté, vaut 10 points et même 1,000.

On peut jouer 4 ou 5 à ce jeu, chacun pour soi ou 2 contre 2.

On fixe un enjeu et un nombre de points à faire ; celui qui fait le premier le nombre fixé gagne l'enjeu.

Le nom de ce jeu vient de ce que jadis c'était un tonneau percé qu'on y employait.

Le jeu de Boules.

Ce jeu est essentiellement parisien : c'est aux Champs-Élysées, à l'esplanade des Invalides, et près de l'Observatoire que se livrent les grandes batailles de ce genre.

Il y a deux sortes de jeux de boules.

Le jeu des grosses boules.

Et le cochonnet.

On joue au premier dans un terrain préparé, ressemblant assez à une allée profondément encaissée, parfaitement unie, longue de vingt à vingt-cinq pas ; à chaque extrémité se trouve un fossé transversal.

Près du fossé, à environ un mètre, et au centre de l'allée est une marque formée d'un piquet enfoncé à ras du sol.

Chaque joueur a deux boules, et joue à son tour une première boule ; puis quand tout le monde a joué, on recommence à jouer la seconde. On cherche à se placer le plus près du but et à en éloigner son adversaire : mais il faut bien éviter d'aller trop fort, car on tombe dans le fossé et la boule ne compte pas, en ressortirait-elle ensuite.

Celui qui laisse passer son tour, le perd.

On ne peut, par aucun moyen permis, arrêter ou pousser une boule lancée ; ni changer sa direction.

Chaque boule, au même joueur, qui dans un coup est la plus proche, marque un certain nombre de points. Puis chacun recommence de la même façon par l'autre bout de l'allée.

Celui qui atteint le premier le nombre de points voulu, gagne la partie et l'enjeu.

Le cochonnet est le jeu par excellence. Les joueurs de cochonnet ont pour eux-mêmes et leur talent la plus haute estime. Ils distinguent les grands joueurs, les joueurs, les commençants.

Ces catégories ne se mêlent jamais, et pour passer de l'une dans l'autre, il faut avoir fait ses preuves : c'est qu'il faut en effet beaucoup de choses pour faire un grand joueur.

Il faut qu'il connaisse parfaitement le terrain où il peut être appelé à faire partie : qu'il ait du nerf, de l'œil, et puisse, au besoin, à 50 pas envoyer sa boule sur un espace large comme une pièce de 5o centimes, et lancer une boule à la même distance, pour au milieu de plusieurs autres, démasquer celle qui peut lui nuire.

Que de talent il faut pour bien jouer au cochonnet !

Du reste, les règles du jeu ressemblent en tout à celles du jeu de boule, excepté qu'on le joue sur tout terrain vaste et à peu près plat ;

Qu'au lieu d'un but fixe, c'est un cochonnet, petite boule lancée par le premier joueur, qui sert de but.

Tout le reste comme au jeu de boules.

DEUXIÈME PARTIE.

PREMIÈRE SECTION.

Jeux de Cartes.

CHAPITRE IV.

Règles générales communes à tous les jeux de Cartes, et usages relatifs à ces jeux.

Description des cartes. — On sait que les cartes sont de petits feuillets de carton oblongs, ordinairement blancs d'un côté, et représentant de l'autre des figures humaines et diverses autres. Quelquefois, et depuis à peu près quinze ans, le revers des cartes est souvent jaspé d'un dessin à petits objets qui forment un *sablé*, c'est-à-dire un fond rose, bleu ou lilas clair. Une grande perfection a été depuis peu donnée aux cartes; c'est d'avoir deux têtes; ce qui évite aux joueurs la peine de les retourner dans la main. Les figures ont aussi subi un changement avantageux dont nous parlerons bientôt.

On distingue les cartes en deux couleurs principales, la rouge et la noire : la rouge se subdivise en deux sortes, auxquelles on donne improprement le nom de *couleur*, 1° *le cœur*; 2° *le carreau* : la noire a deux divisions semblables, 1° *le trèfle*; 2° *le pique*. Or, chacune de ces quatre couleurs contient un roi, une dame, un valet, un as, un deux, un trois, un quatre, un cinq, un six, un sept, un huit, un neuf, un dix. Le roi est une figure gothique couronnée, portant divers attributs suivant sa couleur : on en peut dire autant de la dame; le valet non couronné est armé; les autres cartes portent sur une, deux, trois, quatre rangées les points qu'elles marquent. Chaque figure est marquée d'un point de sa couleur.

Les figures ont des noms particuliers. Le roi de cœur s'appelle *Charles*, la dame *Judith*, le valet *La Hire* ; le roi de carreau se nomme *César*, sa dame, *Rachel*, et son valet, *Hector* ; pour le trèfle, *Alexandre*, est le nom du roi, *Argine*, celui de la dame, le nom de *Lancelot* se donne au valet ; enfin, pour le pique, le roi a nom *David*, la dame, *Pallas*, le valet, *Ogier*. Les nouvelles cartes représentent des Grecs et des Troyens avec un costume analogue, et des noms assortis, tels qu'*Achille, Ajax, Ulysse, Hécube*, etc.

Depuis 1848, on a fait divers modèles de cartes ; on a voulu substituer des cartes républicaines aux cartes royales ; mais les rois de carton sont plus solides que les autres, et malgré la république, ils sont restés tels qu'ils étaient jadis ; tandis que leurs modernes adversaires sont déjà oubliés.

Origine des cartes. — On sait qu'elles ont été inventées, en 1392, pour distraire de sa frénésie le malheureux Charles VI. Le peintre Jacquemin Gringonneur en fut l'inventeur [*].

Division des cartes. — Les cartes se vendent au jeu ou sixain (six jeux), et à la grosse ; les jeux se divisent en *jeux entiers*, en *jeux d'hombre* et en *jeux de piquet*. En parlant de ces jeux, on supprime ce mot, et on dit *un hombre, un piquet*. Les jeux entiers sont composés de cinquante-deux cartes ; les jeux d'hombre, de quarante, des mêmes cartes, sauf les dix, les neuf et les huit. Les jeux de piquet sont de trente-deux, et ce sont les six, les cinq, les quatre, les trois et les deux, que l'on trouve dans les jeux entiers, qui manquent dans ceux-ci.

De la manière de couper, mêler et distribuer les cartes. — Lorsqu'on a développé les cartes, c'est-à-dire qu'on les a débarrassées de l'enveloppe de papier qui porte ordinairement le nom et la marque du fabricant, on les *mêle* ; pour cela, on les fait rapidement sauter l'une sur l'autre, de manière à les faire changer continuellement de place. On les mêle ainsi de deux façons : en les tenant par le côté, et en les faisant passer à plat l'une sur l'autre ; ou bien, en les partageant en deux parties, en tenant l'une dans la main gauche

---

[*] Avant de causer de sinistres folies, les cartes en ont fait dire de plaisantes. Les jésuites Daniel et Menestrier ont avancé que le jeu de cartes est symbolique, allégorique, politique, historique, et qu'il renferme des maximes très-importantes sur la guerre et le gouvernement des états.

demi-serrée, et en faisant passer de la main droite et par l'extrémité, les cartes de l'autre moitié sur celles de la première; de telle sorte que les pieds des figures de la seconde moitié se trouvent sur la tête des figures de la première. On fait agir très vite et simultanément tout le jeu, de manière que les cartes de l'une et de l'autre moitié s'entremêlent bien ensemble. Après qu'on a *mêlé* on pose sur la table le jeu dont les cartes, bien régulièrement posées l'une sur l'autre, ne doivent être dérangées en rien par l'action de mêler. Alors on les fait *couper*, c'est-à-dire que l'on prie la personne placée à sa gauche de lever une partie du jeu à sa volonté ; cette personne en soulève ce qui lui convient, le pose à côté, sans regarder, et celui qui a mêlé remet la partie du jeu qui se trouvait dessous, sur celle de dessus qu'on a levée en coupant *. Cette opération a pour but de tout à fait changer l'ordre des cartes, ce qui est essentiel pour empêcher que chacun n'ait la suite des couleurs, et ne retrouve plus tard son jeu précédent.

On nomme *donner* ou *faire*, l'action de distribuer les cartes : le nombre en est fixé par les règles du jeu, et nous le dirons à mesure. Pour le moment il suffira d'expliquer que le donneur distribue toujours en commençant par son voisin de gauche, s'incline vers celui qui se trouve en face de lui, et se sert toujours le dernier. Il tend les cartes en tenant la masse de la main gauche, et en les disposant de la droite, en manière d'éventail, c'est-à-dire en les appliquant diagonalement l'une sur l'autre, les couchant un peu en les retenant par un seul point avec le pouce droit. On doit faire attention à ce que l'on n'aperçoive pas le dessous des cartes en donnant.

Le reste des cartes, après la distribution, se nomme le *talon*, et se met à l'écart. Si, en donnant, on laisse tomber et retourner une carte, il faut consulter les joueurs pour savoir s'ils veulent que la donne soit recommencée, ou s'ils préfèrent que l'on *brûle* cette carte, c'est-à-dire qu'on la place sous la dernière du talon, ou qu'on la mette à l'écart, afin de n'en point faire usage.

Il est de bon ton de se servir de deux jeux de cartes alter-

---

* Les joueurs sont remplis de préjugés. Une dame disait qu'un de ses voisins la faisait perdre quand il coupait ses cartes, parce qu'il *agissait sans réflexion*.

nativement, pour aller plus vite, parce que, tandis qu'à la fin d'une partie un des joueurs ramasse les cartes et les remet en ordre, le nouveau donneur prend le second jeu, mêle, et fait couper. Ordinairement l'un de ces jeux a le revers blanc, et l'autre l'a de couleur avec dessin sablé, comme je l'ai expliqué plus haut.

Il est bon quelquefois de s'assurer, avant de donner, si le jeu est *bon*, c'est-à-dire s'il n'y a point de cartes doubles ou de cartes de moins ; car si le jeu était *faux*, les coups pourraient ne rien valoir : la personne qui donne mal en est quitte pour remêler.

De la manière de tenir et arranger ses cartes. — A mesure que le donneur distribue les cartes, il faut les relever légèrement sans les laisser échapper, ou les faire voir, puis les réunir en éventail. On sait que cela signifie les étaler en les couchant, de manière à ce qu'évasées largement par le haut comme en éventail, elles soient toutes par le bas retenues entre le pouce et l'index droits du joueur. Dans cette position, on les écarte ou les rapproche à volonté pour *lire dans son jeu*, c'est-à dire pour voir commodément et promptement ce que l'on a. Les cartes doivent être arrangées avec ordre ; d'abord il ne doit point s'en trouver de placées par le bas, puis il faut qu'elles se suivent selon leur valeur et leur couleur. Le premier cas est le plus important ; et, faute de prendre l'habitude de ranger ses cartes d'après les coups particuliers à divers jeux (comme le piquet, l'impériale, le romestecq, etc.), on courrait risque de perdre le produit de ses coups ; car si l'on s'aperçoit plus tard de son oubli, on n'est plus reçu à le réparer : aussi les bons joueurs mettent-ils la plus grande dextérité non-seulement à arranger leurs cartes, mais à les déplacer et replacer pour bien saisir tout l'ensemble du jeu, les coups multipliés que peuvent fournir certaines cartes, et même pour deviner quel peut être le jeu de leurs adversaires. Tout cela doit être fait avant la première carte jouée.

Du paiement des cartes. — C'est ici le cas de parler d'un usage plus que ridicule : je veux parler du paiement des cartes. Dans beaucoup de maisons, et dans les meilleures maisons où l'on donne à jouer, on fournit chaque jour des cartes nouvelles, et chaque joueur, avant de quitter la partie, doit laisser sous son flambeau une rétribution convenue et assez forte pour les cartes. Cependant ces cartes, qui n'ont servi qu'une fois et pendant quelques heures, sont toutes neuves, et les laquais, dont elles font les profits, les revendent à la bourgeoisie, qui, moins fastueuse et moins intéressée à la fois, fournit gratis ces instruments de plaisir aux gens qu'elle reçoit.

De tirer les cartes. — Pour tirer au sort la donne, ou autre chose, on convient de tirer à la plus grosse ou à la plus petite carte; deux ou plusieurs personnes coupent, en regardant la partie coupée, et se déterminent d'après la carte que leur présente l'endroit coupé.

Quelquefois on donne à découvert à chaque joueur une carte, jusqu'à ce que la plus petite ou la plus grosse (selon ce dont on est convenu) décide le choix du sort *.

Avant de commencer le jeu, il est de la politesse d'offrir des cartes, une de chaque couleur, aux personnes de la société que l'on veut faire jouer ensemble. Cette méthode est forcée pour les *jeux à partenaires*, comme nous le verrons plus tard. Ordinairement on substitue aux cartes une fiche de chaque couleur : cet usage est si général que pour dire, madame une telle jouera, on dit, *elle a accepté une fiche*.

A mesure que l'on fait les levées, on les ramasse et on les place devant soi ; on ne peut jamais regarder dans les levées des autres joueurs. Il est extrêmement grossier et déloyal de chercher à voir dans le jeu de son voisin. Mais il va sans dire que les parieurs qui s'attachent au jeu de quelqu'un ont le droit d'examiner son jeu ; on sent que la délicatesse leur défend de regarder celui des autres joueurs. Quand une des personnes de l'assemblée veut conseiller un joueur encore novice, elle doit en demander la permission aux autres joueurs.

On ne doit jamais au jeu manifester d'emportement et d'humeur en cas de perte, ni une trop vive joie en cas de gain, de peur, en ce cas, d'indisposer les perdants ; rien ne décèle davantage une mauvaise éducation, le manque d'usage du monde, et un vil esprit de cupidité. Les messieurs doivent toujours demander quel est le jeu des dames dont ils font la partie. Si l'on n'est que des femmes, ce sera aux plus jeunes à demander quel est le jeu des personnes respecta-

* Quand la donne est avantageuse, on tire à la plus haute carte, et à la plus basse quand elle offre du désavantage.

bles par leur âge ou leur rang, avec lesquelles elles jouent. Les uns et les autres doivent se conformer au prix désigné, sans la plus légère observation et la moindre marque de désapprobation.

Qui quitte la partie la perd, est un adage universel du jeu; mais indépendamment de l'intérêt, la politesse doit vous empêcher de laisser brusquement une partie commencée; seulement, quand elle est finie, vous êtes libre de remettre votre jeu à quelqu'un de la société. Souvent on peut jouer à moitié; et alors, après un certain nombre de tours, vous cédez la place à votre société. Les personnes qui se retirent doivent *filer*, c'est-à-dire passer sans saluer devant les tables de jeu, afin de ne pas interrompre ou distraire les joueurs.

On ne doit jamais se faire demander deux fois les fiches et jetons que l'on a à payer; il est même plus convenable de prévenir la réclamation.

Il y a des maisons très distinguées où l'on est dans l'usage de jouer avec des gants, mais cela est extrêmement rare.

JEUX D'ENFANTS.
Jeu de la Bataille.

Voici le plus simple de tous les jeux.

Deux enfants se partagent également un jeu de cartes qu'ils tiennent les unes sur les autres; l'un d'eux retourne la première de son tas, et la met sur la table; l'autre petit partenaire l'imite, et celui dont la carte est plus forte (les cartes ont leur valeur ordinaire) fait une levée et met ces deux cartes sous son tas; il continue : quand deux cartes semblables se rencontrent, on dit *bataille*, et l'on joue pour voir à qui sera la bataille. Quelquefois le hasard veut qu'il y ait double, triple, quadruple bataille, et qu'ensuite celui qui joue un trois quand l'autre a mis un deux, emporte tous ces trophées. Le premier qui a emporté toutes les cartes de l'autre, gagne.

Jeu de l'Enfle.

Un des plus jolis jeux d'enfants est l'*enfle*. Les préliminaires s'arrangent selon la volonté des joueurs. Si l'on est beaucoup de monde, on prend plusieurs jeux de cartes. Est-on peu de joueurs, et se propose-t-on de finir promptement la partie, on en prend peu. D'après la quantité de cartes et celle des partenaires, on donne de quatre à dix cartes. La donne se tire au sort, parce qu'il est avantageux d'être premier à jouer.

Les cartes distribuées et l'enjeu mis, le joueur voisin de gauche du donneur jette la carte qui lui plaît, et nous supposerons que c'est un cœur. Chacun doit fournir de la couleur jouée : si tout le monde en a, celui qui a joué prend les levées comme à l'ordinaire ; mais si quelque joueur en manque, il est obligé d'*enfler*, c'est-à-dire de prendre dans son jeu toutes les cartes qui ont été jouées. S'il se trouve le second ou troisième à jouer, le mal est peu considérable, et il en est quitte pour enfler son jeu de deux ou trois cartes ; mais si malheureusement il est le dernier, et que l'on soit beaucoup de joueurs, il a un jeu *enflé* d'une manière inquiétante ; car, pour gagner la partie, il faut le premier se débarrasser de ses cartes. Cependant, chacun joue à son tour, et comme d'autres joueurs enflent comme le premier, l'équilibre se rétablit ; ce n'est pas même une disgrâce que d'enfler au premier tour, et la raison en est, que lorsque l'enflé doit jouer, il jette une carte de la couleur dont il a enflé : comme cette couleur abonde dans son jeu, elle est par conséquent rare dans celui de quelques autres qui ne pourront pas alors éviter d'*enfler*. Chaque fois que l'on est forcé de ramasser les levées dans son jeu, il faut dire *j'enfle*. Ce jeu très amusant, malgré et peut-être par sa simplicité, pourrait servir à une société de jeunes personnes.

Jeu de Brelan de valets.

Ce brelan subalterne n'a aucun rapport avec le brelan qui a donné naissance à la bouillotte, car rien n'est plus simple et plus aisé. On convient du prix de la partie, on prend un jeu de piquet, on tire à qui donnera, puis chacun reçoit trois cartes, distribuées à la fois. Le donneur en étale ensuite trois sur la table et laisse le reste au talon. Ce talon est plus ou moins fort selon le nombre des joueurs qui n'est pas limité ; c'est au premier en cartes à parler et à agir.

Le principal, ou plutôt l'unique coup du jeu est le brelan, c'est-à-dire la réunion de trois cartes de même espèce, comme trois rois, trois dames, trois as, etc. Le brelan par excellence est le brelan de valets, il l'emporte sur tous les autres ; et lorsqu'un joueur l'a d'emblée, il gagne l'enjeu sans jouer ; à son défaut, les autres brelans ont du mérite et terminent aussi ordinairement la partie ; mais il vaut bien mieux agir comme le font plusieurs joueurs, c'est-à-dire donner en commençant, à chacun, de six à quinze jetons ; qui ont en argent une valeur convenue, et de faire donner par chacun un jeton au porteur de *brelans joués* (nous allons l'expliquer), deux aux brelants d'emblée, celui de valets excepté, et enfin trois jetons à ce coup supérieur, qu'il soit d'emblée ou joué : ce n'est aussi qu'à lui seul qu'il appartient de finir la partie.

Voici ce qui constitue les brelans joués : le but du jeu est de faire brelan. Or, le joueur en cartes qui a dans son jeu, je suppose, un sept et deux dix, et qui en voit un sur la table, jette son sept et prend le dix ; par conséquent, il a brelan de dix et l'annonce; son voisin trouve peut-être à s'arranger de son sept et le prend de la même manière, à moins qu'une des deux autres cartes ne lui convienne mieux, car il est libre de choisir. On peut même prendre deux cartes, mais l'on ne saurait les lever toutes trois. Si aucune carte ne peut être l'affaire d'un joueur, il doit échanger indifféremment, parce que s'il dit : *je passe* ou *je refuse*, il ne sera plus reçu à échanger. Quand le tour est fini, on le recommence de la même manière, jusqu'à ce que l'un des joueurs ait un brelan de valets, ce qui termine le jeu, ou bien que chacun ait le brelan qu'il est parvenu à faire. Le brelan de sept paie au brelan de huit un jeton ; celui-ci au brelan de neuf ; celui de neuf au brelan de dix ; celui de dix au brelan d'as; le brelan d'as à celui de dames, et celui-ci au brelan de rois : ce dernier paie à son tour au brelan de valets, à moins que le plus fort brelan remporte seulement l'enjeu, ainsi qu'on a coutume de le faire.

Jeu du petit commerce.

Ce jeu a beaucoup de rapports avec le précédent : on y joue trois ordinairement ; mais, si l'on veut, on peut doubler les couleurs et se réunir plus de joueurs. Le nombre cinq domine là. On ne laisse que cinq cartes à chaque couleur, savoir : l'as, le roi, la dame, le valet et le dix. Si l'on redouble, on met encore les mêmes cartes. On mêle ensuite le jeu le plus qu'il est possible, et on donne par deux et trois, ou par trois et deux, cinq cartes à chaque joueur ; on en étale ensuite cinq sur la table. Le premier en carte jette une de celles de la couleur dont il a le moins dans son jeu, et l'échange contre une des cartes de la table. Les autres joueurs agissent successivement de même, jusqu'à ce que l'un d'eux ait dans la main ses cinq cartes de la même couleur, n'importe laquelle ; alors il met son jeu sur la table et gagne la partie.

Jeu de la Freluche.

Quatre personnes ont un jeu de piquet dont elles prennent chacune cinq cartes, après avoir mis au jeu une valeur convenue, que représentent, pour chacun, deux fiches et cinq jetons, qui font vingt-cinq. Le donneur qui a distribué à chacun les cartes par trois et deux, met le talon à l'écart. Le premier en cartes jette celle qui lui convient, et chaque joueur est obligé de fournir de la couleur jouée. Si quelqu'un en manque, il dit *freluche*, et passe ; ce qui est fort désavantageux, car c'est celui qui se débarrasse le premier de ses cartes qui gagne la partie. Il n'est point du tout indifférent de jeter telle ou telle carte en jouant : il est important de se défaire de ses plus fortes en points, car les cartes qui ont la valeur ordinaire du piquet (c'est-à-dire, comptent dix points par figure, et le nombre qu'elles représentent) se paient lorsqu'à la fin de la partie elles restent entre les mains du joueur, inhabile ou malheureux, qui n'a pu s'en défaire. Si le malheur veut qu'il lui reste un roi et toute autre figure, avec un sept ou un huit, voilà plus que ses vingt-cinq points engloutis au profit du gagnant, et il est *mort*, c'est-à-dire qu'il ne peut plus jouer, et se trouve forcé d'attendre l'issue de la lutte qui continue entre les trois autres joueurs.

Revenons à la manière de jouer. Je suppose que le premier en cartes ayant joué trèfle, a fait dire *freluche* au plus grand nombre de joueurs, celui qui le suit doit jouer dans la même couleur, toujours sa plus grosse carte, dans le double but de se débarrasser de ses points et d'empêcher ses compagnons d'y parvenir. Comme il reçoit des rétributions à mesure que l'on perd, et que ces rétributions augmentent ses chances de gain total, il ne néglige ordinairement pas de réduire les autres à *freluche*. Mais les hasards du jeu veulent souvent que le joueur qui n'a plus qu'un jeton et s'attend à mourir incessamment, gagne une partie, fait dire *freluche* à son tour et gagne définitivement.

Nous avons dit qu'à mesure qu'un joueur meurt, il n'est plus que spectateur du jeu, sa mise étant perdue. Si tous sont morts, celui qui reste vivant, lorsqu'il n'aurait qu'un seul jeton, lève toutes les mises; mais, le plus communément, la partie se débat entre les deux derniers joueurs, jusqu'à ce que l'un des deux rende le dernier soupir. On voit souvent les morts parier pour l'un et l'autre des joueurs. Enfin, il peut se faire que tout le monde, sur la fin, meurt à la fois; alors chacun reprend son enjeu.

Jeu du Content ou *du Trente-et-un.*

De la même manière que le jeu précédent tire son nom de la réponse forcée que fait un joueur contrarié, celui-ci est désigné par la formule que prononcent, en certains cas, les joueurs contents ou non.

On joue en nombre indéterminé, avec un ou plusieurs jeux de piquet : chaque joueur reçoit trois jetons et place la mise convenue dans un corbillon posé au milieu de la table.

La donne est marquée par le roi : elle se propage ensuite par la droite. Les cartes se donnent par une à chaque joueur, de manière qu'il en ait trois; à chaque tour on en retourne une qu'on jette sur table. Ces trois cartes sont continuellement échangées par les joueurs qui, successivement, jettent une carte de leur jeu, et en prennent une sur la table.

Les cartes ont la valeur du piquet; les brelans sont admis; ils sont inattaquables : c'est le meilleur jeu; ils ne paient pas lorsqu'on abat les cartes.

Aussi beau, mais plus avantageux encore est la réunion du valet de trèfle, nommé *mistigri*, entre deux cartes semblables, surtout deux figures, ou deux dix, ou deux as, parce qu'alors le moindre hasard procure un trente-un. Or, le trente-un est le jeu par excellence. Sitôt qu'il existe dans les mains d'un joueur, celui-ci abat ses cartes, et chacun doit en faire autant. Alors le tour finit, et ceux qui ont le moins de points paient un jeton. Le trente-un d'emblée a les mêmes résultats.

Quand on a payé trois fois, on est *mort*, c'est-à-dire qu'on attend dans l'inaction la fin de la partie.

Voici, d'ailleurs, la marche du jeu. S'il n'y a point de

trente-un, le premier en cartes joue ; il faut l'imiter et prendre une carte quelconque, car, si on ne le fait pas, et qu'on dise : *content*, on ne peut plus jouer pendant le tour. On ne prononce ce mot définitif qu'en cas d'un brelan, d'un mistigri soutenu, ou, lorsque la disposition des cartes donnant 30, 29, même 28 ou 27, on juge à propos de s'y tenir.

Quelquefois, lorsqu'on a deux bonnes cartes, comme un as et un roi de même couleur, ou bien deux huit avec une mauvaise carte en troisième, et que les cartes sur table ne présentent rien qui vaille, il n'en faut pas moins jouer, c'est à-dire changer cette troisième carte contre une carte aussi insignifiante, afin de ne pas ébranler le trente-un ou le brelan futur, et, d'autre part, ne pas se fermer le jeu. Mais il faut user très sobrement de cette ressource, parce que le jeu marche, qu'un trente-un peut le fermer, et qu'alors on serait pris au dépourvu. Comme on aurait le point le plus faible, on paierait immanquablement.

Il importe d'observer en quelle couleur joue la personne placée au-dessus de soi, afin de ne pas l'avoir pour rivale.

Quand les trois cartes de la table offrent d'emblée un beau jeu, le donneur a le droit de les échanger pour le sien. De même, lorsque les échanges continuels des cartes mettent un beau jeu sur table, celui qui est en carte a le privilége de prendre ce beau jeu pour son mauvais ; mais il doit être *content*.

Celui qui reste le dernier avec un ou plusieurs jetons, gagne les mises.

Jeu de la petite Brisque.

Ce jeu est un diminutif de *la brisque*, ou *mariage* qui a quelque analogie avec le jeu de piquet.

On joue à deux comme au piquet : le donneur distribue les cartes par deux et trois : quand son partenaire et lui en ont cinq, il retourne la onzième carte qui fait *l'atout;* l'autre jette la carte qui lui convient, et le partenaire y répond par une carte de même couleur, s'il en a ; dans le cas contraire, il coupe par l'*atout*. A mesure qu'on fait une levée, on prend une carte sur le talon ; on ne joue pas à son tour, mais la levée de chaque main donne le droit de jouer. On continue ainsi jusqu'à ce qu'il n'y ait plus de cartes au talon, et ensuite jusqu'à ce que l'un des joueurs soit parvenu à sa dernière carte.

On compte alors le nombre des levées, et celui qui en a davantage est le gagnant.

Quand on a en main le sept d'atout, on peut le changer avec la carte qui retourne, quelle qu'elle soit, pourvu qu'on le fasse avant de prendre pour la dernière fois des cartes du talon.

DEUXIÈME SECTION.

Jeux Communs.

CHAPITRE V.

Jeu de la Triomphe.

Au lourdaud la triomphe, dit on, quand on veut exprimer que le succès couronne aveuglément les entreprises d'une personne bornée. Le proverbe annonce combien est connu le jeu qui lui a donné naissance ; et, en effet, *la triomphe* est on ne peut plus familière aux classes inférieures de la société. De la modeste arrière-boutique, du foyer de l'artisan, elle passe quelquefois dans les salons, quoique plus souvent encore elle s'arrête dans l'anti-chambre. Mais la fortune de l'*écarté*, qui a tant de rapports avec ce jeu, m'ordonne de l'enseigner aux gens distingués comme aux gens laborieux. Qui sait si la triomphe, maintenant dédaignée, ne fera pas bientôt les délices des élégantes et des courtisans ?

Quoi qu'il en soit, au reste, du sort futur de la triomphe, c'est un jeu simple, assez amusant, et si facile, qu'on l'apprend en le voyant jouer une fois ou deux. Voici comment il faut y procéder.

Prenez un jeu de cartes ordinaire, c'est-à-dire un piquet (de trente-deux cartes), dont la valeur est naturelle, le roi emportant la dame, la dame le valet, le valet l'as, l'as le dix, le dix le neuf, le neuf le huit, et le huit le sept, qui est la dernière carte du jeu.

On peut jouer un contre un, ou deux contre deux, et

quelquefois même trois contre trois. Il y a encore d'autres variations à cet égard, dont nous parlerons bientôt. Quand l'on joue des deux dernières façons, les deux associés se mettent d'un côté de la table, et les adversaires de l'autre côté ; les premiers se communiquent leur jeu en se le montrant sans rien dire, et jouent ensuite chacun à leur tour, suivant leur rang. On commence par tirer au sort quel sera le distributeur : la plus forte carte donne cette qualité, qui est assez désavantageuse. Celui-ci donne à chacun des joueurs cinq cartes, par deux et trois, il s'en donne autant en faisant les deux tours, puis il tourne la première carte de dessus le talon : cette carte, qui fait ordinairement l'atout, fait alors la *triomphe*, et rend *triomphes* les autres cartes de sa couleur. La retourne, ou triomphe, reste sur le talon placé à droite du tributeur.

Le premier à jouer jette sur le tapis telle carte qui lui convient, les autres joueurs sont obligés de fournir la couleur de cette carte, s'ils en ont, et de lever s'ils en ont de plus fortes. Au cas contraire, ils doivent couper avec des triomphes ; s'ils n'avaient rien de tout cela, ils passeraient, mais ce fait est très rare.

La triomphe veut que le gain soit en raison du nombre des levées ; le joueur qui fait trois *mains* ou *levées*, marque *un jeu*, c'est-à-dire un jeton, et s'il fait la vole, il en marque deux. Or, la *vole* consiste à faire cinq levées. C'est le *reversis* de la triomphe ; si on l'entreprend témérairement, sans pouvoir le faire, on perd deux jeux.

Il est permis à l'un des partis qui se trouve un mauvais jeu, de le donner à l'autre ; si le parti contraire le refuse, il perd deux jeux s'il ne peut faire la vole (coup très peu fréquent), tandis que s'il l'accepte, il gagne un jeu.

Comme chacun joue à son tour, il arrive souvent qu'une triomphe en emporte une autre ; par exemple : la dame emporte le valet de triomphe qui avait été jeté avant elle sur le tapis ; il faut donc commencer par les plus fortes triomphes, si l'on en a ; si l'on n'a que de petites triomphes, et qu'il arrive que le roi ou la dame ait coupé une couleur dont on n'a pas, il faut absolument couper aussi par une triomphe, bien qu'on soit certain que la plus forte l'emportera.

Nous avons dit que lorsqu'on manque à la fois de la couleur jouée et de triomphe, on renonce, c'est un grand désavantage, non seulement parce qu'on manque les levées, mais encore deux jeux. De plus, on perd la partie si l'on en est convenu en commençant.

La partie est ordinairement de cinq jeux ou points. Les parties sont en nombre indéterminé et indépendantes l'une de l'autre.

Voici deux autres manières de jouer la triomphe. Les règles de la première sont entièrement semblables à celles que nous venons de décrire, à l'exception que l'on peut y jouer quatre, cinq ou plus de joueurs, sans pour cela s'associer; au contraire, chacun a son jeu particulier; et lorsque deux des joueurs font deux levées chacun, celui qui les a eu plus tôt faites, gagne le jeu et marque comme s'il avait fait trois mains. On sent que la quantité des joueurs doit être relative au nombre des cartes; ainsi, comme chacun doit en avoir cinq, et qu'il en faut une pour la retourne, on ne peut jouer plus de six personnes, car, six fois cinq faisant trente, la carte de la tourne prise, il n'en reste plus qu'une au talon.

La seconde espèce de triomphe est la précédente, avec cette variation qui veut que les as soient les premières cartes du jeu, et qu'ils emportent les rois; les autres cartes restent dans l'ordre naturel.

Il y a, à cette dernière triomphe, un avantage pour le donneur : lorsqu'il fait la retourne, s'il amène un as, il a le droit de le prendre, ce qui s'appelle *piller*, et d'écarter à la place de cette triomphe le sept, huit ou neuf de la même couleur, c'est-à-dire les moindres triomphes ; il peut même écarter une carte d'une couleur différente, mais cela est peu usité. On en peut dire autant du droit de tourner, et de prendre au talon les cartes de la couleur de l'as, si elles se rencontrent sans interruption.

Il y a encore *la triomphe à l'as qui pille*, qui est cette règle dans tout son développement. Si l'un des joueurs a l'as de la triomphe en main, il pille comme le donneur avait seul le droit de le faire, c'est-à-dire qu'il prend la triomphe retournée, et les cartes qui suivent si elles sont de la même couleur, en mettant sous le talon autant de cartes qu'il en prend, afin qu'il n'ait pas dans la main plus que le nombre cinq. Il n'est pas rare qu'il ne garde que son *as pillard*, à moins qu'il n'ait d'autres triomphes. Cette modification de la triomphe qui, du reste, ressemble en tout au jeu primitif, est plus agréable que celle qui borne le droit de pillage au donneur seulement.

Jeu de la Mouche.

Bien plus piquant que le jeu de la triomphe, celui-ci n'a pas beaucoup plus de difficultés : on n'en connaît ni l'origine ni l'étymologie, mais on sait qu'autrefois, en attendant le souper qu'un rôti composait à neuf heures, la petite bourgeoisie s'y divertissait à peu de frais. Bien que les habitudes aient changé, celle de jouer à la mouche ne s'est point perdue chez cette classe de gens modestes et laborieux.

Quand on joue trois personnes à la mouche, on se sert d'un jeu de piquet, et même plusieurs joueurs en retranchent les sept. Lorsqu'on y joue six, on ajoute toutes les petites cartes, afin de fournir aux cartes que le jeu demande. Il va sans dire, au surplus, que l'on augmente ou diminue le nombre des cartes, en proportion du nombre des joueurs. Les cartes retranchées doivent toujours être les plus petites ; ainsi, l'on ôte d'abord les deux, puis les trois, etc.

Comme c'est un avantage de jouer la couleur que l'on veut, c'en est un d'être le premier à commencer : aussi est-ce le hasard qui décide à qui sera le rôle de distribuer. On prend ensuite un certain nombre de fiches et de jetons que l'on fait valoir plus ou moins, selon que le jeu est plus ou moins élevé. Le donneur distribue les cartes comme il a été dit pour l'écarté et la triomphe : il fait la retourne qui marque *l'atout* et demeure sur le tapis. Il garde ensuite le talon dans ses mains.

De ce temps-là, le premier qui a examiné son jeu, s'il le trouve tout entier mauvais, et qu'il veuille le changer, remet ses cartes l'une sur l'autre et les place sous la retourne, en disant *cinq cartes* ou *cartes entières*. Alors le donneur lui distribue un nouveau jeu, soit en deux et trois, trois et deux ou même en cinq, car cela ne fait absolument rien. Selon que le premier juge à propos d'écarter plus ou moins de cartes, il en nomme le nombre, et le donneur lui sert ce qu'il a demandé. Les cartes écartées ne se montrent jamais.

Quand le joueur trouve son jeu bon, ou qu'il craint d'en avoir un pire ; enfin qu'il ne veut point écarter, il dit *je m'y tiens*, et alors il ne va *point à fond*, c'est-à dire ne reçoit point de cartes.

Si le joueur trouve son jeu trop mauvais, avant que l'on ait commencé de jouer, il peut remettre toutes ses cartes à l'écart ou dessous le talon, et ne pas jouer ; mais pour cela il est important qu'il n'ait pas demandé de cartes, ni dit je m'y tiens, car dès qu'on a parlé, on est censé jouer.

Tous les joueurs ayant successivement choisi le parti qui leur convient, le donneur songe à son jeu ; s'il juge à propos d'écarter toutes ses cartes, ou même une moindre quantité, et qu'il n'y en reste pas assez pour les remplacer, il n'en peut mettre à bas qu'autant qu'il y a de cartes remplaçantes.

Si un joueur a le bonheur d'avoir ses cinq cartes de la même couleur, bien que ses cartes ne soient point d'atout, il a la *mouche*, et gagne sans jouer ; en ce cas, les autres joueurs quittent leur jeu, et la partie recommence. Cependant il arrive souvent que le jeu continue parce que le possesseur de *la mouche* n'est pas obligé de l'annoncer, et qu'il peut dire simplement *je m'y tiens* ; cela lui est plus avantageux, car les autres joueurs peuvent faire des mouches (mettre des jetons comme nous allons le voir) qui lui appartiendraient ; c'est pourquoi il est bon d'interroger le joueur qui *s'y tient*, en lui demandant s'il *sauve la mouche*, car alors, s'il répond, il est obligé de répondre juste : il peut, il est vrai, garder le silence, mais cela équivaut à un aveu.

Lorsque plusieurs se trouvent avoir la mouche ensemble, la mouche d'atout a la préférence : si celle-ci ne détermine pas le choix, et que les couleurs soient indifférentes, c'est alors le nombre de points le plus fort qui l'emporte. A la mouche, on compte les trois figures, et l'as qui va immédiatement après le valet, pour dix points, et les autres cartes pour les points qu'elles marquent. Si elles étaient égales en tout, la primauté gagnerait.

On dit à ce jeu, *faire la mouche*, *gagner la mouche*, *sauver la mouche*. Expliquons ces diverses expressions : chaque donneur, avant de mêler et distribuer les cartes, met dans un panier, ou en tas au pied d'un flambeau, autant de jetons qu'il y a de joueurs. Celui qui, dans le cours du jeu, n'obtient aucune levée, met également autant de jetons ou de marques qu'il y a de joueurs ; ces deux cas s'appellent *faire la mouche*. Une mouche est un nombre de jetons égal au nombre des partenaires. Il arrive souvent qu'il y a plusieurs mouches au jeu, et alors on dit mouche double, triple, quadruple, etc. Dans ce cas, pour dire que le jeu est traître ou dangereux, on dit que la *mouche est piquante*.

On peut convenir de faire aller les mouches séparément, et de n'en laisser qu'une à la fois sur le jeu ; mais comme les donneurs doivent successivement en mettre une nouvelle, cela donne de l'embarras.

Chaque main ou levée vaut un jeton à celui qui l'a faite ; quand la partie est jouée, chacun tire du fond de la mouche les jetons qui lui reviennent. Si la mouche est double, on en tire deux pour chaque levée ; trois, si elle est triple, et ainsi de suite. On voit que le *joueur-mouche* qui attend la fin du jeu pour annoncer son coup, court risque de voir diminuer son fonds, mais ce n'est pas aussi de cette façon qu'il agit. Après qu'il a dit *je m'y tiens*, sans prendre de cartes, les autres joueurs vont leur train ordinaire. Supposons que l'un écarte plusieurs cartes, qu'un autre renonce, qu'un autre encore s'y tienne sans avoir la mouche ; supposons qu'ils commencent à jouer à leur tour ; quand vient celui du joueur-mouche, il montre ses cartes, lève tout ce qu'il y a au panier (ce qui s'appelle *gagner* la mouche), et gagne encore les mouches dues, soit par le joueur en renonce, soit par ceux qui jouent, ou plutôt s'apprêtaient à jouer. Les dernières se composent d'autant de jetons qu'il y en a sur le jeu ; chaque joueur qui se disposait à jouer en fait une. On voit maintenant combien le coup est profitable et combien il importe d'interroger ceux qui se tiennent à leurs cartes, afin de les empêcher de *sauver la mouche* (de la garder pour l'annoncer dès que c'est à son tour de jouer), afin que du moins ils ne gagnent que les mouches du fonds, sans moissonner celles qu'ils font faire à leurs partenaires. Avertis par son silence, ou éclairés par son aveu, ceux-ci mettent tous *jeu bas* et n'ont rien à payer. Cette règle n'est pas, du reste, toujours adoptée.

La marche de la mouche est semblable à celle des jeux précédemment indiqués : chacun joue à son tour, et doit mettre, tant qu'il en a, de la couleur jouée : il coupe d'atout à son défaut, ou *surcoupe*, c'est-à-dire, met un atout plus fort sur un autre déjà joué. En cas qu'il oublie de prendre, par une forte carte de la couleur jouée, lorsqu'il le peut, qu'il manque à jouer les atouts pour la coupe et la surcoupe, enfin en cas de renonce volontaire ou forcée, il fait la mouche d'autant de jetons qu'elle est grosse sur le jeu.

On ne doit jamais remêler pour une carte tournée, à cause des écarts. Il n'y a, à proprement parler, point de partie à gagner à ce jeu ; on comprend assez que tout le gain est dans la mouche. Cependant, lorsque personne ne la gagne et que le nombre de levées décide le gain, c'est une sorte de partie que l'on prend sur la mouche mise au jeu.

Jeu de la Bête.

Le jeu de la bête est absolument la même chose que celui de la mouche ; les termes seuls sont changés (on y dit pourtant *bête* pour *mouche*), mais cela n'empêche pas que la mouche ne soit à la mode, tandis que la bête n'y est pas.

Jeu du Lenturlu.

C'est encore le même jeu ; seulement dans les coups de mouche, on dit faire *lenturlu*, et quand on obtient toutes les levées, on nomme aussi cette vole le *lenturlu*.

Jeu du Pamphile ou du Mistigri.

Le valet de trèfle, auquel on donne le titre de *pamphile* ou *mistigri*, est l'atout par excellence ; il emporte tous les autres, et même le roi. Voici l'unique différence qu'il y ait entre la *mouche* et le jeu qui nous occupa : nous n'en dirons donc que peu de chose, puisque nous avons décrit le premier de nos jeux dans le plus grand détail.

Le joueur qui a le bonheur d'avoir le *pamphile* dans son jeu, reçoit de chacun un ou plusieurs jetons, selon la convention faite à l'avance ; et pour lui éviter la peine de les réclamer, le donneur les lui donne pour tous les autres joueurs. Chacun agit ainsi à son tour.

Si le donneur, en faisant la retourne, amène le *pamphile*, il peut le mettre en la couleur qui abonde le plus dans son jeu.

Cependant, si parmi les cinq cartes de chaque joueur, un d'eux se trouvait avoir, dans son jeu, *pamphile* avec quatre cœurs, ou quatre piques, etc., et que l'atout fût en l'une de ces couleurs, il ne serait pas censé avoir *lenturlu* ou la *mouche*, puisqu'il est indispensable de réunir cinq cartes de couleur semblable pour ce coup, à moins toutefois que les joueurs ne fussent convenus, comme il arrive souvent, que *Pamphile* prendrait la couleur de l'*atout*.

Le lenturlu et le pamphile ou mistigri, sont plutôt des coups particuliers de la triomphe, que des jeux eux-mêmes.

Jeu de Sixte.

C'est un genre de *triomphe* où domine le nombre six, duquel le jeu tire sa dénomination. On y joue six ; chaque joueur reçoit six cartes, et la partie se compose de six jeux.

Les cartes se distribuent trois par trois : quand le jeu n'est composé que de trente-six cartes (un piquet avec les six), et que l'on veut avoir un talon, on ajoute les petites cartes, et par conséquent on se sert d'un jeu entier. (*Voyez*, du reste, le *jeu de la Triomphe* ci-dessus.)

Jeu de la Guinguette.

Le titre de ce jeu, les termes techniques, sa marche, tout le place spécialement dans la série des jeux communs, mais il n'en est pas moins amusant. Selon toute apparence, il a été inventé dans une guinguette ou un cabaret de Paris, et il ne faut pas chercher plus loin son origine ou son étymologie.

On joue à la guinguette depuis trois jusqu'à huit personnes : dans le dernier cas, le jeu que l'on emploie doit être entier ; si l'on est quatre, le jeu sera de trente-six cartes en ôtant les petites jusqu'au cinq, en commençant par les as, qui ne valent qu'un point, et sont les plus petites cartes du jeu.

Chaque joueur prend trente ou quarante jetons qui représentent une mise convenue : chacun reçoit quatre cartes par deux fois deux ; et comme il est avantageux de faire la main, on tire la donne au sort. Voyons maintenant quels sont les termes particuliers du jeu.

1° *La guinguette*. C'est la dame de carreau ; c'est aussi le nom d'une petite boîte placée sur la table de jeu, et dans laquelle chacun met un ou plusieurs jetons, selon la convention que l'on a dû faire.

2° *Le cabaret*. Il se compose d'une tierce de valet, de dix et de neuf, et ainsi des autres cartes en descendant. Le roi et la dame ne font point tierce : la seconde boîte qui, sur la table, accompagne celle de la guinguette, porte aussi le nom de *cabaret*, et reçoit les mises pour cette espèce de tierce.

3° *Le cotillon.* Ce surnom est celui du talon que l'on met sur la table après la donne ; il y a aussi la boîte nommée *cotillon*, qui contient les jetons pour le *cotillon*.

4° Il y a encore le *demi-septier*, la *chopine* et la *pinte*. Le demi septier est un jeton qu'on met au cabaret, et un renvi que l'on fait sur ce qu'il contient déjà ; la chopine est deux jetons, et la pinte quatre.

5° *Remuer le cotillon.* Voici la signification de ce mot : quand on ne croit pas avoir assez beau jeu, on écarte celle de ses cartes que l'on juge à propos, et on la place, sans la montrer, au milieu de la table, en disant : *Je remue le cotillon ;* on met en même temps deux jetons à la boîte du cotillon, puis après avoir mêlé le talon on coupe et on tire la carte de dessous la coupe qu'on a faite : on ne doit ni tourner les cartes ni montrer celle qui vient.

Renvier le cotillon. C'est, lorsque vous l'avez déjà remué une fois, attendre que les autres joueurs aient parlé chacun à leur tour, et, soit qu'ils l'aient remué, renvié ou non, dire de nouveau : *Je remue le cotillon,* et agir comme précédemment quand arrive votre tour. Voici maintenant la marche du jeu :

Le premier en cartes a le droit de faire l'*atout* de la couleur la plus avantageuse à son jeu. Quand chacun a reçu ses quatre cartes, il examine s'il n'a point la *guinguette :* celui qui l'annonce doit la montrer, puis il tire les mises de la boîte correspondante (mises que l'on a réunies en commençant le jeu, et déterminées d'après une convention) ; faute de montrer la guinguette, il paierait deux jetons d'amende. Lorsqu'elle n'est pas dans le jeu, encore même qu'elle viendrait en remuant le cotillon, sa mise resterait et serait double pour le coup suivant.

On s'occupe, après la guinguette, à chercher si l'on a le cabaret : ceux qui l'ont, quelque médiocre qu'il soit, doivent l'annoncer, sans néanmoins en dire la qualité ; mais ils peuvent, comme ils le jugent à propos, renvier d'un demi-septier, chopine ou pinte. Le plus fort cabaret emporte le plus faible ; et s'il s'en trouve deux ou trois égaux, celui du premier à la droite du donneur aura la préférence. On exige aussi que le cabaret supérieur soit accusé et montré, avant que son possesseur n'enlève la boîte contenant les mises pour ce coup.

On est libre de renvier au cabaret de tant de demi-septiers, pintes et chopines qu'il convient : l'auteur du dernier renvi gagne, si les autres ne tiennent point, quand il aurait un cabaret plus bas qu'eux. Il en est de même que pour la guinguette. Le fonds du cabaret non levé double au coup suivant.

Vient ensuite le tour du *cotillon*. Le donneur dit cotillon, alors chacun met dans la boite du cotillon un jeton, et le premier nomme l'*atout* qui lui plaît : il dit ensuite, *je joue*, et remet un second jeton au cotillon.

Si le joueur suivant, ou un autre, n'a pas jeu pour jouer, il remue le cotillon, comme je l'ai expliqué plus haut : il est alors censé avoir dit *je joue*, et les cartes se jouent comme à la bête ou à la mouche. Celui qui renonce perd le cotillon, et se voit forcé de reprendre la carte, si ses partenaires l'exigent. Il est essentiel de se souvenir de l'atout nommé, car on ne le voit pas.

Quand on fait la vole, c'est-à-dire, comme on sait, toutes les levées, on tire un jeton de chaque joueur, le cotillon ordinaire et tous les cotillons renviés et dus.

Jeu du Gillet.

Dans l'impuissance de donner l'étymologie de ce mot, je passe promptement à sa description.

Il se joue à quatre personnes, qui font leur jeu en particulier : elles se servent d'un piquet, et reconnaissent la valeur des cartes de ce dernier jeu. Chacun doit, avant tout, placer, dans deux corbillons qui sont au milieu de la table, un jeton ou plus, selon que le détermine la convention. On tire ensuite la donne au sort, et chaque joueur reçoit trois cartes. Mais expliquons les termes particuliers du jeu.

Le gé. On appelle ainsi deux as, deux rois, deux dames, deux valets, etc. Un des corbillons (on le distingue par quelque marque) est pour le *gé*, et les joueurs renvient pour le *gé* les uns sur les autres. Celui qui se trouve alors le *gé* le plus fort (celui d'as), tire l'argent du corbillon du *gé* et des renvis, à moins que le coup suivant ne l'arrête.

Le tricon. Trois as, trois rois, trois dames forment le *tricon* : comme ce coup est supérieur à l'autre, le moindre *tricon* emporte le *gé* le plus fort et par conséquent annule les prétentions du joueur de ce coup.

Le flux ou *point.* Avoir *flux*, c'est avoir trois cartes de semblable couleur, comme trois cœurs, trois piques, etc., n'importe les cartes, mais le plus haut point gagne toujours. Lorsque le *gé* est gagné, on met la mise du second corbillon qui est pour le *flux*. Il dépend du premier joueur d'aller du jeu simple, ou de renvier de ce qu'il veut, et ainsi successivement pour chaque joueur lorsque chacun a parlé à son tour : on peut augmenter le renvi, ou céder sans vouloir y aller, si l'on craint de n'avoir pas assez beau jeu.

On joue donc à ce jeu sans jeter ses cartes : voici le compte de divers points.

Deux as en main valent vingt et demi; un as et un roi, ou une autre qui vaille dix, et soit de la même couleur, valent vingt-et-un et demi; deux as, un roi, ou un valet ou un dix, ont encore cette valeur; ainsi des autres cartes qui valent comme à l'ordinaire, pourvu qu'elles soient de même couleur, pour ajouter les nombres des cartes l'un à l'autre. Après que l'on a poussé le renvi autant qu'on a voulu, ceux qui ont tenu étendent leur jeu sur la table, soit qu'ils aient *flux* ou non. Comme nous l'avons dit, le flux l'emporte sur tout autre jeu; en cas de plusieurs flux le plus haut a la préférence.

Jeu de la Brisque, *Briscan* ou *du Mariage*.

La description abrégée que nous avons déjà donnée de ce jeu, nous dispense d'en expliquer les préliminaires. Cependant, nous en traiterons brièvement. On est deux joueurs, ayant chacun cinq cartes, prises dans un jeu de piquet : la onzième sert d'atout, et le donneur, qui la retourne, peut, quelle qu'elle soit, la changer avec le sept d'atout, s'il l'a en main.

A mesure que l'on fait une levée, on prend une carte au talon, et l'on a le droit de rejouer. Là se borne la brisque enfantine. Voyons ce que nous avons maintenant à y ajouter.

Avant de commencer la partie, on convient du nombre de points que l'on veut faire : ce nombre est ordinairement de six cents, et nous allons donner la manière de le compter. Il y a dans ce jeu à peu près les mêmes séquences qu'au piquet. (*Voyez* plus bas. *Jeux de combinaison*.) Quand on a une fois compté une tierce, une quatrième ou une quinte dans une couleur, les cartes qui ont servi à former l'une des trois ne peuvent plus valoir, si ce n'est dans le cas de quatre as, ou quatre rois, ou quatre dames; quatre valets ou quatre dix. Ainsi, comptez-vous une tierce à la dame, et après vous être défait du dix, arrivez-vous à tirer le roi, bien que ce roi avec la dame et le valet que vous avez en main forment une nouvelle tierce, elle ne peut valoir; mais si, après cela, vous venez à avoir quatre dames ou quatre valets, vous pourrez en compter la valeur. Il en sera de même pour les autres tierces, quatrièmes ou quintes.

Quand, après avoir compté une tierce, une quatrième ou une quinte à la dame, on vient à lever le roi, et que la dame est encore dans le jeu, le *mariage* ou la *brisque* a lieu, et vont comme ci-après. On donne aussi le nom de *brisque* aux diverses séquences.

Manière de compter le jeu de brisque dont la partie est de 600 points.

Les quintes en atout valent :
   La majeure. 600
   Celle au roi. 300
   Celle à la dame. 200
   Celle au valet. 100

Les quatrièmes en atout valent :
   La majeure. 200
   Celle au roi. 160
   Celle à la dame. 120
   Celle au valet. 80
   Celle au dix. 60

Les tierces en atout valent :
   La majeure. 120
   Celle au roi. 100
   Celle à la dame. 80
   Celle au valet. 60
   Celle au dix. 40
   Celle au neuf. 20

Ces séquences dans les autres couleurs valent la moitié de celles en atout.

   Les quatre as valent. 150
   Les quatre dix. 100
   Les quatre rois. 80
   Les quatre dames. 60

Les quatre valets. 40
Le mariage en atout vaut. 40

Les mariages dans les autres couleurs valent 20, et les mariages de rencontre ont la même valeur que ceux que l'on peut faire dans son jeu.

Lorsque le donneur retourne une figure, un as ou un dix, il peut compter dix points. Quand les cinq premières cartes de son jeu sont toutes des figures, on compte la moitié moins pour les cinq premières cartes blanches, et tant qu'elles continuent d'être blanches.

L'as d'atout, excepté le cas où il aurait déjà été compté, vaut 30 ; le joueur qui lève la dernière carte du talon compte 10. Si, lorsque toutes les cartes du talon sont levées, les cinq qui restent dans la main sont d'atout, on compte trente encore. Celui qui fait les cinq dernières levées compte vingt. Quand toutes les cartes sont jouées, celui qui a le plus de levées compte dix.

Indépendamment de tous ces points à compter, chaque carte vaut séparément à son possesseur, l'as, 11 points ; le dix, 10 ; le roi, 4 ; la dame, 3 ; le valet, 2 ; le total des cartes que l'on peut compter monte à 120, car il n'y a que les trois dernières petites qui ne comptent point.

On a la liberté de renoncer tant qu'il y a des cartes au talon ; mais quand il n'en reste plus, il faut forcer ou couper la carte de celui qui joue ; si par hasard il arrive que l'un des joueurs fasse toutes les levées, cette vole lui vaut le gain de la partie.

Jeu de la Guimbarde ou *de la Mariée.*

C'est encore une sorte de triomphe, mais elle a des accessoires intéressants.

On peut y jouer depuis cinq jusqu'à huit ou neuf personnes, et dans ce cas le jeu dont on se sert doit être entier ; mais si l'on n'est que cinq à six joueurs, on retranchera toutes les petites cartes, et alors on se servira d'un piquet.

Outre les cartes, il faut encore avoir à ce jeu cinq différentes petites boîtes carrées : la première sert pour la *guimbarde* ; la seconde pour le *roi* ; la troisième pour le *fou* ; la quatrième pour le *mariage*, et la cinquième pour le *point*. (Nous allons incessamment donner l'explication de ces divers termes.) Les boîtes sont rangées sur la table de cette manière.

Le point. . . . .   Le mariage. . . .   Le fou.
☐   ☐   ☐
Le roi. . . . . . La guimbarde. . .
☐   ☐

Chaque joueur met un jeton dans chaque boîte, après en avoir pris un certain nombre qu'on fait valoir à proportion de ce qu'on veut jouer ; ensuite le donneur qu'a désigné le sort, distribuant les cartes par trois et deux, en donne cinq à chacun, puis il fait la retourne qui indique l'atout.

Passons maintenant à l'explication des termes du jeu.

Le point. — Il faut trois, quatre ou cinq cartes de la même couleur pour faire le point : le plus haut emporte le bas, et en cas d'égalité, le joueur qui a la main, ou à son défaut le premier en cartes, gagne.

Le mariage. — Un des plus grands avantages est le roi et la dame de cœur en main.

Le fou. — C'est le valet de carreau, qui est la troisième triomphe du jeu, et qui ne perd jamais ce privilége, quelle que soit d'ailleurs la couleur de l'atout.

Le roi. — C'est le roi de cœur, nommé ainsi tout court ; il est la seconde et constante triomphe du jeu, parce qu'il a l'honneur d'être l'époux de la guimbarde.

La guimbarde. — C'est la dame de cœur, et la carte par excellence et le principal atout, quelle que puisse être la retourne.

Les joueurs, ayant chacun leurs cartes, examinent bien s'ils n'ont pas quelques-uns des jeux que nous venons d'expliquer ; ils peuvent quelquefois arriver tous cinq en un seul coup à un joueur : ainsi, s'il avait le roi et la dame de cœur, il aurait en même temps, *le roi*, la *guimbarde* et le *mariage*; le *valet* de carreau lui donnerait le *fou*, et si ce valet était accompagné de deux autres cœurs un peu forts, ce joueur favorisé tirerait toutes les boîtes : mais l'on sent que ce jeu-là n'arrive pas communément. Quand on a quelqu'un de ces avantages isolé, on tire la boîte qui y répond, en observant toutefois qu'il faut annoncer cet avantage et l'étaler sur la table, avant de prendre la boîte, ainsi que nous l'avons indiqué pour le jeu de la guinguette, avec lequel, sous ce rapport, la guimbarde a quelque ressemblance.

Le point levé, on met aux fonds chacun un jeton dans la boîte du point, et c'est cette mise que gagne le joueur qui lève plus de mains que les autres ; il faut au moins qu'il en ait deux, car s'il n'en a qu'une de plus, le fonds reste dans la boîte pour le coup suivant. Lorsque deux joueurs ont ensemble deux levées plus que les autres, celui qui les a faites le premier, gagne.

Le grand mariage en main, c'est-à-dire le roi et la dame de cœur, tire les trois boîtes du mariage, de la guimbarde et du roi, plus deux jetons de chaque joueur : *quand il se fait sur table*, c'est-à-dire lorsque le *roi* est levé par la guimbarde, qui a ce privilége unique, il ne lève alors qu'un jeton de chacun.

Outre le *grand mariage*, ou le *mariage* proprement dit, il s'en fait encore d'autres, comme, par exemple, lorsqu'on joue un roi de carreau, de trèfle ou de pique, et que la dame de l'une ou l'autre de ces peintures a le dessus immédiatement. Lorsqu'un roi et la dame de couleur semblable se trouvent en main, le mariage vaut encore mieux. Dans le premier cas, le possesseur du roi marié tire un jeton de chaque joueur, à l'exception de celui qui lui a jeté la dame ; dans le second, tout le monde doit payer.

On ne peut jamais refuser de jouer une dame quelconque sur son roi, lorsqu'on l'a et que l'on doit jouer, car alors on *romprait le mariage* et l'on paierait un jeton à chaque joueur.

Il est également défendu de couper un mariage avec le roi, la *guimbarde* ou le *fou*. Le joueur qui gagne un mariage par atout, c'est-à-dire qui l'emporte dans la levée, ne gagne qu'un jeton des deux joueurs qui l'ont fait.

On paie un jeton à chacun quand on renonce, ou que pouvant forcer ou couper sur une carte jouée, on l'omet.

Ordinairement le fou joué vaut un jeton de chacun à celui qui l'a jeté ; mais si indirectement ce personnage va s'embarquer dans le jeu, et qu'il soit pris par le *roi* ou la *guimbarde*, au lieu de faire payer il donne un jeton à celui qui l'emporte.

Les cartes se jouent, au surplus, comme à la triomphe, en tâchant autant que possible de faire deux mains au moins, afin d'emporter le fonds.

Jeu de la Brusquembille.

Ce jeu est assez original, et non moins amusant ; il tire

son nom du titre de *brusquembille* que l'on donne aux dix et aux as.

On y peut jouer de trois à cinq personnes, mais il y a seulement une différence un peu singulière. Si les joueurs sont en nombre pair, de deux ou de quatre, on emploie un piquet entier : en nombre impair, trois ou cinq, on supprime deux sept, un rouge et un noir, n'importe de quelle couleur ; ce qui réduit le jeu à trente cartes. Quand on est quatre, le jeu de la brusquembille devient alors jeu à partenaires, car on s'associe deux contre deux : alors chaque joueur communique son jeu à son associé, et peut lui demander conseil sur la manière de jouer.

Après être convenu du prix de la partie et de la quantité de points qui doit la composer, ainsi que du nombre de tours ou de coups qui l'achèvera, on prend chacun un certain nombre de jetons, on met un enjeu convenu, on tire la main au sort, et le donneur qu'il a désigné distribue trois cartes à chacun, soit en une ou plusieurs fois, comme par une et deux, mais il ne peut donner les cartes une à une.

Les cartes données, il retourne la dernière qu'il a prise pour lui, et la place toute retournée sur le talon ; cette carte forme l'atout ou la triomphe. Le premier en cartes jette ensuite telle carte de son jeu qui lui convient, et chacun doit y répondre par une carte quelconque, car il n'y a point de renonce à la brusquembille. Si l'on manque de la couleur jouée ou d'atout pour couper, on peut mettre indifféremment la première couleur venue. Ces cartes se relèvent par le joueur qui a fourni une carte supérieure à toutes celles qui sont jouées, ou qui a coupé avec une triomphe. Ce joueur remplace la carte qu'il a jouée par une nouvelle qu'il prend au talon, et chacun, en commençant à la droite du donneur, en fait autant. On continue de même jusqu'à la fin des cartes du talon : j'observerai, en passant, que c'est un avantage de faire la première levée, parce qu'on emporte, en prenant le premier au talon, la carte qui fait la triomphe. Il y a des joueurs qui veulent qu'elle ne soit prise qu'à la dernière levée, afin qu'on puisse voir l'atout le plus longtemps possible. Cela me semble fondé en raison.

Celui qui a su réunir le plus grand nombre de points dans ses levées gagne la partie et enlève les enjeux. A défaut de la plus grande quantité possible de points, il suffit d'atteindre le nombre que l'on a fixé précédemment. Les points se comptent d'après la valeur des cartes. L'as vaut onze ; le dix, le nombre qu'il représente ; le roi, quatre ; la dame, trois, et le valet, deux.

Occupons-nous maintenant du placement des *brusquembilles*. L'as est la brusquembille supérieure, surtout l'as d'atout, qui fait à celui qui le place recevoir deux jetons de chaque joueur. Le placement des autres as vaut également deux jetons, mais il faut qu'on fasse la levée ; et s'il arrive qu'un as soit coupé par un atout, on est obligé de payer deux jetons à chacun. Ces règlements s'appliquent aux dix, avec la différence que les paiements sont d'un seul jeton.

Jeu du Papillon.

On ne connaît presque pas ce jeu à Paris, mais en revanche on le joue assez souvent dans quelques provinces.

Le *papillon* se joue à trois et au plus à quatre personnes. On emploie un jeu de cartes entier, et après être convenu des tours que l'on veut jouer, après avoir taxé l'enjeu, déterminé ce que l'on donnera à celui qui gagnera les cartes, comme c'est un désavantage de faire, c'est la plus basse carte qui désigne le donneur.

Celui-ci donne à chaque joueur et prend trois cartes qu'il doit invariablement distribuer une à une, ensuite il étend sur la table sept cartes retournées, qu'il prend de suite sur le dessus du talon ; cela se fait ainsi quand on joue à trois personnes, manière la plus ordinaire de jouer au papillon ; mais lorsqu'on est quatre, le donneur n'étend que quatre cartes sur le tapis, afin qu'elles se trouvent également justes.

Il doit y avoir au milieu de la table un corbillon dans lequel chacun met l'enjeu convenu.

Le premier en cartes examine son jeu, et voit s'il n'y a pas sur le tapis quelque carte qui puisse lui convenir. Il ne peut changer, au reste, que la couleur ; car il faut nécessairement remplacer une carte par une carte semblable : ainsi, un roi par un roi, une dame par une dame, un valet par un valet, etc. Il faut observer que pour les cartes blanches, on peut agir autrement, et même en prendre plusieurs petites pour une forte qui contiendrait les derniers points disséminés dans les autres. Ainsi, par exemple, s'il y avait sur le tapis un as, qui vaut un point, un quatre et un cinq, vous avez la liberté de prendre ces trois cartes avec un seul dix, et l'on agit de même pour toutes les autres basses cartes. On trouve double avantage : premièrement, parce qu'on enlève du tapis des cartes qui pourraient accommoder les autres joueurs ; secondement, parce que l'on réunit dans son jeu un plus grand nombre de cartes, et que cela peut conduire à gagner les levées.

On n'échange les cartes qu'à son tour. On ne peut, avec une carte quelconque, en lever deux semblables qui seraient sur le tapis ; comme aussi, lorsqu'on a plusieurs cartes pareilles en main, et qui ont leurs correspondantes sur le tapis, on ne peut toutefois en jouer qu'une à chaque tour de son jeu.

Si votre tour est de jouer, et que faute de cartes convenables vous ne puissiez point en lever sur la table, vous seriez forcé de vous étendre ou jeter à bas votre jeu, et de mettre au corbillon autant de jetons que vous avez abaissé de cartes. Alors vous ne jouez plus, jusqu'au moment où chacun ayant joué ses trois cartes, ou par les levées qu'il a faites, ou en mettant son jeu à bas, le donneur donne, comme en commençant, trois cartes à chacun des joueurs ; il les distribue sans mêler ni couper, et tout à la suite du talon, et les joueurs recommencent ainsi que vous.

Après que chacun a levé à son tour une carte pour une des siennes, le premier en cartes jette sur la table celle qui lui convient, et chacun est contraint de fournir de la couleur jouée : s'il en manque, il renonce. Au troisième tour, on échange encore sur le tapis. Lorsque toutes les cartes sont données pour la seconde fois, celui qui se défait de ses trois cartes le premier, en prenant sur le tapis, gagne la partie ; et s'il y avait plusieurs joueurs qui s'en défissent à la fois, celui qui serait le plus près de celui qui a donné aurait la préférence ; cette préférence, par conséquent, appartient avant tout au donneur.

On voit par là que si la primauté a quelque avantage, elle a bien aussi ses inconvénients. Lorsque personne ne *finit*, c'est-à-dire ne se défait de ses trois cartes, celui qui joue la dernière carte en s'étendant, outre qu'il ramène toutes les cartes qui sont sur le jeu pour servir à lui faire gagner les cartes, reçoit encore de chacun un jeton de consolation.

Plusieurs personnes se bornent à échanger des cartes, et ne les jouent pas entre les deux donnes.

Hasards du jeu de papillon. — 1° *Le petit papillon.* Le joueur qui, en jouant, dans le courant de la partie fait ses trois cartes, gagne un jeton de chacun de ses partenaires, et fait *petit papillon.* J'ai dit, dans le courant de la partie, puisque celui qui les lève, quand toutes les cartes sont jouées, gagne la partie.

2° *Le hanneton.* — Il consiste dans le coup suivant. Avoir un roi, un valet ou autre carte dans son jeu, et lever trois cartes de la même manière.

3° *La sauterelle.* — Lever, en jouant, toutes les cartes, ou la dernière carte qui resterait sur la partie, constitue la *sauterelle,* ce qui fait gagner un jeton de chaque joueur, et force celui qui joue après de s'étendre.

Des as. — Ces cartes ont un privilége spécial au jeu qui nous occupe : la personne qui, en s'étendant, étale un ou plusieurs as, obtient de chaque joueur autant de jetons qu'il a étendu d'as.

Lorsqu'en prenant des cartes sur le tapis, on prend un ou plusieurs as, on se fait payer autant de jetons par chacun.

Le porteur d'un as, tirant un autre as sur le tapis, gagne deux jetons de chacun des joueurs. Le porteur d'un deux, qui enlève deux as sur le tapis, gagne quatre jetons ; celui qui, avec un trois, leverait trois as placés sur la table, en gagnerait six ; enfin, le joueur qui, avec un quatre, leverait les quatre as mis sur le jeu, obtiendrait huit jetons de chaque joueur. Mais ce coup est extrêmement rare.

Le joueur qui aurait trois cartes semblables, comme trois rois, trois dames, etc., dont la quatrième serait sur le tapis, pourrait la prendre avec ses trois, et gagnerait un jeton de chacun. Celui qui, dans ses levées (soit que l'on ait ou non joué entre les donnes), a le plus grand nombre de cartes, gagne un jeton de chaque partenaire pour les cartes ; lorsqu'elles sont égales entre les joueurs, personne ne les gagne, mais elles se paient doubles au coup suivant.

Le donneur doit avertir, lorsqu'il n'y a plus que trois cartes pour chacun au talon, que ce sont les dernières cartes.

Jeu du Cou-Bas.

Ancien et oublié, ce jeu sera une nouveauté pour presque toutes les personnes qui me liront. Le jeu du *cou-bas* ressemble un peu au jeu du papillon.

JEU DU COU-BAS.

Cinq à six personnes, plus ou moins, peuvent jouer au *cou-bas*, pour lequel elles emploient un jeu entier : elles règlent la valeur du jeu, celle des jetons qui la représentent, puis tirent à la plus basse carte à qui fera. Cette précaution annonce que la donne n'est point un avantage; et, en effet, le donneur est très mal partagé. Étant le dernier à prendre les cartes étendues sur le tapis, il doit se contenter du rebut que lui ont laissé les autres joueurs en s'accommodant des cartes les plus avantageuses.

Le pauvre donneur distribue à chaque joueur cinq cartes, par deux et trois, puis il prend huit cartes de dessus le talon, les étale sur la table et met à part le reste du talon devenu inutile.

C'est l'instant où chacun examine son jeu. Le premier en cartes voit d'abord s'il n'a point de cartes pareilles à celles qui sont étalées, comme par exemple, un as, un roi, un dix, ou toute autre carte, et il agira comme on doit le faire au jeu précédent. Tous les autres joueurs, successivement, font de même; et si l'un d'eux n'avait point de cartes assorties à celles qui sont sur la table, il est forcé de mettre son *cou-bas*, c'est-à-dire, de *s'étendre*, en étalant devant lui ses cartes à découvert. Le joueur qui suit, peut, s'il trouve à s'arranger des cartes que le dernier vient de mettre bas, s'en servir comme de celles du tapis; cela peut l'empêcher de mettre *cou-bas* à son tour; on n'est réduit à cela que lorsqu'on n'a point dans son jeu des cartes qui sont étalées sur le tapis.

La règle générale veut qu'on ne lève qu'une carte à la fois; mais voici plusieurs exceptions. Un joueur qui aurait dans son jeu trois cartes de valeur égale, comme trois dames, trois valets, etc., pourrait, avec ses trois valets, prendre un valet ou une dame qui seraient étalés, et c'est un grand coup qui avance beaucoup le gain de la partie, puisqu'il ne reste ensuite à se défaire que de deux cartes seulement. Les cartes dont on s'en va, et celles qu'on lève, sont mises en tas devant chaque joueur sens dessus dessous, comme cartes inutiles.

Les cartes marquées, comme les sept, les huit, etc., suivent la même exception, et celui qui se trouve le quatrième huit, tandis que les trois autres sont sur le tapis, peut les lever tous ensemble; mais cela ne l'avance pas davantage, et il doit, s'il joue bien, prendre plutôt quelques autres cartes sur le tapis, s'il le peut, car celles-ci lui sont assurées.

Lorsque, dans les cinq cartes, il arrive à quelqu'un des joueurs quatre cartes pareilles, comme quatre dix, quatre sept, etc., il peut les écarter, en demander d'autres, ou en prendre lui-même, si c'est lui qui donne.

Celui qui s'est plus tôt défait de ses cinq cartes, gagne ce que chacun a mis pour le *cou-bas* ou l'enjeu, et oblige les autres à lui payer autant de jetons qu'il leur reste de cartes en main, et ceux qui ont mis lui donnent autant de jetons qu'ils ont étalé de cartes.

Jeu de l'Homme d'Auvergne.

Les Auvergnats ayant fait subir quelques modifications à la triomphe, en ont fait le jeu dont nous allons traiter en peu de mots.

On joue l'homme d'Auvergne depuis deux jusqu'à six personnes. Si l'on est ce dernier nombre de joueurs, on se sert d'un piquet ; si l'on n'est au contraire que deux ou trois, le jeu est seulement de vingt-huit cartes, parce qu'on en retranche les sept. Les cartes ont la valeur qu'on leur donne à l'impériale, au piquet, etc.

Le donneur étant désigné par le sort, il donne à chaque joueur cinq cartes par deux et trois, et en prend autant pour lui. Cela fait, il tourne, et la carte tournée fait la triomphe ou l'atout. Alors, chacun examine son jeu pour jouer de même qu'à la mouche. Lorsque personne n'a assez beau jeu, on dit : *je passe* ; quand tous les joueurs ont passé, ils peuvent *se réjouir*, c'est-à-dire, supprimer la retourne, et retourner à sa place la carte qui vient immédiatement après. Cette pratique qui a lieu, dans le même cas, au jeu de *la bête*, avec lequel *l'Homme d'Auvergne* a beaucoup de rapports, s'appelle aussi, et plus justement, *aller en curieuse* : c'est la seconde retourne qui porte spécialement ce dernier nom. On peut retourner jusqu'à trois fois (au jeu qui nous occupe) ; si les deux premières triomphes n'ont accommodé aucun des joueurs.

Pour gagner un jeu, il faut faire trois levées, ou deux au moins, pourvu qu'elles soient les premières, et qu'aucun joueur ne se trouve les avoir. Ordinairement, un *jeu* est un tour, et la partie se compose de sept jeux. Celui qui gagne un jeu le marque ; et à la fin des sept jeux, le joueur qui a le plus de marques emporte les enjeux que l'on a mis à chaque jeu.

Ainsi qu'à la bête, ceux qui ne font aucune levée sont *dévolés* ou en *dévole*, et paient un jeton à chaque joueur. Par la même raison, celui qui fait la vole reçoit un jeton de chacun au lieu de le payer.

Celui qui tourne le roi d'atout, en faisant la retourne ou en allant à la curieuse, gagne un jeton. S'il a en main ce roi, il gagne un jeton, et en gagne encore autant qu'il a d'autres rois.

Celui qui renonce perd la partie, c'est-à-dire, ne peut plus y prétendre; comme le jeu a de l'atout, la renonce est défendue avec raison.

S'il arrive qu'après s'être réjoui, quelque joueur vienne à perdre, en jouant, le roi de la triomphe précédente, parce qu'on le lui aurait coupé, celui qui aurait emporté ce roi dans la levée, gagnerait une marque sur l'ancien possesseur du roi coupé; il en serait de même des autres rois, pour lesquels on gagne également des marques.

TROISIÈME SECTION.

Jeux de Salons.

CHAPITRE VI.

Jeu du Reversis.

Le reversis, d'origine espagnole, est un joli jeu qui avait la plus grande vogue il y a une trentaine d'années : la mode en est passée, mais il se joue encore dans beaucoup de sociétés bourgeoises.

La règle qui veut que le joueur qui fait le moins de levées gagne les cartes, règle qui fait jouer ce jeu à l'inverse de tous les autres, est la raison pour laquelle on le nomme *reversis*.

Instruments du jeu. — Il faut pour le jouer *une boîte* dite de boston ou *de reversis*. Cette boîte, longue de dix-sept pouces (459 milli.) environ, et large de onze (297 milli.), est en bois de noyer ou d'acajou; sa hauteur, de deux pouces (54 milli.), est partagée entre le fond et le couvercle, qui ferme à charnière, et se tient droit au moyen d'un ruban, lorsqu'on ouvre la boîte. Elle se partage longitudinalement en trois parties : à droite et à gauche sont deux cases égales, plus longues que larges, où se placent les quatre paniers des joueurs; dans le fond est une case circulaire, destinée à recevoir un petit panier rond, qui est la corbeille des mises, et se nomme spécialement le panier. Au-devant de la boîte est une case carrée où se mettent les cartes ; la division du milieu où se voient ces deux dernières cases est plus large que les deux autres.

Les paniers, qui sont au nombre de quatre, sont un peu plus longs que larges, et partagés transversalement au tiers de leur longueur par une petite division qui doit contenir les *contrats*, espèce de fiche carrée. Le reste du panier renferme les fiches, au nombre de vingt, tandis qu'il n'y a que huit contrats. Un panier est garni d'un petit ruban blanc (de faveur) placé à plis creux tout autour du bord; les fiches et les contrats sont de la couleur de cette garniture ; un autre panier est vert, un autre rose et un autre jaune. Le panier-corbeille est garni de ruban violet, et contient des jetons ordinaires, au nombre de trente-deux, plus ou moins, selon la convention des joueurs.

Il est plus moderne et plus élégant que les paniers soient garnis d'une grosse chenille de soie. Ils sont mieux encore en tapisserie.

On joue quatre personnes au reversis : chacune prend un des paniers carrés, d'après la couleur qu'on a choisie. Le panier dans lequel on met les remises, et sous lequel on place les cartes du talon, circule constamment avec la donne, car il doit toujours se trouver à la droite du joueur qui doit donner.

On joue au reversis avec un jeu de cartes entier, c'est-à-dire, composé de toutes les cartes, à l'exception des dix que l'on ôte, et dont l'as est ordinairement destiné à marquer les tours. Dans le Languedoc et la Provence, on laisse les dix, afin de rendre le reversis plus difficile à faire.

Les petites cartes sont les plus avantageuses, puisque moins on fait de levées, et moins de points dans ses levées, plus on gagne. L'as prend le roi, le roi la dame, la dame le valet, ainsi de suite, et l'on ne renonce jamais, hors que dans le cas de *l'espagnolette*, modification du reversis que nous indiquerons plus loin.

On tire pour les places, pour la couleur des paniers, comme je l'ai déjà dit ; on tire aussi pour la donne, parce qu'il y a de l'avantage à donner les cartes ; puis la donne circule toujours par la droite.

Les quatre joueurs s'asseoient en face l'un de l'autre à une table ordinaire de jeu. Chacun met dans le panier, d'après ce que l'on est convenu de jouer la partie, et celui qui a la main donne onze cartes aux trois autres : il en prend douze, (car les quatre dix sont écartés, ce qui réduit le jeu à 48 cartes) et étale sur la table les trois cartes restantes sans les laisser voir. Chaque joueur, après avoir arrangé rapidement son jeu, écarte une carte qu'il met sous le panier sans la laisser voir, et prend une des cartes étalées, non indifféremment, mais celle qui se trouve de son côté, c'est-à-dire que le joueur placé à droite prend la carte à droite ; le joueur placé à gauche, la carte à gauche, et que celle du milieu reste pour celui qui est en face du joueur qui a donné. On n'est point obligé d'*écarter*, c'est-à-dire de changer une de ses cartes pour une de celles de la table, et quand on ne veut point le faire, on peut regarder la carte qu'on laisse, puis on la place sous le panier (il ne faut point la laisser voir aux autres joueurs, car il est important que l'on ne connaisse pas du tout les cartes en repos ou en circulation). Le *donneur* écarte sans reprendre, de manière qu'il n'a que onze cartes comme ses partenaires, et qu'il se trouve quatre cartes à l'écart qui servent à composer la *partie*.

On compte dix points par chaque couleur, quarante pour tout le jeu ; les as en valent quatre, les rois trois, les dames deux, les valets un. Ces points seuls se comptent dans les levées ; les cartes blanches ne comptent rien.

De la partie. — La partie est formée par les quatre cartes de l'écart. Les points s'y comptent comme dans les levées, à l'exception de l'as de carreau, qui y compte cinq, et du valet de cœur, ou *quinola*, qui y compte trois. Aux points qui s'y trouvent on ajoute toujours quatre, et c'est proprement ce que l'on doit nommer la *partie*, attendu qu'il pourrait arriver que les quatre cartes de l'écart fussent toutes blanches, et que le gagnant n'eût absolument rien.

Celui qui fait le plus de points dans ses levées, perd la partie et la paie au joueur qui la gagne ; et le gagnant est celui qui fait le moins de points, ou aucun point, ou point de levée.

Lorsque, comme il arrive souvent, deux joueurs ont le même nombre de points, celui qui a le moins de levées l'emporte. Si le nombre des levées est encore semblable, le *mieux placé* gagne ; or, le *mieux placé* est d'abord celui qui donne, puis le joueur placé à sa gauche, ainsi de suite, en passant toujours de ce côté. Il va sans dire que celui qui n'a point de levée a la préférence sur le joueur qui se trouve une levée blanche.

Ne point faire de levées est donc ce qu'il y a de plus désirable ; néanmoins, lorsqu'un joueur fait toutes les levées, la partie ne se compte point, et l'on nomme ce coup le *reversis* par excellence.

Du reversis. — Ce coup doit être spécialement nommé le *reversis*, car il est à l'inverse des principes ordinaires de ce jeu ; c'est le coup le plus brillant, mais il offre bien des difficultés, et on ne l'entreprend pas toujours impunément.

Lorsqu'on a beaucoup de grosses cartes, on entreprend le *reversis* sans en avertir toutefois ses partenaires. Quand les neuf premières levées sont faites, le *reversis* est entrepris et déclaré par le fait. Alors, si l'on ne peut faire les deux autres levées, le reversis est rompu ; mais le plus terrible c'est lorsqu'il est rompu à *la bonne*, c'est-à-dire aux deux dernières levées.

Lorsqu'on fait *reversis*, on tire toute la remise, c'est-à-dire on prend tout ce qui se trouve dans le panier : si on le manque, on fait la remise, puis on paie, comme il sera dit à l'article des paiements.

De la remise. — Quand le jeu commence, chacun met au panier deux jetons ou dix fiches, et le *donneur* en met trois, ce qui fait le fonds des remises. Elles se renouvellent toutes les fois que le panier est vide, ou qu'il y a moins que le *premier fonds*, c'est-à-dire neuf jetons : ce fonds se nourrit par la contribution d'un jeton, à chaque donne, par le joueur qui l'a faite.

Du quinola. — La remise est attachée au valet de cœur ou *quinola*, qui est la carte importante du jeu. Toutes les fois que l'on donne le *quinola* en renonce, on tire la remise, cela s'appelle *placer* ou *donner le quinola*. Au contraire, toutes les fois qu'on est obligé de le mettre sur un cœur, il fait payer la remise : cela s'appelle *forcer le quinola*. Pour éviter que le quinola soit ainsi forcé, il ne faut le garder qu'autant qu'il est *soutenu*, c'est-à-dire accompagné d'un grand nombre de cœurs, et surtout du roi et de la dame, quand les petits cœurs sont en majorité. Dans votre jeu, lors même que vous n'auriez pas les autres figures, vous pouvez garder quinola, parce que vous donnerez vos petits cœurs à mesure que l'on en jouera, autrement il faut l'écarter.

Il est de principe que celui qui fait une levée, recommence à jouer ; aussi faut-il bien prendre garde, lorsqu'on a gardé son quinola à la *bonne*, c'est-à-dire à la fin de la partie, soit qu'on n'ait pas trouvé jusque-là l'occasion de le placer, soit qu'on ait retardé volontairement pour rendre le placement plus avantageux ; car alors, si l'on est forcé de jeter le quinola, il est dit *joué* ou *gorgé*, et on fait la remise ; excepté le seul cas où le joueur qui aurait joué le quinola ferait encore le reversis (et encore faut-il qu'il ait joué le quinola avant la bonne), c'est-à-dire à une des neuf premières levées, et c'est le plus grand coup que l'on puisse faire à ce jeu, parce que l'on tire les revenus du reversis, et la remise.

Mais s'il arrive que le joueur ait joué le quinola à l'une des neuf premières levées, et qu'on lui rompe le reversis, il paiera d'abord le reversis rompu, puis fera encore la remise : c'est le coup le plus cher, mais aussi on courait la plus belle chance.

Si, en faisant le reversis, on joue le quinola à la dixième ou onzième levée, on ne tire point la remise, mais l'on se fait payer le reversis.

Si dans le reversis entrepris, on force le quinola à la bonne, et que le reversis soit rompu, on ne fait pas non plus la remise, mais on paie le reversis manqué.

Dans les autres cas où l'un des joueurs fait ou manque le reversis, et qu'un autre place le quinola, ou bien que son quinola lui est forcé, celui-ci ne tire ni ne fait la remise. En un mot, dès l'instant qu'il y a reversis, il n'y a point de remise, et le quinola perdant son importance, redevient simple valet de cœur, à l'exception des cas expliqués plus haut, où celui qui entreprend le reversis joue le quinola avant la dixième levée.

Des paiements. — Le joueur qui donne un as en renonce, touche une fiche de celui qui fera cette levée : si c'est l'as de carreau il en reçoit deux. En donnant le quinola en renonce, on reçoit un jeton ou cinq fiches ; on paie tout de suite.

Celui à qui on force un as quelconque, paie au joueur qui l'a forcé une fiche, et deux s'il s'agit de l'as de carreau.

Si quelqu'un force le quinola, il touche un jeton de chaque joueur, et deux du possesseur du quinola.

Un ou plusieurs as joués, de même que le quinola joué ou gorgé, se paient comme s'ils eussent été forcés, mais à celui qui gagne la partie ; ainsi, ces paiements-là ne se font pas tout de suite, et c'est au gagnant à s'en souvenir et à les demander.

Tous ces paiements sont doubles en vis-à-vis, et doubles encore à la première et à la dernière bonne, que l'on appelle aussi *bonne et avant-bonne* ; en sorte que, si par hasard l'on forçait le quinola en vis-à-vis à la première ou à la dernière bonne, on toucherait huit jetons, ou quarante fiches de son vis-à-vis et deux jetons de chacun des autres joueurs ; si on le forçait ainsi de côté, celui-ci paierait quatre jetons, le vis-à-vis en paierait quatre, et le troisième joueur en donnerait deux. La partie se paie aussi double si c'est le vis-à-vis qui gagne.

Lorsqu'on ne veut point doubler en vis-à-vis on en convient avant de commencer le jeu.

Tous ces divers paiements cessent dès qu'il y a reversis, soit que ce coup se fasse ou qu'il soit rompu à la bonne. Alors on prend tout ce qui s'était payé pendant le reversis, sans se le faire demander, c'est-à-dire qu'on rend à celui qui a payé, afin que personne ne perde ni plus ni moins que le reversis qui vaut seize fiches de chaque joueur, et trente-deux du vis-à-vis.

Celui qui rompt le reversis à la bonne, c'est-à-dire qui fait une levée, reçoit soixante-quatre fiches du joueur qui l'avait entrepris : les autres partenaires n'ont rien.

De l'espagnolette. — Trois ou quatre as et le quinola, ou simplement les quatre as réunis dans la même main, font ce qu'on nomme l'*espagnolette*. Ce coup, souvent très-compliqué, est difficile à jouer et renverse à peu près tout ce que nous venons de dire jusqu'ici. Le joueur qui porte l'*espagnolette* en prend le titre.

L'*espagnolette* a le droit de renoncer en toute couleur pendant les neuf premières levées. Il place de cette façon le quinola, quoique souvent seul en sa main, et tire par conséquent la remise; il donne ses as à droite, à gauche, et gagne toujours la partie, de quelque manière qu'il se trouve placé. On dirait qu'on ne joue que pour lui; et, en effet, s'il est habile, il retire tous les avantages du jeu. Mais comme il n'a le droit de renoncer que pendant les neuf premières levées, il doit fournir de la couleur que l'on joue aux deux dernières, s'il en a; et s'il a eu la maladresse d'avoir gardé une grosse carte, par laquelle il se trouve dans la nécessité de faire une des deux dernières levées, il fait alors tous les frais de la partie; savoir :

1° La perte de la partie, lors même que sa levée serait blanche; il la paie au joueur qui la gagne dans l'ordre ordinaire;

2° Il fait la remise s'il a placé le quinola, ou que l'ayant gardé dans l'espérance de le placer à la bonne, et étant entré maladroitement à la dixième levée, il le gorge à la dernière; mais il ne ferait pas la remise, si, étant seulement *espagnolette* de quatre as, un des autres joueurs plaçait ou forçait le quinola.

3° Il doit aussi rendre *au double* les as ou quinola qu'il peut avoir donnés pendant le jeu, et qu'on lui a payés, ou bien aussi ceux que les autres joueurs ont pu se donner mutuellement.

On est libre de ne pas se servir du privilége de l'*espagnolette*, et de jouer son jeu comme à l'ordinaire; mais on ne le peut plus dès qu'on a renoncé une fois en vertu de son droit.

L'*espagnolette* n'est pas censé avoir perdu son droit pour avoir fourni de la couleur que l'on demande, et même pour avoir pris: il faudrait pour cela que la levée lui restât; en un mot, il est libre et non forcé de renoncer.

S'il force le quinola, l'*espagnolette* en tire la consolation, à quelque époque du jeu que cela arrive; il n'y a que trois cas où cela se peut :

1° Si, se trouvant le premier à jouer, il joue cœur, et que le quinola fût seul dans quelque main;

2° Si, par mégarde, ayant fait une levée dans le cours du jeu, il donne un cœur, et force;

3° Si, étant entré malgré lui à la dixième carte, il lui restait un cœur à jouer, et qu'il forçât par ce hasard à la dernière levée.

Faire entrée est le synonyme de *faire levée*. Lorsqu'un joueur fait le reversis, l'*espagnolette* paie seul pour tous les partenaires.

Lorsqu'un joueur entreprend le reversis, et qu'un autre le rompt à la bonne, l'*espagnolette* paie tout le prix du reversis à celui qui rompt, ce qui est, comme on sait, soixante-quatre fiches.

L'*espagnolette* peut rompre un reversis à la bonne, et il en est payé comme à l'ordinaire; il peut aussi faire le reversis, et alors son jeu n'a plus rien de particulier.

Si l'*espagnolette* avait placé son quinola, et qu'il y eût reversis fait ou manqué, il ne tirera pas la remise, selon la règle générale *qu'en reversis il n'y a point de remise*, excepté pour celui qui entreprend le reversis.

Lorsque par as, roi, ou dame de cœur, l'un des joueurs forçait le quinola à l'*espagnolette*, à quelque époque du jeu que cela arrivât, il ferait la remise et paierait, ainsi que les deux autres joueurs, ce qui est dû à celui qui force, selon les règles établies précédemment, excepté toujours s'il y a reversis.

Si l'*espagnolette* n'entre pas d'ailleurs, il jouira de tous les autres droits énoncés ci-dessus. Récapitulons maintenant les diverses règles du jeu.

Règles du jeu. — On ne peut donner les onze cartes à chaque joueur qu'en trois fois, une fois par trois cartes, et deux fois par quatre, en se donnant toujours par quatre à soi-même; toute autre manière de donner est vicieuse.

Une mauvaise tournée fait refaire, à moins que les joueurs ne trouvent le coup bon, pour abréger.

Celui qui aura mal donné perd sa donne, mais il peut refaire en fournissant un jeton au panier.

Le donneur qui, ayant mal donné, ne s'en serait pas aperçu ou n'en aura pas averti avant que l'écart soit fait, paie quatre jetons d'amende au premier, et le coup est nul; en outre, pour cette fois, il perd sa donne sans pouvoir la racheter.

Des trois cartes du talon, la première est pour le premier joueur à la droite, la seconde pour le second, et la troisième pour le troisième, comme je l'ai déjà expliqué.

Quiconque voit la carte de l'écart qui lui revient, et qui écarte ensuite, ne peut faire aucun coup, ni rien gagner;

qu'il force quinola, fasse rompre le reversis, gagne la partie, il n'a rien à réclamer : cependant le joueur entre les mains duquel il force le quinola, doit payer la remise. Il en est de même pour le joueur qui prend sa carte du talon et n'écarte pas; il ne peut non plus rien recevoir.

Lorsqu'on écarte deux cartes au lieu d'une, la règle précédente subsiste, mais avec un peu moins de rigueur; car, si dans ce cas on rompt un reversis, ou force le quinola, on en reçoit la valeur.

Toutes les cartes qui se trouvent sous le panier comptent pour la partie, soit qu'il y en ait une de trop ou de moins.

Le joueur qui joue sa carte avant son tour, paie au panier; mais cette règle me semble bien rigoureuse.

La levée appartient au joueur qui la ramasse; cependant, tout autre joueur peut avertir et régler le coup avant que l'on ait rejoué, s'il le juge à propos. On peut examiner ses propres levées, en tirer des inductions sur des cartes qui restent à jouer; mais on ne peut regarder celles de ses voisins.

Le joueur qui renonce sans avoir l'*espagnolette*, met une amende de deux jetons au panier, et ne peut réclamer aucun paiement pendant la partie. Il y a beaucoup de sociétés où l'on joue le reversis sans l'épisode de l'*espagnolette*.

Jeu du Boston.

Nous venons de voir, dans le reversis, le valet de cœur, décoré du titre de quinola, jouer un rôle important; c'est maintenant au tour du valet de carreau, sous le nom de *boston* : il est un personnage plus intéressant encore. De quelque couleur que l'on joue, il est toujours atout; maître partout, il l'emporte sur l'as, le roi, la dame, etc.; enfin il donne son nom au jeu compliqué et piquant dont il est le héros.

Le boston nous vient, dit-on, d'Amérique, mais il est bien naturalisé français, car il y a très peu de temps qu'à Paris, et par suite dans tous les départements, il jouissait de la plus grande faveur; quoique la vogue en soit un peu ralentie, il ne laisse pas que d'avoir encore de nombreux et surtout de fidèles amis. Comme il est un peu compliqué, tout le monde n'y peut réussir; il tend l'esprit dans les commencements; mais, lorsqu'on en a l'habitude, il procure beaucoup de plaisir par la variété des chances et le piquant des combinaisons.

La boîte du reversis sert au boston ; tous les paniers servent, car on y joue à quatre, et il doit y avoir un panier rond pour la mise du joueur ; mais il faut que les paniers carrés contiennent chacun cent vingt fiches.

La partie est composée de dix tours, huit simples et deux doubles. Après la partie, il faut le consentement de tous les joueurs pour partager ce qui se trouve dans la corbeille, car si l'un d'eux refuse, on doit continuer le jeu jusqu'à ce qu'il n'appartienne plus rien au refusant ; bien entendu qu'il ne fournit rien pendant cette continuation.

Après les dix tours joués, un des joueurs peut demander à cumuler ce qui appartient et ce qui est dû à la corbeille.

Pour savoir à qui donnera, un joueur prend indistinctement une place et partage un jeu de cartes en quatre parties : chacun prend un de ces tas, et celui qui trouve le valet de carreau doit donner le premier. Du reste, on tire les places au sort, et les places fixées, on n'en peut changer tant que la partie dure.

Le jeu de cartes avec lequel on joue au boston doit être composé de toutes les cartes, et par conséquent en compter cinquante-deux. On remarque quatorze atouts : le fameux valet de carreau qui l'est toujours, et les treize cartes de la couleur dans laquelle on joue.

Le *boston* voit pourtant s'évanouir ses priviléges lorsqu'on joue sa couleur, ce qui est un peu étrange : il n'est plus alors qu'un atout ordinaire, et le valet de cœur prend son rang.

Le jeu se règle à chaque coup par la demande qui se fait de la couleur dans laquelle le coup se présentera.

Manière de distribuer les cartes. — Après avoir, comme je l'ai dit, reconnu le valet de carreau dans son tas de cartes, le joueur auquel il appartient de donner, commence par mettre la corbeille à sa droite, pleine ou vide ; il la garnit de dix fiches en tours simples, ou de vingt en tours doubles : elle peut être garnie d'une plus grande quantité, si les joueurs en conviennent avant la première coupe des cartes. Il aura soin de faire couper à gauche et de distribuer à droite, et de se donner en dernier, comme au reste il convient de le faire dans tous les jeux de ce genre. La carte qui lui reste, après la distribution, est celle qui donne la couleur d'atout. Il laisse cette carte retournée sur le tapis jusqu'à l'instant où le premier à jouer a jeté sa carte sur la table, et la relève alors. Il peut également distribuer le jeu comme il le veut, en moins ou en plus de cartes.

La règle essentielle du boston est celle-ci : *cartes vues, cartes rabattues ;* s'il y va de la faute du donneur lorsque la carte a été vue avant le temps de la montrer, il recommence la donne ; dans le cas contraire, la donne passe au joueur suivant, mais sans partage de corbeille.

Des couleurs. — Lors de cette première donne, la dernière carte retournée qui fait l'atout se nomme *la belle,* et reste belle pendant toute la partie. Pendant les donnes suivantes, la carte retournée s'appelle *petite.* Toutefois, si le hasard ramène en retourne la belle, elle reste belle encore. Ainsi, l'on ne joue qu'en deux couleurs, la belle et la petite.

Pour jouer dans les quatre couleurs, il faut absolument demander le *solo* ou l'*indépendance.*

Évitez la multiplicité des couleurs, la passe augmentera la corbeille.

La corbeille qui se trouve à la droite du donneur, aussitôt que les cartes sont coupées, indique le joueur qui donnera après. Le donneur doit surveiller la corbeille, et avoir soin de la faire garnir avant que les cartes ne soient coupées ; il répond de son contenu.

Si ceux qui ont gagné la corbeille, ne la prennent point avant les cartes coupées, elle leur échappe : tout ce qui s'y trouve reste pour les gagnants à venir qui la prendront. Il faut observer que dès que la corbeille est en place, et que les cartes sont coupées, personne ne doit réclamer aucun paiement.

Des deux sociétés. — Le boston est un jeu à *partenaires,* c'est-à-dire que les joueurs s'y associent nécessairement, et dépendent l'un de l'autre. Les gains, les pertes, les fautes, les combinaisons habiles, tout est commun aux deux joueurs associés, sauf les exceptions que j'indiquerai bientôt à l'article des levées et renonces.

De la parole. On comprend assez que la parole est l'action de parler chacun à son tour pour le règlement du jeu, et pour fixer la couleur et la passe.

L'annonce, la demande, la passe, composent la parole. Ainsi, quand un joueur jette sa carte sur la table, il *l'annonce* en nommant sa couleur ; si par hasard il se trompait, et qu'en jouant pique, il annonçât cœur, le cœur resterait, car la fausse annonce n'entraîne aucune peine.

Le joueur qui se trouve à la droite du distributeur, étant le premier en cartes, a le droit de parler le premier; s'il veut jouer, il dit *je demande*, et il désigne une couleur, mais il ne peut nommer ou désigner la carte qu'il dépose retournée sur la table.

Lorsqu'il veut s'abstenir de jouer, il dit : *je passe*; ce mot une fois lâché, il ne peut plus demander; comme aussi, après avoir dit : *je demande*, le joueur ne peut plus passer; il ne peut, dans l'un et l'autre cas, alléguer qu'il s'est trompé, et il est forcé de s'en tenir à ses premières paroles.

Le joueur qui est forcé de jouer, doit dire si c'est en belle ou en petite, et ne peut jouer que sur ce qu'il a annoncé.

S'il arrive que les quatre joueurs passent les uns après les autres, la corbeille passe de droit, telle qu'elle est, au joueur suivant le donneur : il donne alors des cartes nouvelles. Si le premier en cartes demande, le second a le droit de passer ou d'accepter : si le second accepte, alors la première société s'établit volontairement entre les deux premiers joueurs, espérant gagner la corbeille et le coup; en sorte que les deux joueurs forment la seconde société, et s'exercent à défendre le coup et la corbeille.

Le second joueur passant, la parole revient de droit au troisième; si celui-ci passe encore, c'est au quatrième à parler pour demander ou pour accepter. Si néanmoins les trois premiers joueurs ont passé, et que le quatrième demande, la parole revient nécessairement au premier; mais il ne peut qu'accepter seulement. Si ce premier passe encore, la parole revient successivement aux autres, pour accepter aussi successivement.

Toutefois, lorsqu'un des quatre joueurs a demandé, et qu'il n'a été accepté de personne, il est obligé de jouer seul, et les autres joueurs se réunissent pour le faire perdre : ce cas bizarre ne le contraint qu'à cinq levées.

De la préférence. — Si un joueur demande en petite, les autres peuvent rejeter sa demande par une autre en belle; malgré cela, le joueur qui aurait fait la demande en belle, peut être repoussé par un autre joueur qui n'aurait pas encore parlé, et qui offrirait de jouer seul en l'une des deux autres couleurs; c'est la seule circonstance où l'on puisse jouer dans les quatre couleurs ; ce cas particulier se nomme, comme nous l'avons déjà dit, proposer l'*indépendance* ou *le solo*.

Le joueur qui avait demandé le premier à jouer en petite couleur, peut aussi rejeter le solo proposé dans l'une des deux couleurs indifférentes, en offrant de jouer le solo dans la petite couleur de retourne. Mais il peut fort bien lui même être relancé par le demandeur en belle en offrant de jouer seul en belle couleur. Malgré toute cette marche des joueurs, ils peuvent encore être repoussés par l'offre d'un joueur de faire seul neuf levées dans la couleur qu'il proposera.

Lorsque personne ne demande la préférence, à offre égale dans la belle ou la petite couleur, ou à offre supérieure dans une autre couleur, alors la parole reste à celui qui a proposé de faire seul les neuf levées.

Des levées. — Il faut au moins avoir fait huit levées, être payé de cinq par celui qui demande, et de trois par celui qui accepte, pour gagner la corbeille.

L'associé du demandeur profite de l'excédant des cinq levées qui ont été faites, ainsi que des levées surpassant le nombre de trois que doit faire l'accepteur.

Le joueur qui n'a pas son compte quand l'autre associé n'a que le sien, empêche bien son associé de gagner, mais il ne le fait pas perdre ; il perd seul, et la corbeille reste ; il la double alors, et c'est ce qu'en *boston* on appelle *faire la bête*; de plus il est obligé de payer seul, à ses adversaires, le coup et la consolation.

Le demandeur et l'accepteur ne doivent pas confondre les levées qu'ils font, car il serait désagréable pour le premier de trouver un accepteur qui l'empêchât de gagner : il ne doit pas être solidaire pour le paiement. Il en est de même pour la demande si elle a été mauvaise, et l'acceptation bonne. Quant aux défendeurs, ils peuvent confondre leurs levées puisqu'elles leur sont communes ; si les deux partenaires n'ont pas fait leur devoir, il est juste qu'ils paient la corbeille, la consolation et le coup, de moitié.

Si cependant le demandeur et l'accepteur n'ont fait à eux deux que leur devoir, ils partageront la corbeille, mais ils ne pourront recevoir qu'une simple consolation des deux autres joueurs ; mais s'ils ont fait plus que leur devoir, ils recevront en outre ce qui est réglé au chapitre des paiements, pour chaque levée excédante.

Celui qui demande, et qui n'est accepté de personne, joue seul, comme je l'ai dit plus haut ; s'il fait cinq levées pour son devoir, il prend seul la corbeille, et reçoit son paiement des autres joueurs.

Il est formellement défendu de relever les cartes jouées pour s'assurer de celles qui sont passées ; il est cependant permis de demander à voir la dernière levée, si la suivante est encore sur le tapis.

Du chelem ou vole. — Lorsque toutes les levées ont été faites par les deux associés, le *chelem* a lieu : alors les joueurs gagnant en belle, prennent la corbeille (tour simple), se la partagent, et reçoivent des deux autres partenaires quatre-vingt seize fiches, payables par moitié, qu'ils partagent encore également. Le paiement n'est que de moitié si c'est en petite.

Le coup de chelem arrive encore lorsque le joueur n'ayant pas fait attention à son jeu qui se trouve très-beau, propose une société au lieu d'une indépendance, quoiqu'elle ne soit acceptée de personne. S'il fait toutes les levées, il peut prendre la corbeille ; et comme ce n'est pas de sa volonté qu'il a joué l'indépendance, il recevra seulement des trois autres joueurs quarante-huit fiches si c'est en belle (tour simple) ; et vingt-quatre si c'est en petite (tour simple). Le tour double exige le double.

Le chelem a encore lieu quand on a joué volontairement l'indépendance ou solo : on prend la corbeille et on en reçoit des autres joueurs le nombre de fiches désigné plus tard au chapitre des paiements.

De l'indépendance ou solo. — Nous avons vu que ce coup se joue seul et volontairement, mais le joueur doit faire au moins huit levées. La demande peut être faite en toute couleur, à l'exception d'un seul cas dont nous allons bientôt parler. Le joueur qui le fait obtient la préférence, soit en belle, soit en petite, mais il risque d'être relancé.

Si lorsqu'on a demandé à jouer en société, en petite couleur de retourne, comme de carreau, on se trouve relancé par une demande en belle, qui serait trèfle, par exemple, ou en solo de couleur indifférente ; on ne peut alors jouer seul que dans la retourne (le carreau), parce qu'on a soi-même désigné cette couleur ; de même qu'au joueur en tour de demander à passer, la parole ne peut revenir, en ce cas, qu'en acceptant dans une couleur demandée par un autre. On peut toutefois retenir tacitement la parole, pour jouer seul en carreau, parce qu'on n'a pas passé dans cette couleur.

De la misère. — Le coup est généralement reçu au boston dans quatre couleurs, mais très peu joué dans les deux : aussi en faut-il faire la convention avant la première coupe des cartes. La chose convenue, le coup se joue dans le sens du reversis, et le joueur qui n'a qu'un très petit jeu, dit *misère*, ce qui signifie ne point faire de levée en aucune couleur. Cela s'appelle *provoquer tout le monde*, puisqu'avec un mauvais jeu on joue l'indépendance et qu'on peut devenir chelem. Aussi le joueur de *misère* sera mal reçu à demander la grâce d'écarter plus ou moins de cartes ; il doit jouer avec toutes cartes qu'il a reçues, et s'attendre à toutes les rigueurs. Il en est à cet égard au boston comme dans le monde.

Au cri d'alarme de *misère*, les trois autres joueurs sont anéantis ; tout est ajourné, confondu ; toute demande, même en préférence au solo, de quelque prétention que ce soit, est comme non avenue. Les atouts ne sont plus reconnus, le fameux boston n'est plus qu'un simple valet de carreau : dans cette fâcheuse position, les trois joueurs se réunissent pour attaquer et faire perdre la misère.

L'on pense bien que, puisqu'il n'y a plus d'atout, ce coup est seulement en petite couleur ; la demande doit s'en faire par le partenaire dont le tour est à parler, car s'il a d'abord demandé à jouer en société, ou en couleur, s'il a accepté ou passé, il ne peut ni ne doit préparer la misère.

Lorsque ce joueur de misère la gagne, il ne reçoit ni ne paie boston, puisqu'il l'a réduit au simple rôle de valet : il reçoit seulement de chaque joueur le paiement du chelem en petite couleur. Mais aussi, quand une levée unique lui fait perdre son coup, il ne reçoit point le prix de boston s'il en était porteur, et, dans le cas contraire, il paie non-seulement pour son compte, mais encore pour celui des autres joueurs : il lui faut en outre payer à ceux-ci sa misère manquée, sans oublier la levée qu'il a faite, et, qui plus est, le chelem en sens inverse.

Des cartes à jouer. — Le coup étant réglé par la parole, on ne doit voir sur le tapis que la carte de la retourne, afin que chaque joueur ait le temps d'examiner sa couleur ; aucune autre carte ne doit être aperçue. Celui qui laisserait tomber sa carte sur la table, peut être forcé de jouer l'indépendance dans la couleur de cette carte échappée. Il est ordonné d'attendre son tour pour jeter sa carte.

Rien ne force un joueur de couper quand il n'a pas de la couleur demandée, il est libre de se défaire de ses cartes indifférentes. On ne doit pas reprendre une carte jouée, règle qui concerne au reste tous les autres jeux.

Si l'on ne donne pas de la couleur demandée, et que l'on en ait cependant, les autres joueurs forcent d'en donner, et cela à peine de la renonce ; l'associé du joueur refusant ne participe point à cette punition. On ne doit jamais donner deux cartes en jouant, sans s'exposer à payer fortement, comme on va le voir à l'article de la renonce.

Lorsqu'un joueur, espérant faire le reste des levées, étale sur la table ce qui lui reste de cartes, il est obligé de faire le tout, et s'il manque d'une seule levée, il nuit à la fois à lui-même et à son associé, car la totalité de leurs cartes appartient à leurs adversaires.

De la renonce. — Celui qui renonce volontairement au jeu avant de commencer un coup, n'a aucune influence sur son partenaire et sur les autres joueurs. Mais il en est tout autrement du renonçant pendant le cours ou à la fin d'un coup. Il est responsable de tout, et lors même qu'il ferait avec son partenaire huit levées ou plus, il ne gagnerait rien, il empêcherait le gain de ce dernier ; il paierait seul la bête, quoique la corbeille restât.

On distingue la renonce en *société volontaire* et en *société nécessaire* (ces titres expliquent assez la nature de ces deux sociétés). Les règles que nous venons de donner regardent le premier cas ; voici maintenant celles du second : le renonçant en société nécessaire répond également de tout : s'il fait six levées avec son associé, ni l'un ni l'autre ne reçoivent rien des perdants. La corbeille reste, puisqu'elle est gagnée, et le renonçant la double ; s'il ne fait que cinq levées ou moins, la corbeille se prend, puisqu'elle est également gagnée, malgré la renonce ; toutefois, le renonçant paie la bête à la corbeille par autant de fiches qu'elle en contenait : ainsi l'on voit à quoi se réduit son gain. Il paie ensuite la consolation, puis le coup, tant pour lui que pour son partenaire. Ce n'est pas tout encore : s'il y a plusieurs renonces dans le coup, il doit payer à la corbeille autant de bêtes qu'il y a eu de renonces, et cela, parce que le fonds de la corbeille ne doit éprouver aucune diminution.

Lorsque le coup est gagné en solo, le renonçant commence à payer la belle à la corbeille, puis le coup, et la consolation, pour ses associés et pour lui. Le solo se perd-il, le renonçant ne reçoit rien du perdant : la corbeille reste, et il est contraint de la doubler ; puis il paie à ses partenaires ce que le perdant du solo devrait leur compter.

Si c'est le joueur en solo qui a renoncé, et qui gagne le coup, la corbeille reste, mais il ne reçoit rien des trois autres, et paie la bête à la corbeille ; il ne donne cependant rien aux adversaires, puisqu'il a rempli son devoir ; mais l'on use alors d'indulgence envers lui, car s'il était peu de bonne foi, et qu'avec intention il eût coupé mal à propos pour s'emparer de la main, et joué ses forts atouts pour enlever ainsi du jeu de ses adversaires les petits atouts avec lesquels ses belles cartes étaient coupées, grâce à ce moyen peu loyal, il aurait au moins (en terme de jeu) fait son devoir, et serait quitte pour la bête de la corbeille, le paiement du coup étant évité.

Le joueur en solo, qui renonce et perd le coup, le paie à la corbeille comme une première bête ; puis, quand cette première bête est gagnée, il lui faut en compter une seconde pour sa renonce.

Celui qui coupe en renonçant garde la levée, si toutefois on ne le surcoupe pas, et supporte seul l'événement du coup, quoique la main ne lui soit pas restée : il paie aussi la bête à raison de sa renonce.

Règlement des paiements. — L'article des comptes est chose importante : comme ils sont nombreux et compliqués, il faut, à moins d'une grande habitude, avoir sous la main une petite liste de ces paiements, afin d'éviter les retards, l'embarras et les discussions. Voici cette liste, précédée de quelques légères observations :

1° Le joueur qui néglige de se faire payer d'un coup ne peut plus rien demander quand un autre coup est commencé. Dès que la corbeille est en place, et que les cartes sont coupées, le coup est regardé comme commencé.

2° Celui à qui boston est échu, le représente à chaque coup, et reçoit des trois partenaires deux fiches en tour simple, et quatre en tour double, lors même que ceux-ci auraient passé ou perdu en jouant, parce qu'on doit toujours *payer l'honneur*. Si on a coupé les cartes, on ne peut rien demander, mais il faut que les cartes aient été mêlées, et que la corbeille ait été mise en place.

LISTE DES PAIEMENTS.

DEMANDE EN PETITE COULEUR, ACCEPTÉE ET GAGNÉE.

Tour simple.

Les gagnants reçoivent chacun d'un autre joueur le nombre de fiches suivant :

Pour le devoir de huit levées, que l'on nomme consolation	2 fiches.
Pour neuf levées.	4
Pour dix.	6
Pour onze et le devoir	8
Pour douze	10

A la treizième levée, le chelem fait payer double, par conséquent :

Pour treize levées et 1° le devoir. . . .	4
Et 2° cinq levées en sus du devoir, à raison de quatre fiches par levée, ou le chelem simple, parce qu'il est joué à deux	20
Total. . . .	24

DEMANDE EN BELLE, ACCEPTÉE ET GAGNÉE.

Tour simple.

Pour le devoir	4 fiches.
Pour neuf levées.	8
Pour dix.	12
Pour onze	16
Pour douze	20

A la treizième tout se double. En conséquence :

Treize levées, 1° le devoir	8
2° Cinq levées en sus du devoir, à raison de huit fiches par levée, ou le chelem simple.	40
Total. . . .	48

INDÉPENDANCE OU SOLO PETITE COULEUR, GAGNÉE, SE PAIE DOUBLE.

Tour simple.

Celui qui joue avec gain ce coup, reçoit de chaque joueur,
pour son devoir de huit levées . . . 16 fiches.
Pour neuf levées. 20
Pour dix. 24
Pour onze, et compris le devoir 28
Pour douze 32

A la treizième levée, paiement double comme précédemment.

Ainsi, pour treize levées, 1° le devoir . . 32
2° Pour cinq levées en sus, ou le chelem, à
raison de huit fiches par levée. . . . 40
                                    ———
                        Total. . . . 72

Indépendance ou solo belle couleur, gagnée, se paie double de la partie.

Pour le devoir 32
Pour neuf levées. 40
Pour dix. 48
Pour onze 56
Pour douze et le devoir 64
Pour la treizième levée, paiement double, par conséquent : 64
Pour le chelem 80
                                    ———
                        Total. . . . 144

DEMANDE EN PETITE COULEUR, ACCEPTÉE OU GAGNÉE.

Tour simple.

Les défenseurs du coup reçoivent chacun des demandeurs perdants la quantité de fiches suivante :

1° Devoir manqué . . . . 2 fiches.
2° Pour une levée perdue 2
                                    ———
                        Total. . . . 4

Levées.		Levées.	
2	6 fiches	8	18 fiches.
3	8	9	20
4	10	10	22
5	12	11	24
6	14	12	26
7.devoir manqué 15			

A la treizième levée, paiement double, par conséquent :
1° le devoir manqué . . . . 4 fiches.
2° Le chelem, à raison de quatre fiches par levée 52

Total. . . . 56

DEMANDE EN BELLE COULEUR, ACCEPTÉE ET PERDUE.

Tour simple.

Dans ce cas, les perdants paient le double de ce qui est réglé ci-dessus pour la *petite couleur*, tour simple.

INDÉPENDANCE OU SOLO PETITE COULEUR, PERDUE.

Tour simple.

L'indépendance étant perdue en petite couleur, le perdant paie à chaque joueur :
Pour solo manqué . . . . 16 fiches.
Pour une levée perdue 4

Total. . . . 20

Levées.		Levées.	
2	24 fiches	8	48 fiches.
3	28	9	52
4	32	10	56
5	36	11	60
6	40	12	64
7	44		

A la treizième, paiement double :
1° Pour le devoir manqué . . . . . . 32 fiches.
2° Pour le chelem, à raison de huit fiches par levée 104

Total. . . . 136

INDÉPENDANCE OU SOLO BELLE COULEUR, PERDUE.

Tour simple.

Si l'indépendance est manqué en belle, le perdant compte à chacun des joueurs le double de ce que nous venons de détailler.

DEMANDE EN PETITE COULEUR, NON ACCEPTÉE ET GAGNÉE.

Tour simple.

Le joueur qui fait une demande, *et n'est acceptée de personne*, est libre de ne faire seulement que cinq levées pour son devoir ; il gagne alors le coup, et reçoit des trois joueurs :

Pour son devoir.	2 fiches.
Pour 1 levée en sus	4
Pour 2 levées.	6
Pour 3	8
Pour 4	10
Pour 5, y compris le devoir.	12
Pour 6	14
Pour 7	16

Et comme à la huitième il fait un chelem, tout est double ; il a donc pour son devoir 4

Pour huit levées en sus de son devoir, à raison de quatre fiches par levée 32

Total. . . . 36

DEMANDE EN BELLE COULEUR, NON ACCEPTÉE ET GAGNÉE.

Tour simple.

Paiement double du précédent.

DEMANDE EN PETITE COULEUR, NON ACCEPTÉE ET PERDUE.

Le devoir de cinq levées n'étant pas fait par le demandeur en petite, il paie à chaque joueur :

Pour son devoir manqué.	2 fiches.
Pour une levée perdue	2

Total. . . . 4

Pour 2 levées	6 fiches.
Pour 3, y compris le devoir manqué. . .	8
Pour 4	10

A la cinquième levée perdue, tout se paie double; donc pour le devoir manqué. 4

Pour cinq levées perdues, à raison de quatre fiches par levée. 20

Total. . . . 24

DEMANDE EN BELLE COULEUR, NON ACCEPTÉE ET PERDUE.

Le paiement est double du précédent.

TOURS DOUBLES.

En tours doubles, tous les paiements sont doublés : un seul exemple suffira pour l'indiquer et régler tout le reste.

DEMANDE EN PETITE COULEUR, ACCEPTÉE ET GAGNÉE.

Tour double.

Quand ceux qui demandent sont acceptés, et gagnent en petite couleur, ils reçoivent chacun, des autres joueurs, la quantité de fiches suivante :

Pour le devoir et 8 levées	4 fiches.
Pour 9 levées	8
Pour 11, y compris le devoir. . . .	16
Pour 12	20

A la treizième levée tout se paie double : donc, pour le devoir de 8 levées . . . . 8 fiches.

Pour les cinq levées ou chelem, à raison de 8 fiches par levée. 40

Total. . . . 48

DEMANDE EN BELLE COULEUR, ACCEPTÉE ET GAGNÉE.

Tour double.

Pour le double de 8 levées	8 fiches.
Pour 9 levées	16
Pour 10.	24
Pour 11, y compris le devoir. . . .	32
Pour 12.	40

A la treizième levée tout se paie double; ainsi pour le devoir de 8 levées . . . . 16 fiches.

Pour les cinq levées en sus, ou chelem, à raison de 16 fiches par levée 80

Total. . . . 96

Ainsi de suite, en doublant tous les règlements faits pour les tours simples, tant pour la perte que pour le gain.

Le boston, nous le disons à regret, n'est plus de mode : peu de joueurs lui sont restés fidèles, et c'est fâcheux ; le boston est peut-être le plus beau de tous les jeux de cartes ; le plus attrayant, le plus varié, le plus riche en combinaisons ; il n'a jamais été que le jeu de la bonne société ; n'a jamais été ruineux ; il n'a contre lui que d'exiger une certaine science, et surtout, d'obliger les joueurs à une grande modération ; car divers coups sont tellement piquants, que les plus beaux joueurs eux-mêmes se laissent parfois entraîner à un peu de vivacité.

Jeu de l'Écarté.

La vogue de ce jeu est permanente et générale ; les parieurs y sont nombreux ; les sommes que l'on y attache sont fortes ; toutes choses qui ont donné à ce jeu, assez insignifiant par lui-même, une importance qui se révèle par des finesses, des combinaisons et même par des fraudes. Nous allons donner au lecteur le moyen de profiter des unes et de se garantir des autres.

L'écarté est, pour ainsi dire, la *triomphe* à deux. Il faut de même un jeu de piquet : la valeur des cartes est naturelle : la *main*, la *coupe*, la *donne*, la *retourne*, ont lieu de même. La carte retournée qui se trouve la onzième indique l'atout. Elle emporte, comme toujours, les autres couleurs.

La partie se joue en cinq points, à moins de conventions préalables et particulières. Ces points se marquent du côté de l'argent placé toujours sur table, soit l'argent que l'on joue ou celui que l'on parie.

Car, on peut parier pour un des joueurs, et les parieurs qui ont le droit de conseil, se tiennent réciproquement auprès du joueur aux chances duquel ils s'associent : mais leurs avis et leurs discours ne sont comptés pour rien tant que leur partenaire n'a pas parlé. Pour mieux dire, ils doivent se borner, en conseillant, à indiquer la carte à jouer ou à garder, sans la nommer ni sans indiquer sa couleur.

Ils doivent s'abstenir de regarder le jeu de leur adversaire, et peuvent parier à la partie, au point, aux deux, aux trois, aux quatre premiers points, au roi, à la belle d'atout et à la couleur de la retourne. Ils ont aussi le droit de signaler toutes les erreurs.

Selon un axiome passé en proverbe, le joueur qui quitte la partie la perd ; mais alors un des parieurs est tenu, dans son intérêt et dans l'intérêt commun, de continuer la partie.

L'écarté étant un jeu traître, et pour l'ordinaire fortement intéressé, une répression sévère a été établie à l'égard de ses moindres fautes. Mais cette répression diffère selon les lieux et les sociétés ; aussi est-il à propos de convenir précisément, avant de commencer le jeu, de la punition infligée aux fautes. A Bordeaux, toute faute fait payer deux points ; tandis qu'à Paris la mal donne, la renonce ou sous-force, la fausse retourne font seulement payer un point. On sait, par parenthèse, que *sous-forcer* consiste à fournir de la couleur demandée avec une carte inférieure à d'autres qu'on a dans son jeu : que c'est, par exemple, jeter un sept de cœur sur un huit semblable, tandis qu'on a le dix ou l'as.

Marche du jeu. — On distingue à l'écarté deux donnes : 1° la donne d'emblée ; 2° la donne après l'écart. La première consiste à donner les cartes par deux et trois, ou par trois et deux, jamais autrement. De quelque manière qu'on ait fait choix, on ne peut plus changer durant la partie, à moins d'en prévenir l'adversaire avant la coupe. Si on omet de l'avertir, il a le droit de faire redonner, pourvu qu'il n'ait pas vu son jeu : car une fois qu'il a vu ses cartes le coup est bien donné.

Le talon ou reste des cartes se place à la droite du donneur, et les écarts se mettent à la gauche, pour ne pas confondre l'un avec les autres, ou pour se rappeler au besoin celui qui vient de donner.

Lorsqu'un joueur donne à faux, c'est-à-dire, sans que ce soit son tour, et qu'on s'en aperçoit avant la retourne, on recommence le coup ; si la retourne est connue, le jeu se met de côté, et se trouve bien donné pour le coup suivant. Si l'erreur est connue après qu'on a joué, le coup est bon, la faute étant aux deux joueurs, l'un d'avoir donné, l'autre d'avoir laissé donner mal à-propos.

Depuis quelque temps, à Bordeaux, on fait payer deux points au donneur, lorsqu'il se trouve dans le jeu quelques cartes de tournées. Cette décision rigoureuse ne doit avoir cependant d'effet qu'autant que l'adversaire n'aurait pas lui-même remêlé les cartes, lorsqu'on lui a présenté à couper ;

car autrement on serait à la merci du joueur auquel on donnerait à couper, et qui voulant mêler de nouveau, pourrait très aisément, et sans qu'on s'en aperçut, tourner une carte, soit par maladresse, soit par mauvaise foi.

Occupons-nous à cette heure de la donne après l'écart.

Les cartes données, le *premier*, c'est-à-dire l'adversaire du donneur, propose d'écarter, s'il le croit nécessaire. Le *second* (le donneur) accepte ou non cette proposition. Si l'on ne proposait point d'écarter, si l'autre refusait de le faire, ils pourraient encourir une peine ; car, l'un et l'autre refus sont réputés *faute*, si celui qui ne veut point écarter fait moins de trois levées ; à moins que l'on n'ait déjà écarté une première fois dans le même coup, car, en ce cas, il ne peut y avoir de *faute*.

Pour qu'un coup soit engagé il faut que le *premier* ait, ou nommé le *roi*, ou proposé d'écarter, ou joué une carte. Il faut aussi que le *dernier* ait, ou posé le talon, ou fait connaître la retourne, ou demandé de combien l'on écarte, ou déclaré ne pas vouloir écarter.

Quand le premier n'est pas content de son jeu, il propose de prendre d'autres cartes, en disant : *j'écarte* ou *je propose*. Le dernier accepte ou refuse, suivant qu'il est content du sien ; s'il accepte, il donne autant de cartes qu'on lui en demande, et s'en donne ensuite autant qu'il en désire.

Dès qu'on a demandé ou refusé, on ne peut plus se rétracter ; et lorsqu'on a demandé un certain nombre de cartes, on ne peut plus le changer.

Si après la seconde donne, ou donne après l'écart, le premier veut encore proposer, il en a la faculté, de même qu'après la troisième donne, etc., jusqu'à la fin des cartes, mais alors le dernier en refusant ne perd plus deux points s'il ne fait pas trois levées.

Lorsqu'après avoir écarté plusieurs fois, on propose encore, sans faire attention s'il reste assez de cartes, et que le dernier accepte inconsidérément, le premier prend celles dont il a besoin ; tant pis pour le second, s'il ne lui en reste pas assez ou pas du tout ; puisqu'il donnait, c'était à lui d'y prendre garde. Une seule chose lui reste à faire. Il conserve de son jeu ce qu'il lui faut, et s'il a écarté il prend au hasard, dans l'écart, le nombre de cartes nécessaire pour compléter son jeu.

Le *roi* est la carte principale à l'écarté : il vaut un point pour celui qui le retourne ou qui l'a dans son jeu ; mais pour assurer ce privilége il est plusieurs choses à observer.

Le roi doit être nommé avant tout. Si le premier l'a, il doit le nommer avant de jouer sa carte ; si c'est le dernier, il doit le faire avant d'avoir couvert la carte de son antagoniste. Pour cela, l'un et l'autre diront seulement, *j'ai le roi :* s'ils tardent à l'annoncer avant de jeter leur première carte, s'ils emploient toute autre locution, ils ne sont plus recevables à marquer le point.

Celui qui par méprise annonce le roi ne l'ayant pas, non-seulement ne marque pas le point, mais donne à son adversaire le droit de le marquer : à moins toutefois qu'avant de commencer le coup il n'avoue s'être trompé. Cette punition quoique rude est juste, puisqu'une ruse de ce genre pourrait faire perdre le point ou manquer la vole au joueur qui n'oserait faire atout, croyant le roi dans la possession de son adversaire.

Chaque joueur, avant de recevoir de nouvelles cartes, jette son écart de côté, et une fois cet écart fait il ne peut plus y toucher. S'il lui arrivait de regarder les cartes écartées, même les siennes, il ne pourrait les reprendre, fussent-elles des atouts, et de plus, il devrait jouer à jeu découvert, étant censé connaître l'écart de son adversaire.

Supposons les donnes, l'écart, réguliers, et occupons-nous des levées. Les trois levées font gagner un point ; les cinq constituent la *vole*, qui en gagne deux. Les levées doivent se replier à mesure qu'elles se font. On peut regarder les levées de son adversaire, sous peine de jouer à jeu découvert.

En vertu de sa primauté, le joueur qui n'a pas donné commence le jeu, en annonçant la couleur qu'il jette. Comme on est obligé de jouer la couleur annoncée, si l'on joue carreau en disant pique, on est tenu, si l'adversaire l'exige, de reprendre sa carte et de jouer la couleur annoncée ; si l'on n'en avait pas, on devrait jouer de la couleur indiquée par l'adversaire.

Telle est à cet égard la règle adoptée par l'usage de Paris ; celui de Bordeaux, veut au contraire, que lorsque celui qui joue annonce une carte, et en jette une autre, la carte jetée soit la bonne ; cependant si l'adversaire la couvrait en la considérant telle qu'elle a été annoncée, il serait en droit de la reprendre, et il n'y aurait aucune renonce dans ce cas. Toute carte jouée d'ailleurs ne peut plus être reprise, et celui qui la couvre doit jeter la sienne bien ouvertement. Dans un cas de faute, il est censé l'avoir abandonnée, si elle a touché celle de l'adversaire.

Si, toujours suivant l'usage de Bordeaux, le conseil d'un joueur lui dit tout haut de jouer telle carte ou telle couleur, et que celui-ci en joue une autre sans la nommer, l'adversaire n'est pas répréhensible en couvrant la carte jouée avec une carte de la couleur annoncée par le conseil. Il peut donc reprendre la sienne pour couvrir d'une autre.

On ne peut pas plus regarder les levées de son adversaire, que l'on n'a pu regarder son écart : la peine de cette double infraction est semblable ; on est forcé de jouer à découvert.

En ramassant les cartes du coup qui vient de se jouer, on les relève du côté opposé à la peinture, sans y jeter les yeux. Toutefois, si le coup paraît incertain à l'un des joueurs, il a le droit d'y revenir, et par conséquent de regarder les cartes relevées ; mais il doit faire cette réclamation avant que ces cartes soient mêlées au talon, et doit pouvoir nommer celles qui ont servi à jouer le coup qui lui paraît équivoque.

Combinaisons. — Le premier jette sa carte ; le dernier y répond par une carte de couleur semblable, s'il en est porteur, sinon par un atout. Que l'un ou l'autre fasse la levée, chacun joue à son tour ; et d'ailleurs, les principes de ce jeu sont bien simples. Écarter les plus petites cartes dans l'espérance d'en recevoir de plus fortes ; jouer ses plus mauvaises lorsque les gros atouts sont sur le tapis et que rien ne peut leur résister ; tâcher ensuite de faire le reste des levées, en ménageant bien ses cartes, voilà la manière de se tirer avec un mauvais jeu, et principalement lorsqu'on a la main, ce qui est une position désavantageuse.

Mais la fortune excessive et constante de l'écarté a fait ajouter beaucoup de combinaisons à cette simplicité primitive. En voici plusieurs exemples :

« Si vous avez (y compris le roi d'atout) trois cartes assurant le point, vous devez toujours proposer, lorsque les deux dernières cartes sont trop faibles pour faire espérer la levée. Il faut d'ailleurs proposer, ne fût-ce que pour demander une carte, afin de courir la chance d'être refusé ou de faire la vole, si l'on accepte, et que la rentrée donne de belles cartes.

» Quand on a l'espoir de faire la vole, et que l'adversaire renonce à l'atout, il est mieux de jouer un roi, s'il est seul, que de continuer atout; parce que le jeu étant de jouer une carte doublée, si l'adversaire se trouve à la devine, il gardera de préférence de la couleur dont on aura attaqué. Si l'on a affaire à un joueur familier avec cette ruse, il peut être bon d'agir encore de la même manière, mais dans un sens différent, c'est-à-dire de jouer également le roi, quoique gardé, avant de continuer atout, parce que, supposant qu'on veut l'engager à garder de la couleur du roi joué d'abord, il s'en défera de préférence à une autre couleur.

» Quand on espère faire la vole, et que l'on n'a pas d'atouts assez forts pour les jouer d'abord, il faut avoir soin de changer de couleur pour n'être pas coupé et pouvoir faire atout, quel qu'il soit, à la quatrième carte, après s'être assuré le point.

» Quand on a fait deux levées, et qu'on reste avec trois atouts par la dame, dont deux petits, il faut, si l'on connaît le roi dans le jeu de l'adversaire, jouer un des petits atouts, afin de voir venir avec la dame seconde, que rien ne peut empêcher de faire la levée, le roi fût-il aussi troisième.

» Quand on craint que l'adversaire ne fasse la vole, et qu'on n'a qu'un seul atout accompagné de mauvaises cartes, sans espoir de faire le point, il faut jouer une carte seule, et la plus forte pour tâcher de n'être point mis à la devine, et d'employer son atout si l'on revient dans la renonce.

Distinction des jeux. — On distingue dans l'écarté plusieurs sortes de jeux. 1° *Les jeux de règles*, c'est-à-dire ceux qu'on peut jouer à la rigueur, sans écarter. Ils sont assez nombreux, et même arbitraires; mais en thèse générale, ce sont spécialement les jeux qui mettent dans le cas de n'écarter que deux cartes. Ces jeux-là, quoique n'offrant pas de chances pour gagner le point, doivent être joués, parce que l'on a beaucoup moins d'espoir d'avoir de bonnes cartes dans un écart aussi resserré, que n'en a l'adversaire dans les cinq dont il désire peut-être l'échange; échange qu'il ne peut effectuer si l'on n'écarte pas. Il peut d'ailleurs y trouver le roi : toutes choses qui font qu'il est fort peu de cas où il soit bon d'écarter seulement deux cartes.

2° *Des jeux de finesse.* — Les règles fondamentales de l'écarté exigent que l'on conserve ses atouts, tant pour couper l'adversaire, que pour répondre à la couleur qu'il jette, et dont on se trouve dépourvu. Cependant, il est des cas où il convient de commencer par jouer atout, quelle que soit leur infériorité, par exemple, quand on a trois atouts, et principalement s'ils se suivent.

Lorsqu'on a l'espoir de faire la vole (ce qu'on appelle un *jeu d'espoir*), on doit commencer par jouer une *carte seule*, c'est-à-dire, l'unique de sa couleur, au lieu d'une *carte gardée* (on nomme ainsi une carte accompagnée d'une ou de plusieurs autres de la même couleur). Cette distinction est essentielle, car un roi gardé a bien plus d'importance qu'un roi seul. Si donc il s'agit d'un roi, et qu'il ne soit pas coupé, l'espoir de la vole subsiste; dans le cas contraire on s'attache seulement à faire le point, et cette circonstance n'a dérangé le jeu en rien.

Toute l'ambition du joueur premier, est de voir tomber sur son roi d'atout, la dame, et l'adversaire ne manque pas pour l'ordinaire de la garder en jouant un de ses plus petits atouts. Mais si ce dernier joue avec finesse, il agira tout différemment : il commencera par jeter cette dame, parce qu'alors l'adversaire se croyant sûr de la vole joue négligemment un petit atout, que le dernier prend d'un atout supérieur. Rentré ainsi dans le jeu, et ménageant ses cartes, il fait le point, au grand étonnement des parieurs auxquels il aura dû cacher bien soigneusement ses cartes ; comme il convient de le faire d'ailleurs pour éviter toute exclamation indiscrète, chaque fois que l'on tente un jeu de finesse, qui déroute au premier abord les plus simples notions du jeu.

A l'écarté comme à tout autre jeu, le gagnant ne peut refuser la revanche ; le perdant n'est pas forcé de la prendre malgré lui.

Les parieurs sont libres à chaque partie ; ils peuvent suivre la revanche, l'abandonner, s'attacher au destin d'un autre partenaire, absolument comme il leur convient.

Jeu de la Bouillotte.

Ce jeu, que les messieurs ont spécialement adopté, est presque obligé dans les salons et dans quelques sociétés littéraires : on se sert d'une table ronde, au milieu de laquelle on place un flambeau, particulier à ce jeu : ce flambeau est ordinairement composé de deux quinquets qu'entoure une large bande de tôle vernie, verte à l'extérieur, et blanche intérieurement : cette bande circulaire est un peu aplatie longitudinalement. Le support du flambeau est un plateau de bois noir soutenu sur quatre pieds arrondis, et assez semblable aux plateaux qui servent de pieds aux pendules et vases de prix ; il en diffère toutefois en ce qu'il porte un bord haut d'un pouce (27 milli.) environ, et qu'à quelques lignes de ce bord il se trouve une rainure dans laquelle on plante perpendiculairement les cartes en certains cas. Du reste, on joue à la bouillotte avec des jetons ou des fiches ordinaires, et un piquet dont on supprime les sept, ce qui le réduit à vingt-huit cartes.

On joue ordinairement cinq à la bouillotte ; le nombre cinq y domine : la mise de chaque joueur est de cinq jetons, et cinq fiches valant chacune cinq jetons ; ainsi la mise est de trente jetons.

Les places doivent être déterminées ; pour cela on prend dans le jeu cinq cartes, savoir : un as, un roi, une dame, un valet et un dix ; il n'importe qu'elles soient ou non de même couleur ; en les tenant comme un éventail déployé, on les présente par l'extrémité où elles se trouvent étalées, et du côté blanc. Chaque joueur en choisit au hasard une qui marque sa place ; le porteur de l'as se met auprès du roi ; le porteur de celui-ci auprès de la dame, ainsi de suite. Les cartes rendues ensuite au jeu se mêlent avec les autres.

Cette espèce de tirage sert aussi à décider quel sera le donneur ; et quoique l'as soit la principale carte du jeu, il est d'usage que le joueur qui se trouve avoir le roi donne les cartes le premier ; par conséquent, le premier en cartes est le porteur de la dame.

On convient ensuite du prix du jeu, et chaque joueur met un jeton au jeu ; le donneur met le dernier : ce jeton, comme la plupart des paiements, se place au flambeau, c'est-à-dire au milieu du plateau qui le supporte. Le donneur s'occupe ensuite de mêler. Le premier en cartes peut, s'il le juge à propos, se *carrer*, c'est-à-dire mettre, plus un, autant de jetons qu'il y a au jeu ; le second joueur peut *décarrer* celui-ci en doublant le jeu, plus un jeton. Il en coûte donc dans le premier six jetons, et sept dans le second ; mais il y a deux avantages à être *carré* : 1° si tout le monde passe, le carré (la mise de six ou sept jetons) et le jeu vous appartiennent, 2° si quelque joueur fait le jeu, vous parlez le dernier.

Lorsque le jeu est fait, c'est-à-dire les jetons de mise ou de carré placés au flambeau, le donneur distribue les cartes en les donnant une à une à chaque joueur, qui doit en avoir trois : il se sert ensuite, puis en retourne une qui est la seizième, et place le talon à sa droite.

Le premier en cartes, que je nommerai Anatole, parle le premier, s'il n'est point carré, car alors il garde le silence ; s'il a jeu suffisant, s'il *voit le jeu seulement*, c'est-à-dire les cinq jetons des mises ; *s'il le voit avec telle quantité de fiches ou de jetons qu'il lui plaît d'y ajouter en promesse*, alors *il annonce et ouvre le jeu*; s'il ne croit pas le jeu suffisant, il *passe*.

Anatole ayant parlé, les autres partenaires répondent successivement, soit en tenant le jeu couvert, c'est-à-dire en conservant leurs cartes dans leurs mains, soit en *relançant* Anatole (supposons que le *relanceur* s'appelle Armand); Armand relance Anatole, en offrant de jouer plus que lui, telle quantité de jetons et de fiches qu'il juge à propos de déterminer.

Lorsque Armand a relancé Anatole, et les joueurs qui ont ouvert le jeu avec lui, et comme lui, ceux-ci sont obligés de *tenir*, c'est-à-dire de jouer ce qu'on leur propose; alors ils sont dits *tenants*. S'ils ne veulent pas l'être, ils renoncent en payant autant de jetons qu'il s'en trouve au jeu, ou autant qu'ils en ont promis de tenir. Ils peuvent aussi relancer eux-mêmes.

Quand tout le monde a parlé, si deux ou plusieurs joueurs tiennent, chacun *découvre* son jeu, c'est-à-dire en plante les cartes dans la rainure du plateau, de manière à ce que le dessous soit tourné du côté du flambeau, et le dessus du côté des joueurs (quand le flambeau manque de rainure, on découvre le jeu en le mettant sur la table); alors les deux tenants cherchent dans le jeu des autres de quoi faire ou compléter le leur. On choisit selon sa position, c'est-à-dire qu'il appartient au premier en cartes ou à celui qui le suit (soit qu'il en soit séparé par un ou plusieurs joueurs qui passent ou qui renoncent), à prendre les cartes convenables dans le jeu de celui qui l'avoisine à gauche ; bien entendu que si son voisin de gauche se trouve un tenant, il passe au jeu du joueur suivant.

Celui qui a le plus fort point gagne le coup. Or, le plus fort point se compose du plus grand nombre de cartes de même couleur, ou des plus fortes en points ; en cas de concurrence, le premier en cartes l'emporte.

On compte les cartes comme au piquet : l'as vaut onze points, les figures valent dix, et les autres cartes les points qu'elles portent. L'as étant la première carte du jeu attire à elle les autres cartes de sa couleur qui sont sur le jeu ; ainsi, lorsqu'il s'agit, en tenant, de choisir dans le jeu d'autrui, le tenant qui a, je suppose l'as de cœur, prend les cœurs qui se rencontrent dans les jeux divers.

Quand tout le monde passe, on recommence à mettre un jeton, et la donne se fait de nouveau. Le fond du jeu alors se trouve double ; mais si l'un des joueurs s'était carré, il prendrait le jeu, et la mise suivante serait simple comme à l'ordinaire.

Tous les joueurs au-dessus de celui qui ouvre le jeu peuvent *revenir*, quoiqu'ils aient passé, et tenir ou même relancer.

Lorsqu'un des joueurs a ouvert le jeu, tous ceux qui ont parlé ensuite ne peuvent plus rien faire, et le premier reçoit la loi de ceux qui tiennent contre lui.

Quand plusieurs joueurs tiennent, c'est au voisin de celui qui a ouvert le jeu à déclarer ce qu'il joue ; les autres agissent de même, successivement et par ordre, c'est-à-dire en allant toujours par la droite du premier en cartes. Quand celui qui a ouvert le jeu *tient sans plus*, c'est-à-dire sans vouloir jouer plus qu'il n'y a au jeu, celui qui le suit peut relancer, et alors le premier est contraint de *tenir* comme à l'ordinaire ou d'*abandonner le jeu*, c'est-à-dire de donner au gagnant autant de jetons qu'il y en a sur le jeu.

Personne ne peut jouer plus qu'il n'a devant lui, c'est ce qu'on appelle faire son *va-tout*, ou être *cavé*. Lorsqu'un joueur a perdu tout ce qu'il a devant lui, il se retire et fait place à un autre : on dit alors qu'il est *décavé*.

Au jeu de la bouillotte, il y a *le brelan simple* et *le brelan carré* : le premier se compose de trois cartes de même valeur ; celui d'as est le premier. Les cartes prennent ensuite rang comme au piquet. Le brelan l'emporte sur tous les autres jeux ; chaque brelan simple donne deux jetons au flambeau ; il en reçoit deux de chaque joueur.

Le second l'emporte sur tous les autres : il se compose de trois cartes semblables à la retourne. Le brelan carré donne quatre jetons au flambeau, et en reçoit quatre de chaque joueur. Ordinairement la personne qui a le brelan carré ne relance pas ; elle peut accepter tout ce qui est fait ; passer parole, ou faire son tout : cela se conçoit ; comme elle est sûre de gagner tout ce qui sera joué, il est de la délicatesse de laisser faire le jeu aux autres joueurs, mais de ne pas le faire soi-même, excepté par un va-tout qui force tous les gens prudents à se retirer.

On appelle avoir *jeu fait*, trente-et-un, vingt-et-un, et la retourne. On croit souvent devoir relancer avec ce jeu ; mais s'il ne se trouve dans le jeu des quatre autres joueurs qu'une carte de votre couleur, tandis qu'en levant avec un as seul, ou un roi, qui a le même privilége quand l'as ne joue pas, on en rencontre six qu'il entraîne, vous perdez le coup.

Si personne n'ouvre le jeu, le donneur recommence la donne, et chaque joueur remet un jeton.

On ne peut jouer moins que le jeu.

Le joueur qui a passé avant que quelqu'un ait ouvert le jeu, peut revenir contre celui qui l'ouvre, et tenir ; mais celui qui a passé lorsque le jeu est ouvert, ne peut plus le faire.

Quand plusieurs joueurs tiennent, c'est à celui qui se trouve le plus près à la droite de celui qui a ouvert, à déclarer combien il joue, sauf la relance des autres joueurs qui tiennent.

Le joueur qui, après avoir ouvert et tenu, ne veut pas tenir ce dont il est relancé, renonce en payant ce qu'il a joué.

S'il y a un *refait*, c'est-à-dire que tout le monde passe, on met sous le flambeau, pour les cartes, un des jetons de la seconde mise. Le second refait en seconde donne, ne met rien au flambeau. Le troisième refait en quatrième, donne deux jetons au flambeau.

S'il arrive qu'une carte soit retournée dans le jeu, on refait, mais néanmoins on continue la donne avant, pour vérifier s'il y a des brelans.

Qui se carre met aussi un jeton sous le flambeau.

Les parties ne sont point limitées à la bouillotte ; elles durent aussi longtemps qu'il y a des joueurs pour remplacer ceux qui sont décavés. La bouillotte a beaucoup de rapports avec l'ancien jeu de brelan, qui lui a donné naissance.

La bouillotte est un jeu où il faut beaucoup de sang-froid et de finesse ; c'est un jeu fort attrayant, mais où l'on hasarde trop d'argent.

Quatre joueurs de première force étaient à une table de bouillotte, et jouaient, comme on dit, un jeu d'enfer.

Tous quatre avaient de très beaux jeux ; tous quatre étaient engagés pour des sommes considérables ; enfin l'un d'eux qui avait brelan d'as, relance de 10,000 fr., le seul des autres joueurs qui n'eût pas encore filé, et par une sorte de délicatesse, il montre son brelan d'as ; son adversaire qui n'avait que brelan de huit, lui dit : pardon, ce n'est pas à vous d'abattre ; j'ai le droit de relancer, et je fais mon tout qui est de 16,500 fr.; le premier persuadé, puisqu'on avait vu son brelan d'as, et qu'on le relançait, que son adversaire avait brelan carré, file des 10,000 et ne tient pas les 16,500. On a blâmé ce coup ; on a eu tort ; il est à la fois hardi et loyal. Je l'ai cité pour faire comprendre combien le sang-froid est nécessaire à ce jeu.

Jeu de Brelan.

Espèce de jeu de renvi, qui se joue, ou plutôt se jouait à deux, trois, quatre ou cinq personnes, et où on ne donne que trois cartes à chacun.

On distinguait deux sortes de brelan : l'un qu'on nomme *brelan carré*, l'autre, *bouillotte* (c'est le jeu actuel de la bouillotte).

Au premier, la partie est limitée à un certain nombre de coups : nous avons vu comme on en use à la seconde. Nous y renvoyons pour l'ordre des places, la parole et les renvis.

On a jeu sûr quand on a *brelan carré* ou *quatrième*, c'est-à-dire trois cartes de différentes couleurs, et de même sorte, et que la quatrième fait la retourne : c'est aussi le *brelan-tricon*.

Viennent ensuite le *brelan d'as, de rois, de dames*, etc. En général, un brelan est un jeu composé de trois cartes semblables.

Le *brelan favori* est celui qu'on est convenu de payer double en commençant à jouer.

Voici quelques-uns des termes techniques du brelan. *Cave*,

c'est le fond d'argent que chaque joueur met devant soi. On *décave* en gagnant cet argent. Une *carte fausse* est celle dont on n'a pas l'as. *On file* quand on ne met précisément au jeu que ce qu'on est obligé d'y mettre. On nomme *jeu* ce que chaque joueur a mis au jeu. *J'y vois du jeu, j'y suis du jeu*, signifie qu'on joue ce qui compose le jeu. On *ouvre le jeu* en faisant la première vade. La *passe* est l'argent qu'on est convenu de mettre au jeu chaque fois qu'on recommence un nouveau coup. Enfin, on désigne par le nom de *rentrants* les joueurs qui remplacent à la bouillotte ceux qui sont décavés.

Quand sur le coup il y a deux *brelans*, le porteur du plus fort ne paie rien au plus faible, mais les autres joueurs paient chacun les deux brelans. Quand un joueur a perdu toutes ses caves, il peut s'en tenir à filer, c'est-à-dire mettre une seule pièce de ce que l'on joue, comme un jeton, un sou, un franc, un écu, etc. *Jouer le tapis*, c'est jouer la passe quand il ne reste plus rien devant soi. *Voler la passe*, se dit du joueur qui, ayant mauvais jeu, propose une somme considérable dans l'espoir qu'on ne tiendra pas, afin de gagner la passe sans contradiction.

Jeu du Quinze.

Moderne et distingué, ce jeu de hasard et de renvi a quelque analogie avec la bouillotte. Le nombre *quinze* qui est son coup important l'a fait ainsi nommer.

On y peut jouer deux, trois, quatre, cinq et six personnes, et l'on emploie deux jeux entiers. Une pratique particulière à ce jeu, veut que l'on réunisse ensemble, pour former un jeu, les piques et les trèfles des deux jeux, d'autre part les cœurs et les carreaux; cela fait le *jeu rouge* et le *jeu noir*. On décide ensuite de combien de tours sera composée la partie.

Après cela on s'occupe de la place que les joueurs occuperont autour de la table. S'il y en a, par exemple, cinq, on tire du jeu cinq cartes, savoir: un roi, une dame, un valet, un dix et un neuf, qu'on mêle, et qu'on présente ensuite aux joueurs, pour que chacun en prenne une. Celui qui tire le roi choisit la place qui lui convient; la dame se place à la droite du roi, le valet à la droite de la dame, le dix à la droite du valet, et le neuf à la gauche du roi. Le neuf en outre désigne le donneur.

Alors chacun forme *sa cave*, en mettant devant soi l'argent qu'il veut risquer au jeu : on peut aussi former la cave de jetons en leur donnant une valeur convenue. Il est d'usage de convenir que la cave pourra bien excéder telle somme, mais qu'elle ne pourra être au-dessous. Chacun met ensuite un jeton, ou une pièce de monnaie, suivant la convention, et ces mises forment ce qu'on appelle le *jeu* ou la *passe*.

Une chose remarquable à ce jeu, c'est que le donneur prend les cartes qu'il distribue, non en dessus, comme à l'ordinaire, mais en dessous du talon : il commence par en donner une à chacun. Alors chacun prend successivement la parole, et ou l'on *passe*, c'est-à dire que l'on ne joue pas, ou l'on *propose* soit le *jeu*, soit une partie, ou même la totalité de sa cave. Le premier cas a lieu, non-seulement lorsqu'on a mauvais jeu, mais encore lorsqu'il est beau, parce qu'alors on se réserve le droit de renvier celui qui jouera le premier.

S'il arrive que chacun passe, tout le monde remet au jeu, et l'on donne de nouvelles cartes. Cette seconde donne est confiée au donneur de la première, et il ne doit ni mêler, ni couper.

Il continue sa distribution jusqu'à ce qu'il ne reste plus au talon assez de cartes pour en donner une à chacun, et en conserver en outre deux dans la main.

Lorsqu'ayant la parole, un joueur ouvre le jeu, soit en disant qu'il fait *le jeu* ou *la passe*, soit en proposant une somme quelconque, qui ne peut être inférieure à la passe (à moins qu'il n'ait plus qu'un reste de cave devant lui), le joueur suivant est obligé d'accepter la proposition, ou de dire qu'il *passe*. Alors il ne peut, en ce dernier cas, revenir sur le coup; mais s'il a accepté de jouer ce que l'autre a proposé, il peut, s'il le juge convenable, renvier, et si le premier joueur n'accepte pas le renvi, il perd ce qu'il a d'abord proposé.

Remarquez que lorsque le joueur qui a la parole a passé sans qu'aucun joueur précédent ait ouvert le jeu, il peut rentrer en concurrence avec ceux qui viennent à ouvrir ou à proposer. La même règle s'applique à tous ceux qui ont passé, lorsque auparavant il n'a été fait aucune proposition.

Si celui qui a ouvert le jeu, ou proposé de jouer une somme quelconque vient à être renvié, et qu'il accepte le renvi, il demande carte au donneur qui tient dans sa main le talon.

Celui-ci détache alors une carte de dessous le talon et la lui tend : elle se met à découvert sur la première carte du joueur, et celle-ci reste couverte jusqu'à la fin du coup.

Sa carte reçue, le joueur prend la parole : il peut alors dire qu'il s'y tient, ou proposer en renviant. Dans l'un et l'autre cas, les joueurs qui sont engagés sur le coup peuvent renvier si cela leur convient ; et ceux qui refusent d'accepter le renvi perdent ce qu'ils ont exposé avant leur refus.

Le joueur qui approche le plus du point de *quinze*, sans l'excéder, gagne ce qu'on a joué. Dans les cas où les points de deux personnes seraient égaux, la primauté l'emporterait. Cette primauté appartient au joueur qui est le plus près de la droite du donneur.

La valeur des cartes se détermine par la quantité de points qu'elles présentent. Ainsi l'as compte pour un point, le deux compte pour deux, etc. Les figures en marquent dix.

Lorsque les renvis proposés sur la première carte demandée sont terminés par l'acceptation des joueurs, celui qui a demandé une première carte peut en demander, s'il le juge à propos, une nouvelle, et successivement en prendre plusieurs autres, tant qu'il n'a point excédé le nombre de *quinze*; mais s'il l'excède, il *crève* ou *brûle*, perd irrévocablement, et doit abandonner son jeu. On doit remarquer, du reste, qu'à chaque nouvelle carte demandée, tous les joueurs intéressés sur le coup ont la faculté de renvier.

Quand le premier joueur n'ayant point crevé, ne veut plus ajouter de cartes à celles qu'il a demandées pour former son jeu, il l'annonce en disant *basta* (il suffit), ce qui équivaut à s'y tenir.

C'est alors au joueur qui suit à former son jeu, pour cela il agit comme le premier, et ainsi successivement des autres. Quand tout le monde a formé son jeu, et qu'il n'y a plus lieu aux renvis, le premier accuse son jeu et le met à découvert. Si le second, sans avoir crevé, a un point supérieur, il le montre et gagne ; mais si le premier a gagné sur le second, celui-ci coule son jeu au rebut sans le montrer. Tous les autres joueurs agissent de même.

Jeu du Hoc.

Fort en vogue sous le ministère du cardinal Mazarin, ce jeu en avait pris le surnom, et s'appelait *hoc-mazarin*, et on le jouait un peu différemment du jeu primitif. Comme toutes les choses de circonstances, cette variation est oubliée, mais l'on se souvient encore du jeu dans plusieurs départements. Il porte le nom de ses principales chances.

On peut y jouer à deux ou trois personnes. Dans le premier cas, on donne quinze cartes à chacun; dans le second, douze: le jeu de cartes dont on se sert est entier; les cartes ont l'ordre et la valeur ordinaires.

Le *hoc* est une sorte d'ambigu, puisqu'il est mêlé du *piquet*, du *brelan*, du jeu *de la belle*, du *flux* et du *trente-et-un*, et d'autres jeux de combinaison et de renvi. On y trouve les coups de la *séquence*, du *point* et du *tricon*, comme nous l'expliquons aux articles *Nain jaune*, *Commère*, *accommodez-moi*, etc. Nous renvoyons donc en conséquence à ces derniers jeux.

Mais ce qu'il y a de particulier à celui-ci, ce sont les cartes nommées *hocs*, qui sont dites faire *hoc*: ce sont les quatre rois, la dame de pique et le valet de carreau. Chacune de ces cartes vaut un jeton à celui qui la place.

On met au jeu trois jetons, pris d'une somme de jetons que l'on fait valoir un prix convenu: l'un est pour le point, l'autre pour la séquence, et le troisième pour le tricon: le donneur est désigné par le sort. Le premier joueur examine son jeu: s'il n'a qu'un petit point, il passe; s'il l'a fort, il renvie. S'il passe, et que ses compagnons renvient, en disant, deux, trois ou quatre au point, il peut y *revenir;* mais si l'un d'eux va jusqu'à vingt jetons et au-dessus, on ne peut renvier; l'on peut renvier de moins si l'on veut, et celui qui gagne le point le lève avec tous les renvis, sans que les deux autres soient obligés de lui rien donner. Cela fait, on accuse la séquence; ou bien, si on le juge à propos, on dit: *je passe pour y revenir*, au cas que les autres renvient, comme je viens de l'expliquer.

Quand le jeu est simple, c'est-à-dire qu'il n'y a point de renvi, le gagnant de la séquence tire un jeton de chacun pour chaque séquence simple qu'il a en main. La première qui vaut fait valoir les moindres à celui qui l'a. De la séquence on passe au tricon, qu'on renvie de même que le point.

Mais s'il arrive que l'on passe pour tous ces coups, on ne tire rien, on double l'enjeu pour le coup suivant; alors le gagnant gagne double, bien qu'il ait un jeu simple, et tire en outre un jeton de chaque joueur.

Quand on a séquence ou tierce de roi, bien que l'enjeu soit simple, on paie deux jetons au gagnant : on en donne autant à celui qui gagne une séquence simple, lorsqu'il a en main une séquence de quatre cartes, c'est-à-dire une quatrième. Si le jeu est double, on en paie quatre chacun.

On donne trois jetons pour la quatrième du roi, autant pour la séquence avec quinte ou à cinq cartes; quatre pour une quinte de séquence au roi ; deux pour le tricon ; quatre pour trois rois, ou pour quatre dames ou valets ; huit pour quatre rois, et tous ces paiements doublent quand le jeu est double.

Voyons maintenant la manière de jouer les cartes.

Supposé que le premier à jouer ait en main un, deux, trois, quatre, ou autres cartes, ainsi de suite, il les jouera comme au nain jaune, et quoique sans qu'elles soient de semblable couleur, et que les deux autres joueurs n'aient pas de quoi mettre au-dessus de la carte où il s'arrête, la dernière carte jetée lui est *hoc*, et lui vaut un jeton de chaque joueur : il recommence par les plus basses, parce qu'il est plus facile de rentrer par les hautes. On continue à jouer les cartes comme au nain, en disant : je suppose six, sept, sans huit, si l'on manque de cette dernière carte ; mais si le joueur qui manque de huit, soit pour continuer, soit pour couvrir, a un *hoc*, il peut l'employer pour cette carte, les *hocs* ayant le privilége d'être changés à volonté : il recommence ensuite à jouer la carte la plus avantageuse à son jeu.

Il est important de se défaire de ses cartes, puisqu'on paie deux jetons pour chaque carte qui reste en main, depuis dix jusqu'à douze, et un pour chaque carte au-dessous de dix. Lorsqu'il en reste deux, on paie quatre jetons, et six pour une seule.

Le porteur de cartes blanches sans figures gagne dix jetons de chacun ; mais si deux joueurs en avaient, le troisième ne leur donnerait rien.

Jeu du Poque.

C'est le pendant du jeu précédent, avec lequel il a beaucoup de rapports, malgré plusieurs différences. Il tire son nom de son caractère.

On joue à ce jeu depuis trois personnes jusqu'à six : n'est-on que trois ou quatre, on se sert d'un piquet ; est-on six, on y ajoute les six. On tire la donne au sort, parce qu'elle est avantageuse. Les joueurs reçoivent chacun cinq cartes données par deux et trois : ils prennent chacun un enjeu, qui est ordinairement de vingt jetons et de quatre fiches (chaque fiche valant cinq jetons), dont on détermine la valeur conventionnelle.

On a ensuite six *poques*, c'est-à-dire six cassetins de la grandeur d'une carte, et fort bas de bord : on les met sur la table, au milieu, et chacun d'eux a son nom écrit : l'un est marqué as, l'autre roi, le troisième dame, le quatrième valet, le cinquième dix et neuf, et le sixième le *poque* proprement dit. Un jeton est mis par chacun dans chaque poque. Le donneur tourne alors la dernière carte du talon (celle qui vient après la distribution). Si cette carte répond à l'une de celles marquées sur les poques, il tire les jetons qui sont dans le poque correspondant à la retourne.

Cela fait, chacun examine son jeu, et regarde s'il n'a point *poque*, c'est à dire deux, trois ou quatre as, et ainsi des autres cartes inférieures, les as étant les cartes supérieures du jeu.

Le premier à jouer doit dire, pour lever le poque, *je poque d'un jeton*, de deux, ou plus, s'il le juge à propos : si ceux qui le suivent ont aussi poque, ils peuvent tenir au prix où est porté le poque, ou bien renvier de ce qu'ils veulent, ou l'abandonner sans vouloir hasarder de perdre le renvi qu'il faudrait payer s'ils perdaient.

Les renvis faits, chacun dit quel est son poque et le met bas, et celui qui a le plus haut, non-seulement gagne ce qu'il y a dans le poque, mais encore tous les renvis qui ont été faits. Quand quelqu'un des joueurs dit, *je poque tout*, et que chacun se tait, soit qu'on n'ait pas *poque*, ou qu'on l'ait trop bas, le joueur qui a parlé le premier lève le poque sans être obligé de montrer son jeu.

Le *poque de retour* (on nomme ainsi deux sept en main) et un *poque de retourne* valent mieux que les deux as en main, et ainsi des autres cartes. A plus forte raison, le poque de trois, de quatre cartes sont-ils successivement supérieurs l'un à l'autre, encore que le poque moindre par le nombre des cartes se trouvât plus fort en points.

Le poque étant levé, on voit dans son jeu si l'on n'a point l'as, le roi, la dame, le valet ou le dix de la couleur de la retourne : celui qui a l'un ou l'autre, ou plusieurs, lève les poques marqués aux cartes correspondantes, et ceux qui ne sont pas levés restent pour le coup suivant.

Quant à la manière de jouer les cartes au poque, on doit toujours se défaire de ses plus basses, parce qu'il arrive souvent que, ne pouvant rentrer au jeu, elles resteraient dans la main, ce qui serait un grand préjudice ; car, lorsqu'un joueur gagne la partie en se défaisant le premier de son jeu, il faut payer autant de jetons à chacun, qu'on se trouve de cartes dans la main.

Il est prudent de se défaire promptement des as : il faut même les jeter avant toute autre chose, puisqu'on ne risque pas pour cela de perdre la primauté, et qu'on ne saurait mettre des cartes par-dessus ; il convient ensuite de jouer ses cartes autant de suite qu'il est possible, comme six, sept, huit, etc.

Supposé donc qu'on commence à jouer par un sept, on dira (si on a le huit de même couleur) sept, huit, car autrement, comme au *hoc*, on dirait sept sans huit, ainsi de suite. S'il arrivait que tous les joueurs ne se trouvassent pas avoir le neuf à la suite, celui qui a commencé à jouer recommence de la même manière. Cela se pratique jusqu'à ce que l'un des joueurs s'étant défait le premier de ses cartes, ait gagné la partie ; alors il tire un jeton pour chaque carte restant entre les mains des joueurs, sans que cela dispense de payer à chacun encore un jeton pour chaque carte, comme nous l'avons dit plus haut.

Les levées appartiennent au joueur qui met la plus forte carte.

QUATRIÈME SECTION.

Jeux de combinaison.

CHAPITRE VII.

Jeu de Whist.

Le mot whist, qui signifie *silence*, indique l'origine anglaise de ce jeu, qui a l'inappréciable mérite d'intéresser assez vivement par lui-même pour captiver les joueurs indépendamment de l'attrait du gain. Aussi est-il le plus goûté et le plus en vogue dans nos salons.

Marche du jeu.

Le whist se joue de plusieurs manières. Le plus usité aujourd'hui est le whist à *tricks doubles*, en 10 points. Il se joue à quatre, deux contre deux, avec deux jeux complets de 52 cartes, qui servent alternativement.

La valeur des cartes y est la même qu'au piquet. L'as est la plus haute, puis le roi, la dame, le valet, le dix, le neuf, et en descendant ainsi jusqu'au deux, qui est la plus basse.

Pour organiser la partie, l'on commence par tirer les cartes. On étend, à cet effet, l'un des jeux en ligne courbe sur le tapis, et chaque joueur y prend une carte au hasard.

Les deux qui ont pris les plus basses vont ensemble contre les deux autres.

Si des joueurs tirent des cartes d'égale valeur, ils en prennent d'autres jusqu'à ce qu'ils en aient amené de valeur inégale. Lorsque, entre la plus basse et la plus haute des cartes tirées, il s'en trouve deux de valeur égale, les joueurs qui ont levé ces dernières recommencent seuls.

Dans ce tirage des cartes l'as est tenu pour la plus basse.

Au joueur qui avait pris la plus basse carte au premier tirage est acquis le droit de choisir sa place et son jeu de cartes, et de donner le premier.

Les cartes et les places ne sont plus changées durant le cours de la partie ou du robre. Mais on les tire de nouveau avant d'en commencer une autre.

Lorsque les joueurs sont plus de quatre, tous concourent au tirage. Les quatre plus basses cartes donnent droit de jouer la première partie. Ceux qui lèvent les plus hautes, sont *rentrants*, ils remplacent, pour la seconde partie, les joueurs *sortants*, que le sort a désignés, à moins qu'il ne soit convenu, par avance, que ce seront les gagnants, ou bien les perdants qui sortiront.

Le jeu et les places choisis, les partenaires s'assayent en face l'un de l'autre.

D'ordinaire, l'on joue en partie liée, c'est-à-dire que, pour être gagnant, il faut gagner deux parties de suite, ou deux sur trois. Cette partie liée s'appelle *robre*.

Avant de commencer le jeu, l'on fixe le prix de la fiche, et le nombre de fiches dites de consolation qui se paient en sus de celles gagnées par les levées. (C'est quatre ordinairement.)

Les conditions arrêtées, le donneur fait couper par son adversaire de droite. Puis, il reprend son jeu, ayant soin de mettre, sur les cartes qui en ont été détachées, celles restées sur le tapis; et il les distribue, une à une, en commençant par son adversaire de gauche et successivement, toujours en tournant de gauche à droite jusqu'à épuisement de jeu. Il retourne la dernière qui détermine la couleur de l'*atout*, et qu'il laisse découverte sur le tapis à sa gauche, jusqu'à ce que la première carte de la seconde levée soit jouée. Il doit relever cette carte et la placer dans son jeu, avant que la seconde levée soit retirée, et désormais il n'est plus obligé d'en dire la valeur, mais seulement la couleur, si elle est demandée.

Chaque joueur devant donner à son tour, pour plus de célérité, pendant que l'un fait la donne, son partenaire arrange et bat l'autre jeu, qu'il dépose, pour servir au coup suivant, à la gauche de son adversaire de droite.

Lorsque l'atout est retourné, et alors seulement, tous les joueurs relèvent, assemblent et comptent leurs cartes; après quoi le premier servi entame la partie en jetant devant lui une carte sur le tapis. Les autres en font autant, chacun à leur tour, de gauche à droite, de sorte que le donneur est le dernier à jouer. Nul ne doit tirer, ni même toucher à l'avance la carte qu'il se propose de jouer. Tous doivent s'abstenir de tout geste et de toute parole qui pourrait initier son partenaire à son jeu, ou lui indiquer une façon de jouer. On ne peut pas *renoncer*, c'est-à-dire jeter une carte d'une autre couleur que celle demandée par le premier joueur ; mais on peut se dispenser de forcer, en jouant une carte inférieure, ce qui s'appelle faire l'*impasse*. Quoique n'ayant pas de la couleur demandée, on peut se dispenser de couper, si on le juge utile, et dans ce cas, on est autorisé à jeter une carte d'une autre couleur, ce qui s'appelle *se défausser*.

La levée appartient à celui qui a jeté la plus forte carte.

Pendant toute la durée du coup, celui qui fait la levée joue la première carte de la levée suivante.

Le joueur qui a relevé la première levée, (d'ordinaire c'est le partenaire de celui qui l'a faite), doit relever toutes celles que lui et son associé feront, et les placer devant lui, sur le tapis de manière à ce que ses adversaires puissent en voir aisément le nombre.

Si les cartes ont été jetées de façon qu'il y ait doute pour un joueur, celui-ci peut demander qu'elles soient placées de manière à indiquer par qui chacune d'elles a été jouée. C'est ce qu'on appelle demander le *tableau*.

Le coup fini, l'on compte les levées ou tricks. Chaque levée en sus de six est un *trick*, et vaut deux points.

Faire les treize levées, s'appelle faire *chelem*. Le chelem se paie dix fiches, et est compté à part. Après un coup de chelem, la partie est reprise en l'état où elle était et comme si le coup n'avait pas eu lieu.

Outre les points des tricks, on en gagne encore par les *honneurs*. On entend par *honneurs* l'as et les trois figures d'atout. Les quatre honneurs dans le jeu de deux partenaires comptent quatre points ; trois honneurs ne comptent que deux points.

Les honneurs ne se déclarent qu'après que le coup est joué ; et les points des honneurs ne se marquent qu'après ceux des levées : de sorte que deux partenaires ne gagnent par les *honneurs* que tout autant que dans le même coup leurs adversaires n'ont pas complété leur nombre de dix points par les levées [*]. Chaque joueur est tenu de marquer ses points

---

[*] Autrefois il n'en était pas ainsi. A huit points on gagnait par les honneurs. Il suffisait que l'un des joueurs montrât trois honneurs, ou qu'en ayant deux, son partenaire, interpellé par lui, déclarât le troisième, pour que la partie fût gagnée, et l'on ne jouait pas le coup ; cela s'appelait CHANTER.

avant que la donne du coup suivant soit terminée : la carte retournée, ils ne sont plus admis à le faire.

Les points se marquent au moyen de quatre jetons placés devant le joueur sur la table. Ces jetons mis en un seul tas l'un sur l'autre marquent zéro ; mis en deux tas à côté l'un de l'autre, ils marquent deux points ; placés en ligne horizontale l'un à côté de l'autre, ils marquent quatre points; trois en ligne horizontale et un placé en avant sur le front, c'est la marque de six points. Il suffit de placer le jeton du front en serre-file en arrière pour marquer huit points.

Dans la partie à tricks simples, les quatre jetons placés en trois tas en ligne horizontale marquent trois points ; placés en trois tas, en ligne verticale, ils marquent neuf points.

La partie se gagne *simple*, si le côté perdant a marqué six points; double, s'il n'en a marqué que quatre; triple, s'il n'en a marqué aucun. Elles se marquent au moyen de fiches, une pour la partie simple, deux pour la double, trois pour la triple. Ces fiches doivent être ostensiblement placées sur le tapis devant l'un des gagnants.

Lorsque les partenaires qui perdent le robre ont gagné une partie, les fiches qu'ils ont devant eux sont portées en déduction de celles gagnées par leurs adversaires dans les deux autres parties.

Telle est la marche du whist à tricks doubles, qui est celle du whist primitif ou classique.

Comme les autres ne sont que des modifications de celui-ci, nous exposerons sommairement la manière de le jouer, avant d'indiquer en quoi ces modifications consistent.

Nous dirons d'abord qu'en théorie l'indication la plus essentielle est qu'il faut, dès l'entrée en partie, faire connaître à son associé le jeu que l'on a dans la main, et s'efforcer, à toute occasion, de bien saisir le fort et le faible du jeu de son partenaire. Le génie du whist, a dit le général Vautré, consiste à observer avec soin quelles cartes tombent des mains de son partenaire, afin de parvenir à connaître son jeu comme si on l'avait sous les yeux. N'est-ce pas parce qu'il peut à coup sûr harmoniser son jeu avec celui qui est étalé sur le tapis, qu'au whist à trois, le partenaire du mort gagne toujours nécessairement ? Il s'agit d'arriver au même résultat en jouant à quatre. Au lieu de se borner à faire réussir les cartes que l'on a dans la main, il faut les combiner avec celles qu'a le partenaire, afin de les faire réussir également.

Enfin, il faut s'efforcer de jouer avec 26 cartes au lieu de jouer seulement avec 13. Si l'on néglige cette tactique, à jeu égal, on sera sûr de perdre contre des adversaires fidèles à l'observer.

C'est surtout par les *invites* et les *renonces* que l'on met son partenaire à même de connaître le jeu que l'on a, et c'est à les bien faire que l'on doit porter toute son attention.

Maintenant, et pour entrer en matière, supposons que vous êtes le premier à jouer. Commencez par la couleur dont vous avez le plus grand nombre en main ; si vous avez une *séquence* (qui se compose de trois cartes d'une même couleur, qui se suivent sans intermédiaire, comme un sept, un huit, un neuf de cœur, de pique, etc.), et que cette séquence soit le roi, dame et valet, ou de dame, valet et dix, considérez-les comme de bonnes cartes pour entrer en jeu, qui vous feront immanquablement tenir la main, ou à votre partenaire, dans d'autres couleurs. Commencez par la plus haute de la séquence, à moins qu'elle ne soit de cinq cartes : dans ce cas-là, jouez la plus petite, excepté en atout, parce qu'il faut alors toujours jouer la plus haute, afin d'engager votre adversaire à mettre l'as ou le roi ; par ce moyen, vous ferez passer votre couleur.

Si vous avez cinq des plus petits atouts, et point d'autre bonne carte dans une autre couleur, jouez atout : cela fera du moins que votre associé jouera le dernier, et tiendra par conséquent la main.

Avez-vous seulement deux petits atouts avec l'as et le roi de deux autres couleurs, et une renonce dans la quatrième, faites sur-le-champ autant de tricks que vous pourrez ; et si votre partenaire a renoncé dans une de vos couleurs, ne le forcez point, parce que cela pourrait trop affaiblir son jeu.

Ne jouez que très rarement la même couleur qu'a déjà jouée votre partenaire, si vos cartes vous fournissent quelque *bonne couleur*, à moins que ce ne soit pour achever de gagner une partie, ou pour achever de la perdre. On entend par une bonne couleur, la séquence du roi, dame et valet, ou de la dame, du valet et du dix.

Si vous avez chacun cinq levées et que vous soyez assurés

d'en faire encore deux par vos propres cartes, ne négligez point de les faire, dans l'espérance de marquer de deux points le donneur, parce que si vous veniez à perdre la levée impaire, cela vous ferait une différence de deux, et que vous joueriez désavantageusement dans la proportion de deux à un.

Toutefois, il y a exception à cette règle : c'est lorsque vous voyez une probabilité à pouvoir ou sauver la partie double, ou gagner le jeu ; alors, dans l'un ou l'autre cas, il faut risquer la levée impaire.

Voyez-vous quelque probabilité à gagner le jeu, ne balancez point à hasarder une ou deux levées, parce que l'avantage qu'une nouvelle donne procurerait à votre adversaire sur la mise, irait au-delà des points que vous risquez de cette façon.

Si votre adversaire a fait six ou huit points, et que vous soyez le premier à jouer, risquez hardiment une levée ou deux, afin de rendre par là le jeu égal. Ainsi, si vous avez la dame ou le valet et un autre atout, sans bonnes cartes d'une autre couleur, jouez votre dame ou votre valet d'atout ; par là vous renforcerez le jeu de votre partenaire s'il est fort en atouts, et vous ne lui porterez point de préjudice, s'il n'en a que peu.

Lorsque vous êtes quatre joueurs, il faut faire en sorte de gagner la levée impaire, parce que, par là, vous vous procurez la moitié de la mise. Pour y parvenir sûrement, faites atout avec précaution, bien que vous soyez fort en atouts. Nous entendons par cette expression, avoir un honneur et trois autres atouts ou triomphes.

Quand vous avez huit points de la partie, et que vous êtes encore fort en atouts, si vous remarquez qu'il y a apparence que votre associé puisse couper quelques-unes des couleurs que votre adversaire a en main, ne jouez point atout, mais faites en sorte que le premier parvienne à couper. Ainsi, par exemple, si votre jeu est marqué deux ou quatre, il faut jouer à *rebours*, et aller à six ou huit, parce que vous jouez pour quelque chose de plus qu'un trick dans ces deux derniers cas.

Si vous êtes le dernier à jouer, et que vous trouviez que le troisième joueur ne puisse pas mettre une bonne carte dans la couleur que le partenaire a jouée, et que vous n'ayez pas beau jeu vous-même, jouez encore la même couleur, afin de faire tenir la levée à votre associé, ce qui oblige souvent l'adversaire à changer de couleur, et vous fait gagner la levée dans la nouvelle couleur choisie.

Lorsque vous avez l'as, le roi et quatre petits atouts, jouez-en un petit, parce qu'il est probable que votre partenaire a un meilleur atout que celui du dernier joueur ; si cela est ainsi, vous pouvez faire trois fois atout, sinon vous ne pouvez pas les faire tomber tous.

En cas que vous ayez l'as, le roi, le valet et trois petits atouts, commencez avec le roi, et jouez ensuite l'as, à moins qu'un de vos adversaires ne renonce, parce que la chance est pour vous et que la dame tombera.

Si, avec le jeu précédent (l'as excepté), vous avez un atout de plus, commencez par un des petits, parce qu'il est présumable que votre partenaire a un honneur. Il en est de même quand le valet remplace le roi.

Si le roi, la dame, le dix et trois petits atouts vous sont échus, commencez avec le roi, car vous courez la chance que le valet tombera au second tour ; ou bien vous pouvez, par finesse, tirer bon parti de votre dix en le jetant quand votre partenaire vous jouera atout.

Quand vous avez la dame, le valet, le neuf et trois petits atouts, commencez avec la dame, parce que vous avez une belle chance que le dix tombera au second tour, ou vous pourrez tirer parti de votre neuf en faisant quelque *feinte*.

Avec le valet, le dix et quatre petits atouts, commencez par un de ceux-ci, dans l'espérance que votre associé a un honneur.

Avec le valet, le dix, le huit et trois petits atouts, commencez par le valet afin d'empêcher que le neuf ne fasse sa levée. La chance vous est favorable, et vous pouvez espérer que les trois honneurs tomberont en faisant deux fois atout.

Avec six atouts inférieurs, commencez par le plus bas, à moins que vous n'ayez le dix, le neuf et le huit, et que votre adversaire ait tourné un honneur ; car alors, si vous êtes obligé de passer en revue à cause de l'honneur, commencez avec le dix, parce que vous forcerez votre adversaire de mettre l'honneur à son préjudice, ou du moins vous donnerez le choix à votre partenaire s'il veut laisser passer ou non la carte.

Avec l'as, le roi et trois petits atouts, commencez par un des moindres, dans l'espoir de l'honneur de votre partenaire.

Si vous avez l'as, le roi et le valet accompagnés de deux petits atouts, commencez par le roi, parce que cela apprendra à votre partenaire que vous avez encore en main l'as et le valet ; en faisant en sorte qu'il tienne la main, il jouera sans contredit atout ; cela terminé, faites à votre tour une feinte de valet : ce jeu réussit immanquablement, à moins que la dame ne se trouve seule derrière vous.

Avec le roi, la dame, le dix et deux petits atouts, commencez par un petit ; avec la dame, le valet et trois petits atouts, ou avec le valet, le dix et trois petits atouts, ou bien enfin, encore avec l'as, le roi et deux petits atouts, agissez de même, toujours dans l'espérance d'un honneur chez votre associé.

Faites la même chose en cas que vous ayez encore seulement le valet, le dix et deux petits atouts, ou le dix et trois petits atouts ; ou bien le roi, la dame et deux petits atouts.

Avez vous le valet, le dix, le huit et deux petits atouts, commencez par le premier, parce qu'il est probable que le neuf tombera dans deux tours ; ou vous pourrez faire une feinte avec lui si votre partenaire vous fait un retour en atout.

Vous arrive-t-il cinq atouts d'une plus basse classe, je vous conseille encore de commencer par le plus bas, à moins que vous n'ayez une séquence de dix, neuf et huit ; dans ce cas, il faut entrer en jeu par la plus haute de la séquence.

Vous vient-il le roi, la dame, le dix et un petit atout, commencez par le roi, et attendez jusqu'à ce que votre associé vous rejoue atout ; faites alors une feinte avec le dix pour gagner le valet.

S'il vous vient la dame, le valet, le neuf et un petit atout, commencez par la dame afin d'éviter que le dix ne fasse sa levée.

Règles particulières. — Avec l'as, le roi et quatre petits atouts accompagnés d'une bonne couleur, il faut faire trois fois de suite atout, sans quoi on pourrait vous couper la couleur que vous portez.

Ayant le roi, la dame et quatre petits atouts, et en outre une bonne couleur, jouez atout du roi, parce que vous pourrez faire trois fois atout quand vous serez premier à jouer.

Si vous avez le roi, la dame, le dix et trois petits atouts avec une bonne couleur, faites atout du roi, dans l'espérance que le valet tombera au second coup. Ne vous amusez pas à faire une feinte avec le dix, de crainte qu'on ne vous coupe la forte couleur que vous portez.

Avec la dame, le valet et trois petits atouts avec une autre bonne couleur, jouez atout d'un petit.

Si vous avez la dame, le neuf et deux petits atouts avec une autre bonne couleur, jouez atout de la dame dans l'espérance que le dix tombera au second coup. Ne vous amusez pas à faire une feinte avec le neuf, mais jouez plutôt atout une seconde fois, par les raisons indiquées précédemment.

Avec le valet, le dix et trois petits atouts, accompagnés d'une bonne couleur, faites atout d'un petit.

Si vous réunissez le valet, le dix, le huit et deux petits atouts, avec une autre bonne couleur, faites atout du valet dans l'espoir que le neuf tombera au second coup.

Ayant le dix, le neuf, le huit et un petit atout, accompagnés d'une bonne couleur, jouez atout du dix.

Jeux particuliers au Whist.

Lorsqu'un commençant a fait quelques progrès au whist, il doit agir de la manière suivante en différents cas.

Supposé qu'il soit le premier en cartes, et que son jeu se trouve composé du roi, de la dame, du valet de trèfle (ou toute autre couleur), de l'as, du roi, de la dame et deux petites cartes de pique ; du roi et de la dame de carreau, et de trois petits atouts en cœur ; comment devra-t-il jouer ? il commencera par un atout, ou par la meilleure carte de son jeu (l'as de pique), afin d'avertir son partenaire qu'il est maître dans cette couleur ; mais il ne continuera pas avec le roi de cette couleur : il fera atout, et s'il voit que son associé n'est pas assez fort pour le seconder en atouts, et que l'adversaire attaque sa couleur la plus faible (le carreau), il reprendra le pique. S'il s'aperçoit qu'un des adversaires la coupe, il jouera en trèfle. S'il arrivait que les adversaires n'entrassent point dans sa plus faible couleur, et que son associé ne puisse le seconder en atout, il continuera à jouer en carreau tant qu'il sera le premier ; en voici la raison : en supposant que son associé n'ait que deux atouts, et que chacun de ses adversaires en ait quatre, il est certain qu'en faisant trois fois atout, il n'en restera plus que deux contre deux.

Premier à jouer. — Supposé que vous ayez l'as, le roi, la dame et un petit atout, avec une séquence du roi, ou cinq cartes dans une autre couleur et quatre autres fausses, commencez par jouer la dame d'atout, et continuez avec l'as; cela indiquera à votre partenaire que vous portez le roi. Vous auriez grand tort de faire atout une troisième fois, jusqu'à ce que vous puissiez faire la grande couleur que vous avez encore en main; en vous arrêtant ainsi tout court, vous donnez un signe certain à votre associé qu'il ne vous reste que le roi et un seul atout, parce que si vous aviez l'as, le roi, la dame et deux atouts de plus, vous pourriez vous faire du tort en jouant du roi pour la troisième fois.

Si vous jouez votre séquence, commencez par la plus basse carte, parce que votre associé y mettra l'as, s'il l'a, et vous facilitera par là le moyen de pouvoir jouer les autres: et puisque vous avez mis votre partenaire à même d'entrer dans votre jeu, il jouera sûrement atout, dès qu'il sera le premier à jouer, pourvu qu'il lui en reste encore un ou deux, puisqu'il doit poser en fait que votre roi enlèvera tous les atouts de vos adversaires.

Second à jouer. — Je suppose que vous ayez l'as, le roi et deux petits atouts avec une quinte majeure dans une autre couleur; que vous ayez aussi trois petites cartes d'une autre, et une seule de la quatrième; supposé encore que l'adversaire de droite commence par jouer l'as de la couleur dont vous n'avez qu'une carte, et qu'il continue ensuite de jouer le roi, ne le coupez point, mais jetez une *fausse carte.* S'il continue encore à jouer la dame, jetez de nouveau une fausse, et agissez de même au quatrième coup, dans l'espérance que votre associé pourra couper, et que, dans ce cas, il vous jouera atout, ou entrera dans votre couleur forte. Par ce moyen, si par hasard un des associés adversaires a quatre atouts, et l'autre deux (ce qui n'arrive que rarement), puisque votre partenaire est censé avoir trois atouts des neuf, et que naturellement ceux-ci n'en doivent avoir que six, votre couleur forte oblige leurs meilleurs atouts, s'il y a quelque probabilité que vous fassiez seul la levée impaire; au lieu que si vous aviez coupé une des plus grosses cartes de vos adversaires, vous auriez tellement affaibli votre propre jeu, qu'il vous aurait été impossible de faire plus de cinq levées sans l'assistance de votre associé.

Supposons que vous ayez l'as, la dame et trois petits atouts; l'as, la dame, le dix et le neuf d'une autre couleur ; avec deux petites cartes dans chacune des deux autres couleurs, et que votre partenaire joue dans celles où vous avez l'as, la dame, le dix et le neuf ; comme cette manière de jouer demande plutôt que vous trompiez vos adversaires que de mettre votre associé au fait de votre jeu, ne jetez que votre neuf, parce que vous engagerez par là le premier à faire atout dès qu'il aura gagné cette carte. Aussitôt qu'il aura fait atout, faites aussi atout à votre tour, et de votre plus fort, afin que vous soyez maître de la main, en cas que votre adversaire ait joué un atout que votre partenaire n'ait pu prendre. Si cette feinte réussit, elle sera très avantageuse, et il est peu à craindre qu'elle soit nuisible.

Si vous aviez l'as, le roi et trois petits atouts, avec une quatrième de roi et deux petites cartes d'une autre couleur ; que votre adversaire joue une couleur dans laquelle votre associé porte la quatrième majeure ; que celui-ci y mette le valet et joue l'as ensuite, vous renoncerez à cette couleur, et vous vous en irez d'une fausse. Si votre associé jouait le roi, votre adversaire à droite le couperait, par exemple, avec le valet et le dix : alors ne surcoupez point, car vous risqueriez de perdre deux ou trois levées en affaiblissant votre jeu. Si votre adversaire jouait au contraire dans la couleur où vous avez renoncé, coupez alors, et jouez la plus basse de votre séquence afin d'attirer l'as, soit de votre associé ou de votre adversaire ; cela achevé, jouez deux fois atout dès que vous aurez la main, puis jetez votre forte couleur. Si, au lieu de vous attaquer par votre faible, vos adversaires jouaient atout, continuez d'en jouer deux fois à votre tour, tombez de là dans votre couleur, et tâchez d'en rester le maître ; mais cette méthode n'est guère employée que par les joueurs peu habitués.

Remarques à faire pour s'assurer que l'associé n'a plus la couleur jouée. — Supposons que vous commencez par jouer la dame, le dix, le neuf et deux petites cartes, de quelque couleur que ce soit ; que le joueur à votre suite mette le valet, et votre partenaire le huit, alors, puisque vous avez la dame, le dix et le neuf, c'est une marque certaine qu'il n'en a plus de cette couleur, pour peu qu'il sache jouer. Dès que vous avez fait cette découverte, jouez en séquence, ou en le forçant à couper, si vous êtes fort en atout.

Supposons également que vous ayez le roi, la dame et le dix d'une couleur, si vous jouez votre roi, et que votre associé jette le valet, c'est signe qu'il n'a plus de cette couleur.

Moyens de tromper et harceler ses adversaires et d'indiquer son jeu à son associé. — Supposé que je joue l'as d'une couleur dans laquelle j'ai l'as, le roi et trois petits atouts, et que le dernier en jeu ne trouve pas à propos de le couper, quoiqu'il n'en ait point, je me garderai bien de jouer le roi ensuite, car il faut que je reste maître de la couleur, et je ne dois jouer qu'une petite carte afin d'affaiblir par là le jeu de mon adversaire.

Si l'on joue une couleur dont je manque, et qu'il soit probable que mon partenaire n'en ait pas non plus de meilleure, je jette une meilleure couleur, afin de tromper mes adversaires : néanmoins, pour ne pas faire donner mon associé dans le panneau, je me défais de mes plus mauvaises cartes dès que c'est à lui à jouer. Cette méthode réussit toujours, à moins que l'on ait affaire avec de trop habiles joueurs ; encore a-t-on, en ce cas, plus de gain que de perte.

Jeux particuliers dans lesquels on peut gagner trois levées en en perdant une. — Si, dans le cours du jeu, il se trouve que votre partenaire soit fort dans une couleur, et que vous y ayez le roi d'atout, le dix et un petit ; s'il joue l'as, jetez le dix et au second tour votre roi : suivant les probabilités, vous empêcherez par là que votre associé trouve quelque obstacle à faire passer sa couleur.

Voici un autre exemple. Lorsque votre partenaire a l'as, le roi et quatre petites cartes dans sa couleur forte, et que vous avez à votre tour la dame, le dix et une petite carte ; s'il joue son as, mettez votre dame ; ainsi vous risquerez une levée pour en gagner quatre.

Faire panache. — Nous cédons à l'attrait de reproduire les expressions précises et spirituelles de M. Deschapelles.

« Au manège, dit-il, le mot *faire panache* s'applique aux chevaux qui se cabrent jusqu'à la renverse ; au whist, il s'entend de celui qui jette son jeu. Il y a bien quelque ressemblance conique entre ce cheval et ces cartes, qui gisent sur leur dos, sans plus présenter de défense.

Un joueur jetant ses cartes, les adversaires en font autant; il s'ensuit un mélange qui termine le coup; mais si son partenaire l'arrête à temps, ou séquestre le jeu abandonné, avant le mélange, le jeu abattu est joué de commande.

« Le panache est un effet de désespoir et de précipitation. Vous jouez un neuf d'atout; il est couvert à votre gauche par le dix, votre partenaire ne prend pas; vous croyez que c'est par impuissance et vous jetez vos cartes. Cependant, ce jeu qui n'a pas voulu prendre à as et roi sixième; ce jeu que vous entraînez dans votre perte, avait des moyens de gagner. Il a convenu au partenaire de laisser passer cette levée, vous n'avez aucun droit de l'attaquer si vivement sur sa manière de jouer. Outre le tort actuel fait à ses intérêts, vous lui ôtez sa liberté pour l'avenir; car, avec un partenaire si susceptible, il faudra qu'il se tienne continuellement en garde, dans la crainte qu'une spéculation ne devienne un suicide. »

Faire l'impasse. — On peut la pratiquer de six manières différentes.

Sur l'invite du partenaire, lorsque vous ne forcez pas avec votre plus grosse carte ou une égale, vous êtes dans le cas de *l'impasse proprement dite.*

Avez-vous as, dame et dix, et prenez-vous de la dame, c'est une *impasse simple*, une impasse au roi.

Si au lieu de prendre avec la dame, vous ne forciez que du dix, ou même laissiez passer un neuf ou un huit joué par le partenaire, l'impasse serait double, triple ou quadruple.

L'impasse d'envoi a lieu sur l'invite de l'adversaire de gauche; elle n'est point définitive puisque votre partenaire n'a pas encore joué, et qu'il peut avoir de quoi prendre. Avec un jeu à ressources, cette impasse peut se faire très longuement.

Lorsque vous avez roi, valet et dix, et que vous placez ce dernier sur une invite de droite ou de face, vous devez croire que la dame n'est pas là. Alors, au retour, vous mettez avec sécurité votre valet, parce que *l'impasse a été éprouvée.*

Reste l'impasse obligée, sur laquelle il n'y a rien à dire.

Indications les plus essentielles.

1. Souvenez-vous que dix points font la partie, qu'on en marque pour les honneurs et chaque trick, et que les honneurs ne comptent pas si on ne les a point annoncés ou marqués avant que la retourne soit montrée : qu'enfin ceux qui les auraient marqués sans rien dire, et qui ne les auraient pas rectifiés devraient les démarquer.

2. Qu'il faut à propos faire usage des *fausses cartes*, c'est-à-dire celles qui ne tiennent à rien, qui n'ont par conséquent aucune valeur, et sont très-propres à jeter.

3. Songez toujours à jouer votre plus forte couleur, et n'oubliez-pas, lorsque vous avez beau jeu, de jouer *à rebours;* cette expression signifie jouer d'une manière opposée à celle qu'on observe ordinairement, exemple : si vous êtes fort en atout, et que vous procédiez comme si vous étiez faible, cela s'appelle *jouer à rebours.*

4. Il est bon de jouer à travers la couleur forte de votre adversaire, et jusqu'à la plus faible : jouez atout si vous en avez quatre ou cinq, et beau jeu d'ailleurs.

5. Quant aux séquences, choisissez-les de préférence : la tierce (séquence de trois cartes), la quatrième (séquence de quatre cartes), la quinte (séquence de cinq cartes) doivent être mises à profit ; la dernière est la plus avantageuse : elle se compose de l'as, du roi, de la dame, du valet et du dix de même couleur.

6. Répondez à l'invite de votre associé, et point à celle de vos adversaires.

7. Ne jouez pas, mais seulement voyez venir dans une couleur dont vous avez l'as et la dame.

8. Si vous doutez sur quelque coup, attachez-vous à faire la levée.

9. Quand vous jouez de petits atouts, commencez par le plus haut. Ne coupez pas une couleur lorsqu'il est présumable que votre partenaire y coupe. Si vous n'en avez que de cette sorte, placez-les dès que vous le pouvez.

10. Si vous n'avez qu'une seule carte d'une couleur, et deux ou trois petits atouts, jouez cette carte unique.

11. Ne forcez jamais vos adversaires avec une très bonne carte, à moins que vous n'en ayez une meilleure encore. Con-

servez, autant qu'il se peut, une carte supérieure, afin de rentrer en main, et de jouer votre forte couleur.

12. Quand votre partenaire joue, tâchez de lui conserver le commandement en main.

13. Conservez, le plus longtemps possible, l'atout que vous avez *tourné*, c'est-à-dire la carte de la retourne.

14. Si vous êtes faible en atouts, et que votre associé le soit également, prenez bien garde à la manière de vous défaire des principales cartes de la couleur de votre adversaire.

15. Lorsqu'il vous paraît que les adversaires ont encore trois ou quatre atouts, et que ni vous ni votre partenaire vous n'en avez point, gardez-vous de le forcer à couper et à se défaire d'une fausse carte; mais cherchez plutôt la couleur de votre partenaire si vous n'en avez point du tout, afin d'empêcher que les autres ne fassent leurs atouts séparément.

16. Jouez les séquences d'atout; les quintes par la plus basse carte, et les tierces ou quatrièmes par la plus haute.

17. Rappelez-vous que l'on donne la préférence aux couleurs dans lesquelles on porte des séquences, parce qu'elles sont les meilleures qu'on puisse jouer, et qu'elles font tenir la main dans d'autres.

18. Il faut tâcher de faire d'abord des levées quand on est faible en atout : on doit agir tout différemment en cas contraire.

19. Il convient de jouer une couleur dont on a l'as, dès qu'on a trois cartes de semblable couleur, à l'exception néanmoins des atouts.

20. Mais quand vous avez une couleur dont l'as est aussi dans votre jeu, gardez-vous de la jouer, si vous avez séquence ou quinte d'une autre couleur, parce que l'as viendrait au besoin au secours de cette couleur forte, et vous la ferait faire aussitôt que les atouts sont tombés.

21. Ne surcoupez point votre adversaire lorsque vous êtes faible en atouts; mais dès que vous y êtes fort, allez-y d'une fausse carte.

22. Si votre adversaire de droite entre par une couleur dont vous avez l'as, le roi et la dame, mettez l'as préférablement à cette dernière, parce que vous donnerez ainsi le change à votre adversaire, ce qui vous sera fort avantageux, même en induisant votre partenaire en erreur.

23. Déclarez votre couleur forte quand vous n'êtes fort que dans celle-là, et que vous faites atout pour pouvoir la passer ; mais si vous êtes fort dans plusieurs ou dans toutes, il n'est pas nécessaire de la *déclarer* ou *découvrir*.

24. Jouez dans la couleur où vous avez le roi, de préférence à celle où vous avez la dame, bien qu'elles soient composées de cartes égales pour le nombre et la valeur : la raison en est qu'il y a deux à parier contre un que l'adversaire de gauche ne porte point l'as, et bien plus encore qu'il le porte : si l'on jouait dans la couleur de la dame, on pourrait très probablement perdre cette carte, et jouer désavantageusement.

25. Quand vous portez les quatre meilleures cartes d'une couleur, jetez la meilleure, afin de faire connaître la situation de votre jeu à votre partenaire.

26. Si l'on tourne la dame à votre droite, et que vous ayez l'as, le dix et un atout, ou le roi à la place de l'as, laissez passer l'adversaire s'il entre à droite par un valet, parce qu'il est probable que vous ferez une levée, et que cette façon de jouer ne peut entraîner de perte.

27. Supposé qu'on ait joué quatre cartes, qu'on ait fait deux fois atout, et qu'il vous semble que votre partenaire n'en a pas de plus haut que le huit, bien qu'il en porte trois ; supposé encore que, lorsqu'il joue son troisième, son voisin mette le valet ; que le roi soit chez l'autre adversaire, et que vous portiez l'as et la dame d'atout, jouez la première de ces deux cartes, parce qu'il y a neuf à parier contre huit que le dernier joueur est porteur du roi ; et si vous réduisez le nombre de cartes à deux, il y aura à parier deux contre un en votre faveur que vous ferez tomber le roi avec votre as. On peut se servir, en pareille occasion, de cette méthode dans toutes les autres couleurs.

De la feinte. — C'est un moyen qu'un joueur exercé fait valoir pour son avantage, et que nous allons expliquer. Quand on vous joue une carte dans la couleur de laquelle vous avez la meilleure carte, et une inférieure à celle-ci, vous vous décidez à jouer l'inférieure, en courant le risque que l'adversaire la prenne d'une supérieure ; vous le faites, car si cela n'arrive pas, ou qu'il manque d'une carte supérieure, il y aura deux à parier contre un, à son préjudice, que vous ferez sûrement par là une levée.

De la navette. — On appelle *faire la navette*, quand chacun des associés coupe une couleur, et que chacun d'eux joue à son partenaire celle dans laquelle il coupe. C'est un coup fort avantageux.

De tenir le jeu (TENACE). — C'est quand on tient une couleur de laquelle on a, par exemple, la première et la troisième des meilleures cartes, lorsqu'on est dernier à jouer; on tient les adversaires en haleine lorsque cette couleur se trouve sur le tapis : comme par exemple, si on avait l'as et la dame d'une couleur, et que l'adversaire y jouât, on fait alors ces deux levées, et de même toutes les autres, quand même ce ne serait qu'avec des cartes inférieures.

Méthode facile pour aider la mémoire au whist.

1. Rangez chaque couleur comme il faut, dans votre main, les plus mauvaises cartes à gauche, et les meilleures à droite, dans leur ordre naturel : faites-en autant des atouts ou triomphes, que vous placerez à gauche de toutes les autres couleurs.

2. Si dans le cours du jeu vous vous apercevez que vous avez la meilleure carte qui reste dans une couleur, mettez-la à gauche de vos triomphes.

3. Si vous avez la meilleure carte, moins une bonne, d'une couleur dont il faille vous souvenir, mettez-la à la droite de vos triomphes.

4. Si vous avez la troisième bonne carte d'une couleur dont il faudra vous ressouvenir, mettez une petite carte de cette couleur entre les atouts, et cette troisième meilleure à la droite des triomphes.

5. Pour vous rappeler aisément de la première couleur dans laquelle votre partenaire est entré, posez-en une petite au milieu de vos atouts, si vous en avez plusieurs; et si vous n'en avez qu'un seul, à sa gauche.

6. Si vous donnez, mettez l'atout que vous avez tourné à la droite de tous les autres, et ne vous en défaites que le plus tard possible, afin que votre associé voyant que cette triomphe vous reste, puisse jouer en conséquence.

Moyen de savoir quand les adversaires renoncent dans une couleur, et de se rappeler dans laquelle.

Supposez que les couleurs que vous avez placées à droite

vous représentent vos adversaires dans l'ordre dans lequel ils se trouvent au jeu, à droite et à gauche : si vous soupçonnez que l'un d'eux renonce dans une couleur, mettez une petite carte de cette couleur parmi celles qui représentent cet adversaire ; par cette méthode vous vous rappellerez non-seulement qu'on a renoncé, mais encore qui a renoncé, et dans quelle couleur.

S'il arrivait que la couleur qui représente l'adversaire soit celle dans laquelle on a renoncé, changez-la contre une autre : mettez dans celle-ci, au milieu, une petite carte de la couleur-renonce ; si vous n'en avez point, mettez-en une autre à rebours, n'importe de quelle couleur, à l'exception seulement des carreaux.

Ayant trouvé le moyen de vous rappeler la couleur dans laquelle votre partenaire est entré le premier, vous pouvez de même vous remettre en mémoire celle de vos adversaires en mettant la couleur par laquelle ils sont entrés, à la place qui les représente à droite et à gauche ; en cas que vous eussiez déjà pris d'autres couleurs pour les représenter, changez-les contre les couleurs dans lesquelles chacun des adversaires est entré.

Il faut se servir de cette méthode lorsqu'il est plus important de se souvenir de la première entrée au jeu des adversaires, que de rechercher la couleur dans laquelle ils ont renoncé.

De la favorite. — On a imaginé, pour donner plus d'intérêt et d'activité au whist, de l'augmenter d'une couleur *favorite*, qui est fixée par celle de la retourne au commencement de chaque partie, et chaque fois que cette couleur est atout, tout double dans le cours de cette partie ; ainsi les trois honneurs, qui ne valent ordinairement que deux points, en valent quatre alors ; les quatre honneurs huit, et chaque levée se paie comme deux. Cette nouveauté rend, comme on le voit, le jeu plus vif et plus cher, puisqu'il est assez fréquent de gagner le robre en deux coups ; une levée et quatre honneurs faisant une partie, ainsi que trois levées et deux honneurs : de telle sorte que l'on peut facilement faire dix, douze et même quinze robres dans une soirée, tandis qu'ordinairement on n'en fait que quatre à cinq lorsqu'il n'y a point de favorite. Il est à présumer que cette modification a été introduite afin d'égaliser les moyens des joueurs, et de diminuer la supériorité de quelques-uns d'eux, car la favorite augmente les chances du hasard, et par conséquent diminue l'influence des combinaisons.

De l'enfilade. — S'il est ordinaire de finir un robre en deux coups, moyennant la nouveauté précédente, grâce à celle-ci, on peut le perdre ou le gagner en un seul coup : cette manière de jouer, que l'on nomme *enfilade*, consiste à transporter sur la partie suivante le nombre de points excédant les dix qui complètent la première partie. Ainsi, par exemple, si le parti qui est à huit, fait quatre points le coup suivant, comme il ne lui en faut que deux pour gagner la première partie, il en marque deux sur la seconde. En jouant à la fois la *favorite* et l'*enfilade*, on peut donc gagner le robre d'un seul coup, puisque six levées et quatre honneurs qui composent une partie ordinaire de dix points en font vingt à cette partie.

Quelquefois encore on paie à chaque coup les levées faites par le parti gagnant ; mais cet usage, ainsi que les modifications dont nous venons de traiter, sont purement de convention ; une société les admet, tandis qu'une autre les repousse. Avant de commencer le jeu, il faut toujours s'informer des usages de son partenaire, et ne les point ignorer ; voici pourquoi nous avons cru devoir expliquer ces deux additions au jeu de whist.

1°. *Le mort, ou whist à trois.* — Le *mort* suit les règles ordinaires du whist, si ce n'est que la carte de faveur ne marque là ni la place ni la donne, et qu'on ne s'y occupe pas de l'éloignement possible des partenaires après le tirage de ceux-ci, ou dans le cours du robre. Si ce n'est encore que, lorsque la donne est au *défendeur*, l'*assaillant* qui a coupé relève les cartes pour le coup suivant, et les place en face, à sa droite. On nomme *assaillants* les deux partenaires qui attaquent le mort. Leur concours et leur solidarité sont les mêmes qu'à la partie à quatre. Le défendeur n'ayant pas de partenaire, est libre de ses actions, sauf les règles et les convenances. Il manœuvre son jeu propre et le jeu du mort ; il joue d'entame, hors tour, tandis que les assaillants, qui jouent en temps utile, maintiennent la carte, ou commandent une couleur sur le coup.

Par une exception spéciale, le mort ne renonce pas, et ses fautes contre les règles ne peuvent entraîner une punition plus grave que la remise. Toutes les règles ordinaires reçoivent d'ailleurs une entière application.

2° *Le Short-Whist.* — On le nomme ainsi par opposition au long-whist, car c'est le whist mutilé, le whist coupé en deux ; le whist moins le chant, moins le chelem et moins la moitié de la partie ; le whist avec les honneurs devenus quatre cinquièmes, de quatre dixièmes qu'ils étaient primitivement ; avec les tricks en même proportion. La peine attachée à la renonce et la marque des honneurs seules ne subirent aucune diminution ; mais ces deux circonstances, dit M. Deschapelles, concernant les honneurs et la renonce, les seules qui s'opposassent à l'adoption du short-whist, avaient déjà reçu la sanction de l'expérience, puisqu'en favorite, quatre honneurs s'étaient marqués huit points, et la renonce six points, sans qu'on y eût fait grande attention. Les voies ainsi aplanies, le short-whist fut admis par acclamations.

Ainsi le short-whiste, plus facile à jouer, plus rapide surtout, a fait fortune, à cette époque où l'on n'agit, où l'on ne pense, où l'on ne s'amuse qu'en courant. Nous avons d'ailleurs peu de chose à en dire, puisque c'est exactement le whist en raccourci.

La partie se compose de cinq points : bredouille, elle est triple double, s'il est marqué ; et simple au-dessous du point de deux. Cela remplace l'article constitutionnel du long-whist. — La partie se compose de dix points : bredouille, elle est double et vaut trois fiches : double, s'il est marqué, et simple au-dessus du point de quatre. Ce parallèle achève de donner la mesure du short-whist.

Règles du Whist.

Celui qui coupe est tenu de le faire avec netteté, c'est-à-dire en bien détachant les cartes qu'il sépare du jeu, afin qu'il n'y ait pas confusion et que le donneur ne puisse pas avoir des doutes sur les cartes qui appartiennent à chacune des deux parties du jeu. Il est tenu encore de lever au moins quatre cartes en dessus, ou d'en laisser au moins quatre sur le tapis. Hors de ces conditions, la coupe est irrégulière, et tant que la retourne n'est pas faite, tout joueur a le droit d'exiger qu'on coupe de nouveau.

Le joueur qui donne ne peut ni regarder ni montrer par anticipation la carte à retourner. Il ne peut pas non plus mettre cette carte non retournée sur ses autres cartes, sous peine, dans l'un et l'autre cas, de perdre la main.

S'il y avait discussion pendant qu'il donne, ou sur le coup antérieur, ou sur la régularité de la coupe ou de la donne, il doit mettre cette carte à part sur le tapis, sans la retourner, jusqu'à ce que la question soit vidée.

La main passe si l'on s'aperçoit, après la donne, que les cartes ont été mal distribuées, et aussi, dans le cas où le partenaire de celui qui donne n'aurait pas, au moment où la retourne est montrée, arrangé et mis à sa place le jeu de cartes devant servir à son adversaire de droite pour la donne du coup suivant.

Le donneur ne perd pas la main, quand même il aurait fait mal donne, si l'un de ses adversaires a relevé ses cartes avant que l'atout soit retourné.

Le donneur recommence la distribution, s'il trouve dans son jeu une carte retournée, quand même ce serait la dernière. Si, en donnant, il retourne une carte par sa faute, les adversaires peuvent le faire recommencer. Il a lui-même le droit de recommencer, si c'est par la faute de l'un de ses adversaires que la carte a été retournée.

Dès que la dernière carte est retournée, toute discussion sur les coups précédents doit cesser, les joueurs doivent garder un profond silence, et toutes erreurs antérieures sont prescrites. Toute parole, tout geste, tout signe tendant à faire connaître son jeu, ou la force de la carte qu'on joue, ou bien à indiquer à son partenaire la carte ou la couleur à jouer sont punis de la perte de quatre points, et de l'étalage du jeu de délinquant. Il n'est pas même permis à un joueur, pendant le tour, de dire que la levée est à lui.

Tout joueur qui, en assemblant ses cartes, les place par paquets sur le tapis perd dix points.

Si un joueur a pris la donne avant son tour, il peut en être dessaisi tant que la distribution n'est pas achevée; mais la retourne vue, le tour lui est acquis, et la partie continue comme si l'ordre n'avait pas été interverti.

Il en est de même des jeux changés par mégarde; dès que la dernière carte est retournée, le jeu reste en possession du parti qui l'a pris durant toute la durée du robre.

Lorsqu'un joueur joue une carte, tandis que c'était à son partenaire à jouer le premier, ses adversaires peuvent ou maintenir la carte jouée, ou la faire étaler, ou bien exiger que le partenaire joue d'une couleur déterminée. Mais celui-ci est relevé de la peine, s'il n'a pas de cette couleur, et il joue la carte qu'il veut. Il en serait de même si ce joueur trop pressé avait pris le tour de l'un de ses adversaires, sauf que, dans ce cas, ceux-ci n'auraient pas le droit d'appeler la couleur de son partenaire.

Si l'on s'aperçoit de l'erreur avant que les quatre cartes soient jouées, on est à temps à la rectifier. Dans ce cas les cartes jouées sont reprises et étalées s'il n'y en a que deux; s'il y en a trois, la première seulement est étalée, et le coup recommence d'une manière régulière. Mais les quatre cartes étant jouées, le tour est valable, et le coup continue.

Lorsqu'un joueur jette sa carte après celle de son partenaire et sans attendre que son adversaire de droite ait joué, celui-ci a le droit de jouer le dernier.

Si un joueur a négligé de fournir sur une levée et reste ainsi avec une carte de trop, les adversaires sont en droit de maintenir le coup, ou d'exiger qu'il soit annulé, et ils prennent la main.

Lorsqu'un joueur, avant qu'il soit son tour de jouer, tire de son jeu, ou montre, ou laisse voir, n'importe comment, une carte de son jeu, ses adversaires ont le droit de la *commander* ou *appeler*; ce qui signifie que cette carte est étalée, et qu'alors, soit que l'on ait joué de la couleur de la carte vue, soit que la couleur jouée manque dans le jeu du joueur fautif, ses adversaires sont en droit d'exiger de lui qu'il jette, à leur choix, ou la carte vue, ou la plus haute ou la plus basse qu'il possède de cette couleur.

Si plusieurs cartes ont été vues, toutes peuvent être appelées de la même manière, chacune à son tour.

Le jeu tout entier d'un joueur qui en aurait laissé voir plus de la moitié serait étalé.

Dans aucun cas on ne peut commander au joueur fautif de renoncer s'il a dans la main une carte de la couleur jouée.

Une carte de la couleur vue ayant été commandée, la carte vue est libérée.

La commande doit se faire avant que l'adversaire de droite du joueur fautif ait joué.

Si c'est au joueur fautif à jouer le premier, il est tenu de provoquer la commande, sous peine, s'il ne le fait, d'être commandé aussi pour la carte qu'il aura jouée. Lorsque c'est le premier à jouer qui a tiré une carte de son jeu, les adversaires peuvent exiger qu'il joue cette carte; mais elle est libérée, si on la lui laisse remettre dans son jeu.

Dès qu'un tour est entamé, il est interdit de regarder les cartes des levées précédentes. Dans l'intervalle d'un tour à l'autre seulement il est permis de voir les huit dernières cartes jouées, et pas davantage. Tout joueur peut exiger que le premier à jouer lui en laisse le temps.

Il est interdit de renoncer, c'est-à-dire de jouer une carte d'une autre couleur lorsqu'on a en main de la couleur demandée. La coupe à faux est une renonce.

Par une renonce on encourt la perte de trois levées, ou de six points, de la manière suivante : ou bien six points sont retranchés de la marque du parti qui a renoncé, ou bien six points sont ajoutés à la marque de ses adversaires. De plus, quel que soit le nombre de points que les renonçants gagnent sur le coup, ils ne peuvent pas gagner la partie, ils ne dépassent pas huit points. Ils ne peuvent pas non plus compter le chelem qu'il gagneraient sur ce coup.

Les adversaires du parti qui a renoncé n'ont pas le droit de retrancher des points et d'en marquer en même temps. Quand même ils n'en retrancheraient que deux, ils ne pourraient pas en ajouter un seul à leur marque.

On n'a le droit d'exiger la vérification de la renonce que lorsque la levée est ôtée. Tant que la levée est sur jeu, le coup peut-être rectifié. Le partenaire du renonçant est admis à l'avertir, et celui-ci reconnaissant l'erreur, il retire sa carte et joue celle qu'il a de la couleur demandée, et le coup continue; mais la carte vue est étalée.

L'on peut vérifier la renonce sur le champ, ou bien mettre à part la levée suspectée, pour la vérification être faite à la fin du coup.

Les joueurs qui avaient jeté leur carte après le renonçant à faux peuvent la reprendre lorsque la renonce est rectifiée, mais celle de son partenaire, s'il avait joué, peut être appelée comme la sienne.

Si, lorsqu'on est arrivé à la treizième levée, un des joueurs soupçonne qu'il a été fait renonce, avant de jeter sa carte, pour ne pas perdre son droit, il peut demander que chacun abatte la sienne afin de pouvoir vérifier la chose.

Si un joueur averti par son adversaire persiste à faire une renonce, son parti perd la partie triple, quel que soit l'état de sa marque; il perd même le chelem, s'il n'avait pas fait de levée au moment de la renonce.

Si l'un des joueurs contre lesquels il y a réclamation, mêle les cartes, la renonce est censée constatée.

Dans le cas où il y aurait une ou plusieurs renonces de part et d'autre, le coup est annulé et recommencé.

Lorsque les points gagnés par la renonce font gain de partie à l'un des partis, l'autre a le droit d'exiger que le coup soit continué s'il espère faire assez de levées pour s'exempter de perdre la partie double ou triple. Si celui-ci ne l'exige pas, il suffit au premier d'abattre son jeu pour montrer qu'il n'y a pas eu de renonce de sa part, et la partie est gagnée pour lui.

Lorsqu'un joueur a indûment accusé une renonce, son parti ne peut pas gagner le chelem.

Tant que la levée n'est pas ôtée, pourvu que ce ne soit pas à l'un des adversaires de l'accusé à jouer la première carte de la levée suivante, lui et son partenaire peuvent abattre leur jeu, sans, pour cela, que la renonce soit consommée, et il peuvent encore demander que le coup soit rectifié. Mais si c'était au tour de l'un d'eux à jouer, en abattant leurs cartes, ils sont censés reconnaître la renonce comme consommée, quand même la levée serait encore sur jeu.

Dans l'un comme dans l'autre cas les cartes abattues sont étalées.

Est considérée comme renonce l'exécution infidèle d'une commande; comme de jouer une carte inférieure, lorsque la plus haute d'une couleur est appelée, etc.

Lorsque la coupe du coup suivant est faite, toute réclamation au sujet des renonces est comme une avenue.

L'on ne peut figurer le tableau sans la demande préalable de celui dont c'est le tour de jouer, sous peine de perdre deux points.

Lorsque les quatre cartes sont sur table, nul n'est admis à demander le tableau.

Les honneurs doivent être déclarés avant d'être marqués; s'ils n'ont pas été déclarés, les adversaires ont le droit de les faire démarquer dès que l'atout du coup suivant est retourné.

Lorsqu'un parti a marqué des points indûment, soit pour

honneurs, soit pour tricks, le parti contraire est en droit de les faire effacer, et d'en ajouter le même nombre à sa marque.

Une fois la retourne vue, les points du coup précédent omis ou oubliés ne peuvent plus être marqués. Mais s'il y a réclamation élevée à ce sujet durant la donne, le droit de revenir sur la marque ne se perd pas quand même le donneur retournerait la dernière carte.

Lorsqu'on joue avec un jeu faux, il n'y a d'annulé que le coup où l'on s'en aperçoit, tous les coups antérieurs sont bons et valables.

Sauf convention contraire les partenaires sont solidaires des fautes l'un de l'autre.

Si les rentrants ont changé les conditions établies par les premiers joueurs, les sortis peuvent, en reprenant le jeu, exiger qu'elles soient rétablies.

Comme aux joueurs eux-mêmes, il est interdit à la galerie de parler, de faire aucun geste, aucun signe. Elle ne peut donner aucun avis sans en être priée; sauf de rappeler les points oubliés, ce qu'elle peut faire d'office. Il n'est permis à aucun de ses membres de regarder deux jeux à la fois. Ces défenses pèsent plus spécialement sur ceux qui sont intéressés à la partie.

Les erreurs quant aux fiches reçues ou prises à la fin des parties, sont toujours rectifiables.

S'il arrive que, dans le cours de la partie, un joueur ait marqué moins de points que son partenaire, les adversaires peuvent exiger que celui-ci réduise sa marque au nombre du premier.

Règles des autres parties.

Dans la partie où les tricks se paient à part, chaque levée en sus des six, ou du *devoir*, vaut une fiche, qui doit être payée à chacun des gagnants à la fin de chaque coup.

Dans cette partie, le chelem se paie treize fiches.

A l'*enfilade*, les points d'excédant ne se reportent pas d'un robre à l'autre.

Au *whist à trois*, chacun des joueurs, dans l'ordre des cartes prises au tirage, en commençant par la plus basse, est à son tour le partenaire du mort. Celui-ci choisit les cartes et la place, et donne le premier en commençant pour le mort.

Les adversaires du mort prennent leur place sans avoir égard à la valeur de la carte prise par eux au tirage.

Le joueur placé à la gauche du mort entame le coup.

S'il arrive que le partenaire du mort omette de fournir à une levée, de sorte qu'il porte à la fin du coup une carte de plus que les autres joueurs, ses adversaires ont le droit de maintenir le coup ou de faire redonner. La même omission de la part du mort ne leur donne aucun droit.

Quand même le partenaire du mort laisserait voir des cartes de son jeu, les cartes ne seraient pas *étalées* : mais toute carte de son propre jeu ou de celui du mort qu'il a tirée ou jouée, ne peut être reprise par lui.

S'il joue hors tour, soit de son jeu, soit du jeu du mort, ses adversaires peuvent exiger, à leur choix, ou la rectification du coup ou le maintien de la carte jouée, pourvu que cette carte n'ait pas été par eux couverte.

En cas de renonce de la part du mort, il n'y a pas de punition; mais les adversaires peuvent exiger la rectification du coup tant que la levée n'est pas ôtée.

A la partie en *cinq points*, les partenaires qui arrivent à quatre sont au *puits*, c'est-à-dire qu'ils ne peuvent plus gagner par les honneurs, mais seulement par la levée.

A la partie en *quatre points*, les honneurs ne comptent jamais.

Voilà les règles générales auxquelles on doit se conformer toutes les fois qu'il n'y aura pas été dérogé par des conventions préalables.

Jeu de Tre-Sette ou Trois-Sept.

Passons d'un jeu britannique à un jeu espagnol. Le tresette, fort à la mode autrefois, fait ordinairement les délices des grand'mamans de bon ton; le nom de ce jeu provient de l'importance qu'il donne aux nombres sept et trois.

Ainsi que le boston et le whist, c'est un jeu de partenaires; on y joue à quatre personnes, qui forment deux associations: l'associé ou le partenaire d'un joueur se place vis-à-vis et non à côté de lui; par conséquent, chaque joueur se trouve entre ses deux adversaires.

Les tables à jouer ordinaires, les paniers de reversis servent à ce jeu; on convient en commençant de la valeur des fiches et des jetons. On emploie un jeu de cartes entier dont on supprime les huit, les neuf et les dix : il ne reste alors que quarante cartes.

Voici l'ordre des cartes au tre-sette : le trois est supérieur au deux ; le deux à l'as ; l'as au roi ; le roi à la dame ; la dame au valet ; le valet au sept ; le sept au six ; le six au cinq, et le cinq au quatre.

On fixe la durée du jeu à un certain nombre de coups ; on tire la donne au sort, et le donneur, après avoir fait couper à sa gauche, distribue en trois fois dix cartes à chaque joueur ; les deux premières fois il en donne trois et la dernière quatre, il peut aussi donner par quatre et puis par trois.

Des points. — Le tre-sette admet deux sortes de points : 1° *les points d'annonce* ; 2° *les points de jeu.* Les premiers sont les points qui se trouvent dans le jeu de chacun, immédiatement après la distribution des cartes, et d'après les coups particuliers de ce jeu. Les seconds proviennent des levées qu'on a faites en jouant, et du nombre ainsi que de l'ordre de ces levées.

Les points d'annonce doivent se compter après qu'on a joué la première carte, et chacun à son tour, en commençant comme à l'ordinaire à la droite du donneur ; il est défendu d'annoncer ou de fournir une carte avant l'ordre des places.

De la Napolitaine. — La réunion du trois, du deux et de l'as d'une même couleur, compose la napolitaine, qui se marque trois points d'annonce ; aussi, le joueur qui l'a, doit l'annoncer, la montrer et la marquer tout de suite après avoir jeté sa première carte. Si la napolitaine est accompagnée de cartes qui la suivent immédiatement, comme le roi, la dame, le valet, le sept, etc., on les montre également et l'on marque un point pour chacune. Lorsqu'on a trois trois, trois deux, trois as, on marque trois points ; et si l'on a trois sept, on en marque quatre, car on fait *tre-sette* ou *trois-sept.* Trois rois, trois dames, trois valets, trois six ou trois cinq, valent un point, et les trois six quelquefois en font compter un second.

Comptez les points de jeu de la manière suivante. Dans une levée, trois figures, de quelque couleur qu'elles soient, valent un point ; les trois et les deux comptent comme les figures et se mêlent avec elles ; l'as tout seul produit un point. Les autres cartes, depuis le sept jusqu'au quatre, se comptent uniquement dans l'annonce. La totalité des cartes donne dix points et deux figures ; la dernière levée fait seule un point. La partie se gagne, comme on le pense, au moyen des points d'annonce et des points de jeu ; il en faut vingt-et-un, et on obtient une fiche. Si les associés ont fait le nombre exigé avant que leurs adversaires en aient marqué onze, la partie est payée double par ces derniers.

Des parties d'honneur.

Il y en a de cinq diverses sortes : la *strammasette*, la *strammason*, la *callade*, le *calladon*, le *calladondrion*.

La *strammasette*. — Quand deux partenaires font ensemble les neuf premières levées, ils gagnent cette première partie d'honneur, sans même qu'il se trouve dans aucun un as, ou les trois figures nécessaires pour produire un point. Les gagnants reçoivent des adversaires trois fiches pour ce coup, et comptent en outre les points qu'ils ont dans leurs levées, afin de parvenir à la réunion de vingt-un points qui fait gagner la partie ordinaire.

Le *strammason*. — Quand un joueur fait seul, et sans l'aide de son partenaire, les neuf premières levées, telles qu'elles doivent être pour gagner par *strammasette*, il gagne par strammason, et reçoit six fiches pour ce coup.

La *callade*. — Si deux joueurs associés font ensemble toutes les levées, ils gagnent par callade et remportent quatre fiches.

Le *calladondrion*. — Le joueur qui, se trouvant le premier à jouer, peut montrer une *napolitaine dixième*, c'est-à-dire, suivie de sept cartes, gagne par calladondrion, et obtient seize fiches pour ce coup.

Lorsqu'on gagne par des points d'annonce seulement la partie, soit simple ou double, on ne peut conserver l'excédant de ses points pour la partie suivante ; mais quand on gagne par des points de jeu, on peut conserver, pour la partie suivante, les points qui excèdent le nombre de vingt-et-un.

On peut encore demander compte de l'annonce jusqu'à ce que la première levée soit couverte ; mais il est trop tard dès qu'on a joué même la première carte de la seconde levée.

On convient quelquefois de payer une partie simple pour les *trois sept*, et une partie double pour les quatre ; mais, si cette convention a été omise, les trois et quatre sept ne feront marquer que trois ou quatre points.

Manière de jouer les cartes. — Si vous êtes premier, et que vous ayez une napolitaine, commencez par l'as.

Avez-vous un trois avec le deux, et une ou deux petites cartes de la même couleur, de telle sorte que vous ne puissiez pas espérer de faire tomber là-dessus l'as et toutes les grosses cartes, jetez le deux afin d'avertir votre partenaire de prendre l'as en main s'il l'a troisième ou quatrième : il doit vous l'indiquer en se défaisant d'abord d'une petite carte, puis d'une grosse de même couleur : en mettant, par exemple, sur le deux un six ou un sept, et sur le trois un valet ou une dame; en cas qu'il n'ait pas l'as, il devra jeter sur le deux la plus forte de ses cartes.

Quand vous avez un trois cinquième par l'as, ou sixième par le roi, commencez par le trois : votre partenaire saura par ce moyen qu'il doit jouer le deux s'il l'a. Sinon, il y a lieu de croire que les adversaires le joueront, et toute la suite des cartes sera pour vous.

Au tre sette, il est d'usage de *faire une invite*, c'est-à-dire d'inviter, en jouant une carte, votre associé à jouer de la manière que vous lui indiquez ; il y a aussi la *fausse invite* dont je parlerai plus tard. On sent que ces deux expressions conviennent à tous les jeux de partenaires.

La plus forte des invites est de jouer le deux, parce que cela suppose qu'il vous reste l'as avec une grande suite. Votre associé, en ce cas, doit relever avec le trois, s'il l'a, et jouer dans la même couleur, pourvu néanmoins qu'il n'ait pas lui-même, dans une couleur différente, une napolitaine qu'il n'a pas pu accuser. En pareille circonstance, il lui faut d'abord jouer ses hautes cartes, et rentrer ensuite dans l'invite qu'on lui a faite, ou dans quelque autre indiquée précédemment par les cartes jouées.

Lorsqu'on joue une basse carte, comme un quatre, un cinq, un six, ou un sept, c'est une invite sur un trois, un deux ou un as. Afin d'y répondre, le partenaire prend la levée avec sa plus haute carte, et rejoue une autre carte inférieure, de semblable couleur.

Quand il s'empare de la carte jouée, et qu'il rejoue dans une autre couleur que celle que vous aviez désirée, cela s'appelle *faire une contre-invite*. Cette manière de jouer a lieu lorsqu'on a une suite de cartes qu'on suppose plus étendue que celle de son associé.

Si vous avez dans la main un ou deux trois, accompagnés seulement d'une ou deux figures, ou d'une ou deux petites cartes, ne faites point d'invite, attendu que votre partenaire venant à y répondre, et ayant une suite dans cette couleur, vous ne pourriez plus le remettre en jeu.

Si vous n'avez pas de quoi faire une bonne invite, c'est-à-dire, si vous n'avez pas un trois bien accompagné, ou un deux avec l'as, jouez une figure, tant pour connaître la couleur dominante du jeu de votre partenaire que pour lui procurer l'occasion de lever le deux de l'adversaire qui aura joué après vous.

Quand votre partenaire a annoncé trois trois et que vous n'avez pas une suite assez considérable pour faire une invite, vous devez jouer un deux, afin que votre adversaire le prenne si cela lui convient.

Toute carte qu'il joue, en cette situation est censée être une invite, et vous devez jouer en conséquence.

Si la première carte que joue votre associé est un roi, vous êtes conduit à lui croire l'as gardé, ou une suite considérable dans la même couleur ; car il jouerait mal en commençant par une figure dans une couleur où il n'aurait qu'une ou deux cartes.

Lorsqu'un joueur ne craint aucune des parties d'honneur ci-dessus expliquées, et que n'ayant nul moyen de faire une bonne invite, il se trouve avoir un roi ou une dame cinquième, il doit jouer une petite carte dans cette couleur, pour tâcher de faire enlever à ses adversaires un ou deux as. Voilà ce qui s'appelle *faire une fausse invite*.

Au résumé, il faut toujours commencer par les plus petites cartes, bien examiner son jeu après l'avoir reçu, afin de ne pas omettre de napolitaine et de réunion de trois ; être bien attentif à se rappeler toutes les cartes annoncées et montrées, toutes les invites qu'on a faites, toutes les cartes qui sont devenues rois par l'absence de ceux-ci, et en général tout ce qui a été joué.

Les couleurs n'ont aucune importance au tre-sette, et il n'y a point d'atout.

Jeu du Romestecq.

Le *romestecq*, jeu fort en usage dans la Basse-Normandie, mériterait d'être en honneur partout, car ses combinaisons demandent de l'intelligence, et procurent un amusement piquant et varié. Un peu difficile, il tire son nom de deux de ses termes réunis, *rome* et *stecq*.

Le nombre des joueurs est variable ; il peut être de deux, quatre ou six personnes. Si l'on est six, le joueur du milieu prend les cartes et les donne à couper à celui qui se trouve au milieu en face, pour savoir à qui fera ; car c'est, dit-on, à six fort avantageux de donner. Celui qui amène la plus haute carte peut mêler, ou ordonner à l'un des joueurs de le faire, si cela lui convient mieux. Lorsqu'on n'est que quatre, celui qui coupe la plus belle carte, donne, et il y a beaucoup d'avantage à être à sa droite, parce qu'on est le partenaire du donneur qui vous communique le jeu : ce premier en cartes marque ordinairement le jeu avec des jetons qu'il reçoit dans ce but. A défaut de jetons il se sert d'un crayon. Quand la partie est à deux, celui qui ne donne pas, marque.

Le donneur donne à chaque joueur cinq cartes par deux fois deux et une, ou bien par trois et deux, il n'importe, pourvu qu'on observe de donner toujours de la même manière. Que l'on soit deux, quatre ou six joueurs, le jeu dont on se sert n'a que trente-six cartes, c'est-à-dire, depuis les rois jusqu'aux six. Il n'y a point de *triomphe* ou d'*atout* au romestecq, et le talon reste sur le tapis sans qu'on y touche.

Le nombre des points dont se compose la partie est égal à celui des cartes ; trente-six, lorsqu'on est six joueurs ; à deux ou à quatre elle est de vingt-et-un ; au reste, cela est de convention, ainsi que la valeur de la partie.

Quant à la valeur des cartes, elle est comme à l'ordinaire, sauf deux exceptions : la première est que l'as étant la principale carte du jeu, enlève toutes les autres ; la seconde, c'est que l'ordre de la couleur détermine la valeur des cartes ; c'est-à-dire, que pour qu'une carte supérieure enlève une inférieure, il faut qu'elle soit de couleur semblable ; car autrement, si l'inférieure est jetée la première sur le tapis, elle enlève la supérieure : cela doit être puisqu'il n'y a point d'atout pour couper.

Le *romestecq* a plusieurs termes assez bizarres dont, avant d'aller plus avant, je vais donner l'explication ; ces termes sont : le *virlique*, le *double ningre*, le *triche*, le *village*, la *double-rome*, la *rome* et le *stecq*. Ces deux derniers forment le nom du jeu.

Le *virlique*. — Lorsque d'emblée il arrive en main à un

joueur quatre as, ou quatre rois, ou quatre autres cartes quelconques, le *virlique* a lieu et fait gagner la partie ; si plusieurs joueurs ont des virliques, les plus hautes cartes l'emportent.

Le *double ningre*. — Ce coup se compose de deux as avec deux rois, ou de deux as avec deux dix, et ainsi des autres quatre cartes de deux façons, réunies d'emblée dans la même main ; il vaut trois points quand on ne le *gruge* pas, c'est-à-dire, si la partie adverse ne peut le lever.

Le *triche*. — C'est la réunion de trois as, trois rois, trois dames, trois valets ou autres cartes inférieures ; le triche d'as ou de rois vaut trois points, s'il n'est point grugé : d'autres cartes, il n'en compte que deux.

Le *village*. — Assez singulier, ce coup exige deux dames et deux valets de même couleur ; par exemple, si les dames sont de trèfle et de carreau, il faut que les valets soient de couleurs pareilles ; ainsi des neuf et des dix, des sept et des huit et autres cartes plus basses ; si les couleurs se contrarient, le village est détruit ; s'il est bon, il vaut deux points à son possesseur.

La *double rome*. — Deux as ou deux rois venus d'emblée composent ce coup, qui se paie deux points : si les as ou rois ne sont point grugés, il en vaut quatre.

La *rome*. — Deux valets, deux dix ou deux neuf, ou deux autres cartes d'une même espèce, font la rome qui produit un point au joueur qui l'a.

Le *stecq*. — Est une marque qu'on efface pour celui qui fait la dernière levée.

Une chose particulière à ce jeu, c'est que les cartes ne doivent pas, lorsqu'on les jette sur le tapis, être nommées par des noms propres, comme roi, dame, etc. Ainsi, par exemple, si vous jouez les cartes du second coup, composé d'un as de cœur et d'un as de pique, d'un roi de trèfle et d'un roi de carreau, au lieu de les désigner ainsi, il faut dire en jetant une de ces cartes : *double ningre, pièce de ningre*, etc., et de même pour les autres coups, *pièce de virlique, pièce de village, pièce de double rome*, etc. On perdrait la partie pour avoir oublié seulement ces noms.

La marche du jeu se conçoit maintenant : commencer par bien examiner son jeu pour voir si l'on a quelques coups ; jouer à son tour en les annonçant à mesure qu'on jette les cartes ; faire attention à pouvoir fournir de la couleur jouée, ou, à son défaut, jeter les plus basses cartes, et prendre garde que celles des coups ne soient pas grugées ; tâcher en même temps de faire le plus de levées possible, et prendre garde surtout de faire *stecq*, c'est-à-dire la dernière, qui, à nombre égal de levées, détermine le gain : voici ce qu'il faut pour réussir au romestecq.

Le premier en carte marque pour tous les joueurs à mesure qu'ils annoncent un coup, ou pour mieux dire, il efface, car il a commencé par marquer les trente-six ou vingt-et-un points de la partie ; et quand l'un des joueurs a fait le nombre convenu, il a gagné.

Jeu de la Sizette.

Passant de la Normandie dans les départements voisins, en allant vers le nord, nous y trouverons le jeu de la sizette, ainsi nommé parce qu'on y joue six personnes, qu'on y fait usage d'un jeu de trente-six cartes, dont le roi est la plus haute, et le six est la plus basse, et que chaque joueur y reçoit six cartes. C'est ordinairement le jeu des personnes âgées, parce qu'il exige beaucoup de calme et d'attention : je crois néanmoins qu'il pourrait plaire à de plus jeunes joueurs.

Comme il est fort avantageux d'être le premier à jouer, on tire au sort à qui fera : celui qui tire la plus haute carte commande à son voisin de droite de mêler.

Le donneur doit commencer par la droite sa distribution.

Ainsi que je l'ai dit plus haut, chacun doit recevoir six cartes, et ces six cartes doivent être toujours données par deux fois trois : le donneur tourne la dernière qui sert à marquer l'atout ; elle lui appartient nécessairement, et il la remet dans son jeu, ou la prend pour la jouer lorsqu'il le juge à propos.

Les six joueurs jouent trois contre trois, et la sizette par conséquent doit être rangée parmi les jeux de partenaires ; on y est placé alternativement, c'est-à-dire, de telle sorte qu'il ne se trouve pas l'un près de l'autre deux joueurs du même parti. Ceux qui sont premiers à jouer sont dits *avoir la main*, et c'est parmi eux que l'on choisit le *gouverneur* du jeu.

Quand les cartes sont distribuées et que la dernière est retournée, chacun examine attentivement son jeu, et le gouverneur demande à chacun ce qu'il a ; et dès qu'il est informé de leur jeu, il fait jouer le premier en cartes par celle qui lui convient : supposons que ce soit un trèfle.

Cette carte jetée, les joueurs du parti contraire, qui n'ont encore rien dit du jeu, se demandent l'un à l'autre l'état de leur jeu, ou le disent à leur gouverneur, qui agit comme celui de l'autre parti ; après qu'ils ont fait leurs conventions, le joueur qui doit jouer, met du trèfle s'il en a, ou coupe d'atout s'il n'a pas de trèfle, et qu'il le juge à propos ; car si l'on manque de cette couleur, on n'est pas obligé de couper, même en le pouvant, et soit que la levée appartienne à ses adversaires ou à ses amis.

La partie se nomme *le jeu :* il est gagné par ceux qui font plus tôt trois levées ; il se paie double quand on les fait toutes six. Celui qui renonce perd deux jeux ; le jeu de renonce ne se jouant pas, on jette les cartes et l'on redonne, comme si le jeu avait été joué ; le joueur de renonce paie à celui qui a commencé à jeter la carte.

Souvent deux joueurs préfèrent étaler leur jeu sur la table, plutôt que d'en faire le détail ; en ce cas, il faut nécessairement que le troisième (le gouverneur) les imite.

On ne peut changer de place pendant une partie, ni même pendant plusieurs liées. Si l'un des trois joueurs fait quelque faute, tous les autres du même parti la supportent. Quand ceux qui font des fautes n'ont pas de points à démarquer pour ces erreurs, les adversaires les marquent pour eux-mêmes.

L'habileté du gouverneur consiste à connaître le jeu de ses partenaires, sans néanmoins le leur faire expliquer trop ouvertement, et à savoir également quel est le jeu des adversaires, d'après les détails imparfaits et laconiques que les uns et les autres donnent ordinairement. Quant aux joueurs, leur adresse consiste tout entière à déclarer leur jeu de manière à le faire connaître à leur gouverneur respectif, sans trop se dévoiler à leurs adversaires : ils doivent répondre seulement et brièvement aux questions de leur chef, sans expliquer leurs renonces et les autres ressources du jeu.

Jeu de la Comète.

Le boston a détrôné ce jeu, qui naguère était en grande faveur dans les meilleures sociétés. Malgré l'oubli où il est tombé, je vais en donner les détails.

Ce jeu, fort compliqué, exige à la fois de l'intelligence et de la mémoire ; on y emploie deux jeux entiers dont on a ôté les as, et chaque jeu se trouve réduit à quarante-huit cartes. De ces quarante-huit cartes il y en a quarante-sept noires dans un jeu, et quarante-sept rouges dans l'autre. On ajoute aux premières un *neuf* rouge, et aux dernières, un *neuf* noir ; ces deux cartes sont la *comète*.

On joue ordinairement à deux à ce jeu, mais on peut aussi y jouer trois, quatre et cinq. Les comptes se font avec des fiches et des jetons qui ont une valeur convenue ; la partie ordinaire est composée de douze rois, ou tours : chaque roi comprend deux *ides*, et chaque ide, deux coups.

On donne une fois par ide en changeant le donneur : les cartes sont données par trois, au nombre de dix-huit.

Les cartes se jouent comme au *hoc*, au *poque*, au *nain jaune*, etc. ; on fait valoir et on change la *comète* comme on fait pour les *poques* ; elle a le privilége de faire *hoc* partout.

Si un joueur file toutes ses cartes sans interruption depuis la première jusqu'à la dernière, il fait *opéra*. La comète simple se paie deux jetons au joueur qui l'a dans son jeu, et qui l'emploie avant d'avoir jeté toutes ses autres cartes : dans la même circonstance elle se paie double, triple, quadruple, quintuple, si elle est restée deux fois, trois fois, quatre fois, cinq fois, etc., dans le talon ; alors si vous faites *opéra*, on multiplie autant de fois les paiements que nous avons dit devoir être faits, selon les fois qu'elle est restée précédemment au talon.

Quand un joueur a cartes blanches, il compte cinquante points, et même cent s'il a la *comète*, et empêche par là que l'autre ne puisse faire l'opéra.

On nomme *queue* la totalité des jetons que dans le cours de la partie on a mis aux paris des placements de la comète. Le joueur qui, à la fin, gagne le plus, emporte la queue.

Jeu de l'Impériale.

On croit qu'un empereur, que l'on se dispense de nommer, mit en vogue ce jeu auquel il donna son nom : cette assertion est bien vague, mais heureusement elle importe peu aux joueurs, qui s'inquiètent beaucoup plus qu'un jeu leur apporte du plaisir, et surtout du gain, qu'une étymologie fondée.

JEU DE L'IMPÉRIALE.

On joue ordinairement à deux à l'impériale ; si l'on veut être trois, il faut nécessairement admettre les six dans le jeu de piquet dont on fait usage ; mais l'on joue très rarement de cette dernière façon.

Avant de commencer, l'on détermine la valeur du jeu et le nombre d'impériales qui composera la partie ; la convention est tout à fait libre, quoique assez communément on se décide pour cinq impériales. Le donneur est tiré au sort, car il est avantageux de l'être.

Le donneur, après avoir bien mêlé les cartes, donne alternativement à son adversaire et à lui-même douze cartes, par trois à trois, ou quatre à quatre ; il tourne ensuite la carte qui suit dessus le talon (la vingt-cinquième) et la laisse dessus : cette carte, nommée la *retourne*, marque la *triomphe* ou l'atout. Souvent, lorsqu'il tourne d'un as ou d'un roi, le donneur peut les prendre, pourvu qu'il ait le sept de même couleur, qui lui sert à remplacer cette retourne. Qu'il ait ou non ce privilége, il marque un point pour la retourne dans ces deux cas.

Chaque joueur a cinq jetons qui lui servent à marquer. Lorsqu'on n'a pas déterminé le nombre des impériales, et que par conséquent la partie n'est point liée de cette manière, c'est celui qui a plus tôt fait passer ses jetons de sa gauche à sa droite, qui gagne.

Mais si l'on est convenu de jouer à un certain nombre d'impériales, on place au bout de la table, à l'opposite du donneur, un panier rond ou corbillon rempli de fiches et de jetons qui serviront à marquer le jeu. Quatre points se marquent avec un jeton, et ainsi de suite, toujours un jeton par chaque fois quatre points, jusqu'à ce qu'on en ait six de marqués ; car alors on échange les six jetons contre une fiche qui vaut vingt-quatre points ; cette fiche est dite *impériale*, parce que chaque impériale vaut un nombre égal. Lorsqu'on a autant de fiches que l'on doit avoir d'impériales, d'après la convention, on a gagné la mise ou l'enjeu, qui se fait en argent, et se place au milieu de la table ou dans le coin opposé au corbillon.

Les cartes ont leur valeur ordinaire : le roi est la première de toutes, et le six (si l'on joue à trois) la dernière. Dans ce dernier cas, il n'y a point de talon ; la dernière carte du jeu sert à faire la retourne.

Dès que les cartes sont données, chacun des joueurs examine attentivement son jeu : il en a besoin, car il lui faut en peu d'instants voir s'il a le *point*, et les deux sortes d'*impériales ordinaires*, plus l'*impériale tournée* et l'*impériale tombée*; mais ces deux dernières arrivent fort rarement, et fort rarement aussi sont admises.

On s'occupe d'abord du point, c'est-à-dire on assemble la couleur dont on a le plus de cartes, on en compte les points, à raison de dix par figure; les autres cartes valent les points qu'elles représentent. Les deux joueurs agissent de même et de concert, mais le donneur se tait ; c'est à l'autre à dire *point de tant*. Si le premier a un point inférieur, il répond, *il est bon*, s'il en a un de valeur égale, il dit *primauté*, ce qui indique que son adversaire l'emporte sur lui; mais cette règle n'est point générale, car il arrive souvent qu'en cas de point égal, ni l'un ni l'autre ne le marque ; enfin, si le donneur a un point supérieur, il pare celui de son adversaire, en disant *ne vaut pas*. Il faut détacher son point de son jeu et le montrer sur la table lorsqu'on est prêt de le marquer. Le point compte quatre points ou un jeton, que l'on place à droite.

Il est important, avant d'accuser son point, de regarder si l'on a quelque impériale ; car il faut la montrer auparavant, ou même simultanément, en disant *impériale et le point* ; car plus tard elle n'aurait aucune valeur. Quelle que soit son espèce, chaque impériale vaut vingt-quatre points.

Première impériale. — La première espèce d'impériale, et la plus avantageuse à cause des levées qu'elle produit, est le roi, la dame, le valet et l'as d'une même couleur.

Deuxième impériale. — La seconde se forme de quatre rois, ou quatre dames, ou quatre valets, ou quatre sept. Lorsqu'on joue à trois et que les six sont au nombre des cartes, il y a l'impériale des quatre six.

Comme il peut arriver que l'on ait ces deux sortes d'impériales, il faut jeter les yeux sur toutes ces cartes pour ne point omettre de faire jouer à quelques unes d'entre elles un double rôle ; ainsi, je suppose que l'on ait la première impériale en cœur, et trois autres as : l'as de cœur qui sert à la première impériale peut servir aussi pour la seconde.

Impériale tournée. — Cette impériale n'appartient qu'au donneur. Lorsqu'il tourne une des cartes qui servent à former la première sorte d'impériale, et qu'il a dans son jeu les trois autres cartes de la tourne, il prend cette tourne et en compose une impériale. Ainsi, par exemple, si j'ai la dame, le valet, l'as et le sept de trèfle, et que le roi de trèfle retourne, je prends ce roi et je complète l'impériale. Si encore j'ai dans mon jeu les dames de pique, cœur et trèfle, et que la dame de carreau retourne, j'ai la liberté de prendre cette dernière pour achever mon impériale : ce privilége est quelquefois commun aux deux joueurs ; cela dépend de la convention faite entre eux.

Impériale tombée. — Cette impériale, la plus rare de toutes, et qui n'a lieu qu'en atout, arrive lorsqu'ayant le roi, la dame et les autres triomphes, on gagne par les levées les autres cartes qui sont nécessaires pour former l'impériale de la première espèce. Quelquefois les joueurs conviennent que l'impériale d'atout sera payée double ; mais ce qui a toujours lieu, c'est qu'il est inutile de jouer contre celui qui a une telle impériale et le point, parce qu'on est sûr qu'il aura toutes les levées ; il peut les compter à l'avance en étalant son jeu ; il marque, et chacun remet au talon ses cartes sans avoir joué.

Les impériales et le point comptés et marqués, le premier en cartes joue telle carte qu'il juge à propos. Son adversaire est obligé de fournir de la même couleur, s'il en a : son intérêt est de prendre, afin de jouer ensuite la couleur qui lui convient : quand on manque de la couleur jouée, on coupe avec l'atout. Si l'on commence à jouer atout, l'adversaire est obligé d'en mettre ; aussi le joueur fort en atout les jette-t-il tous, et tout de suite, afin d'user les légers atouts de l'autre joueur, qui à la fin ne pouvant plus couper, lorsqu'il lui sera joué une couleur quelconque, est obligé, lorsqu'il n'a pas de cette couleur, d'en mettre une autre, et de voir que ses rois et ses dames sont enlevés de cette façon par les plus basses cartes de son adversaire, qui a su se ménager la main. Lorsque toutes les cartes sont jouées, chacun compte ce qu'il a de levées : celui qui en a le plus compte quatre points pour chaque levée qu'il a en sus des six qu'il doit avoir.

Il n'est pas rare de voir, surtout quand le point est fort, qu'il contient une impériale, et qu'il est premier à jouer, le joueur laisser ses cartes sur table, et les jeter l'une après l'autre : je n'aime guère cette méthode, car elle semble narguer l'autre joueur.

Lorsque le jeu est à trois, le premier en cartes est toujours obligé de commencer par un atout; du reste, le jeu est absolument le même, si ce n'est que les six comptent dans l'impériale de la première espèce, et la rendent un peu plus difficile à faire.

Des honneurs. — Le jeu de l'impériale a des cartes qui portent le nom d'*honneurs*. Pour un jeu de trente-deux cartes, les honneurs sont le roi, la dame, le valet, l'as et le sept, et pour un jeu de trente-six, on ajoute le six à ces cartes. On voit qu'une impériale de la première sorte est la réunion des honneurs.

Le donneur qui tourne un des honneurs marque un jeton; le joueur qui coupe avec l'un des honneurs de triomphe, ou qui en commençant à les jouer fait la levée, marque autant de jetons, qui valent chacun quatre points, qu'il a levé par ses honneurs. Mais quand vous jouez un honneur qu'emporte un honneur plus fort, ou que cet honneur de plus grande force vous oblige à mettre un honneur plus faible, comme la dame sur le roi, ou le valet sur la dame, etc., le joueur qui a saisi votre faible honneur avec son plus fort, les compte tous les deux pour lui, et vous n'avez rien. Pour esquiver ce coup, il ne vous est pas permis de refuser un honneur, quand on vous en joue. La renonce serait déloyale et sans profit, car elle se découvrirait à l'instant.

Lorsque les levées sont égales, le premier en cartes compte pour sa primauté; mais plus communément on ne compte ni l'un ni l'autre.

Voici quels sont les différents points que l'on compte, et qui, assemblés, composent une fiche ou une impériale : ces points peuvent être effacés lorsqu'ils sont au-dessus de vingt-quatre ou de six jetons. Par exemple, si l'un des joueurs avait, du coup précédent, vingt points ou moins, et que son adversaire eût une impériale en main, ou retournée, lorsqu'elles ont lieu, ce dernier rendrait nuls les vingt points de l'autre, qui serait obligé de démarquer; tout en l'obligeant ainsi de démarquer, il ne démarquerait point lui-même, à moins que son adversaire, se trouvant aussi une impériale en main, l'obligeât d'effacer également ses points antérieurs, s'ils étaient au-dessous de vingt. C'est ainsi que les parties se prolongent, tout en rendant le jeu vif, piquant, et le semant de retours variés. En commençant à marquer la première impériale de six jetons assemblés, on efface également le nombre inférieur de points que peut avoir l'adversaire. La partie dure jusqu'à ce qu'un des deux joueurs ait fait la quantité d'impériales ou de fiches à laquelle est fixée la partie.

Voici l'ordre à suivre pour compter : la retourne d'abord, puis les impériales que l'on a en main, ou de la tourne, puis le point ; les honneurs viennent après sur les levées qu'elles font faire, puis enfin le surplus des levées.

Lorsqu'il n'y a plus qu'un ou plusieurs points pour finir la partie, la tourne est reçue à la terminer plutôt qu'une impériale en main, celle-ci plutôt que l'impériale tournée ; ce dernier coup est reçu plutôt que le point, le point plutôt que l'impériale tombée, et cette impériale est reçue plutôt que les honneurs, enfin les honneurs sont reçus plutôt que les cartes, qui sont les derniers points du jeu.

Jeu du Vingt-Quatre.

C'est un joli jeu dérivé de l'impériale, dont il suit presque entièrement les règles : la principale différence est qu'à ce jeu on peut jouer jusqu'à cinq joueurs et que la retourne prend le nom de *virade*.

Quand on est deux personnes au *vingt-quatre*, on prend un jeu de cartes depuis les rois jusqu'aux cinq. Est-on trois, on ajoute les quatre ; quatre joueurs, on ajoute encore les trois ; et cinq, les deux.

Dans tous les cas, les joueurs reçoivent douze cartes chacun. Les cartes ont leur valeur ordinaire ; l'as, comme à l'impériale, ne vaut qu'un point.

Il y a au vingt-quatre, le *jeu de points* et le *jeu de figures* alternativement. Ainsi, en commençant la première partie par le jeu de figures, la seconde aura le jeu de points ; mais c'est ordinairement de convention, quoique pourtant il est plus ordinaire de commencer par le jeu de figures : il est important au reste d'en convenir, car au jeu de points, l'as, le deux, le trois, le quatre et le cinq (et si l'on n'est que deux, le six, et le sept), se comptent à la virade ; tandis qu'au jeu de figures, c'est le roi, la dame, le valet, le dix et le neuf qui ont le privilége de compter. Cette disposition amène fréquemment des contrariétés piquantes. Quand on est au jeu de points, la virade est d'une dame, ou autre carte analogue ; vient-on au jeu de figures, la virade arrive d'un as, ou autre petite carte.

Les impériales sont de deux sortes : ou quatre rois, quatre

dames, quatre as, etc, ou la réunion, sans interruption, des principales cartes de semblable couleur ; dans ce dernier cas, les impériales sont au moins de cinq cartes; elles sont préférables de six, et sont encore meilleures de sept et plus ; ainsi toujours en augmentant : elles s'emportent comme au piquet par la force des cartes. S'il y a concurrence, la couleur de la virade ou de l'atout l'emporte ; autrement la préférence est au joueur qui a la main.

Le point et les marquants, soit impériales, ou cartes que fait valoir la virade, se comptent chacun pour quatre points, ou un jeton, et sont marqués en faveur de celui qui les obtient. Les levées excédant le nombre de six se marquent ainsi qu'à l'impériale; le joueur qui a plus tôt acquis vingt-quatre points, gagne la partie et recueille ce qu'on a mis au jeu. Il est inutile d'ajouter que c'est de ce nombre vingt-quatre que ce genre d'impériale tire son nom.

Jeu du Quarante de Rois.

Le nombre de points que produit le coup principal du jeu en a fourni le titre. Ce jeu, assez peu connu, mais intéressant, est à partenaires, car il se joue entre quatre personnes, associées deux à deux.

On se sert pour le quarante de rois d'un piquet ; les cartes ont leur valeur ordinaire; la plus haute est le roi, et la plus basse, le sept.

Les associations s'indiquent par le sort : nous avons déjà donné la manière de les obtenir, mais en voici encore une autre, spécialement propre à ce jeu. Les cartes mêlées et coupées, un des joueurs les retourne et les jette l'une après l'autre devant chaque joueur, jusqu'à ce qu'il ait paru un roi; alors on s'abstient de continuer à jeter des cartes devant la personne à laquelle le roi est échu, mais on en jette devant les autres joueurs, jusqu'à ce qu'ils aient chacun un roi. Cette manœuvre terminée, les deux possesseurs des rois rouges sont partenaires l'un de l'autre, et ceux qui se trouvent avoir les rois noirs deviennent leurs adversaires. Si le hasard voulait que les mêmes joueurs eussent les quatre rois, on réunirait alors ces rois, et, en les tournant du côté blanc, on les ferait tirer aux quatre joueurs.

Les associés convenablement placés, et le sort ayant désigné le donneur, on fixe le prix de la partie, et l'on convient ordinairement que le gain en exigera cent cinquante points ; toutefois, ce nombre peut être augmenté ou diminué, à la volonté des joueurs. Il est assez d'usage que les associés restent ensemble jusqu'à ce qu'un des deux partis ait gagné et donné la revanche.

Le donneur distribue huit cartes à chacun, par une fois deux, et deux fois trois, ou deux fois trois et une fois deux : cet ordre étant adopté, ne doit plus être interverti. Le donneur termine par retourner la dernière carte qui lui appartient, et qui marque l'atout. Cette carte doit rester sur le tapis, jusqu'à ce que le donneur parvienne à son tour de jouer.

La parole appartient successivement à tous les joueurs, en commençant par la droite du donneur. Ainsi, avant de jouer, chacun doit annoncer les *marquants* de son jeu, car aussitôt qu'on a joué une carte, ce qui a été oublié est perdu.

Des cliques. — Les marquants à annoncer sont ce que l'on nomme les *cliques*; elles consistent en trois ou quatre valets, trois ou quatre dames, et trois ou quatre rois ; mais il n'y a à chaque coup qu'une seule de ces cliques qui puisse être valable et produire des points. Trois valets peuvent être infirmés par trois dames; trois dames, sinfirmées par trois rois; trois rois, infirmés par quatre valets ou quatre dames ; et quatre dames, infirmées par quatre rois, qui forment le *quarante de rois*. Ainsi, par exemple, si le premier joueur dit, *trois valets*, et que le second ait trois dames ou rois, il répond : *cela ne vaut pas*. La parole passe ainsi à tous les partenaires, et celui qui a la clique supérieure marque les points qu'elle fait compter. Ces points sont de six pour trois valets, reconnus bons; de huit pour trois dames; de dix pour trois rois; de treize pour quatre valets; de vingt pour quatre dames, et de quarante pour quatre rois.

Après avoir annoncé et marqué sa clique, s'il en a une, le premier à jouer jette la carte qui lui plaît ; le joueur suivant fournit de la couleur jouée, s'il le peut, mais il n'est pas obligé de forcer : il peut d'ailleurs renoncer pour couper et pour surcouper. L'objet que doivent se proposer les associés, est de réunir dans les levées qu'ils font l'un et l'autre, le plus de figures possible, parce qu'il n'y a que les figures qui produisent les points. Un roi en vaut cinq, une dame quatre, et un valet trois. Il s'ensuit donc qu'à chaque coup de la partie il y a quarante-huit points à gagner en jouant, sans compter les points de la clique reconnue valable.

JEUX DE CALCUL.

Un principe de rigueur, c'est que les partenaires doivent se favoriser mutuellement : ainsi, quand l'un a connaissance qu'une levée où se trouve déjà une figure peut être prise par son associé, il doit, selon les circonstances, ajouter à cette levée une autre figure, par préférence à une basse carte qui ne compte pas.

Le coup étant joué, les partenaires réunissent leurs levées, et comptent les points qu'elles contiennent, puis les ajoutent aux points marqués précédemment.

Lorsqu'on sait que son associé a des rois dans son jeu, ou qu'on en a soi-même, on doit s'efforcer de faire tomber les atouts, afin qu'il n'en reste plus pour couper les rois lorsqu'on viendra à les jouer.

Par le même motif, les adversaires doivent éviter de jouer leurs atouts, afin d'en conserver pour couper les rois des autres joueurs.

Jeu du Médiateur.

Grâce au whist qui l'a remplacé, le médiateur n'est plus en usage : mais ce n'est point une raison pour l'omettre; car il peut à son tour, et bientôt peut-être, remplacer le whist.

Ce jeu, qui ressemble à la fois au *boston*, à l'*hombre*, au *pique-medrille* ou *maryland*, à la *bête-ombrée* et autres jeux de renvi et de combinaison, se joue entre quatre personnes avec un jeu entier, dont on supprime les dix, les neuf et les huit.

L'enjeu se nomme *prise*, et contient ordinairement dix contrats, vingt fiches et dix jetons, renfermés dans un panier ayant la forme d'un carré long. Les places se tirent au sort comme à la bouillotte; il y a, comme au maryland, la couleur de *préférence* ou *favorite*. Les *poulans*, les *matadors supérieures*, les *matadors surnuméraires*, les *faux matadors*, la *parole*, le *sans prendre*, les *renvis successifs*, les *bêtes*, l'action de *codiller*, d'*être en cheville*, le *nom* et la *fonction* de l'hombre, *son association*, ses risques et ses gains; la manière de *coster*, et de *se défausser*, la *vole* [*] entreprise faite ou manquée, les *tours doubles*, etc.; tout est semblable à ce que nous avons dit aux jeux précédemment décrits, principalement au *quintille* et au *pique-medrille*. Ce qu'il y a de particulier au *médiateur*, c'est que ce mot exprime une manière de jouer, laquelle consiste dans l'obligation que contracte

---

[*] Voyez plus bas.

l'*hombre*, de faire six levées seul, mais avec le secours du roi qu'on lui donne en échange d'une autre carte et d'une fiche. On dit *demander en médiateur* ; il y a aussi la *demande simple* ou la *demande de permission*, par laquelle l'hombre annonce qu'il n'a pas un jeu suffisant pour faire seul les six levées de rigueur, et réclame le secours d'un partenaire. Le *médiateur* se paie quatorze jetons par chaque joueur, et le double en couleur favorite. S'il est manqué, il perd autant que ce qu'il aurait gagné s'il eût réussi. Toutes les bêtes appartiennent aussi au médiateur gagnant. Les dix levées composent la vole. (*Voyez*, au reste, tous les jeux nommés ci-dessus.)

Jeu de Maryland.

C'est le jeu de boston, à quelques légères différences près; par exemple, on nomme *favorite* la couleur en *belle* ou *petite*, avec laquelle on joue le boston : le sort la désigne ordinairement. La *surfavorite* est une couleur que le sort a désignée en commençant la partie, pour, en cas de concurrence réciproque, être préférée à la favorite.

Jeu triple de la Belle, du Flux et du Trente et un.

On peut jouer en grand nombre à ce jeu : le jeu de cartes que l'on emploie doit être entier. Son nom vient de ses chances principales.

On fixe la partie à une certaine quantité de coups : on prend un enjeu de vingt-cinq ou trente jetons ou plus, que l'on fait valoir à son gré d'après la convention de tous. On met partie de cet enjeu dans les trois corbillons placés sur la table; l'un pour la belle, l'autre pour le flux, et le dernier pour le trente et un : supposons que l'on mette un jeton dans le premier corbillon, deux jetons dans le deuxième, et trois dans le troisième : il faut toujours cette proportion. On tire ensuite à qui donnera : cette mesure est pour la forme, car la donne est indifférente.

Le donneur distribue d'abord deux cartes à chaque joueur, du côté blanc comme à l'ordinaire, puis une troisième qu'il retourne pour chacun. Celui qui a la plus haute des cartes retournées, gagne la *belle*, et tire le corbillon où l'on a mis pour ce coup. Avant d'aller plus loin, je dois faire observer que, quoique l'as vaille onze pour le trente et un et le flux, il est au-dessous des figures pour la *belle*.

Après ce coup, on regarde dans son jeu si on a le *flux*,

c'est-à dire trois cartes de la même couleur, et quel est le plus fort en points. Si personne n'a le flux, on le remet au coup suivant, en l'augmentant, ou le laissant simple, à volonté ; si quelqu'un l'a, il tire la mise du corbillon destiné pour le flux.

Ces deux premiers coups tirés, on songe au trente-et-un : chacun examine son jeu, compte à part soi les points qui le composent ; et s'il est trop éloigné du nombre de trente-et-un, il demande *carte*, comme on fait à la *ferme* et au *vingt-et-un :* mais le donneur n'accorde qu'une carte à chacun des joueurs qui lui en demandent, et n'en donne une autre que lorsque le tour est achevé ; il peut en prendre aussi lui-même, s'il le juge à propos, mais à son tour et une seule à la fois.

Si l'on est trop près de trente-et-un, et qu'on craigne de *crever*, on s'y *tient :* l'as ne vaut que onze, et on ne peut le faire valoir de deux manières comme au vingt-et-un. Quand un des joueurs a trente-et-un, soit par son propre jeu, soit en allant *à fond* (demandant carte), il gagne le troisième corbillon : en cas de plusieurs trente-et-un, celui qui l'obtient le premier gagne ; aussi faut-il le déclarer aussitôt qu'on l'a. Quand deux, trois ou plusieurs joueurs l'ont ensemble dans un même tour, ou dans leur jeu, on renvoie le coup à la partie suivante.

Quand personne n'a de trente-et-un, c'est le joueur qui a le point le plus proche de ce nombre qui gagne : ainsi, lorsqu'on a vingt-huit, vingt-neuf ou trente, il est prudent de s'y tenir, de crainte d'avoir une carte qui passe le point de trente-et-un.

Jeu de Tritrille.

On joue à trois ce jeu avec un jeu de médiateur, c'est-à-dire un jeu entier, duquel on a supprimé les sept, les huit et les neuf ; on en retranche encore le six de cœur et tous les carreaux, excepté le roi ; et, par conséquent, le jeu n'a plus que trente cartes. Les carreaux, si maltraités, sont pourtant la couleur *favorite*, et le roi conservé se nomme *manille*, et devient second matador.

Au reste, ce jeu se joue absolument comme le *médiateur*, sauf qu'on a retranché l'association de l'hombre, ou la *demande en permission*. On ne joue pas non plus les coups où tous les joueurs passent : on tire seulement sur ces coups les fiches des poulans qui appartiennent à baste et à spadille ; la fiche destinée à la manille reste pour le premier coup qui vient à se jouer.

Jeu du Médiateur solitaire.

C'est le jeu précédent joué entre quatre personnes. Il en a suivi le sort ainsi que de tous les jeux dérivés du médiateur, c'est dire assez qu'il ne se joue plus.

Jeu de Pique-Medrille.

Ce jeu, qui tient à la fois de la nature du *piquet* et du *médiateur*, en a à peu près reçu le nom. Il tient du premier en ce qu'il se joue entre deux personnes, et qu'on y fait des écarts; il tient du second en ce qu'il veut un jeu de cartes semblable, et pour le reste de ses règlements : comme ce dernier, il se joue très rarement.

Les cartes dont on se sert sont un jeu entier dont on a supprimé les dix, les neuf et les huit. On prend un enjeu quelconque qu'on nomme la *prise*. On indique à la fois la couleur favorite et le joueur qui doit donner, en retournant alternativement une carte pour l'un et pour l'autre. Le premier roi, retourné de cette manière, fait donner le joueur qui le reçoit. Le donneur place devant lui cinq fiches nommées *poulans*, et deux jetons, et son adversaire met deux jetons seulement. Ces quatre jetons et l'une des fiches forment la poule; les autres *poulans* sont destinés aux matadors. On prend ensuite chacun dix cartes, et il en reste vingt au talon.

Quant à l'ordre des cartes, aux matadors, *voyez* le jeu de l'*Hombre* sans exception.

Il n'y a que les trois premiers matadors (*spadille*, *manille* et *baste*), comme à l'hombre, qui aient droit aux poulans : spadille en lève deux, et les autres matadors chacun un. On appelle *faux matadors*, trois, quatre ou cinq cartes qui se suivent après la manille.

La parole, le sans-prendre, le droit de renvier, les bêtes, le codille, la vole, tout est absolument semblable à l'*hombre*; le joueur, qui se nomme *triomphe*, se nomme *hombre* également.

On paie simple en couleur simple, et double en couleur favorite.

Jeu de la Manille.

Il est tout simple que le hasard fasse le succès des jeux, mais ce hasard est quelquefois bien étrange : ainsi le jeu de la manille, fort original et fort intéressant, qui, de plus, eut l'honneur de faire le premier divertissement de Louis XV, est si bien passé de mode, que bien des gens ne le connaissent pas même de nom : on va juger s'il mérite cet oubli.

On joue à la manille depuis deux personnes jusqu'à cinq : à deux il est moins agréable qu'à trois et au-dessus. Quel que soit le nombre des joueurs, l'enjeu est de neuf fiches, qui valent dix jetons chacune : ce qui donne quatre-vingt-dix jetons : l'on peut donc perdre aisément à ce jeu deux ou trois mille jetons.

Le jeu de cartes doit être entier, et toutes les cartes doivent être distribuées aux joueurs, quel que soit leur nombre : ainsi, le donneur en donnera vingt-six, si l'on joue à deux personnes ; dix-sept, si l'on est trois ; treize, si l'on est quatre, et dix, si l'on est cinq : en ce dernier cas, il en reste deux qui forment un talon que l'on ne doit ni toucher ni voir. Les cartes se distribuent toujours trois à trois, ou quatre à quatre.

Comme il est avantageux d'avoir la donne, elle sera tirée au sort avant de commencer le jeu ; en même temps il sera bon de convenir de la valeur du jeu : si l'on veut jouer gros jeu, on convient de donner autant de jetons qu'il se trouvera de points dans les cartes restantes aux joueurs à la fin du coup ; si, au contraire, on désire jouer un petit jeu, on convient de ne donner de jetons qu'autant qu'il reste de cartes. On convient encore si l'on paiera neuf jetons, ou un seul pour la manille non placée (d'après la précédente convention) ; si placée, elle vaudra un certain nombre de jetons ou une fiche de chaque joueur ; si, enfin, la mise au corbillon au commencement du jeu est d'une ou de deux fiches. Pour éviter les répétitions, nous supposerons que l'on a choisi les plus gros paiements.

Les cartes ont leur valeur ordinaire : l'as compte pour un point, chaque figure pour dix, et les autres cartes valent les points qu'elles représentent ; il y en a cependant une particulière, le neuf de carreau, que l'on nomme par excellence la *manille* : on le fait valoir ce que l'on veut, et on peut le rendre roi, dame ou valet, et autres cartes inférieures, comme il convient au joueur qui l'a en main ; il est important de le placer à propos.

A mesure que les cartes se distribuent, chacun les range dans l'ordre ordinaire : ainsi l'on place l'as, puis le deux, le trois, le quatre, etc., jusqu'au roi, toujours de la même couleur. Chacun ayant arrangé son jeu, le premier en cartes jette celle qui lui convient, ou plutôt il commence par la plus forte de celles qui sont les plus nombreuses : supposons qu'il ait une suite de piques depuis le sept jusqu'au roi, il les jette l'un après l'autre, en disant : roi, dame, valet, dix, neuf, huit, sept ; s'il lui en manquait quelques-unes, comme le valet et le huit, il dirait en jouant : roi, dame sans valet, dix, *neuf sans huit*, et ainsi de suite pour toutes les cartes qui pourraient lui manquer. Le joueur suivant, qui se trouverait avoir la carte manquante à son voisin, continuerait en la jetant, et dirait ainsi que celui-ci, jusqu'à ce qu'il fut arrêté par une carte manquante, ou qu'il fut arrivé à l'as, car alors il recommencerait par une autre série de cartes.

Il est bon de jouer à la suite les cartes de même couleur ; mais cela n'est point indispensable, pourvu qu'elles se suivent sans interruption : quand le joueur, qui vient après celui qui a dit *neuf sans huit* (ou toute autre carte), n'aurait pas le huit manquant, ce serait au troisième joueur à le dire ; si celui-ci ne l'avait pas non plus, cela viendrait ensuite au quatrième. S'il arrivait qu'aucun des joueurs ne l'eût, comme cela peut arriver lorsqu'il reste deux cartes au talon, ou que la partie est fort avancée, le joueur qui le premier a dit, *neuf sans huit*, reçoit un jeton de chacun, et recommence à jouer la carte qui lui convient.

On conseille ordinairement de commencer à jouer par la moindre carte de la suite, comme, par exemple, de dire : sept, huit, *neuf sans dix* (si le cas échoit), et de pousser toujours en montant jusqu'au roi ; mais comme il est important de se défaire, autant qu'on le peut, de ses plus fortes cartes, parce qu'on doit donner à celui qui gagne autant de jetons que les cartes qui restent en main à la fin du coup portent de points, je pense qu'il vaut infiniment mieux commencer par jeter les figures qui valent dix, et les dix, les neuf, etc.

Cette règle souffre cependant une exception : c'est la nécessité de se défaire promptement des as (la plus basse carte du jeu), parce que, si l'on attend trop, il est difficile de les remettre dedans, à moins qu'on n'ait quelque roi pour rentrer. Le joueur qui pousse jusqu'au roi, peut commencer à jouer par la carte qui lui plaît, et même au milieu de la suite : c'est aux circonstances et à la sagacité du joueur à lui conseiller ce qu'il doit faire.

Le neuf de carreau, ou la manille, étant la carte essentielle, celui qui la porte doit la jouer avant qu'un des joueurs se soit défait de toutes ses cartes ; car, s'il ne peut la jouer avant, il donnera une fiche à chaque joueur, et paiera, en outre, au gagnant, neuf jetons pour le nombre de points que contient la manille. (Nous savons qu'en petit jeu il donnerait quelques jetons aux divers joueurs, et une fiche au gagnant.) Quand le porteur de la manille la place convenablement, il reçoit une fiche de chacun : il doit la faire payer dès qu'elle est sur le tapis ; car la levée faite, il n'est plus reçu à demander ce qu'on lui doit.

Pour faire valoir la manille, on peut, lorsque dans une suite de cartes il en manque une, qui, jetée par le joueur suivant, le rendrait maître du jeu, transformer la manille en cette carte manquante.

A mesure que l'on jette un roi sur table en jouant son jeu, on gagne un jeton de chaque joueur. Si les rois restent, on paie également pour chacun un jeton à chaque joueur, si l'on paie par carte, et dix jetons si l'on paie la valeur des points.

Le joueur qui a le premier jeté toutes ses cartes, gagne la partie, qui se compose de la mise de chacun, et des points des cartes restantes entre les mains des joueurs.

JEU DE PIQUET.

Piquet simple.

Ce jeu, qui prend, selon moi, son titre du second des hasards qu'il offre (le *pic*), est, dit-on, ainsi nommé, parce qu'il est très piquant : ces deux étymologies sont également justes, car le piquet est, avec raison, regardé comme l'un des jeux les plus intéressants, les plus vifs et les plus ingénieusement combinés. Une seule observation fera apprécier son mérite ; il a survécu à une foule de jeux ; la mode ne peut rien sur lui, et c'est véritablement un jeu *classique*, que tout le monde sait ou veut savoir.

On ne joue ordinairement que deux au piquet : le jeu qu'on emploie en prend le nom. Il se compose de trente-deux cartes, où les as sont au-dessus des rois ; le reste garde sa valeur ordinaire. Toutes les cartes valent les points qu'elles marquent, à l'exception de l'as qui vaut onze, et qui emporte toujours le roi, pourvu qu'il soit de couleur semblable : chaque figure vaut dix points.

On convient du prix du jeu et du nombre de points que l'on jouera ; ce nombre est de cent pour l'ordinaire, et l'on dit communément faire *un cent de piquet*, pour dire une partie de piquet. On peut prendre une quantité de fiches et de jetons formant le nombre cent (à dix jetons la fiche), pour connaître en marquant quel est le joueur qui a, le premier, fourni ce nombre ; mais le plus communément on se sert d'une carte coupée sur les quatre faces : d'un côté sont quatre coupures pour les unités, et une cinquième entaille à l'extrémité pour le nombre cinq ; de l'autre côté, il y a également quatre coupures pour les dixaines, et une cinquième aussi à l'extrémité pour le nombre cinquante. Le coup n'est pas plus tôt fini, que chacun doit marquer ce qu'il a fait de points jusqu'à ce que la partie s'achève.

On tire à la plus basse carte à qui donnera. Le donneur distribue les cartes deux à deux, ou trois à trois, mais jamais une à une, jusqu'à ce que chacun en ait douze : il n'en reste donc que huit, qui forment le talon, et que l'on pose sur le tapis, sans faire de retourne, car il n'y a point d'atout au piquet : ce sont les meilleures cartes de la couleur jouée qui font la levée. Ces huit cartes du talon serviront aux écarts, dont nous allons bientôt parler.

Chacun ayant ses douze cartes, il les examine et arrange ses couleurs : il remarque d'abord s'il a *cartes blanches*, c'est-à-dire des cartes qui ne sont point figures. Ces cartes, qui valent dix points, ne peuvent être comptées qu'après que l'autre joueur *a fait son écart*. Alors, leur porteur les étale sur le tapis en les comptant l'une après l'autre : elles se comptent avant le point même et servent à faire le *pic*, le *repic*, dont nous allons bientôt traiter.

Qu'il ait cartes blanches ou non, le premier s'occupe de prendre son écart, c'est-à-dire, que depuis une jusqu'à cinq il choisit dans son jeu les cartes qui lui semblent le moins nécessaires, les supprime et les remplace par autant qu'il prend à la suite dessus le talon. Comme il est libre d'écarter entièrement ou de ne pas le faire, de ne prendre qu'une ou deux cartes s'il lui plaît, il est le maître de regarder les cartes qu'il laisse, et qu'il pourrait prendre ; mais il ne l'est pas de regarder les trois dernières qui appartiennent nécessairement au donneur ; il est obligé d'écarter au moins une carte, et peut regarder son écart tout le temps que dure le coup, s'il lui convient.

Le donneur, ou dernier à prendre, s'occupe ensuite de faire son écart ; ainsi que le premier, s'il laisse des cartes, il peut les voir, et celui-ci le peut aussi, pourvu qu'il accuse la couleur par laquelle il doit jouer. Dès qu'il a nommé une couleur il est forcé de la jouer ; car s'il s'avisait de la changer, son adversaire aurait le droit de le faire commencer par la couleur qui lui conviendrait.

On fait l'écart dans le but de gagner les cartes et d'avoir le point, ce qui oblige à ne retrancher que les cartes de la couleur la moins nombreuse et la plus faible. Quand le jeu va bien, il ne faut pas, dans l'intention de le rendre encore meilleur, s'exposer à le gâter, et c'est alors que l'écart doit être seulement d'une carte.

Des quatorzes. — L'écart est encore et spécialement destiné à faire des *quatorzes*. On nomme ainsi quatre as, quatre rois, quatre dames, quatre valets et quatre dix. Le premier l'emporte sur tous les autres ; et, grâce à lui, on peut compter ce dernier quatorze, lors même que l'adversaire en aurait un de rois, de dames ou de valets, parce que le quatorze le plus fort annule le plus faible. Comme au défaut des quatorzes, on compte trois as, trois rois, trois dames, trois valets, trois dix, il est encore bon de chercher à les avoir. Remarquez que les trois as valent mieux que les trois rois, et que le moindre quatorze empêche de compter trois as, et ainsi des autres, et qu'à la faveur d'un quatorze, on compte non-seulement d'autres quatorzes moindres, mais encore trois dix, ou autres trois, pourvu qu'ils ne soient pas de neuf, de huit ou de sept, bien que l'adversaire eût un trois d'une valeur supérieure.

On observe la même chose relativement aux dix-huitièmes, dix-septièmes, seizièmes, quintes, quatrièmes et tierces auxquelles un joueur qui fait son écart doit avoir égard pour tâcher de s'en procurer par sa rentrée.

Les joueurs s'occupent ensuite de leur *point*. C'est l'assemblage des cartes les plus nombreuses du jeu et d'une couleur quelconque, et dont on en réunit les points pour les annoncer. On se rappelle la valeur des cartes, et par conséquent on voit que pour former le point, l'as qui vaut onze, et chaque figure dix, sont indispensables pour en former la base.

Le point assemblé, le premier en cartes l'annonce en ajoutant *vaut-il?* Si l'adversaire a un point moindre, il répond, *il vaut*; en a-t-il un semblable, il dit, *égal*; en a-t-il un plus fort, il dit, *ne vaut pas*. Celui qui a le point le plus fort compte pour cela autant de points qu'il a de cartes; si le point est égal, personne ne peut le compter; il en est de même quand les deux joueurs ont les mêmes tierces, quatrièmes, cinquièmes, etc., à moins que par une quinte, ou quatrième, ou tierce supérieure, un d'eux ne rende bonnes les tierces, quatrièmes ou cinquièmes qui pourraient être égales à celles de son adversaire.

Des hasards. — Il y a au piquet trois sortes de hasards, qu'on appelle *repic, pic et capot*.

Le repic a lieu lorsque, sans que l'adversaire puisse compter, ou du moins ne pare pas, on compte dans son jeu jusqu'à trente points; en ce cas, au lieu de dire seulement trente, on annonce quatre-vingt-dix et au-dessus, à mesure qu'il y a des points à compter au-dessus de trente.

Le pic arrive lorsqu'ayant compté un certain nombre de points sans que l'adversaire ait rien compté, l'on va en jouant jusqu'à trente; en ce cas, alors, au lieu de dire trente, l'on compte soixante, et l'on continue de compter les points que l'on fait au-dessus.

Le capot. — Lorsqu'un des joueurs fait toutes les levées, il rend l'autre *capot*. Ce coup lui vaut quarante points, tandis que le seul gain des cartes n'en vaut que dix. On peut réunir les trois hasards et faire son adversaire *pic, repic* et *capot*. Cela arrive même assez ordinairement, et, par ce motif, on peut faire les trois basards d'un seul coup ; en voici l'exemple : Supposé qu'un des joueurs ait les quatre tierces majeures, et que son point soit bon ; s'il est premier à jouer, il entrera par quatre du point (la tierce majeure, bonne pour le point, vaut quatre) et douze des tierces majeures, c'est seize. Seize et quatorze d'as, c'est quatre-vingt-dix (*repic*) ; quatre-vingt-dix et vingt-huit des deux quatorzes de rois et de dames feront cent dix-huit ; puis, en jouant ses cartes, le joueur ira à soixante-un qui, joints aux quarante pour le *capot*, feront deux cent un points d'un coup. Mais ce coup, quoique possible, est tellement rare, qu'il n'est peut-être arrivé qu'une seule fois.

Pour faire *pic*, c'est-à-dire pour compter soixante au lieu de trente, on doit être premier ; car, si vous ne l'êtes pas, et que votre adversaire jette une carte qui marque, il comptera un ; et vous, quand vous auriez compté dans votre jeu vingt-neuf, si vous levez la carte jetée, vous ne compterez cependant que trente, à moins que l'autre ne jette une carte qui ne compte point ; alors, après avoir levé cette main, vous pouvez continuer de jouer votre jeu jusqu'à trente, et compter soixante, le hasard étant bien fait.

Voici le temps de compter les cartes blanches dont nous avons parlé plus haut ; viennent ensuite le point, les tierces, quatrièmes, quintes, etc. ; après cela, les points que l'on compte en jouant, et enfin les dix points des cartes ou les quarante du capot.

Nous reviendrons sur ce compte, pour le mieux développer en son temps. Occupons-nous maintenant des séquences que l'on nomme *tierce*, *quatrième*, etc.

Des tierces. — Il y en a de six espèces : la première, que l'on nomme *majeure*, se compose d'un as, d'un roi et d'une dame ; la deuxième, appelée de *roi*, se compose d'un roi, d'une dame et d'un valet ; la troisième, nommée de *dame*, se forme de la dame, du valet et du dix ; la quatrième, désignée sous le nom de *tierce de valet*, contient un valet, un dix et un neuf ; la cinquième, dite *tierce de dix*, offre un dix, un neuf et un huit ; enfin, la sixième, que l'on nomme *tierce basse* ou *fine*, a le neuf, le huit et le sept. Il va sans dire que toutes ces cartes doivent être de couleur semblable, et cette obligation regarde toutes les séquences suivantes.

Des quatrièmes. — C'est la même marche que pour les

tierces : il y a cinq sortes de quatrièmes : 1° la première, nommée *quatrième majeure*, veut l'as, le roi, la dame, le valet ; 2° vient ensuite celle de *roi*, où le dix remplace l'as, mais en ne venant qu'à la suite du valet ; ainsi pour toutes les autres quatrièmes ; 3° celle de *dame*, où le neuf remplace le roi, 4° celle de *valet*, où le huit remplace la dame ; 5° la *quatrième basse*, où le sept remplace le valet et se met à la fin.

Des quintes. — Comme les quatrièmes ont une espèce de moins que les tierces, les quintes en ont une de moins que les quatrièmes : observation qui, du reste, s'applique à toutes ces différentes séquences, qui vont toujours en diminuant d'une, à mesure que les cartes dont elles sont composées augmentent d'une aussi. Il y a donc quatre quintes : 1° la *quinte majeure*, formée de l'as, du roi, de la dame, du valet et du dix ; 2° la *quinte du roi*, où le neuf remplace l'as ; 3° celle de *dame*, où le huit remplace le roi ; 4° la *quinte basse*, ou *au valet*, où le sept remplace la dame.

Des sixièmes. — Il y a trois sortes de sixièmes : 1° la *sixième majeure*, où l'on trouve l'as, le roi, la dame, le valet, le dix et le neuf ; 2° celle de *roi*, où le huit tient la place de l'as ; 3° celle de *dame*, ou *basse* (on dit encore *sixième à la dame*), où le sept remplace le roi, mais dans un ordre différent.

Des septièmes. — Il n'y en a que deux : la *septième majeure*, où l'on compte les sept premières cartes ; la *septième de roi*, où, après avoir retranché l'as, on compte encore les sept cartes suivantes.

Des huitièmes. — Il n'y a qu'une seule huitième, qui se compose de toutes les cartes d'une couleur : c'est la séquence la plus rare.

Voici la valeur de ces séquences. Une tierce *bonne* vaut au joueur qui la compte, trois points ; une quatrième, quatre ; une quinte, quinze ; une sixième, seize ; une septième, dix-sept, et la huitième, dix-huit, outre les points qui sont accordés pour le point. Ainsi, un joueur qui aurait une quinte majeure dont le point serait bon, compterait à la fois quinze pour la quinte, et cinq pour le point, ce qui lui ferait vingt. Quant à la quatrième, elle lui vaudrait quatre pour elle-même, et quatre pour le point, et ainsi de toutes les autres séquences que nous venons d'expliquer.

Le porteur des tierce, quatrième, quinte majeures, etc.,

annulle toutes celles qui sont plus basses. Par exemple, une tierce majeure annulle celle de roi, et la quatrième de roi, celle de dame; ainsi pour toutes les autres séquences. Observez néanmoins que la moindre quatrième annulle le plus haute tierce; que la moindre quinte efface la *quatrième majeure;* que la *sixième basse* rend nulle la plus haute quinte, et qu'enfin la huitième annule toutes les autres sortes de séquences.

Remarquez également qu'à la faveur d'une tierce, quatrième, quinte, etc., qui sont bonnes, on fait passer les moindres tierces, quatrièmes, etc., quoique l'adversaire en ait de plus fortes, et l'on accumule par là les points qu'elles produisent, le jeu de l'adversaire étant annulé par la séquence supérieure ; s'il y a égalité dans la plus haute séquence entre les joueurs, celui qui s'en trouverait plusieurs autres majeures ou moindres, n'en compterait pas une pour cela, car la plus noble est la plus égale.

Revenons à la manière de jouer. Après avoir compté le point, chacun des joueurs examine s'il a des tierces, quatrièmes, quintes, etc., afin de les compter, si elles ne sont parées par l'adversaire. Le point, et toutes ses séquences, doivent être étalés sur la table, afin qu'on puisse en compter la valeur ; car, si un joueur qui aurait annoncé le point, ou des séquences, et à qui l'on aurait répondu *valoir*, ou *cela vaut*, oubliait de les montrer et jouait sans les avoir comptés, il ne pourrait plus y revenir; alors son adversaire compterait son point et ses séquences, quoique tout fût inférieur. Si ce dernier oubliait aussi de les montrer avant de jeter sa première carte, ni l'un ni l'autre ne compteraient.

Lorsqu'on a examiné et compté les séquences, il importe d'examiner si l'on a quelque quatorze. Un quatorze bon compte quatorze points; le supérieur annule l'inférieur, et permet de compter à sa faveur trois as, trois rois, etc., comme on l'a déjà vu.

De la manière de compter. — Après que chacun a examiné son jeu, et connu, par les interrogations faites, ce qu'il peut y avoir de bon, le premier commence à compter (nous lui supposerons un jeu fourni pour servir d'exemple): 1° il compte les cartes blanches, et dit : dix de cartes blanches valent dix (il étale ensuite le point, et suppose qu'il ait cinquante en points), dix et cinq pour le point, c'est quinze ;

(vient la quatrième bonne qu'il étale également, et ajoute) quatre points à quinze, qui font dix-neuf ; dix-neuf et quinze précédents font trente-quatre ; (vient un quatorze) quatorze pour le quatorze et trente-quatre font quarante-huit, et quarante-neuf, continue-t-il en jetant une carte sur le tapis, si cette carte est un as, un roi, une dame un valet ou un dix.

Le premier ayant compté ainsi et joué sa carte, l'autre joueur, avant de jouer, l'imite ; et, après avoir additionné comme lui tout ce qu'il peut avoir à compter, il lève la carte jouée s'il le peut, en en mettant une plus forte, ou bien une plus faible, mais de la même couleur ; lorsqu'ensuite il prend la levée, il joue par la couleur qui lui plait.

On nomme toujours la couleur dont on joue ; en même temps on ajoute au compte de son jeu autant de points que l'on joue de figures, d'as ou de dix ; lors même qu'on n'en joue point, on ne laisse pas de nommer de temps en temps son point pour ne pas l'oublier ; aussi entend-on presque continuellement les joueurs de piquet répéter entre leurs dents le nombre qu'ils espèrent accroître.

Lorsqu'il lui arrive que le point et les diverses séquences ne sont pas bons, parce que ceux de l'adversaire sont meilleurs, le premier commence à compter par un en jetant sa carte. Il va sans dire que le premier annonce ses séquences et quatorze de la même manière que le point, et que les réponses sont semblables, suivant les cas.

Celui qui prend la levée rejoue toujours ; on continue de la sorte jusqu'à ce que les douze cartes soient jetées, et celui qui obtient la dernière levée compte deux points. Chacun compte ensuite ses levées ; celui qui en a le plus compte dix pour les cartes, ce qui s'appelle *les gagner* ; lorsque les levées sont égales, personne ne compte.

Quand le nombre convenu des points est terminé, et que l'on recommence une partie, si le perdant veut jouer, on coupe pour savoir à qui fera le premier, à moins qu'au commencement de la partie on ne soit convenu que la main suivrait.

Lorsque par erreur on a écarté une carte qui faisait un quatorze, et que les trois restantes sont bonnes, on doit le dire à l'adversaire, s'il le demande à temps. Si l'on n'a qu'un seul *quatorze* qui doit valoir, on n'est pas tenu de spécifier ;

on dit seulement *quatorze*; mais si l'on peut en avoir plusieurs, on est obligé de les nommer.

Piquet à écrire.

Nous avons donné les règles du piquet ; c'est maintenant aux joueurs à s'exercer pour arriver à connaître, par le jeu que l'on a et les cartes qui ont été étalées, ce que l'adversaire peut avoir, et ce qu'il a dû écarter. L'habitude et la sagacité naturelle font parvenir à cette connaissance, qui est indispensable pour la sorte de piquet dont nous allons maintenant nous occuper, car elle est plus compliquée que le piquet ordinaire et demande une suite de calculs et de combinaisons auxquels ne pourraient atteindre de malhabiles joueurs.

Il y a deux façons de jouer à ce genre de piquet. *Au malheureux* et *à tourner*. Dans le premier cas, on joue d'abord deux personnes : celle qui est marquée reste à jouer, et celle qui marque est relevée par celui des joueurs qui attend qu'on lui cède la place après le coup fini : on voit par-là que chacun joue à son tour. En effet, le piquet à écrire admet trois, quatre, cinq, six et même sept personnes. Le *malheureux* est le joueur remplacé.

Dans le second cas, on joue tous ensemble en *tournant*, c'est-à-dire en commençant et tournant toujours du même côté, comme au surplus pour tous les jeux à plus de deux personnes où l'on va par la droite, avec diverses modifications. Ainsi, je commencerai la partie avec le joueur placé à ma droite : après que nous aurons achevé notre coup, il jouera un nouveau coup avec le joueur de sa droite, et ainsi des autres ; c'est la manière la plus égale de jouer le jeu ; aussi doit-on la préférer.

Quelques-uns des termes du piquet à écrire diffèrent de ceux du piquet simple. Ainsi, avant de commencer à jouer, on convient combien l'on fera de *rois* ou de *tours*; un *roi* fait deux *tours*, et un *tour* fait deux *coups*. Il faut pour qu'un tour soit joué, que chacun des deux joueurs ait donné une fois ; on convient ensuite de la valeur de chaque point, soit deux, cinq centimes, etc. On tire ensuite à qui fera la donne.

L'on joue, au reste, d'après les règles du piquet.

Cependant, l'on compte à demi-tour les points que l'on fait de plus que son adversaire ; en les comptant avec des jetons, par exemple, on suppose que du premier coup l'un des deux joueurs ait fait vingt points et son adversaire dix : ce sont dix points que le premier a de plus, et qu'il marque avec des jetons jusqu'à ce que le second coup soit joué. Si dans le second coup le possesseur des dix points n'en faisait encore que dix, et que le second joueur en obtint quarante, ce serait vingt points que celui-ci aurait de plus que lui de ce second coup, parce que de quarante points il faudrait en soustraire vingt ; savoir : dix du coup précédent, et dix du coup suivant ; par conséquent il resterait vingt points, que l'on écrirait pour le perdant, et ainsi des autres coups. Au surplus, la table suivante indiquera la méthode qu'il convient d'employer pour marquer ceux qui perdent : on observera seulement que tous les points qui se trouvent au-dessous de cinq sont comptés pour rien, et que cinq points au-dessus sont comptés pour dix. Par cette raison, quinze points en vaudront contre le marqué autant que vingt-quatre, c'est-à-dire qu'ils seront marqués pour vingt, et ainsi des autres. Si l'on est trois joueurs, on fait trois colonnes ; à la tête de chacune on met le nom du joueur, et on marque sur cette colonne à mesure qu'il est marqué.

Table de douze rois ou vingt-quatre tours joués.

Julien.	Justin.	Alexandre.
30	30	60
40	40	100
100	30	40
30	50	90
70	50	70
90	60	100
50	30	30
60	80	20
470	370	510

Voilà les colonnes de chaque joueur marquées des points qu'ils ont perdus dans le cours de douze rois qu'ils ont joués. Les totaux sont de 470, 370, 510, qui produisent ensemble 1,350 points qu'il faut diviser en trois personnes, ce qui fait pour chacune 450 points ; cette division faite, chacun prend sa rétribution, de telle sorte que Justin qui n'a que 370 points, en gagne 80, parce qu'il manque de nombre pour se remplir des 450 qui font son tiers de 1,350 points ; et Julien, marqué de 470 points, en perd 20, parce qu'il a le même nombre au-dessus de 450 : et par la même raison Alexandre perd 60 points. Lorqu'il y a quelque dixaine de surnuméraire, elle est au profit de celui qui perd le plus.

On paie ordinairement une consolation à ce jeu ; elle est de 20 par marque, plus ou moins, selon qu'on en est convenu : de manière que si elle est de 20, le joueur marqué de 30 par le jeu, a 50 en perte, et ainsi des autres : cette consolation est pour le gagnant.

Nouvelle manière de jouer le Piquet à trois et à cinq, sans écrire.

Cette modification du jeu qui nous occupe, donne beaucoup moins d'embarras que la précédente, en ce qu'il n'y est besoin de plume ni de crayon, ni de papier, et qu'on n'y fait point d'addition : la voici.

Chacun prend la valeur de six cents marques en cinq fiches et dix jetons : chaque fiche vaut dix jetons, et chaque jeton est compté pour dix marques ; en sorte qu'un joueur marqué de trente, paie en mettant trois jetons.

Le jeu va du reste comme en écrivant, mais au lieu d'avoir au bout de la table une écritoire, on a un corbillon dans lequel on met ce dont on est marqué, et que l'on partage également entre tous les joueurs à la fin de la partie.

La consolation se paie par le marqué comme il vient d'être dit ; mais au lieu de dix dont il est marqué par le jeu, il en met trente (ou trois jetons) dans le corbillon, et cinquante au lieu de trente, ainsi du reste ; outre cette consolation, il doit en payer une autre, et celle-ci est de deux jetons pour celui qui l'a marqué, et d'un jeton aux autres joueurs : il reçoit cette seconde consolation lorsqu'il marque, ou que les autres jouent entre eux.

Quand les coups de deux joueurs sont égaux, ou qu'il ne

reste pas à l'un plus de quatre points plus qu'à l'autre, il y a *refait*; alors celui qui est marqué après ce refait, paie au corbillon vingt marques de plus : après deux refaits il paie quarante, et ainsi de suite; à moins cependant que l'on ne soit convenu qu'afin d'empêcher les refaits on marquera à un point ; en ce cas, pour que le refait ait lieu, il faut que les deux coups soient parfaitement égaux.

La partie étant achevée, ce qu'indique la carte où l'on a marqué le nombre de tours convenus, et que le corbillon est partagé par égales parties entre les joueurs, chacun, sans embarras, voit ce qu'il perd ou gagne, et les jetons impairs et surnuméraires qui n'ont pu être partagés, sont le bénéfice du joueur qui perd davantage.

Piquet normand, ou *Piquet à trois*.

Toutes les règles du piquet à deux sont applicables à celui-ci, sauf les exceptions suivantes :

On distribue dix cartes à chaque joueur, par deux et par trois, mais jamais par quatre : les deux cartes qui restent au talon peuvent servir à faire faire un écart au donneur, s'il y trouve son avantage.

Si, après avoir compté son jeu, le premier en cartes parvient jusqu'à vingt, sans avoir jeté aucune carte sur la table, il compte quatre-vingt dix, et la partie est presque gagnée : s'il ne parvient à ce nombre qu'après avoir joué une ou plusieurs cartes, il compte seulement soixante.

Le capot arrive fréquemment ; les quarante points qu'il vaut, comme à l'ordinaire, se partagent entre les deux autres joueurs, et chacun compte vingt points. Mais quand deux sont capots, le troisième joueur qui parvient à faire toutes les levées marque quarante points pour lui seul.

Celui du trio qui atteint le premier le nombre cent, ou cent cinquante, ou deux cents, selon que la partie est convenue, se retire ; les deux autres joueurs continuent à lutter au piquet à deux, et celui qui succombe perd la partie contre les deux joueurs.

Piquet voleur ou *piquet à quatre*.

C'est un piquet à partenaires, on y joue deux contre deux : les cartes distribuées par deux et trois sont au nombre de huit pour chacun, et par conséquent il ne reste point de talon, et il n'y a point d'écart.

Une difficulté s'est élevée à ce jeu, et je n'en ai vu la solution dans aucune règle ; je me hasarde donc à me poser en législateur à ce sujet.

Quand le premier en cartes annonce un point, soit 35, et que le second annonce également 35, si le troisième a aussi 35 et qu'il les annonce, il a le droit de les montrer, et le second ne peut l'en empêcher sous prétexte qu'il a barré le jeu, mais si le troisième joueur n'a pas annoncé son point à son tour, il n'a pas le droit de revenir et par conséquent de montrer ses cartes.

Par ce moyen il est libre de montrer ses cartes ou de ne pas les montrer, selon son intérêt, mais en ayant soin, selon ce qu'il veut faire, de les annoncer en son temps, ou de ne les point annoncer.

Ce jeu n'est qu'une très légère modification du piquet simple *

Jeu de l'Ambigu.

Ce titre dit assez que ce jeu est un mélange de plusieurs autres ; en effet, il tient de la *bouillotte*, du *romestecq*, et d'autres jeux encore.

Les cartes avec lesquelles il se joue sont un jeu entier dont on a supprimé les douze figures, ce qui lui est particulier ; chaque carte a la valeur des points qu'elle représente. Ainsi, l'as est la plus basse, et la plus haute est le dix.

On y joue depuis deux jusqu'à six personnes : on convient d'abord du temps que durera la partie, ou du nombre de coups dont elle se composera. Le donneur est désigné par le sort ; après que chaque joueur a mis au jeu un ou plusieurs jetons, selon la convention qu'on en a faite, qui forment la *rade* ou la *poule*, le donneur distribue deux cartes l'une après l'autre à chacun, en commençant par la droite : quelquefois la poule

---

* Je termine la description du jeu de piquet par une petite anecdote qui peut servir de leçon aux joueurs querelleurs. Une jeune dame perdait beaucoup au piquet, et se lamentait encore davantage. Au dernier coup, pour gagner la partie, elle s'aperçoit que son adversaire doit avoir le quatorze d'as. Allons, dit-elle à son adversaire, en jetant ses cartes avec dépit sur la table : c'est fini, vous avez tout ! encore un quatorze d'as, grand Dieu ! — Non, madame, je ne l'ai point, reprend l'adversaire. — Comment ? — Voyez, continua-t-il, en lui montrant son écart, j'ai écarté trois as, car je préfère votre repos à mon gain.

ne se met que cette fois ; souvent aussi elle a lieu plus tard, comme nous allons l'expliquer.

Celui auquel les deux cartes conviennent, dit *basta !* (mot italien qui signifie, il suffit) ; cette réponse et une seconde mise d'un ou deux jetons, selon la convention faite précédemment, annoncent qu'il est satisfait. Si, au contraire, ses cartes lui déplaisent, il les écarte toutes deux, ou en garde une à son choix, et le donneur les lui remplace avec le talon qu'il a à la main : il lui donne les deux cartes qui se trouvent dessus. Cette manœuvre a lieu pour chacun des joueurs.

Quand tout le monde a examiné, gardé ou changé ses deux premières cartes, le donneur mêle une seconde fois le talon ; et après la coupe, il distribue à chaque joueur deux nouvelles cartes, et par conséquent chacun en a quatre.

On examine encore ces dernières ; lorsqu'on est satisfait, on dit : *Je m'y tiens* ; au cas contraire, on dit : *Je passe*. Si tout le monde passe, le donneur, qui se trouve le dernier à parler, met deux jetons au jeu, et oblige, par ce moyen, tous les autres à garder leur jeu : il peut cependant changer le sien, et donner de nouvelles cartes comme la première fois, et jusqu'à ce que le talon soit épuisé.

Outre la poule que forment les simples ou doubles enjeux (ainsi qu'on est convenu), il y a encore la *batterie :* voici en quoi elle consiste. Le joueur qui croit avoir beau jeu peut proposer la quantité de jetons qui lui plaît ; ces jetons composent la batterie. Si personne ne les tient, il la lève, et le donneur lui donne deux jetons, à moins qu'il ne fasse lui-même la *vade*.

Lorsque plusieurs joueurs veulent *tenir la vade*, chacun peut écarter les cartes qu'il juge à propos, sans qu'il ait alors le droit de *renvier* (de mettre une certaine quantité ou de jetons ou somme d'argent par-dessus la vade), avant que les joueurs qui tiennent la vade aient écarté, et qu'on leur ait distribué, jusqu'au nombre de quatre, autant de cartes qu'ils en souhaitent. Les écarts terminés, chacun parle selon son rang ; celui qui a ou qui veut feindre d'avoir un mauvais jeu, dit qu'il *passe* ; si chacun l'imite, la *vade* reste pour le coup suivant.

Cependant, si l'un des joueurs a ou veut persuader qu'il a un jeu favorable, il renvie en mettant au jeu quelques jetons de plus que ceux qui s'y trouvent ; les autres joueurs alors peuvent *tenir ces jetons*, ou *passer :* chacun même peut renvier de nouveau ; mais si nul n'a tenu le premier *renvi* (la quantité mise par dessus la vade), celui qui l'a fait lève tout, et se fait payer par les autres joueurs la valeur de tout ce qu'il a eu points. Lorsqu'au contraire le renvi est tenu, et que, hors le tenant, chacun a cessé de renvier, les joueurs intéressés au coup doivent mettre leur jeu à découvert, afin de connaitre le gagnant.

Le point. — C'est la première chance de gain : le joueur qui *gagne le point* reçoit de chacun un jeton, et emporte la poule, la vade et les renvis. Or, le point consiste dans la réunion de diverses cartes dans la même main, car une seule carte ne compte pas pour le point : ainsi, bien qu'un dix représente dix points, il ne vaut pas un deux et un trois réunis, qui ensemble n'en représentent que cinq. Par la même raison, trois cartes l'emportent sur deux, et quatre sur trois, quand même ces dernières contiendraient un plus grand nombre de points que les autres.

La prime. — La seconde chance de gain est la prime que forment quatre cartes, dont chacune est de couleur particulière ; elle l'emporte sur le point : le joueur qu'elle favorise perçoit deux jetons, et la poule ainsi que la vade et les renvis lui appartiennent : si la prime compte plus de trente points, c'est alors *la grande prime ;* et en cas de concurrence, celle-ci l'emporte.

La séquence. — Le whist nous a déjà appris ce qu'est cette troisième chance ; la séquence de l'ambigu est comme celle de ce jeu, trois cartes de même couleur qui se suivent sans intermédiaire, comme un trois, un quatre, un cinq de carreau, de pique, etc. Cette chance l'emporte sur le point et la prime, et son possesseur recueille, de chaque joueur, trois jetons, plus la poule, la vade et les renvis. La séquence la plus fournie en points est préférée en cas de concurrence, excepté toutefois s'il se rencontrait une séquence de quatre cartes, car celle-ci l'emporterait, lors même qu'elle contiendrait moins de points que la séquence de trois cartes.

Le tricon. — Quatrième chance de gain, le *tricon* est formé de trois cartes semblables pour le point, et différentes pour la couleur ; ainsi trois as, trois deux, trois quatre, composent un tricon. Cette chance l'emporte sur toutes les précédentes : comme à celle-ci, le joueur favorisé enlève la poule, la vade, les renvis, et reçoit quatre jetons de chaque partenaire. Si plusieurs tricons se rencontraient ensemble, le gagnant est celui qui représente le plus grand nombre de points.

Le flux. — Voici la cinquième chance du gain : quatre cartes de même couleur, comme quatre carreaux, quatre trèfles, etc., la composent : cette chance, supérieure à toutes les autres, exige cinq jetons de chacun, indépendamment de la poule et des accessoires que recueille son possesseur. Toutes ces chances se nomment *jeux simples*.

Jeu double. — On appelle ainsi la réunion de plusieurs jeux simples : ainsi, par exemple, on a le tricon réuni avec la prime, lorsqu'on se trouve trois dix ou trois cartes d'un même point, et qu'il s'y joint une quatrième carte d'une couleur différente de celle des trois autres ; cette chance l'emporte sur tous les jeux simples, et vaut à celui qu'elle fait gagner ce que chacun de ces jeux lui produirait en particulier.

Le flux joint à la séquence, produit les mêmes effets que le tricon avec la prime, et l'emporte sur cette dernière chance.

Le fredon. — C'est une sorte de prime, puisqu'il se compose de quatre cartes, mais il faut qu'elles soient de valeur semblable, comme quatre deux, quatre trois, etc. Le joueur qui a cette chance, la meilleure de toutes, reçoit huit jetons des autres, puis deux ou trois jetons pour la prime qu'elle contient, selon que les points qu'elle représente sont au-dessous ou au-dessus de trente ; enfin il enlève la poule, la vade et les renvis. Ainsi qu'aux autres chances, le fredon le plus fort en point est préféré au plus faible ; celui d'as est le moindre, et celui de dix le plus haut.

Quand les jeux sont égaux, le premier en cartes l'emporte.

Des renvis. — Celui qui a fait le second renvi ne peut renvier au-dessus des autres qui en ont été, dès que les cartes ont été données pour la seconde fois. Un des joueurs peut renvier sur les autres quand ils sont tous passés, et qu'ils s'y sont engagés : le premier alors peut être de ce renvi, comme les autres, et même renvier au-dessus, si son jeu le lui permet. L'on peut encore, d'un commun consentement, régler les renvis, afin de ne point s'exposer à une trop grande perte.

Quelque renvi qu'on fasse, chacun ne peut perdre ni gagner que ce qu'il a de jetons devant lui, ou ceux qui lui sont dûs par les autres joueurs, et on ne peut l'obliger à tenir davantage, ainsi qu'à la bouillotte ou cave : c'est-à-dire on reprend de nouvelles marques lorsqu'on a perdu tous ses jetons, mais il faut les payer auparavant, parce que l'ambigu ne souffre point de crédit : il faut toujours qu'un joueur paie comptant. On doit caver avant que les cartes ne soient distribuées de nouveau, après le coup où l'on se trouve ne plus rien avoir, parce qu'on ne doit pas se déterminer à caver d'après l'espérance qu'offrent les cartes.

Quoiqu'on n'ait rien de reste devant soi, ou que tout soit engagé au renvi, on ne laisse pas de payer la valeur du jeu à celui qui le gagne, c'est-à-dire le prix des diverses chances, bien qu'on ne fût ni des vades ni des renvis.

Jeu de l'Hombre à trois.

Les Espagnols nous ont transmis ce jeu, qui plaît beaucoup aux personnes appliquées et tranquilles ; il se joue peu maintenant, si ce n'est en quelques salons de province ; on le joue plus fréquemment à deux personnes, quoiqu'alors il soit bien éloigné de l'agrément qu'il offre à trois : nous allons nous en occuper d'abord.

Lorsqu'on joue l'hombre à deux, il faut ôter une couleur rouge, cœur ou carreau, à volonté, et prendre chacun huit cartes. A trois, on emploie un jeu de quarante cartes, c'est-à-dire un jeu entier dont on a supprimé les dix, les neuf et les huit ; on se sert aussi de fiches et de jetons qui ont une valeur convenue.

L'ordre selon lequel les cartes sont supérieures l'une à l'autre, varie suivant les couleurs : en couleur noire, c'est-à-dire en trèfle et en pique, le roi est supérieur à la dame, la dame l'emporte sur le valet, le valet sur le sept, le sept sur le six, le six sur le cinq, le cinq sur le quatre, etc., jusqu'à la fin des petites cartes, l'as excepté, car les deux as noirs étant toujours triomphes forment une classe à part.

En couleur rouge, c'est-à-dire en cœur et en carreau, le roi est supérieur à la dame, la dame passe le valet, celui-ci l'as, l'as le deux, et ainsi de suite en montant jusqu'au sept : ainsi l'as rouge comptant, il y a en couleur rouge une carte de plus qu'en couleur noire ; par la même raison, les atouts en rouge sont au nombre de douze, et de onze en couleur noire.

Triomphes noires. — La première est l'as de pique, nommée *spadille* ; la seconde, le deux de pique ou de trèfle, qu'on nomme *manille* ; la troisième, l'as de trèfle, appelée *baste* ; la quatrième, le roi ; la cinquième, la dame ; la sixième, le valet ; la septième, le sept ; la huitième, le six ; la neuvième, le cinq ; la dixième, le quatre, et la onzième, le trois.

Triomphes rouges. — En cette couleur, spadille est toujours la première triomphe ; le sept, qu'on appelle *manille*, est la seconde ; baste, la troisième ; l'as de cœur ou de carreau, qu'on nomme *ponte*, la quatrième ; le roi est la cinquième ; la dame, la sixième ; le valet, la septième ; le deux, la huitième ; le trois, la neuvième ; le quatre, la dixième ; le cinq, la onzième, et le six, la douzième.

Lorsque le sort a indiqué les places des joueurs, et qu'ils ont mis chacun au jeu trois jetons pour former la poule, le donneur distribue successivement en trois parties égales neuf cartes à chacun. On ne doit donner que par trois fois trois. La parole appartient ensuite au premier en cartes, qui doit dire s'il *passe* ou *joue*. S'il passe, et que les deux autres joueurs en fassent autant, chacun remet deux jetons à la poule, et l'on donne de nouveau. Cela se continue à chaque passe. S'il joue, les autres joueurs peuvent y mettre obstacle en le renviant. On renvie celui qui joue simplement, en déclarant qu'on *joue sans prendre* ; et l'on renvie celui qui joue sans prendre, en déclarant qu'on entreprend la vole.

Observez que si vous renviez par une proposition de *sans prendre*, celui qui a joué simplement, il peut lui-même jouer sans prendre, et il a la préférence.

Lorsque personne ne renvie celui qui joue simplement, et qui se nomme *l'hombre*, il nomme la couleur dont il veut faire la triomphe. Il fait en même temps un écart composé d'autant de cartes qu'il juge à propos, en échange desquelles il en prend une égale quantité au talon, en sorte que son jeu se trouve composé de neuf cartes. Ensuite le talon passe successivement aux joueurs qui sont après l'hombre, et chacun écarte comme lui. On conçoit que le nombre des cartes écartées ne doit pas s'étendre au-delà de la quantité de celles qui restent au talon.

Quand tout le monde a écarté, et qu'il reste des cartes au talon, le dernier en cartes peut les regarder, mais alors il doit les montrer aux autres joueurs.

Les jeux étant formés, le premier en cartes jette la carte qui lui plaît ; les autres joueurs sont tenus de fournir de la couleur jouée, sous peine de faire la bête ; mais ils ne sont pas contraints de forcer, et peuvent mettre à leur gré la plus haute ou la plus basse carte de cette couleur. Faute de couleur jouée, on n'est point obligé de couper, bien qu'on ait de l'atout, et l'on se défait de la carte que l'on juge à propos.

Quand on joue atout, celui qui n'a qu'un ou plusieurs des trois premiers matadors (ou premières triomphes) n'est point tenu de jouer aussi atout. Cependant, quand le premier à jouer jette atout de spadille, et qu'un des joueurs suivants n'a pour atout qu'un matador inférieur à celui-ci, comme manille, baste, le roi, il doit le jouer. Et encore si l'on a fait atout de manille, le possesseur de baste est obligé de le mettre.

Mais il en serait autrement si le premier en cartes faisant atout avec une autre triomphe qu'un matador, le second mettait spadille sur cette triomphe. Dans ce cas, le matador inférieur qui serait seul dans la main du troisième joueur, ne serait point tenu d'obéir, et ce joueur pourrait se défaire de la carte qu'il voudrait.

Le joueur qui fait la levée joue le premier ensuite pour la levée suivante. C'est du nombre des levées que dépend le gain de la poule : pour la gagner, l'hombre en doit faire cinq, ou quatre au moins ; et il ne faut qu'aucun des autres joueurs n'en fasse autant. Quand l'hombre ne gagne pas la poule, il fait une bête qui égale la somme qu'il aurait tirée s'il eût gagné.

Du gano. — Comme il importe de faire perdre *l'hombre*, l'un des joueurs qui défendent la poule venant à demander *gano* à son partenaire, celui-ci doit accepter, à moins que cela ne nuise à ses intérêts. Cette demande de gano consiste à inviter le joueur associé, pour défendre la poule, à laisser passer la carte que l'autre associé a jouée. Ainsi, Camille et Louis sont associés pour défendre la poule contre Désiré qui est *l'hombre*. Le premier joue la dame de carreau, et demande *gano*. Louis, qui a en main le roi de carreau avec le quatre de même couleur, et qui veut accepter, jette son quatre ; mais s'il avait le roi seul, malgré son désir, il serait contraint de le jouer, sous peine de faire la bête.

Lorsqu'un des défendeurs de la poule frappe sur la table en jouant la carte, c'est un avis à son associé de couper d'une forte triomphe pour obliger l'hombre d'en mettre une plus forte encore.

Du codille. — Quand un joueur autre que l'hombre gagne en faisant plus de levées que tout autre, il fait *codille ;* ainsi, *gagner codille*, c'est gagner sans avoir fait jouer.

Un coup est censé joué lorsqu'un des trois joueurs n'a plus de cartes, ou que l'*hombre*, ayant fait cinq levées, vient à baisser son jeu.

On fait la bête quand on renonce. Lorsque l'*hombre* perd le jeu et qu'il renonce en outre, il fait deux bêtes, qu'il peut faire aller ensemble ou séparément. Quand il y a plusieurs bêtes, on doit jouer la plus forte après qu'on a tiré celle qui est au jeu.

Lorsqu'un des défendeurs de la poule fait cinq levées, il gagne *codille ;* il en est de même quand il fait seul quatre levées, et il tire ce que l'hombre aurait tiré s'il n'avait pas fait la bête.

L'*hombre* ne peut, sous peine de faire la bête, demander *gano*, dans la vue d'empêcher le codille. En toute circonstance, *gano* lui est interdit. Le joueur qui aspire au codille ne doit non plus jamais demander gano, ni à la troisième ni à la quatrième levée.

Si, par mégarde, l'*hombre* nommait une couleur pour une autre, il ne pourrait se rétracter : il lui faudrait jouer la couleur nommée ; il pourrait seulement changer son écart, si la rentrée n'était pas encore jointe à son jeu.

Quand l'*hombre* gagne, non-seulement il tire la poule et les bêtes qui vont sur le coup, mais chaque joueur est encore obligé de lui payer trois jetons de consolation ; puis, s'il a les matadors, on lui donne un jeton pour chacun.

Des matadors. — Quoique rigoureusement il n'y ait que trois matadors qui sont spadille, manille et baste, on étend néanmoins cette dénomination aux cartes qui les suivent immédiatement quand elles les accompagnent. Ainsi, lorsque l'hombre se trouve avoir en couleur noire, avec les trois matadors, le roi, la dame, le valet, etc., ces dernières cartes sont également nommées matadors, et il est dû un jeton pour chacune d'elles, comme pour les matadors primitifs.

Du jeu de sans prendre. — Tout ce que j'ai dit du jeu simple, qui admet l'écart, doit aussi s'appliquer au jeu de sans prendre. Il y a seulement cette différence, que quand l'*hombre* vient à gagner sans prendre, chaque joueur est obligé de lui payer quatre jetons, indépendamment de la poule, des bêtes et de la consolation qui lui sont acquises. Par la même raison, quand l'*hombre* perd en jouant sans prendre, il doit, en outre de la bête, quatre jetons à chaque joueur.

De la vole. — La vole s'entreprend, ou en renviant celui qui a joué sans prendre, ou quand on joue encore après avoir fait les cinq premières levées. Dans les deux cas, les adversaires de l'*hombre* peuvent se communiquer leur jeu et agir de concert pour empêcher la vole.

Si l'*hombre* réussit à faire la vole, il reçoit deux fiches de chaque joueur, et tire toutes les bêtes, tant celles qui vont sur le coup, que celles qui étaient destinées pour le coup suivant. S'il n'y a point d'autres bêtes que celles qui vont sur le coup, on doit lui payer double de ce qui est au jeu. Ainsi, en supposant qu'il y ait trois passes, qui font vingt-sept jetons, et une bête de neuf jetons, le tout revenant à trente-six, chacun des joueurs paie dix-huit jetons à l'*hombre* qui fait la vole.

Puis d'ailleurs on doit payer à l'*hombre* le sans prendre, s'il a joué, sans écarter les matadors, et la consolation comme à l'ordinaire.

Quand l'*hombre* regarde les cartes qu'il a écartées après avoir vu celles qu'il a prises au talon, il ne peut plus faire la vole.

Si l'*hombre* qui a entrepris la vole la manque, il paie deux fiches à chaque joueur, et ceux-ci partagent entre eux les passes et les bêtes; puis il fait une bête égale à la somme des bêtes et des passes qu'il aurait tirées s'il eût gagné; au reste, s'il a fait cinq levées, il sera payé du *sans prendre* et des matadors, s'il les a.

L'*hombre* ne peut ni demander la remise ni s'en aller quand sa rentrée n'est pas favorable. Les matadors ne se paient que quand ils sont dans la main de l'*hombre*.

Des hasards de l'hombre. — 1° *Le bon air.* Ce hasard consiste dans la réunion d'un sans prendre avec quatre matadors. Le joueur qui gagne en ayant ce hasard, tire une fiche de ses compagnons ; mais il la leur paie s'il vient à perdre.

2° *Le charivari.* Il consiste dans la réunion de quatre dames.

3° *La discorde.* C'est la réunion des quatre rois.

4° *Le fanatique.* C'est celle des quatre valets.

5° *La chicorée.* Quand l'*hombre* joue avec trois ou quatre faux matadors, il a le hasard de la *chicorée*.

6° *La guinguette.* Quand il joue sans avoir aucun as noir, ce hasard a lieu.

7° *Le mirliro.* Les deux as noirs sans matadors, ou l'as de trèfle avec les deux as rouges, forment ce hasard.

8° *La partie carrée.* Elle consiste dans trois rois et une dame.

9° *Les yeux de ma grand'mère.* Les deux as rouges dans le jeu de l'*hombre* composent ce hasard si burlesquement nommé.

10° *Le parfait contentement.* Il consiste à jouer sans prendre avec cinq matadors. C'est un jeu sûr pour lequel chaque joueur est obligé de payer une fiche à l'*hombre*.

11° *La triomphante.* Ce hasard a lieu lorsqu'en commençant, l'*hombre* joue atout de spadille. S'il gagne simplement, chaque joueur lui paie une fiche, et deux, s'il fait la vole ; mais s'il perd, il doit une fiche à chacun.

Quant aux neuf premiers hasards, l'*hombre* reçoit aussi une fiche de chaque joueur, et la paie s'il vient à perdre.

Afin qu'il n'y ait que peu de coups inutiles, on convient assez souvent de jouer *spadille forcé*. Alors quand tout le monde a passé, et que spadille n'est pas au talon, le joueur qui l'a est contraint de jouer, quelque mauvais jeu qu'il puisse avoir d'ailleurs. Il nomme alors sa couleur et fait son écart, comme à l'ordinaire.

On appelle *gano*, renoncer à faire la levée en mettant une carte inférieure sur celle qui est jouée, quoiqu'on en ait une supérieure.

Jeu de la Bête ombrée.

C'est le diminutif du jeu précédent. On y joue deux, trois, quatre ou cinq personnes, avec un piquet et des jetons, ayant une valeur convenue pour faire l'enjeu : chaque joueur reçoit cinq cartes, distribuées par deux et trois, ou trois et deux.

Ainsi qu'à l'*hombre*, on a la parole pour *passer, demander*, *jouer sans prendre*, ou *renvier*. On agit du reste absolument de même ; seulement, il ne faut que trois levées pour gagner le coup ; il n'y a qu'une couleur de triomphe ordinaire, sans les matadors de l'*hombre* (le joueur premier la nomme à son gré quand les autres passent sans renvier); néanmoins celui qui réunit dans son jeu le roi, la dame et le valet d'atout, a ce qu'on nomme trois *matadors;* s'il y joint l'as et le dix de couleur semblable, il a cinq matadors, et les autres joueurs lui doivent un jeton par chaque matador.

Lorsqu'il entreprend la vole et la manque, il paie le jeton au lieu de le recevoir.

Comme à l'*hombre*, il y a aussi *codille*; mais trois levées suffisent pour cela.

Le joueur qui renonce fait la bête ; il en est de même de celui qui *sous-force*, c'est-à-dire, lorsqu'ayant deux cartes de la couleur jouée, dont une supérieure à la carte jouée, et l'autre inférieure, il fournit la dernière. Au reste, ce jeu est parfaitement semblable à l'*hombre* quant aux *bêtes*, à la vole etc.

Jeu de Quadrille.

Le *quadrille* est le *médiateur* joué à quatre personnes (Voyez *Médiateur*.)

Jeu de Quintille.

Le nom de ce jeu vient de ce que l'on y joue à cinq personnes.

Pour ne pas inutilement répéter les mêmes règles, je vais composer presque entièrement cet article de renvois. Ainsi, pour le placement de cinq joueurs, je renvoie à la *Bouillotte*; pour la composition de ce jeu, au *Pique Médrille*; pour la couleur *favorite* ou de *préférence*, et pour les fiches nommées poulans, encore à ce dernier jeu. Quant à l'ordre, à la valeur des cartes, aux matadors, aux renvis, à la parole, au sans-prendre, j'engage le lecteur à lire l'*Hombre*; comme au *Pique-Médrille* et au jeu précédent, les cartes qui suivent les trois premiers matadors sont matadors *surnuméraires*. Le joueur qui ouvre et conduit le jeu, se nomme aussi l'hombre ; les autres cherchent à le faire perdre et à faire codille.

Voici cependant quelque chose de particulier à ce jeu : Les petites cartes d'une couleur autre que celle d'atout se nomment *fausses cartes*, et l'action de s'en défaire s'appelle se *défausser*. On dit qu'on est en *cheville*, quand on n'est ni le premier ni le dernier à jouer. *Coster*, se dit d'un joueur en *cheville*, qui, ayant une carte-roi et une autre inférieure, jette celle-ci plutôt que celle-là, parce qu'il espère que la carte supérieure à celle qui n'est pas roi, ne se trouvera pas dans la main de la personne avant laquelle il joue. On *obéit*, c'est-à-dire on fournit de la couleur jouée. La *remise* est le coup où l'*hombre* fait la bête sans que son adversaire ait gagné codille.

L'*hombre* peut s'associer à quelqu'un, et alors il partage la perte et le gain avec son partenaire. Si, dans leur partage, il se trouve un jeton impair, l'*hombre* le paie en cas de perte, et le recueille en cas de gain.

Tous les paiements, pour lesquels je renvoie aux jeux ci-dessus nommés, se font doubles depuis le neuvième tour de la partie, que pour cette raison on nomme *tour double* : c'est le dernier. A mesure que les bêtes se multiplient, elles augmentent de quinze jetons.

CINQUIÈME SECTION.

Jeux de Distraction.

CHAPITRE VIII.

Jeu de la ferme.

Je vais m'occuper avec plaisir de cette série de jeux ; seuls peut-être ils permettent que le mot jouer soit synonyme de se divertir ; car, pour la plupart des autres, ce mot signifie étudier, s'appliquer avec fatigue, ou se ruiner et se corrompre.

La *ferme* qui donne le nom au jeu, est la *banque* ; mais cette banque n'est pas redoutable comme celle des jeux de hasard. Plus on est de joueurs, plus la *ferme* est intéressante ; on y joue jusqu'à dix ou douze. Le jeu de cartes dont on se sert doit être entier excepté les huit, parce que si on les y laissait, le nombre seize arriverait trop fréquemment, et l'on déposséderait trop tôt le fermier. Par le même motif, on ne laisse que le six de cœur, en supprimant les trois autres, parce que leur rencontre avec les dix amènerait trop fréquemment seize. Le *six de cœur* est nommé par excellence, le *brillant*.

Ces préliminaires font pressentir qu'il faut faire seize pour gagner : effectivement, ce nombre est l'objet principal du jeu. Les cartes valent ce dont elles sont marquées, l'as un point, ainsi des autres, et chaque figure dix.

Le donneur est le *fermier :* le sort le désigne, et il prend alors la ferme à un prix quelconque, 50, 75 centimes, ou 1 franc, et même plus haut, selon que l'on fait valoir les jetons ; il met à part sur un coin de la table le prix convenu pour la ferme, puis il mêle, fait couper, et donne à chacun des joueurs une carte du dessus du jeu ; alors il s'arrête et regarde le premier à jouer, en tenant toujours le talon à la main : celui-ci demande *carte*, et le donneur lui en donne une prise dessous le talon. Si le joueur n'est point satisfait, il répète *carte*, et il est servi de nouveau de la même manière ; s'il n'en veut pas davantage, il dit : *je m'y tiens.* Tout le monde agit ainsi afin d'avoir seize. Celui qui a un certain nombre de points, et qui craint de passer le nombre seize, est libre de s'y *tenir*, de ne point prendre de cartes, et ne donne rien en ce cas au fermier, mais il perd l'espérance de le déposséder ; celui qui, prenant une seconde ou troisième carte, dépasse le nombre exigé pour déposséder le fermier, c'est-à dire le nombre seize, lui paie autant de jetons qu'il le surpasse de points. Par exemple, si, ayant un dix en main, il lui arrive une figure, il paiera quatre jetons au fermier, parce qu'ayant vingt il dépasse seize de quatre points ; il en est ainsi pour les autres joueurs. Il va sans dire que lorsqu'on a justement seize, en dépossédant le fermier, on gagne le prix de la ferme, ainsi que les jetons que chacun a mis au jeu en commençant ; outre cela, on en prend l'emploi, à moins qu'il n'ait été convenu que le fermier n'aurait pas de successeur, ou que chacun le serait à son tour.

Lorsqu'on a un point approchant de seize, il est, pour deux raisons, convenable de s'y tenir : l'une, parce qu'on ne court pas le risque de payer au fermier ; et l'autre, parce que l'on peut gagner le jeton que chacun a mis au jeu, et que celui qui a le point le plus voisin de seize gagne, lorsqu'il ne se trouve personne qui dépossède le fermier.

Il semble que la condition de celui-ci ne soit pas avantageuse ; mais il n'en est rien, car il est suffisamment indemnisé par les jetons que chaque joueur lui donne du surplus des seize points.

Quand il y a deux points égaux pour tirer le jeu, celui qui a la primauté le gagne.

Il y a une autre manière de jouer à la ferme ; mais comme elle est compliquée et peu intéressante, je la passerai sous silence.

Jeu du Vingt et un.

Ce joli jeu, que l'on ne trouve pas dans les recueils ordinaires, a beaucoup de rapport avec la ferme, quant au fond ; car il en diffère par les accessoires.

On y joue en nombre indéterminé, augmentant les cartes relativement à la quantité des joueurs ; on prend ordinairement un jeu entier pour huit, dix, et même douze personnes. Chacun prend vingt-cinq ou trente jetons, qu'il fait valoir ce qu'il veut. On tire ensuite au sort à qui mêlera, et le donneur prend le titre et la qualité de *banquier*. Après avoir mêlé et fait couper, il donne deux cartes en deux fois à chaque joueur, et tenant toujours le talon en main, il regarde son jeu, tandis que les autres examinent aussi le leur. Si quelqu'un a vingt et un, il dit *vingt et un d'emblée* et met ses cartes à bas. Le banquier agit de même s'il a le même vingt et un. Mais voyons d'abord la valeur des cartes et la manière la plus convenable pour obtenir vingt et un.

Toutes les cartes ont leur valeur ordinaire : c'est-à-dire comptent les points qu'elles marquent, et les figures valent dix ; mais par un privilège particulier, les as valent à la fois un et onze. Ainsi, pour le vingt et un d'emblée, on a ou un dix et un as, ou une figure et cette même carte. Supposé que l'on ait deux as, qu'on demande *carte*, et qu'il vienne un neuf, on prend un des as pour onze, l'autre pour un, ce qui fait douze, afin d'avoir vingt et un ; on a toujours la ressource de changer ainsi la valeur des as à volonté.

Comme le vingt et un d'emblée est le coup supérieur, le joueur qui l'a, reçoit deux jetons du banquier, et jette ses cartes au bas du flambeau, et les autres jouent. Si le vingt et un est entre les mains de celui-ci, chaque joueur lui paie deux jetons, et tout le monde jette son jeu au flambeau, sans jouer. En s'abstenant de mêler et de faire couper (ce qui ne se fait que la première fois), le banquier donne de nouveau, et s'il n'a pas vingt et un d'emblée, il tient le talon de la main droite, et attend que le premier à jouer parle. Si celui-ci ne trouve pas son jeu à son gré, il demande *carte*, et le banquier la lui donne de dessus le talon, en la jetant sur la table sans la retourner. Si cette carte ne suffit pas, le joueur dit : *carte encore*, et ainsi de suite, jusqu'à ce qu'ayant ce qui lui convient, il dise : *je m'y tiens*. Quand on dépasse le point de vingt et un, on est *crevé*, et il faut payer au banquier un jeton, et jeter ses cartes au flambeau, cependant on est libre de ne le faire qu'à la fin du tour, parce que si le banquier crevait on ne lui paierait rien ; mais cela étant sujet à discussion, il faut convenir à l'avance de ce que l'on fera : il me semble qu'il vaut mieux payer tout de suite lorsque l'on crève.

Quand tous les joueurs sont servis, et que vient le tour du banquier, il met cartes sur table, et se met en devoir de jouer ; il se donne successivement des cartes ; s'il obtient vingt et un, il ne reçoit qu'un jeton des joueurs qui ont un point inférieur ; ceux qui ont vingt et un comme lui ne lui donnent rien, non plus que ceux qui ont crevé. S'il crève lui-même, il doit un jeton à chaque joueur (les crevés exceptés), et même à ceux qui se sont tenus au plus bas point. Lorsqu'il *s'y tient*, crève, ou fait vingt et un, tout le monde met cartes sur table, et le banquier paie un jeton s'il a crevé, ou qu'il y ait des vingt et un lorsqu'il n'en a pas.

Il est prudent de ne point trop *forcer*, c'est-à-dire de ne pas demander *carte* lorsqu'on approche du nombre vingt et un, dans la crainte d'en voir arriver une grosse qui ferait crever. Passé quinze, il faut ordinairement s'y tenir ; à ce nombre, on a encore l'espérance d'obtenir un quatre, un cinq, un six ; mais à seize, c'est trop chanceux ; toutefois il est peu probable que le banquier se tiendra à ce point, mais comme il est également probable qu'il crèvera, et que dans le cas qu'il ne le ferait pas, on ne paierait toujours qu'un jeton, il vaut mieux *s'y tenir* et courir cette chance, que de payer tout de suite en risquant de crever. Le banquier ne peut et ne doit point calculer ainsi, parce que s'il s'en tient à un nombre bien bas, comme seize ou dix-sept, il est presque assuré que les deux tiers des joueurs auront des points plus forts, et que par conséquent il vaut bien mieux qu'il s'efforce d'avoir un vingt et un. Lorsqu'il a un point supérieur à ceux d'un autre joueur, sans que ce point soit vingt et un, comme je suppose vingt, il dit : *je paie en cartes* et ne donne rien.

La charge du banquier n'est pas inamovible : quand il a épuisé le jeu de cartes, il prend une partie de celles que l'on a mises au flambeau à mesure que les tours ont été joués, et, après les avoir mêlées et fait couper, il donne pendant un tour, et cède au tour suivant son emploi à son voisin de droite.

Quand un tour est fini, les joueurs doivent réunir toutes les cartes jouées et les mettre au flambeau. Quand un joueur a perdu sa mise, il ne quitte pas le jeu pour cela, il est libre de mettre une nouvelle mise ou d'emprunter des jetons de l'un des riches joueurs, ou mieux encore de donner la valeur que représente l'enjeu de vingt-cinq jetons.

On joue encore le vingt-et-un d'une autre manière. Chaque joueur met devant lui la mise qu'il lui convient de faire, et perd ou gagne autant, s'il n'y a pas de vingt-et-un d'emblée ; dans le dernier cas, il gagne ou perd le double de sa mise.

Au coup ordinaire du vingt-et-un, on joint souvent divers coups :

Le tapis compte pour dix ; alors le banquier donne une carte seulement, mais on peut en redemander.

La couleur demandée ; on perd ou l'on gagne selon que le banquier vous donne rouge ou noir, selon votre désir.

La pacte, c'est deux cartes données en même temps.

Un, deux, trois, quatre, cinq, six, sept, huit, neuf, dix, onze. — Si, en appelant ainsi onze cartes, le banquier dit six ou neuf, ou un autre nombre, et trouve en même temps cette carte, il a gagné ; il perd dans le cas contraire.

Enfin, *pour le banquier ou pour la société ;* la plus forte carte décide pour tout le monde en même temps.

Jeu du Trente-et-un.

C'est la même chose que le jeu précédent, sauf que chaque joueur prend trois cartes et que le coup principal est de trente-et-un : deux figures, ou deux dix et un as, forment le trente-et-un d'emblée.

Jeu de la Tontine.

Les règles de la tontine sont faciles, comme, au reste, celles de tous les jeux de cette division : on peut y jouer douze et quinze personnes, et plus on est plus on s'amuse. Un jeu entier est nécessaire. Avant de commencer, chacun des joueurs prend douze, quinze ou vingt jetons, plus ou moins, qu'il fait valoir ce qu'il juge à propos. Un corbillon, placé au centre de la table, reçoit trois jetons de chacun, et se nomme la *tontine*, puis le donneur tourne une carte de dessus le jeu pour chaque joueur, et en prend une pour lui. Le talon se place à l'écart pour mêler avec les cartes du jeu au coup suivant.

Celui qui se trouve avoir un roi, tire du corbillon trois jetons ; a-t-il une dame, il en tire deux ; un valet, il en tire un ; celui qui a un dix, ne tire ni ne met rien. Le possesseur d'un as donne un jeton à son voisin de gauche ; celui d'un deux paie deux jetons à son second voisin de gauche ; a-t-on un trois, on paie trois jetons à son troisième voisin du même côté. Celui qui a un quatre met deux jetons au corbillon ou tontine ; un cinq n'en doit qu'un au même endroit ; un six paie deux, un sept un, un huit deux et un neuf un. Il est important de payer ou de se faire payer tout de suite, de crainte d'oubli ; ensuite le premier à jouer ramasse les cartes et les mêle : le coup se joue toujours de la même façon et chacun donne à son tour.

Ceux qui ont perdu tous leurs jetons sont *morts* : mais ils peuvent ressusciter à gauche par les cartes qui paient de ce côté, comme nous l'avons vu ; et un joueur ayant un seul jeton, joue comme s'il en avait dix ou douze ; et s'il perd deux jetons ou trois d'un coup, il est quitte en donnant celui qui lui reste. Les morts ne reçoivent de cartes et ne mêlent, quoique leur tour vienne, que lorsqu'on les ressuscite, ne serait-ce qu'avec un jeton ; dans ce cas, ils jouent de nouveau, et enfin le joueur qui reste seul avec quelques jetons, gagne la partie, et tire ce que chacun a mis au corbillon.

Jeu de la Loterie.

Le nombre des joueurs n'est point borné à ce jeu : on le

joue à douze et même davantage ; on emploie pour ce jeu deux jeux de cartes entiers : l'un sert pour faire les *lots* de la loterie, et l'autre les billets. Chaque joueur prend un certain nombre de jetons, et les fait valoir ce qu'il veut ; ensuite il donne les jetons qu'il a pour sa prise, et le tout mis ensemble dans une boîte ou bourse au milieu de la table, compose le fonds de la loterie. Après avoir bien battu les cartes, un des joueurs fait tirer trois cartes qu'on place non retournées au milieu de la table, et on distribue sur ces cartes les jetons de la bourse, de manière qu'ils forment trois lots d'inégale grosseur : il y a le *gros*, le *moyen*, le *petit lot*. Cela achevé, le joueur voisin de droite de celui qui a placé les lots prend le jeu des billets, et donne trois cartes à chaque joueur, qui les étale à mesure sur la table, sans les retourner : ces cartes sont les *billets*. Quand chacun est servi, on retourne les cartes des lots ; et ceux qui se trouvent avoir des cartes pareilles aux cartes des lots, emportent les jetons placés dessus. Selon que l'on veut faire durer le jeu, on donne une, deux ou trois cartes.

Jeu de la Loterie-Commerce.

C'est le même jeu que le précédent, mais on y ajoute un accessoire qui le rend plus vif et plus piquant. Quand chacun a reçu ses *billets*, avant de les retourner, on propose à son voisin de faire du commerce, c'est-à-dire de vendre telle carte de son jeu, ou d'en acheter une du vôtre : le marché se débat, se conclut à un ou plusieurs jetons, simultanément quelquefois entre tous les joueurs. Le commerce achevé, on retourne *lots* et *billets* : si les cartes des lots, par exemple, sont une dame de trèfle, un roi de cœur, un as de carreau, les porteurs de ces cartes tirent les lots, et bien souvent le possesseur de l'une de ces cartes l'a vendue, ou en a acheté une mauvaise à la place ; comme aussi, quelquefois pour un jeton il achète la carte qui lui vaut le gros lot de douze ou vingt jetons.

Il y a une manière bien plus intéressante de jouer à ces deux jeux.

Je suppose que l'on joue avec 52 cartes, à huit joueurs, chacun aura six cartes que l'on retourne devant soi. Le donneur vend les quatre qui restent à la criée, une par une ou deux par deux ; et du prix augmente les lots qui sont placés sur les cartes, comme il est dit ci-dessus.

On prend ensuite le jeu dont on a extrait les cartes formant les trois lots gagnants et un quatrième qui est un lot malheureux ne gagnant rien, et tout en les battant, on les appelle une par une. Chaque joueur brûle la carte correspondante qui se trouve parmi les siennes. Quand on a tiré le tiers du jeu, on s'arrête pour faire du commerce. Puis on tire encore un tiers. On s'arrête encore pour recommencer le commerce, car alors les cartes ont doublé ou triplé de valeur. Enfin, quand il ne reste plus de cartes dans la main du donneur, il retourne les lots, et on attend avec une certaine émotion dans l'espérance d'avoir le gros lot, ou dans la crainte de n'avoir que le lot malheureux, souvent avec une carte achetée assez cher un moment auparavant.

Jeu de l'Espérance.

Ce jeu se joue avec deux dés entre plusieurs personnes. On tire au sort qui aura le dé : avant de commencer, on distribue à chaque joueur un certain nombre de jetons auxquels on prête une valeur convenue ; chacun en met alors un ou deux au jeu, ce qui fait la *poule*.

On commence. Si le joueur qui a le dé amène un as, il donne un jeton à son voisin de gauche ; s'il amène un six, il met un jeton à la poule ; si ces deux dés présentent un as et un six, et qu'il lui reste plusieurs jetons, il en donne un à son voisin de gauche, et en met un autre à la poule ; s'il n'avait qu'un jeton, la poule aurait la préférence.

Le joueur, qui n'amène ni un as ni un six, n'a rien à payer, tous les autres nombres étant insignifiants, seulement il quitte le dé, et passe le cornet à son voisin de droite : celui-ci agit absolument comme son prédécesseur. Quand un joueur amène un doublet, il conserve le cornet pour jouer un second coup ; s'il fait encore un doublet, il joue un troisième coup ; s'il a le bonheur d'amener un troisième doublet, il gagne la partie ou la poule. Une autre manière plus fréquente de gagner la partie, est lorsque le porteur du dé ayant encore un ou plusieurs jetons, il n'en reste plus aux autres joueurs.

Celui qui n'a plus de jetons est *mort*, et ne peut plus recevoir le cornet à son tour ; mais il a l'*espérance de ressus-*

citer, c'est-à-dire de rentrer au jeu, et voici comment : quand le joueur, placé à sa droite, amène un as, il en reçoit un jeton, et, par conséquent, peut jouer et gagner de nouveau.

Ce jeu, purement de hasard, m'a semblé devoir être placé dans la série des *jeux de distraction*, parce qu'on peut y jouer en grand nombre, et que ses chances sont fort amusantes : il s'agit seulement de ne pas trop l'intéresser.

Schiff. Schnoff. Schorumm.

Ce jeu réunit tous les avantages des jeux dits *de société*, il est très facile à apprendre, très piquant et très varié : on peut le jouer entre cinq ou dix joueurs; mais il est plus amusant à six ou sept.

Selon le nombre de joueurs, on prend un jeu de piquet ou un jeu complet. On tire à qui donnera, car c'est un avantage. Chaque joueur reçoit cinq jetons, qui ont une valeur convenue : au milieu de la table se trouve un panier où l'on met l'enjeu, et destiné à recevoir successivement les jetons perdus.

Le donneur distribue les cartes en nombre égal à chaque joueur, en une ou deux fois ; il peut rester un talon, et il n'y a pas de retourne : autant que possible on doit avoir de six à dix cartes chacun.

Le jeu consiste à jeter, chacun à son tour, une par une, toutes les cartes qu'on a dans la main, de façon à éviter que celui qui joue sur vous puisse mettre une carte semblable à la vôtre.

Ainsi, le premier joueur joue un neuf (la couleur n'y fait rien). Si le deuxième joueur a un neuf, il le jette sur le premier, en disant *schiff* et fait mettre au panier un jeton par le joueur schiffé. Si le troisième joueur a encore un neuf, il le jette sur le second, en disant *schoff*, et fait mettre au panier deux jetons pour le joueur schoffé. Si le quatrième joueur a aussi un neuf, il le jette en disant *schorumm*, et fait mettre au panier trois jetons par le joueur schorummé.

Les schiff sont fréquents ; les schoff sont rares, et les schorumm le sont encore bien davantage.

A mesure que les joueurs perdent leurs cinq jetons, ils brûlent les cartes qu'ils ont encore entre les mains et cessent de jouer : à la donne suivante, on peut augmenter le nombre des cartes pour les joueurs qui restent sans jamais dépasser le nombre dix.

Quand il ne reste plus que deux joueurs, celui qui succombe dans un coup, force son adversaire à recommencer l'attaque, qui ainsi joue deux fois de suite et *est va venir*.

Quand on ne joue plus qu'à deux, il est souvent avantageux de se faire schiffer dans ses cartes doublées, parce qu'alors on schoffe son adversaire qui met deux jetons au panier, tandis qu'on n'en met qu'un.

Bien entendu on a gagné quand tous les joueurs ont perdu leurs cinq jetons, et qu'il vous en reste encore dans la main : on prend alors le panier où est déposé l'enjeu.

Pour recommencer, il faut avoir grand soin de battre bien les cartes et de les donner en plusieurs fois pour éviter que les cartes semblables soient ensemble.

Jeu de l'Emprunt.

Le nom d'*emprunt* désigne parfaitement ce jeu, car effectivement on n'y fait qu'emprunter. Il a quelques rapports avec le *Hoc*, dont nous avons parlé plus haut.

Après être convenu de ce qu'on jouera à la partie, et tiré au sort à qui donnera, on détermine le nombre de cartes que l'on distribuera à chaque joueur : car ce nombre varie suivant celui des personnes. Si l'on est six, on reçoit huit cartes chacun ; cinq, dix chacun ; si l'on n'est que quatre, la quantité est encore de dix cartes ; mais on retranche les deux dernières espèces de cartes, comme les as et les deux (l'as, à l'emprunt, ne comptant qu'un point). N'est-on que trois joueurs, on a chacun douze cartes ; mais alors on retranche les trois. Ainsi, de quarante cartes dont se compose maintenant le jeu, après la distribution, il n'en restera que quatre.

On convient ensuite de ce que l'on paiera pour les cartes qui resteront en main aux derniers joueurs ; on met chacun un jeton au jeu, et le premier en cartes en met deux : le grand avantage qu'il y a à jouer le premier exige cette double rétribution. Quand celui-ci a jeté celle de ses cartes qu'il juge à propos, le second joueur est contraint de jouer celle qui suit, de même couleur : ainsi, par exemple, si le premier a joué la dame de pique, il est obligé de mettre le valet de cette couleur ; s'il ne l'a pas, il l'emprunte à son voisin de gauche, en lui payant un jeton pour cet emprunt ; si son voisin ne l'avait pas, il l'emprunterait à un autre, et à son défaut il chercherait dans le talon, et le prendrait en payant au jeu ce qu'il aurait payé à un des joueurs. Vient ensuite le tour du troisième joueur : si le valet a été placé, il mettra le dix de pique, s'il l'a, et dans le cas contraire, il l'empruntera en payant un jeton, comme nous l'avons dit. Le quatrième fera de même, et ceux qui suivront aussi, en allant toujours par la droite jusqu'à ce que l'on revienne au premier joueur, auquel on emprunte souvent pour répondre à sa couleur.

Celui-ci recommence à jouer telle carte qu'il lui plaît : s'il a encore des piques, supposons qu'il en jette encore, ce qui est son intérêt, pour forcer ses partenaires d'emprunter, et de leur faire rester le plus possible de cartes dans la main. Si ce premier joueur avait un grand nombre de cartes de couleur semblable, on sent qu'il gagnera presque sans effort. Mais cela arrive peu, surtout quand on est beaucoup de joueurs, à cause des emprunts successifs qu'on fait au premier : au surplus, ces emprunts même avancent son jeu et son gain. On joue toujours en empruntant, jusqu'à ce que l'un des joueurs se soit entièrement défait de ses cartes, soit en prêtant, soit en jouant. Le premier qui se trouve ainsi débarrassé de son jeu, gagne la partie, il tire par conséquent la mise, et prend ce qu'on est convenu de payer pour les cartes qui restent aux autres joueurs. On compte les points, et l'on paie selon la convention. Les cartes ont leur valeur naturelle.

On recommence ensuite à mêler les cartes et à faire une nouvelle partie. Ce jeu, très facile, est très gai : les emprunts en chassent le silence et le sérieux qui règnent dans les jeux de calcul et de salon ; les plaisanteries, les ris l'animent : aussi n'ai-je point hésité à le mettre parmi les jeux de distraction.

Le Rams.

Ce jeu est très facile ; on le sait jouer quand on sait l'écarté, et qu'on l'a essayé une fois.

On se sert d'un jeu d'écarté. On peut y jouer de trois à six personnes : on donne à chacun cinq jetons, et on convient de l'enjeu, qui est payé par un seul perdant à un seul gagnant.

On tire la main, car c'est un avantage de donner.

Le donneur distribue cinq cartes à chaque joueur, et retourne la dernière.

Puis chacun examine son jeu, et selon qu'il lui semble mauvais ou bon, dit, je passe ou je tiens.

Quand le jeu est décidé, le donneur prend la retourne qu'il échange contre la moins bonne carte de son jeu, et la partie commence.

Le jeu consiste uniquement à faire des levées ; parce qu'à chaque levée on se débarrasse d'un jeton, et que celui qui se débarrasse le premier de ses cinq jetons a gagné.

Celui, au contraire, qui en conserve encore quand tous les autres joueurs n'en ont plus, paie l'enjeu convenu.

Chaque fois qu'on va au jeu, on se débarrasse d'autant de jetons qu'on fait de levées ; mais, si l'on ne fait pas de levées, on est ramsé et on prend cinq jetons au panier pour les ajouter aux siens.

Le joueur qui va seul au jeu, fait les cinq levées et par conséquent se débarrasse de cinq jetons d'un coup : mais tous ceux qui ont passé avant lui, et le voient seul engagé, peuvent revenir jouer contre lui pour l'empêcher de gagner si vite.

Jeu du Nigaud ou *de la Patience russe.*

On joue en nombre indéterminé avec un ou plusieurs jeux entiers, en s'arrangeant de manière à ce que chaque joueur ait un tas de cinq à six cartes. On commence par tirer le *chef* du jeu au sort. Ce chef perçoit en argent l'enjeu dont on est convenu, et en fait trois lots : le premier de ces lots est gros, le second de médiocre grosseur, et le troisième petit, ou, pour parler plus justement, les deux derniers diminuent progressivement d'un tiers. Le chef, après avoir mêlé et fait couper, distribue ensuite les cartes une à une à chaque joueur, qui les place en tas devant lui et retournées.

La valeur des cartes est naturelle ; ainsi le roi emporte la dame, etc., jusqu'à ce qu'en descendant, le deux emporte l'as : voilà tout le secret du jeu. Le premier en cartes regarde quelle est la carte qui se trouve sur son tas, et celle qui est sur celui de son voisin de droite : supposé qu'il ait un valet, et ce dernier un dix, il pose ce valet sur cette carte ; le voisin l'imite ; et si le troisième joueur a un neuf, il pose le dix sur le neuf, puis le valet sur le dix ; et si, par un hasard qui arrive souvent, il se trouve avoir à la suite la dame et le roi, il ajoute ces deux cartes aux précédentes. Le jeu se continue, et chacun à son tour se décharge sur son voisin, s'il y a lieu ; car, lorsque les cartes ne se suivent pas, on passe. Le premier qui s'est débarrassé de ses cartes emporte le gros lot, et attend la fin du jeu; le second prend le second lot; le troisième, le dernier; et les autres joueurs n'ont rien.

Il est très piquant de voir que lorsqu'un joueur, n'ayant plus qu'une carte, saisit déjà le lot principal dans sa pensée, son voisin, chargé d'un gros tas de cartes qu'on vient de lui donner, les lui passe toutes à la suite, ce qui s'appelle la *débâcle* : c'est alors que l'on fait la *patience* ou le *nigaud;* mais par bonheur la débâcle circule.

Quand on recommence, il faut mêler et faire couper les cartes plusieurs fois.

Le vieux garçon.

Ce jeu est encore très amusant.

On le joue avec un jeu entier dont on a ôté trois valets, n'en réservant qu'un qui est le *vieux garçon*.

On convient de l'enjeu qui ne doit pas être très fort, car, comme un seul joueur paie tous les autres, ça pourrait devenir l'occasion d'une véritable perte.

On divise les cartes en nombre égal, et s'il en reste qu'on ne puisse partager également, on les donne une par une en commençant par le premier à jouer.

Avant de jouer, chacun regarde dans son jeu et se défait de toutes les cartes doubles, deux rois, deux as, deux sept, puis le premier à jouer présente son jeu à couvert, à son voisin, qui y prend une carte au hasard.

Si cette carte lui en double une autre, il les jette toutes deux, et présente à son tour, son jeu à couvert à son voisin de droite, et ainsi de suite jusqu'à ce qu'un joueur soit débarrassé de toutes ses cartes ; à dater de ce moment, le joueur sort du jeu, et est sûr de gagner l'enjeu convenu, *s'il ne parle pas avec quelqu'un du jeu précédent le reste de la partie;* car, s'il parle, celui des joueurs qui l'a fait causer, ou qui s'en aperçoit le premier lui remet ses cartes, et doit devenir muet à son tour.

La partie continue ainsi et chacun se débarrasse successivement de ses cartes, devient muet avec les joueurs, mais peut causer, soit avec les personnes qui ne seraient pas du jeu, soit avec celles qui en seraient également sorties.

Enfin, chacun en jetant toujours les cartes doubles finit par se débarrasser, excepté celui qui a entre les mains le vieux garçon qui est seul et qui reste toujours dans la main d'un joueur : lequel perd et paie tout le monde.

Il est donc très amusant de se débarrasser du vieux garçon quand on l'a en main ; et encore plus de faire rentrer au jeu quelqu'un qui en était sorti, et se croyait déjà gagnant.

Jeu du Coucou[*].

Contre l'ordinaire des jeux de cartes, celui-ci prête beaucoup à rire ; mais peu distingué, il n'est connu que dans quelques très petites villes de province.

On joue au coucou depuis cinq à six personnes jusqu'à vingt ; lorsqu'on est en grand nombre, on emploie un jeu entier, autrement l'on fait usage d'un piquet, en observant toutefois que les as sont les plus basses cartes du jeu.

On convient du prix du jeu, et l'on prend huit ou dix jetons ou *marques* ; on tire la donne au sort et à la plus haute carte, car elle est d'un grand avantage, comme nous le verrons bientôt. Les cartes mêlées et coupées, le donneur prend une carte dessus le talon, et sans la découvrir la tend à chaque joueur, qui, l'ayant regardée, dit, si la carte lui convient : *je suis content*, ou par abréviation, *content* ; si la carte est un as, ou toute autre basse carte, il s'adresse à son voisin de droite, et dit : *contentez-moi* ; alors celui-ci est obligé de changer de carte avec lui, à moins qu'il n'ait un roi, car dans ce cas il refuse en disant *coucou*, et le joueur qui cherchait à se faire *contenter*, est forcé de garder sa mauvaise carte ; les autres agissent de même, jusqu'à ce que l'on soit venu au donneur ; alors, quand on lui demande à être *contenté*, il doit donner la carte de dessus le talon, à moins que ce ne soit un roi.

Le tour ainsi fait, chacun met sa carte sur table, et ceux qui ont la plus basse paient chacun un jeton qu'ils mettent dans un corbillon placé au milieu de la table. Il arrive assez souvent que plusieurs joueurs paient à la fois, et c'est toujours la plus basse espèce des cartes étalées qui paie ; les as paient toujours

---

[*] Ce jeu porte aussi le nom de *her* : alors quand on refuse d'échanger la carte, on répond *her* au lieu de *coucou*.

quand il y en a sur le jeu : à leur défaut, les deux, au défaut des deux, les trois, et ainsi des autres.

Quand on demande à être *contenté*, et que le voisin donne sa carte, si l'on est trompé dans son attente et que cette carte soit inférieure à celle que l'on avait d'abord, il faut en prendre son parti.

Nous avons dit qu'il est fort avantageux de donner, parce qu'il revient trois cartes au donneur, qu'ainsi il peut choisir, et que par conséquent il ne paie presque jamais. Le joueur qui le premier a perdu tous ses jetons se retire du jeu, et celui qui en a encore, quand chacun les a tous perdus, n'en conserverait-il qu'un seul, gagne et tire tout ce que l'on a mis au jeu.

L'as qui court.

A ce jeu, les cartes ont leur valeur naturelle; l'as est la plus faible, et le roi la plus forte.

On peut y jouer à dix, à quinze personnes.

On se sert d'un jeu de cinquante-deux cartes.

On dépose au panier un enjeu convenu contre trois jetons.

Puis après avoir tiré la donne, le donneur distribue les cartes une par une à chaque joueur, et finit par lui-même en mettant le talon devant lui sans retourner.

Alors, le premier en cartes, s'il a une carte faible, demande à l'échanger contre celle de son voisin, qui ne peut s'y refuser, à moins qu'il n'ait un roi, auquel cas il abat sa carte.

Les échanges continuent sur toute la ligne, mais celui qui a reçu une carte supérieure à celle qu'il a donnée, peut ne pas demander l'échange et dire *je m'y tiens :* car il est sûr de ne pas perdre.

Les échanges continuent ainsi jusqu'à celui qui a donné les cartes ; mais quand il lui vient un as de cette façon, il peut tirer au talon pour le remplacer.

Cela terminé, on abat le jeu, et celui ou ceux qui ont la plus faible carte, mettent un jeton au panier, jusqu'à ce qu'il ne reste qu'un joueur qui alors a gagné.

Jeu de ma Commère, accommodez-moi.

L'esprit d'accommodement qui préside à ce jeu lui a fait donner ce titre.

Il peut y avoir sept à huit joueurs : ils emploient un jeu

entier, et prennent un enjeu d'un certain nombre de jetons ; on donne à chaque jeton une valeur proportionnée à ce que l'on veut jouer.

Le donneur, tiré au sort, donne à chaque joueur trois cartes par deux et une, ou toutes trois à la fois ; puis il met le talon sur la table sans retourner, parce qu'il n'y a point de triomphe. Les cartes distribuées, on songe à tirer au *point*, à la *séquence* et au *tricon* : ces coups s'emportent l'un l'autre en remontant : le plus fort enlève le plus faible, et en cas d'égalité, les premiers à jouer ont la préférence.

Les cartes ont la valeur ordinaire ; cependant l'as est au-dessus du roi, et vaut onze points. Le *point* en ce jeu consiste à avoir en main trois cartes de couleur semblable, et fait tirer la poule à son porteur : il se nomme aussi flux.

La *séquence* consiste en trois cartes de couleur semblable, et dans leur ordre naturel, comme as, roi et dame ; cinq, six et sept, n'importe de quelle couleur ; elle fait gagner la poule et un jeton de chaque joueur. Le tricon est la réunion de trois dix, trois valets, etc. ; il fait gagner, avec la poule, deux jetons de chacun.

Pour *s'accommoder* et tâcher d'avoir les avantages qui lui manquent, chaque joueur arrange ses cartes : et voulant se défaire de celle qui lui nuit, ou lui est inutile, la prend, et la donnant à son voisin de droite, lui dit : *Ma commère, accommodez-moi*. Le voisin lui rend à la place la carte de son jeu qui lui est aussi la plus inutile ; si le premier n'en est pas satisfait, n'importe. C'est maintenant au tour du voisin à s'accommoder, et ainsi de suite pour tous les joueurs, jusqu'à ce que l'un d'eux ait rencontré de quoi faire point, séquence ou tricon ; il va sans dire que ces coups d'emblée, qui lui donnent leur produit habituel, lui font aussi gagner la partie. Lorsqu'on les a, on étale son jeu sur la table.

Souvent, après avoir bien promené leurs cartes, les joueurs ne trouvant point à s'accommoder dès la première donne, conviennent que chacun écartera une carte, la donnera au donneur, qui la placera sous le talon, et remplacera par une carte prise dessus le talon. Cela ne se peut que d'un commun accord. Quand on a pris chacun une nouvelle carte, on recommence à jouer comme auparavant, en s'accommodant l'un l'autre, et l'on pourrait même recommencer à prendre des cartes au talon si les joueurs ne s'accommodaient pas ; mais cela arrive rarement, et l'on ne fait guère que deux donnes à ce jeu.

Jeu du Commerce.

On joue à ce jeu depuis trois jusqu'à dix ou douze personnes, avec un jeu de cartes entier : elles conservent leur valeur habituelle, à l'exception de l'as qui vaut onze et qui lève le roi ; le roi lève la dame, et ainsi des autres.

Le donneur distribue en une fois, ou l'une après l'autre, trois cartes à chaque joueur ; la première manière est préférable, afin d'éviter d'amuser le tapis, c'est-à-dire de jouer avec lenteur.

Chacun prend un certain nombre de jetons, vingt-cinq ou trente, par exemple, leur donne une valeur quelconque, et en met un au jeu en commençant. Les coups essentiels au jeu de commerce, c'est de tirer au *point*, à la *séquence* et au *tricon* (voyez ces mots dans les jeux de l'ambigu, du whist, etc.); le tricon gagne de préférence à la séquence, et celle-ci préférablement au point.

Le donneur se nomme *banquier* ; le talon, *banque*, et les joueurs s'appellent *commerçants*. Après que les cartes sont distribuées, le banquier ne tourne point, car ce jeu n'a pas d'atout : il met le talon devant lui, en disant : *Qui veut commercer ?* Le premier en cartes, après avoir examiné son jeu, garde le silence s'il ne veut point commercer, ou dit : *pour argent*, ou *troc pour troc*, ainsi qu'il le juge à propos ; il en est de même pour tous les autres joueurs.

Commercer pour argent. — C'est demander au banquier une carte du talon à la place d'une autre carte que donne le commerçant ; pour avoir cette carte du talon, il faut payer un jeton au banquier ; la carte donnée en échange est mise dessous le talon.

Commercer troc pour troc. — C'est changer une carte avec son voisin de droite, et il n'en coûte rien pour cela ; ainsi chacun des joueurs, l'un après l'autre, et suivant son rang, commerce jusqu'à ce qu'il ait trouvé, ou que quelque autre ait obtenu ce qu'il cherche.

Le joueur qui le premier a rencontré le point, la séquence ou le tricon[1], montre son jeu, et n'est point obligé d'attendre que les autres commerçants recommencent le tour lorsqu'il est fini ; et si celui qui a un certain point auquel il veut se tenir, étend son jeu avant de commencer, ceux qui, du même tour, viennent après lui, ne peuvent commencer et s'en tiennent à leur jeu : si ce joueur-là était premier, personne ne commercerait.

Lorsqu'un des joueurs a ainsi arrêté le commerce, celui qui a le plus fort point, la plus haute séquence, ou enfin le plus fort tricon, gagne, et l'on recommence un autre coup. La donne passe à chacun à tour de rôle.

Le banquier commerce à la banque, et ne donne rien à personne.

Dans le cas où il ne se trouve dans un coup, ni séquence, ni tricon, et qu'entre plusieurs joueurs le point soit égal, le banquier gagne la poule de préférence aux commerçants, et quoiqu'il ne donne rien pour commercer et prendre des cartes du talon, il tire un jeton de chacun quand il gagne la partie.

Le banquier *commerce au troc* comme les autres, et doit fournir à son voisin de gauche une carte de son jeu, quand celui-ci veut *commercer au troc* avec lui.

Voilà bien des avantages ; voici maintenant les inconvénients.

Quelque jeu qu'il puisse avoir en main, le banquier, lorsqu'il ne gagne pas la poule, est forcé de donner un jeton au gagnant, parce qu'il est censé avoir toujours été à la banque. S'il se rencontre avoir point, séquence ou tricon, et que malgré tout cela il ne lève pas la poule, parce qu'un autre joueur aurait ces coups plus forts, il donnerait un jeton à chaque joueur, ce que les autres ne sont pas tenus de faire.

Ce jeu était fort à la mode autrefois, surtout dans les provinces : on y joue encore fréquemment dans les sociétés sans cérémonie.

Jeu du Nain jaune ou *Lindor.*

Il faut, pour jouer à ce jeu, une sorte de tableau représentant dans le milieu un *nain* de couleur jaune, tenant à la main un sept de carreau ; aux quatre coins du tableau on voit quatre cartes figurées ; en haut et à la droite du nain est la dame de pique, et à la gauche le roi de cœur ; en bas du tableau, à gauche, se voit le valet de trèfle, et à droite le dix de carreau : si l'on n'avait pas ce tableau, on pourrait y suppléer en attachant sur le tapis en carré, au milieu de la table, une figure de nain, et les cartes ci-dessus nommées.

Les joueurs sont au nombre de trois au moins et de huit au plus; on donne à chacun une certaine quantité de jetons qui ont une valeur convenue. Le sort désigne à qui fera, et le donneur prenant un jeu de cartes entier distribue en cinq fois, c'est-à-dire par trois, quinze cartes à chaque joueur; quand on ne joue que trois, il reste alors sept cartes au talon. A quatre, on ne donne que douze cartes à chacun, et le talon en a quatre. Est-on cinq, on distribue à chacun neuf cartes, et le talon en compte sept; s'il y a six joueurs, ils en ont chacun huit, et le talon est de quatre cartes. A sept, on a chacun sept cartes, et il en reste trois au talon; enfin, à huit personnes, chacun n'en reçoit que six, et le talon en a quatre.

Avant de distribuer les cartes à chaque coup, on procède à la garniture du tableau qui fait la mise en jeu.

Chacun met sur le dix de carreau, un jeton; sur le valet de trèfle, deux jetons; sur la dame de pique, trois jetons; sur le roi de cœur, quatre jetons; sur le nain jaune ou le sept de carreau, cinq jetons.

La plus haute carte du jeu est le roi; et la plus basse l'as; du reste, les cartes ont leur valeur et leur ordre ordinaire.

De la suite des cartes. — Le premier en cartes commence à jouer par celle qui lui convient, quand la donne est achevée, et en se proposant de se défaire de toutes ses cartes avant ses adversaires : il est fort avantageux d'avoir plusieurs cartes de la même couleur qui se suivent, comme un quatre, un cinq, un six, etc., parce qu'on peut jouer à la fois, jusqu'à celle qui manque, toutes les cartes qui se suivent. Ainsi, lorsqu'un joueur a, je suppose, quatre cartes se suivant de cette manière, il les joue et les nomme en disant six de trèfle, sept, huit, neuf sans *dix*; si le joueur qui le suit à droite a le dix, il le met, ainsi que les autres cartes qu'il peut avoir de suite, jusqu'au roi. Lorsqu'un joueur a son jeu disposé de manière à pouvoir se défaire de toutes ses cartes de suite, la première fois qu'il est en tour de jouer, il fait *opéra*, ou *main pleine*, c'est-à-dire qu'il enlève tout, et la garniture du tableau et les jetons que chaque joueur doit donner pour autant de points qu'il lui reste en main. Si ce coup arrive au premier en cartes, on voit dès lors que personne ne joue, et que chacun, gardant tout son jeu, doit énormément de points; mais par bonheur ce coup est des plus rares.

JEUX DE CALCUL.

La levée appartient à celui qui a joué en dernier lieu une carte supérieure aux autres jouées ; il rejoue de nouveau, sans avoir égard à son tour, et s'arrête, comme il est dit précédemment, à la carte dont il lui manque la suivante. La même marche continue jusqu'à ce qu'un des joueurs, s'étant défait de toutes ses cartes, ait par ce moyen gagné le coup. Alors les autres étalent leur jeu et paient chacun, au gagnant, un jeton pour chaque point que présentent les cartes qu'ils n'ont pu jouer.

Comme au *nain jaune*, il ne se trouve point de renonce ni d'atout, on peut jouer sur une carte d'une couleur quelconque la carte suivante d'une autre couleur. Ainsi, par exemple, si vous jouez le six de cœur, je puis indifféremment le couvrir avec le sept de pique, de trèfle ou de carreau.

Les cartes correspondantes à celles qui sont figurées sur le tableau se nomment *belles cartes*, et sont, ou fort onéreuses, ou d'un très grand avantage. Elles sont onéreuses quand elles vous restent en main, parce qu'alors vous faites une bête égale au nombre de jetons qui se trouvent sur les cartes figurées : elles sont avantageuses, en ce que, lorsqu'on parvient à les jouer, on enlève la mise que portent les cartes figurées. Ainsi, le roi de cœur joué emporte la mise de jetons du roi de cœur figuré ; la dame de pique du jeu lève la mise de la dame de pique du tableau, etc.

Le coup fini, c'est-à-dire la partie gagnée par le joueur qui s'est défait le premier de ses cartes, on garnit de nouveau le tableau, et la donne passe au voisin de droite du donneur précédent, ainsi qu'il est toujours d'usage.

Jeu de l'Hymen.

C'est un jeu de tableau auquel on joue avec des dés et des jetons auxquels on attribue une valeur convenue. Le nombre des joueurs peut s'étendre depuis deux jusqu'à vingt. Le tableau dont on se sert, ou pour mieux dire se servait, car ce jeu est totalement oublié, est composé de quatre-vingt-dix cases qui ont chacune un numéro et une dénomination particulière, analogue aux sentiments, aux peines, aux plaisirs de l'amour ; comme l'*espérance* (cette case revient plusieurs fois), le *tête-à-tête*, les *serments*, les *sacrifices*, les *caresses*, la *mélancolie*, le *refroidissement*, l'*explication*, la *déclaration*, les *refus*, le *retour*, etc. : la neuvième case est celle du *palais de l'hymen.* Il faut que chaque joueur ait une marque particulière pour constater les points qu'il amène, et la case sur laquelle il s'arrêtera.

Les règles sont celles du jeu de l'oie ; mais ce jeu est bien plus piquant, à raison des rapprochements que produisent les *pas rétrogrades.* Ainsi, si l'on arrive à la case des *ailes de l'amour* (23), on va se placer à la case de *l'entrevue ;* la case de la *discrétion* vous renvoie à celle du *plaisir*, etc.

Je ne m'étendrai pas davantage sur ce jeu, car ce serait en pure perte, puisqu'il est maintenant parfaitement inconnu.

SIXIÈME SECTION.
Jeux de Hasard.

CHAPITRE IX.

Les jeux de hasard ont toujours été prohibés par les gens sages ; ils ne se sont introduits que timidement dans le monde, et n'y sont restés longtemps que parce qu'ils étaient très modérés : mais, les mêmes joueurs qui ne hasardaient chez eux, et en face de gens de bonne foi, que de faibles enjeux, allaient en se cachant exposer des sommes énormes contre des escrocs, dans des tripots et d'autres mauvais lieux. La passion du jeu de hasard fit alors invasion partout, et le gouvernement crut à la fois faire cesser les abus des mauvais lieux, et déconsidérer ces jeux dans les salons, en les faisant exploiter dans des établissements spécialement surveillés. Il y réussit en partie, les jeux de hasard disparurent et du monde et de la taverne, mais d'autres abus apparurent ; l'autorité devint croupier ; le gouvernement fut accusé avec raison de profiter des mauvaises passions des joueurs, et de tolérer le jeu qui lui rapportait de grosses sommes : les maisons de jeu furent fermées ; peut-être n'est-ce pas un aussi grand bien qu'on l'avait cru ; il eût mieux valu les bien réglementer ; car aussitôt le jeu s'organisa, en secret, dans les tripots, et la tête haute dans les salons ; depuis qu'il n'y a plus de roulette ou de trente et quarante, on voit revivre le creps, le lansquenet, le baccara et quelques autres non moins dangereux : c'est donc une obligation pour nous d'en indiquer les règles, pour que ceux qui les joueront ne soient au moins exposés qu'aux chances du jeu, et non aux tricheries d'adversaires peu loyaux.

Jeu de Dés.

Ce jeu, par la nature de ses instruments, semble appartenir à la classe des jeux composés ; mais comme il est en quelque sorte la source et le type des jeux de hasard, il doit commencer cette série, que, je l'avoue, je ne traite qu'à regret, et en engageant mes lecteurs à la plus grande modération dans l'exercice de ces jeux. Si j'achevais toute ma pensée, j'aurais écrit la plus grande défiance. *

Au reste, pour que les divisions soient de la plus grande exactitude, je subdiviserai encore les jeux de hasard, 1° en *jeux de hasard composés* ; 2° en *jeux de hasard avec cartes*.

JEUX DE HASARD COMPOSÉS.

Le jeu qui nous occupe maintenant est des plus anciens : Hérodote en attribue l'invention aux Lydiens ; Sophocle, Pausanias et Suidas le rapportent à Palamède. Des Grecs il passa aux Romains, comme la plupart des usages et des divertissements de cette première nation.

Les dés antiques étaient des cubes comme les nôtres ; mais ils étaient au nombre de trois, tandis que nous n'en employons que deux.

On joue deux, sur une table ordinaire, avec chacun un cornet de cuir dans lequel on met les deux dés ; après être convenu de ce que l'on veut jouer, et pris un nombre désigné de jetons pour représenter l'enjeu, on met les dés dans le cornet, et le tenant de la main droite, tandis qu'on le couvre de la gauche étendue à plat, on parie que l'on amènera tel nombre ; on agite ensuite les dés, et on les lance sur la table. Si l'on fait le nombre désigné on gagne un ou plusieurs jetons, selon qu'il a été convenu ; dans le cas contraire, on paie ce nombre et l'on tend les dés à son adversaire : celui-ci joue de la même manière, et ainsi de suite, jusqu'à ce que l'on ait épuisé l'enjeu. Pour tous les cas où les coups des dés sont bons, *voyez* ce qu'il est dit à ce sujet aux jeux du *Trictrac* et du *Revertier*.

* Les sages de tous les temps ont blâmé cette espèce de jeu. Caton le Censeur ne cessait de crier aux Romains : *Citoyens, fuyez les jeux de hasard.*

JEU DE DÉS.

Au jeu de dés, les doublets, c'est-à-dire, lorsque les deux faces des dés présentent un nombre semblable, se nomment *rafles* et se paient doubles si on les a devinées, et simples si le joueur s'est trompé. Ce coup forme même un jeu particulier dont nous allons nous occuper bientôt.

On voit que la description de ce jeu est des plus simples; mais il n'en est pas tout-à-fait de même pour les combinaisons propres à révéler les probabilités des coups. Ces calculs toutefois ne sont pas difficiles, et grâce à quelque peu d'habitude et d'attention, on peut connaître assez les chances que l'on doit raisonnablement attendre.

Nous avons déjà expliqué, à l'article *Trictrac*, la manière de prévoir à peu près les coups les plus fréquents, mais il est bon d'y revenir avec d'amples développements; ainsi, tout en renvoyant le lecteur à cette première instruction, nous allons l'entretenir en détail sur cet objet.

Nous savons qu'avec deux dés on amène trente-six coups différents, parce que chacune des six faces du dé peut se combiner six fois avec chacune des six faces de l'autre. De même avec trois dés on peut amener 36×6, ou deux cent seize coups différents, car chacune des six combinaisons des deux dés peut se combiner six fois avec les six faces du troisième dé. Par conséquent, en général, avec un nombre de dés $= n$ le nombre des coups possibles est de $6n$.

Donc il y a trente-cinq contre un à parier qu'on ne fera pas *rafle* de 1, de 2, de 3, de 4, de 5, de 6, avec deux dés (voyez *Rafle*). Mais on trouverait qu'il y a deux manières de faire 3, trois de faire 4, quatre de faire 5, cinq de faire 6, et six de faire 7, cinq de faire 8, quatre de faire 9, trois de faire 10, deux de faire 11, une de faire 12; on voit que plus les nombres augmentent de force, plus ils deviennent rares. La table suivante exprime les trente-six combinaisons, et démontre ce que nous venons d'énoncer.

2	3	4	5	6	7
3	4	5	6	7	8
4	5	6	7	8	9
5	6	7	8	9	10
6	7	8	9	10	11
7	8	9	10	11	12

Dans la première colonne verticale de cette table je suppose qu'un dé tombe successivement sur toutes ses faces, et que l'autre dé amène toujours 1 ; dans la deuxième colonne, qu'un dé amène toujours 2, et l'autre ses six faces, etc. Les nombres pareils se trouveront sur la même diagonale (jetez sur le tableau les yeux un peu de côté, de manière à voir les chiffres semblables sur une ligne diagonale). On voit tout de suite que 7 est le nombre qu'il est le plus avantageux de parier qu'on amènera avec deux dés ; et que 2 et 12, les deux extrémités des lignes diagonales, sont ceux qui offrent le moins d'avantage. Si l'on prend soin de former ainsi la table des combinaisons pour trois dés, on aura six tables de trente-six nombres chacune, dont la première aura 3 à gauche en haut, 13 à droite en bas, et la dernière 8 à gauche en haut, et 18 à droite en bas ; l'on verra également, par un regard sur les diagonales, que le nombre de fois que le chiffre 8 peut arriver est égal à $6 + 5 + 4 + 3 + 2 + 1$, c'est-à-dire à 21 ; et qu'ainsi il y a vingt-un cas sur deux cent seize à parier que ce nombre arrive; qu'il y a quinze cas pour amener 7, dix pour 6, six pour 5, trois pour 4, et un pour 3.

Que pour amener 9, il y a un nombre de combinaisons $= 5 + 6 + 5 + 4 + 3 + 2 = 25$; que

Pour amener 10, il y a $4 + 5 + 6 + 5 + 4 + 3 = 27$;
Pour obtenir 11, il y a $3 + 4 + 5 + 6 + 5 + 4 = 27$;
Pour amener 12, il y a $2 + 3 + 4 + 5 + 6 + 5 = 25$;
Pour amener 13, il y a $1 + 2 + 3 + 4 + 5 + 6 = 21$;
Pour amener 14, il y a 15 ;
Pour amener 15, il y a 10 ;
Pour amener 16, il y a 6 ;
Pour amener 17, il y a 3 ;

Et qu'enfin pour amener 18, il n'y a qu'une seule combinaison.

Par conséquent, 10 et 11 sont les deux nombres qu'il est le plus avantageux de parier qu'on amènera avec trois dés; il y a à parier 27 sur 216, c'est-à-dire 1 contre 8, qu'on les amènera ; viennent ensuite les nombres 9 ou 12 ; ensuite 8 ou 13, etc.

On peut, par une méthode semblable, déterminer quels sont les nombres qu'il y a le plus à parier qu'on amènera avec un nombre donné de dés, ce qu'il est bon de connaître dans beaucoup de jeux, comme nous l'avons déjà vu.

Jeu de la Râfle.

Il est inutile de dire quels sont les préliminaires de ce jeu ; ce que nous venons d'expliquer relativement au précédent nous en dispense : il l'est également de rappeler ce que l'on entend par *râfle*, et quels sont les doublets que l'on fait ordinairement avec les deux dés : la plus légère inspection de ces instruments montre qu'on ne peut amener que depuis double un jusqu'à double six (*Voyez* Trictrac).

Avant de commencer le jeu, l'on convient de ce qu'il sera payé par chaque râfle déterminée ; tous les autres coups sont nuls. Comme l'on joue chacun à son tour, celui qui amène fréquemment des nombres impairs ne se trouve en quelque sorte pas jouer du tout. Ce jeu n'a point de partie déterminée ; on joue toujours tant que l'enjeu n'est point épuisé, et on le renouvelle pour recommencer ensuite.

On peut combiner ce jeu et le précédent, en attachant le pari à la *râfle*; par exemple, avant d'agiter le cornet, l'on dit : *je parie faire râfle-terne* ou *râfle-beze*, etc. Si l'on adresse juste, on enlève ce qu'il avait été mis pour enjeu au milieu de la table, ou au pied du flambeau, ainsi que les jetons d'amende que l'on doit payer lorsqu'on se trompe. Cette amende et l'enjeu doivent être réglés à l'avance par une convention[*]; quand on est plusieurs personnes on joue tour à tour, ou plutôt on s'associe aux paris des joueurs. Sitôt que l'on a parlé pour annoncer le pari, il n'est plus permis de se reprendre. L'action de prendre les jetons, ou l'argent sur la table, s'appelle *râfler*.

Si vous voulez connaître le parti du joueur qui entreprendrait d'amener en un coup, avec un ou plusieurs dés, une râfle déterminée, terne, par exemple, vous considérerez que s'il l'entreprenait avec deux dés, il n'aurait qu'un hasard pour gagner, et 35 pour perdre, parce que deux dés peuvent se combiner en trente-six manières diverses, c'est-à-dire que leurs faces, qui sont au nombre de six, peuvent avoir trente-six assiettes diverses, comme le montre la table suivante :

---

[*] On convient aussi si l'on pourra *barrer les dés*, c'est-à-dire annuler le coup ; c'est la même chose que *rompre les dés*. (*Voyez* Trictrac, Krabs).

1,1	2,1	3,1	4,1	5,1	6,1
1,2	2,2	3,2	4,2	5,2	6,2
1,3	2,3	3,3	4,3	5,3	6,3
1,4	2,4	3,4	4,4	5,4	6,4
1,5	2,5	3,5	4,5	5,5	6,5
1,6	2,6	3,6	4,6	5,6	6,6

Ce nombre 36 étant le carré du nombre 6 des faces des deux dés, s'il y en avait trois, au lieu de trente-six carrés de 6, on aurait 216 pour le nombre des combinaisons entre trois dés ; s'il y avait quatre dés, on aurait le carré 1296, du même nombre 6, pour le nombre des combinaisons entre quatre dés ; et ainsi de suite.

Il suit de là qu'on ne doit mettre que 1 contre 35 pour faire une râfle déterminée. Le même raisonnement démontre qu'on ne doit mettre que 3 contre 213 pour faire une râfle déterminée avec trois dés en un coup, et 6 contre 1290, ou 1 contre 215 avec quatre dés, ainsi de suite, parce que des deux cent seize hasards qui se trouvent en trois dés, il y en a trois pour celui qui a le dé, puisque trois choses se peuvent combiner 2 à 2 en trois façons, et par conséquent deux cent treize contraires à celui qui tient le dé ; et que des mille deux cent quatre-vingt-seize hasards qui se trouvent entre quatre dés, il y en a six qui sont favorables au joueur qui tient le dé ; puisque quatre choses se combinent 2 à 2 en six façons, et par conséquent mille deux cent quatre-vingt-dix contraires à celui qui tient le dé[*].

Mais si vous désirez savoir le parti de celui qui entreprendrait de faire une râfle quelconque du premier coup avec deux ou plusieurs dés, il ne sera pas difficile de connaître qu'il doit mettre 6 contre 30, ou 1 contre 5 avec deux dés, parce que, si des trente-six hasards qui se rencontrent entre deux dés, on ôte six hasards qui peuvent produire une râfle, il reste 30. On connaîtra aussi très aisément qu'avec trois dés, il peut mettre 18 contre 198, ou 1 contre 11, parce que si des deux cent seize hasards qui se trouvent entre trois dés, on en ôte 18 qui peuvent amener une râfle, il reste 198.

---

[*] Ce jeu a donné lieu à l'expression proverbiale de *tenir le dé*, qui signifie s'emparer de la conversation, y dominer, réduire les autres interlocuteurs à écouter, et à ne répondre que rarement.

Jeu du Quinquenove.

Les cornets et les dés sont encore les instruments de ce jeu de hasard ; le nombre des joueurs est illimité ; chacun prend le cornet et les dés à son tour, en allant toujours par la droite de celui qui a commencé à jouer ; celui qui les a joue seul contre tous ; aussi est-il nommé *banquier*, et tous les autres joueurs se nomment *pontes*.

Chaque ponte met au jeu la somme que l'on a jugé à propos d'exposer, et le banquier couvre cette masse d'une somme égale : si ce dernier amène un doublet ou les points de 3 ou de 11, qu'on appelle *hasards*, il gagne toutes les mises ; si, au lieu de cela, il amène les points de 5 ou de 9, nommés les *contraires*, il perd tout ce qu'il a mis au jeu, et les pontes se le partagent.

Mais lorsque le banquier amène les points de 4, de 6, de 7, de 8 ou de 10, personne ne gagne le coup ; il faut jouer de nouveau, et le coup se décidera en sa faveur, en cas qu'il ramène les mêmes points avant d'amener les *contraires* (5 ou 9) ; les pontes gagneront, si l'une de ces dernières chances arrive avant celle où ils auront risqué leur argent.

Il est, je crois, superflu d'observer combien un pareil jeu est traître.

JEUX DE HASARD AVEC CARTES.

Jeu du Lansquenet.

Un jeu de cartes entier compose tout l'attirail du jeu de lansquenet.

Le nombre des joueurs est illimité ; ceux qui tiennent alternativement la main se nomment *coupeurs*, et les autres sont appelés *pontes* ou *carabins*[*] ; disposition qui, du reste, se rencontre presque toujours aux jeux de hasard.

Quand les cartes sont mêlées, et que le coupeur qui tient la main a fait couper, il donne une carte à chacun des autres coupeurs en commençant par sa droite. C'est le hasard qui décide quels seront les coupeurs, et quel sera entre eux le donneur ; à cet effet, on tire à la plus grosse carte ; le nombre des coupeurs est proportionné à celui des joueurs.

Les cartes distribuées comme je viens de l'expliquer, sont

---

[*] On désigne généralement sous le nom de *carabins* tous les joueurs qui ne sont pas *coupeurs*.

appelées *cartes droites*, pour les distinguer de celles qui doivent être tirées ensuite ; chaque coupeur met sur sa carte droite une somme convenue.

D'autre part, tous les joueurs peuvent, avant que la carte du donneur soit tirée, mettre ce qui leur convient à une chance qu'on nomme *la joie* ou *la réjouissance*, et qui se place au milieu de la table.

Le jeu étant fait, tant sur les cartes droites que sur la réjouissance, le donneur se donne une carte qu'il découvre, puis il tire celle qui doit décider du sort de la réjouissance.

Il tire ensuite d'autres cartes, et c'est de la prompte ou tardive arrivée d'une carte semblable à celle qu'il s'est donnée que dépendent la perte ou le gain de tous les joueurs intéressés dans la partie.

Quand le donneur donne une carte droite double à l'un des joueurs, c'est-à-dire, une carte de même espèce que celle déjà donnée à un autre coupeur, il gagne la somme convenue que celui-ci a dû mettre sur sa carte ; mais il est contraint de tenir deux fois cette somme sur la carte double.

Par la même raison, lorsqu'il arrive que le donneur donne une carte triple à l'un des coupeurs (l'on comprend qu'il s'agit d'une carte semblable à celles qu'il a précédemment données à deux autres coupeurs, lesquelles formaient la carte dite double), il gagne ce qu'on a dû jouer sur cette carte double, mais il est tenu de mettre quatre fois la somme convenue sur la carte triple. La somme convenue s'appelle *le fonds du jeu*.

S'il advient que le donneur donne une carte quadruple à l'un des coupeurs, il reprend ce qu'il a mis sur ses cartes droites simples ou doubles, s'il s'en trouve au jeu, mais il perd ce qui est sur la carte triple, et quitte aussitôt la main, sans donner aucune autre carte.

Enfin, si la carte quadruple que tire le donneur, est pour lui, il gagne tout ce qu'il y a sur les cartes des autres coupeurs, et sans donner d'autres cartes, il recommence la main.

Observez que s'il arrive que la carte de la réjouissance soit quadruple, cette chance ne va pas, et chacun retire l'argent qu'il y a mis.

Remarquez encore que lorsque la carte d'un coupeur vient à être prise, il doit payer le fonds du jeu à chacun des autres coupeurs qui ont une carte devant eux ; c'est ce que l'on nomme *arroser* ; mais, dans ce cas, le perdant ne paie pas plus aux cartes doubles ou triples qu'aux cartes simples.

Toutes les fois que le donneur amène une carte semblable à quelqu'une de celles qu'il a tirées précédemment, il gagne ce qu'on a joué sur la carte tirée la première ; mais si, avant d'amener des cartes semblables à celles qu'il a déjà tirées, il amène la sienne, il perd tout ce que les pontes ou carabins ont mis sur les différentes cartes qu'on a pu tirer jusqu'alors.

Je suppose, par exemple, que la carte du donneur soit un as, et qu'il y ait d'ailleurs sur le tapis un six, un sept, un valet, etc., chargés de l'argent des carabins, si quelques-unes de ces cartes arrivent avant l'as, le donneur gagnera ce qu'on y a mis ; mais si l'as est amené auparavant, il est obligé de doubler, au profit des pontes, l'argent qui se trouve sur ces mêmes cartes.

Vous voyez, d'après ce que je viens d'expliquer, que la partie ne finit que quand le donneur a retourné une carte pareille à la sienne. Par conséquent, s'il arrivait que dans le cours de la partie il retournât les douze cartes qui diffèrent de la sienne, et qu'ensuite il en retournât douze autres semblables à celles-là, il ferait ce qu'on appelle *pleine-main*, ou *opéra*, car il gagnerait tout ce que les carabins auraient joué dans cette partie ; mais si, après avoir retourné les douze cartes qui diffèrent de la sienne, il en retournait une semblable à cette dernière, il serait tenu de doubler, au profit des carabins, tout ce qu'ils auraient joué sur ces douze cartes, et il éprouverait ce qu'on appelle un *coupe-gorge*.

Si la carte du coupeur qui donne se trouve double, c'est-à-dire, si ce sont deux valets, deux sept, deux cinq, etc., il ne va, en ce cas, que la réjouissance et le fonds du jeu qui se trouve sur les cartes droites. Pour que les carabins puissent, en pareille circonstance, jouer sans désavantage, il importe qu'il se trouve sur le tapis d'autres cartes doubles que celles du donneur, car autrement il y aurait de l'inégalité dans les risques, il serait probable alors que n'y ayant plus dans le jeu que deux cartes semblables à celles du donneur, elles viendraient plus tard que celles qui seraient au nombre de trois.

Il peut encore arriver que la carte du donneur soit triple d'une autre façon, c'est-à-dire qu'elle soit composée de trois cartes semblables, comme trois rois, trois dames, trois dix, etc. Il ne va également, en ce dernier cas, que la réjouissance et le fonds du jeu placé sur les cartes droites ; il faut alors, avant que les carabins puissent jouer, qu'il soit venu d'autres cartes triples pour établir l'égalité des risques.

Il y a encore au lansquenet les *partis :* ces partis consistent à mettre trois contre deux, quand on joue avec carte double contre carte simple ; ou deux contre un, si l'on joue avec carte triple contre carte double ; ou enfin trois contre un, quand on joue avec carte triple contre carte simple.

Comme il y a de l'avantage à tenir la main, le coupeur qui donne ou qui *taille* a le droit de la conserver chaque fois qu'il lui arrive de gagner les cartes droites des différents coupeurs, quand même il n'en gagnerait aucune autre.

Ce jeu, très compliqué, très dangereux, et par la multitude des coups de hasard qu'il présente, et par les facilités qu'il offre aux chevaliers d'industrie, fut défendu autrefois par cette dernière raison ; on ne le joue plus aujourd'hui.

Jeu du Passe-dix.

Passer dix en lançant trois dés, est le principal ou plutôt l'unique objet de ce jeu. Il y a deux sortes de parties : 1° à deux joueurs ; 2° avec un banquier et des pontes.

On compte encore deux manières de jouer à ce jeu. Quelquefois tous les coups de dés sont décisifs, et d'autres fois un coup ne finit que quand deux dés présentent chacun un point semblable.

Dans l'un et l'autre cas, les joueurs ont les dés chacun à son tour. Le joueur qui tient le dé parie toujours avant de l'agiter, qu'il amènera plus de dix (c'est la formule de rigueur). Tant qu'il passe, c'est-à-dire qu'il gagne son pari, il est libre de conserver les dés, mais alors il est obligé de tenir tout ce qu'on lui propose, jusqu'à la concurrence de l'argent qu'il a d'abord exposé, et de celui qu'il a gagné ensuite au moyen de sa mise.

Il va sans dire qu'en commençant le jeu, l'on convient de la mise, et que chaque fois que les joueurs *passent*, ils reçoivent l'un et l'autre un jeton que l'on tire de sa mise respective ;

celui dont la mise a passé entre les mains de son adversaire a nécessairement perdu, et doit recommencer à en fournir une autre pour jouer encore. Les trois dés avec lesquels on joue au passe-dix sont susceptibles de deux cent seize variations. (Voyez *Jeux de Dés, de Trictrac*, etc.)

Si l'on est convenu que l'on exigera que pour la décision d'un coup, deux dés présentent chacun un point semblable, ou fassent un doublet, ou râfle, il y aura dans les deux cent seize coups dont je viens de parler, quarante-huit coups de passe, quarante-huit coups de manque et cent vingt coups nuls. Si l'on *joue à toutes chances*, c'est-à-dire, de telle sorte qu'il n'y ait aucun coup nul, il y aura cent huit coups de passe et cent huit coups de manque. Ainsi, dans l'un comme dans l'autre cas, le *passe-dix* est un jeu parfaitement égal.

Mais il en est tout autrement quand la partie est collective, c'est-à-dire qu'elle a lieu entre un banquier et des pontes : alors, le premier a toujours les dés ; il les jette avec un cornet ordinaire dans une espèce de double entonnoir, dont les parties évasées sont à chaque extrémité. Alors les pontes parient contre lui, les uns qu'il *passera*, et les autres qu'il ne *passera* pas. Celles qui parient que le banquier fera plus de dix points, mettent leur argent à la place indiquée pour ce pari, tandis que les pontes d'opinion contraire mettent leur argent dans l'endroit consacré aux mises de ce dernier pari.

Les mises faites, le banquier lève l'entonnoir et découvre les trois dés qu'il y a jetés. S'il a passé, il gagne l'argent des pontes qui ont parié qu'il ne le ferait pas, et double les mises de ceux qui ont parié qu'il passerait ; alors tout est égal ; mais cette égalité cesse par une clause spéciale à l'avantage du banquier.

S'il amène le point de 4, il gagne l'argent des pontes qui ont soutenu qu'il passerait, et ne paie rien aux autres. Si, au contraire, il amène le point de 17, il gagne l'argent des pontes qui ont parié qu'il ne passerait pas, et il ne paie rien à ceux qui ont parié qu'il passerait. Donc il a un avantage de trois et un huitième pour cent, ou de soixante quinze centimes par vingt-quatre francs ; aussi la place du banquier est-elle toujours tirée au sort.

Quand, pour la décision d'un coup, il est nécessaire qu'il y ait deux dés qui présentent chacun un même point, et qu'on parie que le premier jet de dé terminera la partie, il faut que celui qui soutient la négative mette cinq contre quatre, car autrement le pari serait inégal.

Le joueur qui parie neuf contre quatre, qu'une telle partie sera finie en deux coups, a un avantage de vingt-sept centimes par vingt-quatre francs.

Jeu du Hasard.

Le cornet et les dés sont encore les instruments de ce jeu, qui dépend tout entier du hasard, comme l'annonce son titre. On y joue à deux ou à plusieurs joueurs, et le nombre alors en est indéterminé ; mais une chose particulière à ce jeu, c'est que, quelque nombreux que soient les joueurs, on ne joue réellement que comme s'il n'y en avait que deux, l'un, qui joue le premier, et l'autre, personnage collectif, qui représente la réunion de tous les joueurs. Ne nous occupons donc que des deux joueurs seulement, et nommons le premier Evariste, et Alexis celui qui agit pour les autres partenaires. Evariste prenant les dés, les poussera jusqu'à ce qu'il ait amené, ou 5, ou 6, ou 7, ou 8, ou 9. Celui de ces nombres qui se présentera le premier lui servira de chance ; Alexis poussera ensuite les dés à son tour pour avoir une chance. Or, ses chances sont, ou 4, ou 5, ou 6, ou 7, ou 8, ou 9, ou 10, en sorte qu'il en a deux de plus que son adversaire, savoir, 4 et 10. Tous les joueurs que représente Alexis ont la même chance que lui. Observez maintenant :

1° Que si Evariste, après avoir donné à Alexis une chance qui soit ou six ou huit, amène au deuxième coup la même chance, ou douze, il gagne ; et que s'il amène bezet, ou deux et as, ou onze, il perd ;

2° Que s'il a donné à Alexis la chance de cinq ou de neuf, et qu'il amène au coup suivant la même chance, il gagne ; mais que s'il fait un bezet, ou deux, etc., ou onze, il perd ;

3° Que lorsqu'il donne à son adversaire la chance de 7, il amène le coup suivant, ou la même chance, ou onze, il gagne ; mais que s'il amène ou deux, etc., ou douze, il perd ;

4° Evariste s'étant donné une chance différente de celle d'Alexis, gagnera, s'il amène sa chance avant que d'amener celle de celui-ci, et perdra s'il amène la chance d'Alexis avant que d'amener la sienne ;

5° Quand tous les jeux ont perdu, on recommence le jeu en donnant de nouvelles chances ; mais Évariste ne quitte le dé pour le donner au joueur qui le suit que lorsqu'il a perdu.

Jeu de la Belle.

Voici le dernier des jeux de hasard composés : ses instruments sont d'abord, et spécialement, un tableau aux numéros duquel correspondent d'autres numéros renfermés dans un sac, d'où on les tire pour indiquer les parties gagnantes du tableau. Treize colonnes de huit numéros chacune divisent ce tableau, qui, par conséquent, contient cent quatre numéros.

Un sac de peau, qui contient cent quatre étuis en forme d'olives, dans chacun desquels se trouve un parchemin roulé, où est écrit un numéro du tableau, est le second instrument du jeu dont nous traitons. Ce sac est surmonté d'une sorte de casque à la partie inférieure, où se trouve une ouverture garnie d'un ressort, par laquelle un ponte introduit dans ce casque un des étuis dont on a parlé, et que le ressort empêche de rentrer dans le sac.

Lorsque le sort a désigné le banquier, et que le ponte, placé à sa droite, se dispose à recommencer, le premier remue fortement le sac, et les autres pontes le secondent, afin que le hasard dirige seul l'événement : le premier ponte agit comme nous venons de l'expliquer, et pendant ce temps-là, les autres joueurs *font leur jeu*, c'est-à-dire qu'ils placent sur le tableau les jetons ou l'argent qu'ils veulent risquer : la mise est subordonnée à la volonté des pontes. Leur jeu étant fait, le banquier ouvre le casque avec la clé destinée à cet usage ; il en tire l'étui, en fait sortir le numéro, qu'il montre à la galerie et lit à haute voix. Il s'occupe ensuite du soin de payer les parties que ce numéro fait gagner. Quand les paiements sont achevés, tout ce qui reste sur le tableau appartenant au banquier, il le retire, remet l'étui et le numéro sortis dans le sac, et les pontes placent de nouveau ce qu'ils veulent jouer.

Des chances. — Elles sont singulièrement variées et multipliées. Les principales sont :

1° *Le plein.* C'est la mise que fait un ponte sur un seul numéro.

2° *Le demi-plein*. La mise que fait un ponte sur la ligne qui sépare deux numéros l'un de l'autre.

3° *Le carré*. Quatre numéros groupés, entre lesquels, et dans l'angle qui leur est commun, on place sa mise.

4° *La colonne droite*. Réunion de huit numéros.

5° *Deux colonnes droites groupées*. On obtient six fois la mise placée sur ces colonnes.

6° *La colonne transversale*. C'est une suite de douze numéros pris sur la même ligne dans les six premières et les six dernières colonnes droites.

7° *Deux colonnes transversales groupées*.

8° *Le petit côté et le grand côté*. L'un est la totalité des numéros que renferment les six premières colonnes droites, et l'autre la totalité que renferment les six dernières.

9° *Le pair et l'impair*. Totalité des nombres pairs des six premières et des six dernières colonnes.

10° *La couleur noire et la couleur rouge*.

11° *Le pair du petit et du grand côté*.

12° *L'impair*, ibid.

13° *La couleur noire*, ibid. Numéros peints en noir sur le tableau.

14° *La couleur rouge*, ibid. Numéros peints en rouge.

15° *Les terminaisons*.

16° *La bordure du tableau*. Trente-huit numéros, qui sont les seize formant la première et la dernière colonne, et le premier et le dernier numéro de chacune des colonnes droites.

17° *L'intérieur du tableau*. Il comprend tous les numéros qui ne sont pas de la bordure, et sont au nombre de soixante-six. S'il sort un numéro de cette chance, le ponte qui l'a jouée reçoit quatre-vingt-seize fois la soixante-sixième partie de ce qu'il a exposé.

Il y a encore *la colonne du banquier* : c'est la colonne du milieu du tableau, laquelle s'étend depuis le n° 49 jusqu'au n° 56 inclusivement ; elle est ainsi appelée à cause des avantages qu'elle produit au banquier, en lui faisant gagner la totalité des mises qui ont été faites au pair, à l'impair, aux côtés, etc. L'avantage du banquier de *belle* est de la treizième partie de tout l'argent qu'exposent les pontes. Cet avantage énorme et certain a beaucoup contribué à faire défendre ce jeu, le 12 décembre 1777 et le 1ᵉʳ mars 1781.

Jeu du Biribi.

Déjà bien vieilli, le biribi a une grande analogie avec la belle, dont nous avons parlé précédemment. Comme à ce dernier jeu, on se sert d'un tableau aux numéros duquel correspondent d'autres numéros renfermés dans un sac, d'où on les tire pour indiquer les parties qui viennent à gagner. Il y a toutefois cette différence entre le tableau de la belle et celui du biribi, que le premier contient cent quatre numéros, et que le second n'en compte que soixante-dix.

Ainsi que le jeu qui précède, le biribi a un banquier et des pontes en nombre illimité. Le banquier est tiré au sort : le premier à jouer, parmi les pontes, est toujours la personne placée à sa droite ; elle agit comme il a été expliqué pour la belle : le numéro est introduit dans le casque du sac, le jeu des pontes se fait, le banquier tirant et proclamant le numéro, paie les parties gagnantes sur lesquelles il s'étend, absolument comme à la belle. Le paiement consiste en une somme équivalente à soixante-quatre fois la mise du ponte sur le numéro sorti.

Les paiements achevés, on recommence une nouvelle partie, comme il est d'usage à la belle. Le tableau a la même chance et ne diffère que parce qu'il n'a que soixante-dix numéros, tandis que le tableau de la belle en a cent quatre. Le banquier a les mêmes avantages, et le jeu est également dangereux.

Jeu de Cavagnole.

C'est une sorte de biribi qui se joue dans les départements du midi. Tous les joueurs ont des tableaux, et tirent les boules l'un après l'autre ; du reste, il est si semblable aux deux jeux précédents, qu'il est superflu de le traiter ; il porte même le nom de *cavagnole-biribi*.

Jeu du Hoca.

Encore un jeu du genre des deux précédents : d'origine italienne comme eux, et plus qu'eux encore, il peut faciliter une foule d'escroqueries ; aussi, causait-il tant de désordres à Rome, au milieu du dix-septième siècle, que le Pape fut contraint de chasser ceux qui en tenaient la banque, et même les joueurs qui s'y livraient. *

On joue au *hoca* de la manière suivante. On commence par étaler sur la table de jeu une grande carte divisée par raies diversement coloriées. Ces raies qui se croisent, forment des carrés qui contiennent des numéros : le joueur qui joue contre le banquier, met une somme quelconque sur l'un ou plusieurs de ces numéros.

Le jeu est tenu par un banquier, et le nombre des pontes est illimité. Le premier tient entre ses mains un sac dans lequel sont des boules marquées des mêmes numéros qui sont écrits sur la carte. Après que ces boules ont été bien brouillées, en les remuant autant que possible, un des pontes qui a mis au jeu (car cent personnes peuvent mettre en même temps), tire une des boules : on en regarde le numéro ; et si celui qui y correspond sur la carte est couvert de quelque somme, le banquier est obligé d'en payer vingt-huit fois autant. Tout ce qui est couché sur les autres numéros est perdu pour ceux qui l'ont mis, et demeure au banquier, qui a toujours pour lui deux de ses raies de bénéfice : car il y en a trente sur lesquelles on met indifféremment, et il n'en paie que vingt huit pour le numéro qui se rencontre. Ce jeu a donc beaucoup de rapport avec le biribi et la belle ; mais la chance y est plus avantageuse au banquier. On conçoit combien on y peut faire de pertes considérables, soit par le funeste attrait du jeu, soit par la déloyale adresse du banquier.

La Mourre.

Ce jeu est populaire en Italie où on le joue avec frénésie.

On le joue avec les mains seulement et en levant les doigts.

Les deux adversaires se placent vis-à-vis l'un de l'autre en se regardant comme s'ils voulaient lire dans leur âme.

Puis levant les mains et étendant une partie des doigts tout-à-coup, ils disent en même temps un nombre quelconque de deux à dix :

---

* Ce fut pourtant à cette époque que le *hoca* fut naturalisé en France. Les Italiens qu'avait amenés le cardinal Mazarin obtinrent du roi la permission de faire jouer ce jeu dans Paris. Cependant le parlement rendit deux arrêts contre eux, et menaça de les punir sévèrement. *Je ne vois nulle part*, dit madame de Sévigné, *que la peine ait été capitale*. Malgré le Parlement, et peut-être à cause du Parlement, les grands seigneurs étrangers et français continuèrent avec ardeur à goûter ce pernicieux plaisir.

Celui qui annonce seul le nombre de doigts levés par lui à son adversaire a gagné.

Si tous deux annoncent un point vrai ou faux le coup est également nul.

Jeu de Croix ou Pile.

Ce jeu très simple a exercé l'esprit des savants, jaloux de calculer les coups du hasard. Il consiste à jeter en l'air une pièce de monnaie ou une médaille, après être convenu d'appeler un côté *croix* et l'autre *pile*. Cette pièce tombée présente nécessairement une de ses deux faces. Or, en la jetant, un des joueurs a dit (je suppose *pile*) : si la face présente *pile*, il a gagné; et, dans le cas contraire, il a perdu. L'autre joueur prend la pièce à son tour et la lance, en disant *croix* ou *pile*, à son choix; car il n'y a aucun règlement sur l'ordre des mots que l'on doit prononcer, et un joueur est libre de dire toujours *croix*, s'il le juge à propos. On examine combien il y a à parier qu'un joueur amenera *croix*, en jouant deux coups de suite. Suivant les principes ordinaires, il y a quatre combinaisons.

Premier coup.

Croix.	Croix.
Pile.	Croix.
Croix.	Pile.
Pile.	Pile.

De ces quatre combinaisons, une seule fait perdre et trois font gagner. Il semble donc qu'il y ait trois contre un à parier en faveur du joueur qui jette la pièce. Si l'on pariait en trois coups, on trouverait huit combinaisons, dont une seule fait perdre et sept font gagner : ainsi il y aurait sept à parier contre un ; mais il n'est point prouvé que ce calcul soit bien exact. Suivant la remarque de d'Alembert, et pour ne prendre ici que le cas de deux coups, ne faut-il pas réduire à une, dit ce savant géomètre, les deux combinaisons qui donnent *croix* au premier coup, puisque, dès qu'une fois *croix*, par exemple, est venu, le jeu est fini, et le second coup est compté pour rien. Il s'ensuit de là que, selon son opinion, il n'y a dans cette hypothèse que deux contre un à parier. Par la même raison, il faut dire que, dans le cas de trois coups, au lieu de sept, il n'y en a que trois contre un à parier.

Quand on veut que chaque joueur joue plusieurs fois de suite, on en convient avant de commencer le jeu. *

Jeu de la Roulette.

En m'occupant des jeux de hasard, j'éprouvai bien malgré moi un sentiment pénible ; mais jusqu'ici les jeux dont j'ai parlé, oubliés pour la plupart, ne m'ont pas été si pénibles que le titre seul de celui-ci. Puissent les détails que je vais donner de ce jeu funeste en éloigner tous mes lecteurs ! Heureusement que la sagesse du Gouvernement a prohibé ce jeu qui a fait tant de victimes, auxquelles souvent il préparait l'hôpital, la prison ou l'échafaud.

Voici d'abord les instruments du jeu. A la droite et à la gauche d'une grande table, sont inscrits sur le tapis trente-six numéros, depuis un jusqu'à trente-six. La moitié de ces numéros est marquée en rouge, et l'autre moitié en noir : ils sont placés de cette manière, en trois colonnes :

$$1, 2, 3$$
$$4, 5, 6$$
$$7, . .$$

Des lignes les séparent l'un de l'autre ; au dessus de ces numéros sont un zéro rouge, et un double zéro noir; dans les parties latérales sont tracées trois cases, marquées ainsi d'un côté : *rouge, impair, manque*, et de l'autre, *noir, pair, passe*.

Au milieu de la banque est un cylindre que fait tourner un des banquiers ou tailleurs (ceux qui ont les fonds et dirigent le jeu). La partie supérieure de ce cylindre porte une sorte de plateau qui présente les trente-six numéros, le zéro et le double zéro, mélangés et inscrits dans de petites cases où va retomber, en s'amortissant, une boule d'ivoire que le tailleur, en même temps qu'il a fait tourner le cylindre, a lancée et fait tourner dans la partie supérieure.

Le numéro de la case où s'arrête la boule est le numéro gagnant qui détermine le sort des joueurs. Par exemple, si le numéro sur lequel la boule s'est arrêtée est le cinq, qui est

---

* Dans ses *Pensées sur la religion*, Pascal applique le problème du jeu de *croix ou pile* à la croyance de l'immortalité de l'âme. Voltaire traite ce calcul de *pitoyable raisonnement*, et lui préfère avec autant de raison que de chaleur les preuves de sentiment.

rouge, tous les joueurs qui ont placé leur argent sur le numéro cinq, ou sur la couleur rouge, ou sur le *manque* (les dix-huit premiers numéros étant pour *manque*, les dix-huit derniers pour *passe*), ont gagné; tous les autres ont perdu.

Il y a beaucoup de manières d'engager son argent à la roulette, et cette malheureuse variété lui donne un attrait auquel on a peine à résister, parce que flattant à la fois l'amour-propre et piquant la cupidité, ce jeu agit fortement sur les principaux mobiles des actions de l'homme. Aussi, quoique dangereux, l'exercice habituel de beaucoup d'autres jeux peut ne produire qu'un goût; mais, à la roulette, cette habitude est toujours passion, et souvent passion forcenée.

Si vous avez placé votre argent en plein sur un seul numéro, et qu'il vienne à tomber, on vous paie trente-six fois votre mise; on vous la paie dix-huit fois si vous avez mis sur deux numéros voisins l'un de l'autre, et si l'un des deux tombe; on vous la paie neuf fois si vous gagnez sur un carré, et six fois si vous gagnez sur un sixain.

Vous pouvez placer votre argent sur le zéro ou sur le double zéro, comme sur les numéros.

Observez que le joueur a dix-huit chances pour lui, et vingt contre lui, à cause du zéro et du double zéro, qui sont en bénéfice pour la banque.

Vous pouvez jouer sur les douze numéros d'une colonne; si vous gagnez, vous recevez le double de votre mise; vous pouvez encore jouer sur deux colonnes; mais, en ce cas, si vous gagnez, vous ne recevez que la moitié de votre mise.

Enfin, vous pouvez placer votre argent sur ce que l'on nomme les *chances*, qui sont : *pair, impair, passe, manque, rouge, noir*.

Quant à ce que l'on entend par les termes techniques de *paroli* et de *martingale*, voyez le jeu du *Trente et quarante*, le *Pharaon*.

Jeu du Krabs ou Craps.

Ce jeu anglais, qui se joue avec trois dés et un cornet, offre plusieurs divisions. 1° Le *krabs* proprement dit, ou *craps simple*. 2° Le *craps* qui se joue de quatre manières : 1° *à la table ronde*; 2° *à la table de masque*; 3° *à la banque parisienne*; 4° *à la banque portugaise*. Chacune de ces divisions constitue d'importantes modifications au jeu primitif dont nous allons d'abord nous occuper.

1° Le joueur qui a le dé[*] annonce le point sur lequel il veut que roule tout le jeu : c'est ce qui s'appelle *donner la chance*. Elle se donne seulement depuis cinq points jusqu'à neuf, et par conséquent il y a cinq chances ; savoir : cinq, six, sept, huit et neuf. Si du premier jet ou coup de dés, le joueur qui tient le cornet amène le point de chance qu'il a nommé, il gagne la partie, et par suite l'enjeu que son adversaire a mis sur la table en commençant ; mais comme il faut qu'il puisse perdre, il y a des *krabs* (des coups de dés) qui donnent lieu à la chance opposée que l'on ne connaît pas encore. Ces *krabs* sont au nombre de quatre, et sont les points, deux, trois, onze et douze.

Si la chance donnée est composée des points de cinq, ou de neuf, et que le joueur ayant le dé amène du premier coup un des *krabs*, il perd la partie.

S'il a donné la chance de six ou huit, et qu'il amène les *krabs*, deux, trois ou onze, il perd encore, excepté s'il vient à faire le *krabs* douze. Si, pour chance, il a donné le point de sept, il a contre lui les *krabs* deux, trois, onze, et seulement le douze en sa faveur.

Il est à remarquer que les *krabs* n'ont d'effet que du premier coup. Si ce premier coup amène quelqu'autre point, celui-ci devient l'opposé du point qui d'abord a été donné pour chance. Mais, au lieu que le point de chance soit au premier coup en faveur du joueur portant le dé, il est à tout autre coup au bénéfice de ses adversaires ; et ceux-ci ont contre eux le point amené en opposition au point de chance.

Le *krabs* n'est point du tout un jeu égal, comme le croient plusieurs personnes ; car il est toujours désavantageux au joueur qui tient le dé.

On fait quelquefois des paris sur la manière dont un point sera formé. Ainsi, l'un parie que le point de huit sera composé de cinq et trois, tandis que l'autre soutient qu'il le sera de six et deux ; mais alors, en ce cas, on ne peut pas mettre en opposition l'une de ces deux manières avec quatre et qua-

---

[*] Pour savoir qui aura le dé, l'un des joueurs met les dés dans le cornet et les lance : s'il amène un nombre pair, il garde le cornet ; s'il amène un nombre impair, il tend le cornet au second joueur.

tre, parce que celle-ci est simple et que les autres sont composées.

On dit au *krabs*, *barrer les dés*, c'est annuler leur coup. Si quelque joueur poussait avec le bord du cornet les dés lancés, de manière à les retourner, ces dés alors seraient *mêlés*, et devraient être barrés.

2° *Craps à la table ronde.* — Le cornet est *livré* par le nombre pair pour celui qui lance les dés, et par le nombre impair à celui qui les a *servis*, comme précédemment. Le *service* est une première modification, qui veut que le joueur qui ne tient point le cornet, prenne les dés et les mette à chaque fois dans le cornet tenu par l'adversaire. Il doit le faire tant que le coup n'est point consommé. C'est une règle générale applicable à toutes les modifications annoncées, et à laquelle il faut ajouter, comme ayant aussi force de loi, les dispositions suivantes.

1° Les coups ne sont valables qu'autant que les dés ne reposent sur aucun *corps étranger*. L'argent et les billets de banque ne sont point considérés comme tels, mais lorsqu'un dé repose sur un autre, il est censé porter sur un *corps étranger*, et le coup ne vaut pas.

Que les dés soient ou non entrés dans le cornet, ils sont *servis*, pourvu que le cornet soit touché par l'un d'eux. De même les dés sont *lancés* lorsqu'ils sont chassés par un mouvement même faible ou involontaire de la part du *tenant*. On voit donc que toutes les dispositions tendent à assurer le coup, et pourtant il existe un moyen de l'arrêter expressément. Ce moyen est la *coupe*, qui s'obtient de plusieurs façons.

La *coupe du tenant* consiste à renverser totalement le cornet sur table sans lancer les dés. La *coupe du servant* consiste à servir seulement un ou deux dés, ou mieux à les arrêter au sortir du cornet, en mettant la main dessus de manière qu'on ne puisse les lire. Dès que la galerie a pu lire la chance donnée, le coup est valable. Il faut redouter les *coupes douteuses*, car elles amènent des discussions.

Cela bien compris, il s'agit de *donner la chance* à chacun des joueurs, au servant d'abord, puis au tenant : cette dernière chance qu'il se donne à lui-même, s'appelle *se couvrir*.

Servis pour la première fois, les dés sont lancés, et le nombre qu'ils amènent est la chance du servant, pourvu toutefois qu'elle dépasse le point de sept, et qu'elle ne soit pas au-dessus de treize. A cette condition, la *chance est livrée*, mais si l'on tire des points au-dessous de 7, ou au dessus de 13, on continue de lancer les dés jusqu'à ce qu'un des nombres compris entre 8 et 13, inclusivement, soit produit. Alors le premier sorti de ces points constitue la chance du servant.

Le servant ayant sa chance, le tenant songe à la sienne ou à *se couvrir*. S'il amène du premier coup le point qui forme la chance de son adversaire, *il fait une répétition*, et gagne la partie.

Il la gagne de même, 1° si, ayant donné au servant les points 9, 10, 11 ou 12, il se *couvre* de 15; 2° si, ayant livré 8 ou 13, il se *couvre* de 16, ou s'il fait une répétition.

Mais il perd tout de suite la partie, 1° si, ayant livré 9, 10, 11 ou 12, il se *couvre* d'un point au-dessous de 7, ou au-dessus de 15, car il fait *krabs*.

2° Si, ayant *livré* 8 ou 13, il se *couvre* des nombres au-dessous de 7, ou s'il amène 15, 17 ou 18.

Observons qu'il ne peut y avoir ni *craps*, ni *répétition*, et que les points de 15 et de 16 n'ont de valeur que dans le coup qui suit immédiatement la chance livrée au servant; que le tenant peut se couvrir de 7 ou 14, sans pouvoir les livrer à l'adversaire.

Si, en se couvrant, le tenant n'a amené ni *craps*, ni *répétition*, ni 15, ni 16, la chance qu'il a obtenue lui est définitivement acquise. Alors on joue, c'est-à-dire que l'on continue à tirer les dés jusqu'à ce que paraisse la chance *livrée* au servant, ou dont s'est *couvert le tenant*. Celle qui sort la première fait gagner celui auquel elle était d'abord échue.

Lorsque la partie est engagée, le gagnant du dernier coup garde provisoirement le cornet, et joue avec la personne placée immédiatement à la droite du perdant: cette personne doit servir les dés. Si le premier point amené est un nombre impair, le cornet passe au joueur opposé, et l'on continue le jeu comme nous l'avons expliqué plus haut.

3° *Craps à la table de masque.* — Les règles de ce jeu sont, à deux exceptions près, exactement celles du jeu précédent.

La première consiste à faire prendre provisoirement au banquier le cornet en commençant la partie; on lui sert les dés, pour savoir à qui demeurera le cornet, qui par conséquent reste au banquier si la première chance est pair.

Par la seconde exception, le banquier n'est pas tenu de

jouer deux fois de suite avec le même joueur, et peut lever sa banque, lorsqu'il le juge à propos.

4° *Craps à la banque parisienne.* — Les modifications introduites par cette banque au jeu du krabs laissent subsister les règles précédentes et prescrivent seulement les dispositions qui suivent.

1° Le cornet est de droit dévolu au ponte, par conséquent on ne tire pas les dés pour décider à qui l'aura. La première chance appartient dès lors au banquier, pourvu toutefois qu'elle se trouve dans les nombres au-dessus de *sept* et au-dessous de *treize*.

2° Le banquier est forcé de jouer jusqu'à l'extinction de sa banque avec le ponte qui vient de gagner, de manière qu'il ne peut la lever qu'au moment où il vient de gagner un second coup. Mais il faut remarquer que pour compenser ce désavantage, le banquier n'ayant jamais le cornet, court, selon les probabilités du jeu, des chances plus favorables que le ponte.

5° *Craps à la banque portugaise.* — A cette banque, le cornet appartient au *ponte :* on lance également les trois dés, mais sur une table portant quatre compartiments ou cases ainsi numérotés :

1°. . . . les numéros 6 — 7
2°. . . . — 14 — 15
3°. . . . — 15
4°. . . . — 6

Chaque joueur de la galerie place sur l'un de ces quatre tableaux la somme qu'il veut engager, et le ponte jette les dés jusqu'à ce qu'il ait amené un des numéros des cases, ou bien rafle de six, ou rafle d'as.

S'il amène 14, le banquier double la mise des joueurs qui ont placé sur le compartiment 14-15, et retire les mises placées sur les trois autres.

Le ponte amène-t-il 7, le banquier double les mises placées sur le compartiment 6-7, et gagne celles qui se trouvent sur les trois autres.

Le point amené est-il 15, produit par 6, 6 et 3, ou par 6, 5 et 4, le banquier double les mises des compartiments 14-15; il paie trois fois les mises de la case 15, et retire l'argent placé sur les trois autres numéros.

Mais si 15 arrive par rafle de 5, alors le banquier paie

10 fois, au lieu de 3, la mise à celui qui a ponté sur la case 15.

Si le point amené est 6, produit par 1, 1 et 4 ; ou par 1, 2 et 3, le banquier double les mises de la case 6-7, paie 3 fois la mise placée sur la case 6, et retire l'argent qui se trouve sur les autres cases.

En vertu de la règle précédente, si le point 6 est une râfle de 2, le banquier paie au ponte qui a joué sur la case 6, dix fois la valeur de sa mise.

Il est des tables où l'on établit deux autres cases ; ce sont 15 et 6 par râfle.

Si l'un de ces points arrive avant 6, 7, 14 ou 15, le banquier paie 40 fois la mise établie sur le tableau (indépendamment de la mise primitive que le joueur favorisé commence toujours par retirer avant de recevoir les paiements de 3, 10 et 40 fois sa mise). Mais le banquier retire en même temps tout ce qui était engagé sur ce tableau représentant le râfle sorti, alors même que la chance 6 ou 15 qu'il peut représenter, sortirait du moment qu'elle ne serait point exprimée par trois dés semblables.

Jusqu'à présent les chances paraissent égales, mais un banquier devant toujours avoir un avantage quelconque, voici celui qu'on a réservé au banquier de la table portugaise.

Si, avant d'amener une des quatre chances 6, 7, 14, 15, le ponte tire râfle de 6 ou râfle d'as, le banquier retire la moitié sur toutes les mises engagées.

Il choisit souvent un de ces râfles à l'exclusion de l'autre : si celui qu'il a choisi est amené, il gagne la totalité des mises ; mais si celui qu'il a délaissé arrive, il est pour lui de nul effet.

Un des priviléges de la table portugaise est de permettre au ponte, d'augmenter, de diminuer sa mise, de la changer de case, de l'annuler tout-à-fait, quoique le coup soit engagé, et jusqu'à ce qu'une des chances 6, 7, 14, 15, râfle de 6 ou râfle de 1, soit sortie.

Jeu de Baccara.

Les points de 10, 20 et 30, nommés *baccara*, ont donné leur nom à ce jeu de hasard qui a lieu entre un banquier et des pontes. Ceux-ci sont divisés en deux bandes : l'une à la droite, l'autre à la gauche du banquier. Le nombre des jouevrs est indéterminé.

On joue avec deux jeux de cartes entiers, que le banquier fait d'abord passer aux pontes pour qu'ils les mêlent; il les reprend ensuite, les mêle à son tour, et les donne à couper à l'un des pontes, ou à l'une des personnes composant la galerie.

Avant de faire la coupe, il doit prévenir la galerie qu'il *brûlera* une ou plusieurs cartes à son choix, avant de commencer, suivant son privilége. Pendant ce temps-là, chaque ponte pose devant lui la somme qu'il veut risquer pour l'une ou l'autre bande, et le banquier double provisoirement chaque mise, sauf à savoir ensuite à qui appartiendra d'en retirer la totalité.

La *donne* a lieu d'une manière spéciale. Le banquier distribue les cartes une par une; donnant 1° une carte à chaque ponte de droite, une à chaque ponte de gauche, une pour lui-même. 2° Il répète ensuite cette opération.

La valeur des cartes est naturelle. Les figures comptent pour dix points. Les points de 9, 19, 29, sont les points excellents au baccara; après eux, viennent 1° 8, 18, 28; 2° 7, 17, 27, etc. Chaque point primordial a ses *finales*: ainsi, 9 a 19, 29; 8 a 18, 28, ainsi de suite. Toutes les fois que nous nommerons dorénavant un point, nous sous-entendrons ses finales.

Chacun regarde ses deux cartes, et celui qui est favorisé d'emblée abat son jeu comme au *vingt-un*. Pour cela il faut avoir 9 ou 19, 8 ou 18. Si le banquier est favorisé de 9 ou 19, il ramasse tout l'argent engagé.

Mais si l'un des pontes se trouve avoir un point semblable, le coup est non avenu pour ce ponte qui alors garde son argent.

Si le banquier n'a d'emblée que 8-18, et que l'un des pontes ait 9-19, tandis qu'un autre ponte a 7-17, le banquier paie le premier ponte, et ramasse l'argent du second.

Si le coup d'emblée ne produit 8 ou 9, ni pour le banquier ni pour les pontes, alors il offre une troisième carte au ponte de droite; puis ainsi de suite aux autres pontes du même côté; puis aux pontes de gauche; puis il songe à lui-même.

Donner et accepter cette troisième carte, se nomme *tirer*. On n'en donne jamais une quatrième au même joueur.

Lorsqu'un joueur ne veut pas *tirer*, il dit qu'il est *content*.

Le banquier doit déclarer qu'il va *tirer*, ou qu'il est *content*. Aussitôt qu'il a fait l'un ou l'autre, chacun abat son jeu.

Voici maintenant la marche du jeu.

Le nombre 9 étant le plus beau point, et après lui 8, 7, les joueurs doivent tendre à se former un jeu où se trouve l'un de ces nombres : Ainsi donc, toutes les fois qu'un ponte n'a que 4 ou moins que 4, il doit tirer : dans les autres cas il doit être *content*.

C'est donc par une exception qui ne peut faire règle, qu'il prend une carte ayant déjà 5 points, ou qu'il en refuse n'en ayant que 4.

Mais il en est tout autrement pour le banquier, qui doit se diriger d'après la conduite du ponte, car il paie toutes les fois que les pontes ont seulement un point de plus que lui.

Quand le ponte s'abstient de tirer, le banquier doit prendre une carte, alors même qu'il aurait 5 au point ; car il est probable que le ponte a tout au moins un point semblable.

Si le ponte demandant carte, reçoit une figure qui vaut dix, ou un as, le banquier se contentera du point de 3 dans le premier cas, et du point de 4 dans le second, attendu que le ponte ayant tiré à baccara à 1 ou 2, a perdu.

Ces deux suppositions peuvent se multiplier avec toutes les cartes qui peuvent arriver aux pontes, et sur lesquelles le banquier doit porter ses combinaisons. Nous croyons superflu et même impossible de les indiquer toutes en détail.

Jeu des Quatre Fleurs.

C'est un jeu analogue ou plutôt semblable à ceux de la *belle* et du *biribi*. Les chances sont les mêmes ; les avantages du banquier sont pareils ; la manière de jouer ne diffère en rien ; il n'y a d'exception que dans le nombre des numéros et des accessoires du tableau, il contient quatre-vingts numéros, et *quatre fleurs*, lesquelles fournissent le titre du jeu. Il est donc inutile d'expliquer le jeu des *quatre fleurs*, et même de rappeler qu'il est dangereux ; il suffit de renvoyer le lecteur aux jeux nommés ci-dessus.

Jeu du Pharaon *

Jouissant de la plus grande vogue sous Louis XIV et même sous Louis XV, le pharaon, auquel on ne pense plus aujourd'hui, se jouait avec un jeu composé de cinquante-deux cartes. Les joueurs, dont le nombre est illimité, portent le nom de pontes, et sont présidés par un banquier.

Après que les cartes ont été mêlées et que le banquier a fait couper, les pontes mettent chacun sur une ou plusieurs cartes qu'il leur plaît, l'argent qu'ils veulent risquer. Lorsque le jeu est ainsi fait, le banquier tire d'abord une carte qu'il met à sa droite, et ensuite une autre qu'il met à sa gauche.

De ces deux cartes, quand elles ne forment point un doublet, la première fait gagner au banquier la mise que les pontes ont fait sur cette carte, et la seconde oblige le banquier de doubler au profit des pontes l'argent dont ils l'ont couverte.

L'*avantage* du banquier consiste dans les doublets, et dans la dernière carte; quand il arrive un doublet, c'est-à-dire quand deux cartes semblables, comme deux rois, deux dames, etc., sont tirées, l'une à droite et l'autre à gauche, le banquier gagne la moitié de l'argent que le ponte a risqué sur la carte arrivée en doublet.

L'avantage du banquier, quant à la dernière carte, consiste en ce qu'il est dispensé de doubler l'argent que les pontes y ont joué, quoiqu'il ait tiré celui qu'ils avaient mis sur la pénultième.

Il y a communément trois doublets dans deux tailles. Si tout le jeu était joué également, l'avantage du banquier serait de quatre-vingt six centimes par vingt-quatre francs; mais, comme cette égalité n'a pas lieu, et que la probabilité des doublets et la situation de chaque jeu varient tous les coups, on ne peut apprécier au juste cet avantage.

---

* On ne peut traiter d'un jeu sans se rappeler l'aveuglement où la funeste passion du jeu, la cupidité enflammée par l'espérance et l'orgueil, plonge sans bornes et sans ressources. Un malheureux domestique avait volé son maître pour couvrir des numéros qui lui semblaient devoir immanquablement gagner. Surpris et condamné à mort, il dit froidement à ses juges : « Je ne vous demande qu'une grâce, c'est de couvrir au profit de mes enfants les numéros que j'ai choisis. » En marchant au supplice, il répétait encore : « *Je suis certain qu'ils gagneront.* »

A l'exception du cas où une carte est encore dans le jeu, il est peu de position où le risque de tomber à la dernière carte ne soit plus grand que le désavantage d'essuyer un doublet. Le ponte peut diminuer ce désavantage en choisissant, par exemple, la *carte de face* ou la *carte anglaise* (la première que le banquier place à sa gauche). Il est moindre sur ses cartes que sur celles qui ne sont pas encore sorties.

Le *pharaon* est un jeu très attrayant par l'illusion que font les *parolis*, les *paix* [*], soit de sept et le va (sept fois la vade), et les autres plis qui empêchent que le ponte s'aperçoive de ce qu'il joue. Souvent on ne chercherait pas à faire de grands coups, tels qu'un sept et le va, le quinze et le va, le trente et le va, etc., si la somme était sur la carte en espèces.

Toute carte qui a souffert taille doit rester jusqu'à ce que le sort en soit décidé. Un jeu fait ne peut pas non plus se changer, ou se transporter, à moins que le banquier n'y consente.

Au surplus, il est d'usage que lorsqu'il ne reste plus qu'environ huit cartes dans la main du banquier, il l'annonce aux pontes. C'est une manière de prévenir ceux qui voudraient encore mettre, de ne pas risquer à un jeu devenu alors trop chanceux.

Lorsque le banquier met deux cartes de suite sur un même tas, soit à gauche, soit à droite, il fait ce qu'on appelle *fausse taille*. Il en est de même, si, sans un juste motif, tel que le cas d'une mise trop forte, ou de la perte de la banque, il ne taille pas à fond.

Jeu de la Bassette.

Les jeux sont presque aussi sujets que les vêtements aux caprices de la mode. Celui-ci, qui fut autrefois d'un très grand usage en France, est maintenant presque entièrement oublié : il est vrai que la mode seule n'a pas produit cette défaveur, car la bassette fut défendue par l'autorité sous le règne de Louis XIV ; mais si la mode n'avait fait exécuter cette volonté supérieure, il est plus que probable que ce

---

[*] On nomme ainsi une manière de jouer qui consiste à plier une carte pour annoncer qu'on ne joue que ce qu'on a gagné sur cette carte, avec l'argent qu'on a mis dessous pour justifier l'étendue de la mise.

Il y a la *paix simple*, qui s'applique à une mise simple, la *paix de paroli*, qui s'applique à ce que produit le paroli, distraction faite de la première mise ; la *paix de sept et le va*, etc.

jeu ferait encore fureur. On prétend qu'il est dû à un noble Vénitien, qui fut payé par l'exil de l'invention de ce divertissement. Ce jeu si dangereux est une espèce de Pharaon, qui le remplace maintenant.

Jeu du Pair et de l'Impair.

Ce jeu de hasard se joue avec trois dés, un tableau, un instrument qui est une sorte de double entonnoir, et un cornet. Le tableau est divisé en deux parties, dont l'une représente imprimé le mot *pair*, et l'autre, le mot *impair*. Le double entonnoir est disposé de telle sorte qu'en y versant les dés avec le cornet, ils reçoivent différentes directions avant de tomber sur le tapis.

Les joueurs sont un banquier et des pontes dont le nombre n'est pas limité. Quand le premier a jeté avec le cornet les trois dés dans l'entonnoir, chaque ponte met la somme qu'il juge à propos sur la partie du *pair* et de *l'impair* ; les mises faites, on lève l'entonnoir et l'on compte les points que présentent les dés sur la face supérieure : si ces points réunis forment un nombre *pair*, le banquier recueille ce que les pontes ont mis au jeu sur la partie de *l'impair*, et il leur paie une somme égale à ce qu'ils ont joué sur la partie du *pair* ; si, au contraire, les points réunis forment un nombre *impair*, le banquier recueille ce que les pontes ont placé sur le *pair*, et leur paie une somme égale à ce qu'ils ont joué sur la partie de *l'impair*. Jusque-là tout est égal ; mais ce qui ne l'est point, c'est ce qu'il gagne lorsque les trois dés présentent les nombres quatre ou dix-sept : dans le premier cas, le banquier gagne ce qu'il y a sur la partie de *l'impair*, et il est dispensé de payer ce qu'on a placé sur le pair ; dans le second cas, il recueille ce qu'on a mis sur la partie du *pair*, sans rien payer pour les mises faites sur *l'impair*. N'est-il pas trop évident que ce jeu de hasard, comme presque tous, est un jeu de dupes.

Jeu du Treize.

Cette sorte de jeu de hasard a du piquant et de l'originalité, mais je n'en conseille pas moins de s'en défier, et de ne jamais y exposer de sommes considérables. Cet avis donné, ou plutôt répété en passant, commençons l'explication du jeu.

Il se joue avec un jeu entier (de cinquante-deux cartes).

Les joueurs sont un banquier et des pontes, et le nombre de ceux-ci n'est pas fixé.

On tire au sort à qui sera le banquier : chaque ponte met au jeu une somme convenue ; puis le banquier mêle les cartes, et fait couper par le joueur placé à sa gauche ; il les pose ensuite au milieu de la table, et les lève l'une après l'autre en les montrant. En levant et découvrant la première, il prononce *as* ; deux en découvrant la seconde ; trois en découvrant la troisième ; quatre en découvrant la quatrième ; cinq en découvrant la cinquième ; six en découvrant la sixième ; sept en découvrant la septième ; huit en découvrant la huitième ; neuf en découvrant la neuvième ; dix en découvrant la dixième ; *valet* en découvrant la onzième ; *dame* en découvrant la douzième ; et *roi* en découvrant la treizième.

Dans cet appel de ces treize cartes, si le banquier n'en découvre aucune telle qui l'a désigné, il double l'enjeu de chaque ponte (car chacun a mis en commençant au jeu une somme égale et convenue) et il cède la main au joueur qui se trouve à sa droite. Ce dernier devient alors banquier, et agit comme son prédécesseur, qui devient ponte à sa place.

Mais s'il arrive qu'en appelant les treize cartes, le banquier en découvre une qui répond au titre de convention qu'il lui donne forcément, et qu'ainsi, par exemple, cette carte se trouve être une dame, lorsqu'à la douzième il a appelé *dame*, il recueille alors tout ce que les pontes ont mis au jeu, et il conserve la main pour recommencer comme auparavant.

Lorsqu'il gagne et recommence plusieurs fois, et qu'il n'a plus assez de cartes pour étendre son appel nominal depuis l'as jusqu'au roi, il remêle les cartes, fait couper de nouveau, et tire ensuite du jeu le nombre de cartes nécessaire pour la continuation du jeu, en commençant par la carte qui suit celle qu'il a nommée la dernière avant de remêler, et qu'il aurait immédiatement nommée après s'il eût encore eu des cartes dans la main. Par exemple, si en découvrant la dernière carte il a nommé un dix, il doit, après avoir remêlé, nommer un valet en découvrant la première du jeu nouvellement coupé, puis successivement une dame et un roi, jusqu'à ce qu'il ait gagné ou perdu. On sent bien que cela n'intervertit nullement l'ordre du jeu.

A mesure que le banquier découvre et nomme une carte,

il la pose à plat sur la table, en face de lui, et à peu de distance du jeu; il place successivement les cartes tirées l'une auprès de l'autre, de manière que tous les joueurs peuvent les voir.

Jeu du Trente et Quarante ou Trente et un.

Ce jeu, dont les joueurs sont un banquier et des pontes, a cela de particulier qu'on y joue avec trois cent douze cartes, c'est-à-dire avec six jeux entiers qu'on a mêlés ensemble.

Comme il se trouve dans les cartes deux couleurs, la rouge et la noire, on met sur le tapis deux cartons, un noir et un rouge. Les pontes, dont le nombre est illimité, *font leur jeu* ensuite : le lecteur est assez familiarisé avec les termes de jeu de hasard pour savoir faire son jeu et placer la somme que l'on veut risquer. Au trente et quarante, elle se place sur l'un des cartons, au gré de chaque ponte, qui met autant d'argent qu'il le juge à propos. Cet important préliminaire achevé, le banquier, dont l'emploi a été tiré au sort, mêle les cartes, les fait couper, en découvre une qu'il met à plat au milieu de la table, tenant toujours le jeu de la main gauche; il continue, de la droite, à découvrir les cartes, et à les placer l'une auprès de l'autre, jusqu'à ce que les points qu'elles présentent étant réunis, ils ne sont pas au-dessous de trente et un et ne s'élèvent pas au-dessus de quarante.

Les figures se comptent dix points, et les autres cartes autant de points qu'elles en présentent : ainsi, l'as se compte un point, les deux pour deux points, les trois, de même, etc. A mesure que les cartes sont tirées, le banquier en appelle les points ; ainsi (supposons ce coup), il tire une dame, et dit *dix*; un as, et dit *un*, *onze*; un huit, et dit *huit-dix-neuf*; sept, et dit *sept-vingt-six*; cinq, et dit *cinq-trente-un*, etc. Il y a cependant des joueurs qui tirent et posent les cartes en silence, mais il est préférable d'appeler.

Les cartes tirées en premier lieu sont pour la couleur noire, et celles qu'on tire ensuite sont pour la couleur rouge.

Si le point amené pour la couleur noire approche plus du *trente et un* que celui qui est amené pour la couleur rouge, les pontes gagnent une somme égale à celle qu'ils ont mise sur le carton noir, et le banquier l'annonce en disant : *la rouge perd*. Il tire alors ce qu'on a mis sur le carton rouge, et double ensuite ce qu'il y a sur le carton noir.

Par la même règle, si le point qui approche le plus de *trente et un* est amené pour la couleur rouge, le banquier l'annonce en disant : *la rouge gagne*. En ce cas, alors, il tire ce qu'on a mis sur le carton noir, et double les mises que porte le carton rouge.

Lorsque les points amenés pour la couleur rouge sont égaux à ceux amenés auparavant pour la couleur noire, il en résulte un *refait*, c'est-à-dire qu'il n'y a ni perte ni gain pour personne, quand les points égaux sont de *trente-deux* à *quarante*. Le *refait* est donc un coup nul.

Jusque-là le jeu est parfaitement égal, mais nous connaissons la marche des jeux de hasard, et nous prévoyons que cette égalité va bientôt disparaître à l'avantage du banquier : nous ne nous trompons pas. Lorsque celui-ci, ayant amené *trente et un* pour la couleur noire, ramène encore le même point pour la couleur rouge, il tire la moitié de l'argent qu'on a exposé sur les deux cartons. Cet avantage est un objet qu'on évalue à 31 centimes par 24 francs.

Observez que des dix points de *trente et un* à *quarante*, les uns arrivent plus facilement que les autres : ainsi, par exemple, celui de quarante ne peut se faire que quand la dernière carte est un dix ou une figure.

Le point de *trente-neuf* se fait par 10 et 9 ;
Le point de *trente-huit* par 10, 9 et 8 ;
Le point de *trente-sept* par 10, 9, 8 et 7 ;
Le point de *trente-six* par 10, 9, 8, 7 et 6 ;
Le point de *trente-cinq* par 10, 9, 8, 7, 6 et 5 ;
Le point de *trente-quatre* par 10, 9, 8, 7, 6, 5, et 4 ;
Le point de *trente-trois* par 10, 9, 8, 7, 6, 5, 4 et 3 ;
Le point de *trente-deux* par 10, 9, 8, 7, 6, 5, 4, 3 et 2 ;
Le point de *trente et un* enfin, par 10, 9, 8, 7, 6, 5, 4, 3, 2 et 1.

Comme il est constant que les effets se reproduisent en raison du nombre de leur cause, on peut établir

Que le point de 31 arrivera.	13 fois
Tandis que celui de 32 n'arrivera que. . . .	12 fois
Celui de 33 n'arrivera que.	11
Celui de 34, que.	10
Celui de 35, que.	9
Celui de 36, que.	8
Celui de 37, que.	7

Celui de 38, que. 6
Celui de 39, que. 5
Et celui de 40, que. 4

Comme il faut la réunion de deux de ces points pour former un coup, et que le nombre proportionnel ci-dessus se monte à 85, le carré de cette somme est la quantité où tous les évènements doivent se reproduire, en raison du nombre des causes qui leur appartiennent.

Le *trente et quarante* ne comporte point de fausse-taille. Si le banquier vient à se tromper en comptant, comme tous les pontes comptent avec lui, ils peuvent sur-le-champ lui faire remarquer une erreur, et une carte tirée de trop est réservée pour le coup suivant. Si deux cartes tombent accidentellement ensemble, on distingue toujours aisément celle des deux qui doit être comptée la première, et du reste, le banquier détache les cartes trop à découvert pour être soupçonné. Comme il ne craint pas la spéculation des joueurs de figures, il agit librement, et ne peut pas plus suspecter les pontes que ceux-ci ne le peuvent suspecter lui même. On conçoit que s'il y avait fausse taille, en cas de cartes doubles, on pourrait la faire naître à chaque instant, puisque les cartes passent par toutes les mains : il serait facile de les coller ensemble exprès.

La seule circonstance où l'on pourrait faire quelque difficulté serait le cas où le banquier ne finirait pas la taille, attendu qu'il est d'usage de tailler à fond, et même de prouver évidemment que les cartes qui restent sont insuffisantes pour former un coup. N'en tirez pourtant point la conséquence qu'il y aurait fausse taille si le banquier refusait cette satisfaction aux pontes, parce que, lorsqu'il ne peut y avoir de tromperie, on ne doit prononcer aucune punition. Or, dans le cas dont il s'agit, toute tromperie est impossible, puisque l'évènement est incertain, et que le nombre de cartes exigé pour le décider écarte totalement l'idée du soupçon.

A aucun jeu le banquier n'est reçu à se prévaloir du *saut de sa banque*, pour éluder de payer en entier ce qu'il vient de perdre, parce qu'avant de tirer le coup, c'est à lui d'examiner s'il a les fonds nécessaires pour acquitter ce qu'on pourra lui gagner. Il suit de là que si la banque est insuffisante pour payer le coup, le banquier reste débiteur envers les gagnants. Au reste, il dépend de lui de régler et de limiter son jeu comme il le juge à propos, et les pontes ne peuvent l'obliger de jouer au-delà de ce qui lui convient.

Bien que nous ayons dit que le *trente et quarante* ne comporte point de *fausse taille*, à raison de la nature du jeu, qui rend les pontes témoins et observateurs des fautes du banquier, néanmoins lorsqu'il arrive que celui-ci commet une erreur grave non aperçue d'abord, il est obligé ensuite, lorsqu'elle se découvre, à doubler ce que les pontes ont mis au jeu.

On joue aussi à la *martingale*, qui, comme l'on sait, est une manière de jouer qui consiste à jouer toujours ce que l'on a perdu.

Quand on fait *paroli*, on met le double de ce qu'on a joué la première fois : faire *sept et le va*, c'est doubler sept fois la première mise.

Il ne nous reste plus qu'à parler du *refait du trente-et-un*; c'est un coup qui fait gagner au banquier la moitié des mises qu'ont exposées les pontes. Ce *refait* a lieu quand, après avoir amené *trente-et-un* pour la couleur noire, le même point se reproduit pour la couleur rouge ; au reste, le vocabulaire explicatif récapitulera l'explication de tous ces termes de jeu.

Jeu du Florentini ou de la Dupe.

Le nom italien de ce jeu en décèle l'origine : il se joue avec un jeu entier entre un banquier et des pontes dont le nombre est illimité[*].

Après avoir mêlé les cartes, le banquier, que désigne le sort, les fait passer devant les pontes qui sont autour de la table, afin que chacun puisse les mêler s'il le juge à propos : préliminaire qui, par parenthèse, me paraît peu propre à justifier le second titre de ce jeu. Les cartes revenues au banquier, il les mêle de nouveau, et fait couper par celui des pontes qu'il lui plaît de choisir ; il retourne ensuite la première carte, et la place devant lui : elle se nomme *la carte du banquier*. Supposons qu'elle soit un roi, c'est de l'arrivée plus

---

[*] Les Italiens, auxquels, comme nous l'avons vu, nous devons le plus grand nombre des jeux de hasard, sont des joueurs effrénés. En 1777, à Naples, la foudre tomba en globe de feu sur une maison où étaient rassemblés des joueurs. Le terrible globe parcourut les appartements, et s'arrêta au-dessus de la table de jeu. La plupart des joueurs n'en virent rien ; l'un d'eux, ébloui par la lueur de l'effroyable phénomène, secoua machinalement la main pour l'écarter et continua tranquillement de jouer.

prompte ou plus tardive d'un autre roi que dépendra le sort des joueurs.

Après que le banquier a retourné et placé sa carte, il en retourne une seconde, qu'il met sur le tapis (supposons que ce soit un as). Les pontes qui pensent que l'as sortira plutôt que le roi se déterminent alors à placer leurs mises sur l'as. Quand les mises sont faites, le banquier les couvre avec des sommes égales à celles que les pontes ont jugé à propos de risquer. Il retourne une troisième carte (supposons-la une dame), et l'on joue sur cette dame comme on a joué sur l'as; l'on agit de même sur toutes les cartes que retourne le banquier, lorsqu'elles ne sont pas semblables à celles qui sont déjà sur le tapis.

Quand arrive enfin une carte pareille aux cartes déjà retournées, comme un as, une dame, etc., le banquier gagne tout ce que les pontes ont mis sur l'as. Si une dame sort ensuite, il gagne tout ce qui est sur la dame ; mais si le banquier retourne un roi avant ses cartes, il perd tout ce qu'il a joué contre les pontes, parce qu'il a rencontré sa propre carte, et la partie finit à cette rencontre.

Si le hasard voulait que le banquier retournât, dans le cours de la partie, les douze cartes différentes de la sienne, et qu'ensuite il retournât successivement douze cartes semblables à ces douze-là, il ferait ce qu'on appelle *pleine main*, ou *opéra*, car il gagnerait généralement toutes les mises des pontes ; mais si, après avoir retourné les douze cartes qui diffèrent de la sienne, il en retournait une semblable à cette dernière, il perdrait autant que les pontes auraient mis sur ces douze cartes, et il éprouverait ce que l'on nomme un *coupe-gorge*.

Lorsqu'il arrive que les deux premières cartes retournées se ressemblent, comme deux valets, deux dix, etc., ces deux cartes sont pour le banquier, et l'on dit que sa *carte est double*. Il faut alors, avant que les pontes puissent jouer, qu'il y ait sur le tapis deux cartes de la même espèce, et différentes de celles du banquier ; car autrement, ils joueraient avec désavantage, puisqu'il serait probable que, n'y ayant plus dans le jeu que deux cartes pareilles à celle du banquier, elles se montreraient plus tard que celles qui seraient au nombre de trois.

Par la même raison, lorsqu'il arrive que les trois premières cartes retournées sont semblables, comme trois sept, trois neuf, etc., ces trois cartes sont également pour le banquier, et alors il a *carte triple*; aussi faut-il qu'il y ait sur le tapis des cartes triples avant que les pontes puissent jouer, et cela, afin d'établir des risques, comme nous l'avons précédemment expliqué.

Le banquier est dit *tenir la dupe* : il conserve toujours la main.

Petits paquets.

Ce jeu est très simple, mais il offre trop de ressources aux fripons, pour être joué autrement qu'en famille.

On le joue entre un banquier et des pontes avec un jeu de trente-deux cartes : les pontes font le jeu. Le banquier mêle et fait couper les cartes, puis en compose huit petits paquets de quatre cartes retournées exceptée la dernière qui est visible sur chaque paquet. Le banquier lève alors les cartes semblables, et retourne la carte suivante sur chaque paquet, et il enlève encore les cartes semblables.

Si, en agissant successivement ainsi, il arrive à enlever toutes les cartes, il a gagné les enjeux ; dans le cas contraire il perd.

Il arrive parfois qu'il ne reste plus sur la table que deux paquets de chacun deux cartes dont une retournée et l'autre visible ; le banquier peut lever un paquet tout entier, et si l'assemblage peut se faire en prenant cette carte cachée au lieu de celle visible pour continuer la patience, (l'as ainsi qu'on nomme ce coup,) le banquier continue et ordinairement gagne.

APPENDICE.

JEUX ÉTRANGERS. — JEUX DE COMBINAISON GYMNASTIQUES.

Jeux Étrangers.

PREMIER JEU DES TAROTS.

Malgré tous les soins que je donne à ce Manuel, je ne puis pas répondre qu'il ne laissera rien à désirer, quant à l'exécution ; mais quant au nombre des jeux, je puis l'affirmer ; car il est impossible de trouver un recueil de jeux plus complet. Cet appendice achèvera de le prouver.

Les tarots sont des cartes particulières dont on se sert en Allemagne, en Espagne, et dans plusieurs autres pays. Au lieu d'être distinguées comme les nôtres par des cœurs, des carreaux, des trèfles et des piques, elles le sont par des coupes, des deniers, des épées et des bâtons, appelés en espagnol *copas*, *dineros*, *espadillas* et *bastos*. L'envers des cartes est ordinairement orné de divers compartiments.

Les jeux de tarots sont composés pour le moins de soixante-dix-huit cartes ; plusieurs vont jusqu'à quatre-vingts, et même davantage. Le plus ou moins est indifférent, parce que chaque couleur a son nombre ; les jeux de France ont treize cartes par couleur, et les tarots quatorze ou plus. Les jeux de tarots ont pour chaque partie : le roi, la reine, le chevalier, le valet, le dix, le neuf, le huit, le sept et le six, avec l'as d'épée, ainsi, l'on a le roi, la reine, le chevalier, etc., de coupes, de deniers, de bâton, comme on a le roi, la reine, le chevalier, etc., d'épée. Le tout fait cinquante-six cartes, et le surplus se nomme *atout* ou *triomphe*: ces triomphes sont au nombre de vingt-et-une cartes, depuis celle qu'on nomme *bateleur* jusqu'à la carte appelée le *monde*. (*Voyez* à la fin des *Jeux des tarots*.) Remarquez qu'une carte particulière appelée le *fou* est dite *servir d'excuse* ; et voici ce que signifie cette expression. Lorsqu'un joueur vous jette une haute carte de triomphe, soit un roi, une reine, ou quelque carte que vous ne puissiez pas prendre, vous montrez votre fou, vous donnez une carte de vos levées, et vous mettez la carte du fou à la place de vos levées.

Le premier jeu des tarots se joue avec la quantité de cartes que l'on veut ; on peut n'en garder que très peu, si on le juge à propos, et d'après le nombre des joueurs, qui est indéterminé ; on donne douze cartes à chacun. On convient quelquefois que le premier qui aura fait cinquante points gagnera la partie. Or, le fou vaut cinq, et sert d'excuse ; les rois valent quatre ; le monde et le bateleur valent aussi quatre chacun ; la reine vaut trois, le chevalier deux, le valet un, et les autres cartes valent les points qu'elles représentent. Chaque carte que l'on gagne par les levées au-dessus des douze données en commençant, compte autant de points qu'elle en marque.

Après que l'on a mis au jeu ce qui a été convenu, on joue comme à la triomphe ; celui qui a davantage de rois, reines, chevaliers, valets, ou qui compte dans ses levées le monde, le fou et le bateleur, gagne. Au résumé, celui qui a le plus de points gagne l'enjeu.

De la rigueur. — Ce jeu se joue encore d'une autre manière. Alors, les quatorze cartes d'épée se nomment la *rigueur*, et emportent les autres triomphes de bâtons, coupes et deniers ; c'est, du reste, aussi le jeu de la triomphe, et lorsque vous manquez de la couleur jouée, vous coupez avec de la rigueur ; mais si l'on vous jette d'une autre triomphe, dont vous avez, vous êtes obligé d'en mettre, et la plus haute alors l'emporte. Le fou marque cinq et sert d'excuse comme précédemment.

Second jeu des Tarots.

Les jeux de tarots ne sont pas bien variés : c'est toujours la triomphe forcée avec plus ou moins de cartes, et entre plus ou moins de joueurs ; mais celle-ci a quelques règles particulières.

Chaque joueur reçoit cinq cartes, et il n'y a point de retourne, par conséquent point d'atout.

Celui qui dans ses cinq cartes a le fou ou le bateleur, retire son enjeu. Le joueur à qui arrive la carte nommée la *force*, emporte deux enjeux ; enfin, celui qui se trouve avoir la carte appelée la *mort*, lève tout ce qui est au jeu, sans que personne en puisse rien prétendre ; puis les joueurs, ainsi favorisés, jouent ensuite pour savoir à qui aura plus de levées, ou les premières levées ; ceux qui n'en font point, ou ne font que les dernières, paient les gagnants. Il va sans dire que l'on convient avant le jeu de ce que l'on doit mettre à l'enjeu, et donner à ceux qui gagnent les levées.

Troisième jeu des Tarots, ou *Tarots suisses*.

Les Suisses jouent avec les tarots un jeu peu compliqué où domine le nombre trois. Les joueurs sont trois, et reçoivent toutes les cartes, à la réserve de trois, que s'approprie le donneur, qui écarte de son jeu trois autres cartes, telles qu'il lui convient ; ce privilège indique assez que la donne doit être désignée par le sort. Ce jeu se joue en trois parties. Le joueur qui gagne le premier ces trois parties emporte ce que l'on est convenu de jouer. C'est du reste le jeu de la triomphe sans atout, les vingt-et-une cartes de triomphe servant à couper. Le bateleur, le monde, les rois des quatre façons, valent cinq ; les quatre diverses reines, quatre chacune ; et les chevaliers trois. Voici les noms assez bizarres des vingt-et-une triomphes des tarots.

1. *Le Bateleur ;*
2. *La Papesse ;*
3. *L'Empereur ;*
4. *L'Impératrice ;*
5. *Le Pape ;*
6. *L'amoureux ;*
7. *Le Chariot ;*
8. *La Justice ;*
9. *L'Ermite ;*
10. *La Roue de fortune ;*
11. *La Force ;*
12. *Le Pendu ;*
13. *La Mort ;*
14. *La Tempérance ;*
15. *Le Diable ;*
16. *La Maison de Dieu ;*
17. *L'Étoile ;*
18. *La Lune ;*
19. *Le Soleil ;*
20. *Le Jugement ;*
21. *Le Monde.*

Jeux de combinaison gymnastiques.

Ces jeux qui sont traités pour la plupart et en détail dans le *Manuel des Jeux de Société*[*], sont en quelque sorte l'inter-

---
[*] Voyez au chapitre IV de la première partie de cet ouvrage les jeux des jeunes gens, tels que la *balle empoisonnée*, la *boule*, le *ballon*, le *siam*, les *quilles*, et spécialement la *longue paume*.

médiaire entre cet ouvrage et le Manuel qui nous occupe maintenant. Tenant au premier par l'exercice qu'ils procurent, ils se rattachent au second par leurs calculs. Je crois donc devoir lier ces deux Manuels par la description de ces jeux ; mais comme ils ont (à l'exception de la courte paume et du mail) été déjà décrits longuement, et qu'il faut éviter les répétitions, comme aussi il importe d'insérer maintenant les jeux où les combinaisons l'emportent sur la gymnastique, je me décide pour ces deux-là, en renvoyant le lecteur au chapitre déjà indiqué.

Jeu de la Courte-Paume ou *Paume fermée.* (Voyez *Jeu de la Paume.*)

Dans ce jeu, fermé et borné de murailles, qui est tantôt ouvert et tantôt découvert, on joue, à ce genre de paume, à deux ordinairement avec les balles ordinaires, des raquettes ou des battoirs, des petits bâtons et un panier. On commence par tourner la raquette pour savoir à qui sera dans le jeu : celui qui n'y est pas, doit servir la balle sur le toit, en la poussant avec la raquette : le premier coup de service s'appelle le *coup des dames*, et ne compte pas. L'on convient ensuite de la valeur du jeu, et l'on joue à l'ordinaire.

Les parties se jouent en quatre jeux : si l'on convient trois jeux à trois jeux, on dit *à deux de jeu*; c'est-à-dire qu'au lieu de finir en un, on remet la partie en deux jeux. On peut aussi jouer en six jeux, si cela convient ; mais en ce cas, il n'y a point d'*à deux jeux*, si ce n'est du consentement des joueurs.

On doit encore, avant de commencer à jouer, tendre la corde à telle hauteur qu'on puisse voir le pied du dessus du mur, du côté de l'adversaire, et le long de cette corde est un filet attaché dans lequel les balles donnent souvent : il n'est jamais permis, en poursuivant une balle, d'élever la corde. S'il arrivait par hasard qu'en jouant, la balle demeurât entre le filet et la corde, et qu'elle donnât dans le poteau qui tient cette corde, le coup ne vaudrait rien.

Les joueurs de paume, tant à la longue-paume qu'à la paume fermée, ont ordinairement des *marqueurs* : ce sont proprement les valets du jeu. Ils marquent les chasses et comptent le jeu des joueurs, et les servent de diverses façons.

Ces marqueurs marquent au second bond de la balle, et à

l'endroit qui touche le bond ; ils doivent encore avertir les joueurs tout haut quand il y a *chasse* et dire *chasse** ; ou *deux chasses*, si elles ont lieu à tant *de carreaux* ; et crier aussi : *à tel carreau la balle la gagne*.

Si les joueurs disent *chasse morte*, elle demeure telle, et les marqueurs gardent le silence.

On joue pour l'ordinaire, partie, revanche et le tout : ou bien partie liée si l'on en est convenu précédemment.

Le joueur qui, en servant la balle (en la lançant), ne sert que sur le bord du toit ou sur le rabat seulement, doit recommencer à servir ; car le coup est nul, à moins que l'on ne joue à *qui fault, il boit*.

Qui met sur l'ais de volée en servant, ou sur les clous qui le tiennent, gagne *quinze* ; il en prend autant quand il met dans *la lune* : on nomme ainsi un trou de la muraille qui est au côté du toit où l'on sert.

Quand on ne veut pas être servi, on dit : *pour rien*, mais avant que l'autre joueur ait lancé, et jamais on ne le fait aux coups de hasard. Celui qui sert ne peut pas dire *pour rien* : servir, c'est pousser la balle sur le toit.

Quand on a *quarante-cinq*, on dit *chasse morte*.

A la *courte-paume*, on donne *avantage* et *bisque* aux plus faibles joueurs, ainsi qu'à la longue-paume.

Grande Paume.

Il n'y a point de différence réelle entre ce jeu et le précédent, sinon que celui-ci se joue sur un terrain disposé exprès et d'une très grande étendue.

Jeu du Battoir.

C'est le jeu de la grande paume joué avec des battoirs, au lieu de raquettes, et avec des balles en bois couvertes d'une sorte de flanelle.

Jeu de la Balle et du Tamis.

Ce jeu est encore le même ; les instruments seuls sont différents ; ainsi la balle est autrement composée et on n'a ni raquette ni battoir ; on se sert de tamis pour la faire bondir une première fois, et on la frappe avec la main.

---

* Voyez pour ce terme et les suivants les règles de la longue-paume, *Manuel des Jeux de Société*, de l'*Encyclopédie-Roret*.

Jeu du Ballon.

Il se joue comme le jeu de balle; sauf qu'on emploie un ballon; et qu'on peut le frapper avec la main et avec le pied aussi bien au dernier qu'au premier bond.

Jeu du Mail.

Pour jouer au mail, il faut avoir des boules, un *mail* (abrégé de maillet), sorte de bâton court et renforcé pour faire rouler les boules. Il faut enfin avoir un *jeu*, ou terrain de mail, c'est-à-dire une longue et large avenue en plein air, bien unie de crainte d'accident. On joue à deux ou plusieurs autres joueurs. Il va sans dire que ce jeu convient seulement aux hommes.

Il y a quatre manières de jouer au mail : 1° au *rouet*; 2° en *partie*; 3° aux *grands coups*; 4° à la *chicane*.

Jouer au *rouet*, c'est jouer individuellement pour soi et par tête : un seul joueur, en ce cas, passant au pair, ou au plus quand il se trouve en ordre, gagne le prix dont on était convenu pour la passe.

On joue en *partie* quand plusieurs joueurs sont opposés les uns aux autres en pareil nombre : si le nombre est inégal, on peut fait jouer deux boules à un seul joueur du côté faible, jusqu'à ce qu'il survienne un nouveau joueur.

Jouer *aux grands coups*, signifie que deux joueurs se disputent à qui poussera la boule plus loin : quand l'un est plus fort que l'autre, il accorde avantage à son partenaire, soit par distance d'arbre, soit par distance de pas.

Reste la *chicane*: on y joue en pleine campagne, et partout où l'on se trouve; on débute ordinairement par une volée, et l'on finit la partie en touchant un arbre ou une pierre marquée qui sert de but, ou bien en passant par certains détours dont on est convenu à l'avance. Le joueur dont la boule franchira le but, ou sera la plus loin (supposé que les joueurs soient du pair au plus), aura gagné; lorsqu'on manque tout-à-fait sa boule, ce qui s'appelle *faire une pirouette*, on perd un coup : *mettre sa boule en beau*, c'est la disposer à rouler.

De la passe. — La passe est l'action de faire rouler la boule jusqu'à point donné.

Du début. — C'est le premier coup que chacun joue à toutes les passes que l'on fait.

Du tournant. — Quand un joueur a sa boule dans le tournant du jeu, il ne lui est pas libre de s'élargir : il doit jouer du lieu où se trouve sa boule sur la ligne droite. On dit *être tourné*, quand on a passé cette ligne ; et être en vue, quand, de l'endroit où est sa boule, on voit l'*archet de la passe*, ou le but donné.

On peut jouer en trois ou quatre coups de mail, suivant les conventions préliminaires, et cela s'appelle *ajuster*.

Ceux qui arrivent les premiers à la *passe*, achèvent leur coup sans que les autres joueurs puissent les interrompre.

Faire sauve. C'est préserver la boule d'un joueur, et contribuer à la conduire vers la passe.

La passe a plusieurs degrés. Qui passe au pair, *gagne* ; qui passe à deux de plus, oblige, c'est-à-dire qu'il gagne, si celui qui joue en même temps, reste à un point de plus après lui, et manque de passer. Si ce dernier passe, il gagne tout.

Qui, tirant au pair, ou au plus à la passe, rencontre une boule et la met derrière lui, la force à y rester.

Règlements divers du jeu de Mail.

Il n'est pas permis de biller la boule de sa partie, ni de se mettre devant elle, quand on revient de derrière, à moins qu'on ne joue sa boule de l'endroit où elle s'est trouvée.

Ceux qui jouent en partie liée, ne peuvent point entrer au début, ni à aucun autre coup.

En partie liée, comme au rouet, il n'y a que les deux derniers qui puissent revenir l'un contre l'autre pour clore la passe, s'ils sont en ordre.

Le joueur à qui, par trop de vivacité, la boule de passe échappe, perd un coup.

Pour biller une boule que l'on veut mettre derrière et passer, il ne faut point porter la lève jusque sur l'autre boule pour la pousser en traînant, car ce serait billarder ; mais on doit jouer franchement sa boule pour aller chasser l'autre, sans l'aide de la lève, et qui agit autrement perd la passe.

———

Nous terminerons ici cette nouvelle édition du *Manuel des Jeux de Calcul et de Hasard*, sûr qu'il est aussi complet que peut l'être un seul volume sur cette immense matière, et qu'il résout, prévient, ou met sur la voie de prévenir toutes les difficultés.

Machine pour marquer les points dans les jeux de société par M. Ladavière de Lyon.

Cette machine se compose de deux plaques, qui conservent entr'elles un intervalle dans lequel se placent les ressorts, qui ont un mouvement libre ; elle porte onze touches numérotées et un même nombre de ressorts ; elle est, en outre, munie de quatre charnières et est portée par quatre pieds ; les ressorts et les charnières sont fixés par dix-neuf clous ; elle est surmontée, au milieu, par une espèce de lyre ou par toute autre disposition donnant la facilité de la prendre et de la transporter pour s'en servir.

Explication des figures.

Fig. 13, plan supérieur de la plaque de dessus.

Fig. 14, vue par-dessous de cette même plaque.

a, quatre ouvertures rectangulaires destinées à y recevoir les charnières, qui réunissent à la plaque les touches représentées fig 15e et 16e, servant à marquer les points.

b, trous dans lesquels sont reçus les clous qui servent à fixer les charnières.

c, trous recevant les clous qui fixent les ressorts *d*, en acier, servant à faire mouvoir les touches, à les tenir levées lorsqu'on a marqué les points et à les empêcher de se relever seules lorsqu'elles sont boissées.

e, quatre trous placés aux angles de la plaque, pour recevoir les quatre pieds qui se montent à vis, et qui tiennent toutes les parties assemblées.

On pourra employer, dans la confection de cette machine, tous les genres de métaux ensemble ou séparément, tels que l'or, l'argent, le plaqué, l'acier poli, etc., etc. ; on pourra aussi marier à un ou plusieurs de ces métaux l'écaille, la nacre, l'ivoire, l'os, la corne, le buis et toutes les espèces de bois.

La forme de cette machine est aussi variable à volonté.

VOCABULAIRE

ALPHABÉTIQUE DE TOUS LES TERMES USITÉS DANS LES JEUX
DONT IL EST PARLÉ DANS CET OUVRAGE.

A.

Abattre du bois. C'est prendre au trictrac les dames du talon.

Abattre le jeu. Au Pamphile, c'est avertir qu'on ne veut pas jouer.

Accoupler ses dames. C'est au même jeu les mettre deux à deux sur une flèche.

Acquit. Mise d'un joueur au billard.

A deux de jeu, signifie, à la courte-paume, remettre la partie en deux jeux, au lieu de la finir par un seul quand ils sont de nombre impair.

Adouber. Au jeu de dames et de trictrac, c'est arranger les pions, et les toucher sans jouer.

Alexandre. C'est le roi de trèfle.

Aller à fond. Demander carte. (*Voyez* ce mot.)

Aller en curieuse. Voyez *Se réjouir.*

Ambe. Deuxième hasard du loto.

Ambezas. Se dit, au trictrac, quand on amène deux as.

Amoureux. La sixième triomphe du jeu des tarots.

Amuser le tapis. Jouer avec lenteur.

Annoncer. A la bouillotte, au piquet, à l'impériale, etc., c'est déclarer son jeu.

A prendre. C'est quand, aux dames, un pion passe sur un autre pour se placer derrière lui.

Argine, ou *Regina*, c'est la dame de trèfle.

Arranger ses couleurs. C'est assortir ses cartes.

Arrivé à dame. Pion arrivé à la base de l'échiquier.

Arroser. Au lansquenet, se dit lorsque le coupeur dont on a gagné la carte droite, paie aux carabins la somme convenue ; à la bouillotte, quand on paie le brelan.

As. Dernière carte du jeu dont la valeur varie suivant les combinaisons des jeux.

Atout. Carte qui emporte toutes les autres et sert à couper.

Avancer. Ce mot, au trictrac, signifie *prendre son coin.*

Avancer un dé. Jouer à son tour, au jeu de domino.

Avantages. A la courte-paume, aux dames, au trictrac, aux échecs, etc., on fait des avantages aux plus faibles joueurs pour maintenir l'égalité du jeu.

B.

Balle. Corps sphérique, élastique ou non, qu'on lance avec raquettes, battoirs ou à la main.

Ballon. Sorte de balle enflée d'air, et couverte de peau.

Bande de la boîte du trictrac, du billard et de l'échiquier.

Bander les dames au trictrac. Les charger, en mettre trop sur une flèche.

Banque. Le fond du jeu, au quinze, au vingt-et-un, à la roulette, etc.

Banquier. Le chef du jeu, qui tient l'argent, surtout aux jeux de hasard.

Baste. Nom de l'as de trèfle à l'hombre.

Batadour. Sur cases que l'on fait au revertier, en mettant deux dames sur une case où il y en a déjà deux accouplées.

Bataille. Nom du coup principal à ce jeu.

Bâtonner. Au billard, frapper d'abord une bille sur son centre, puis une seconde fois par un des côtés de la queue.

Batterie. A l'ambigu, la quantité de jetons que propose un joueur.

Battoir. Instrument pour lancer la balle à ce jeu.

Battre le coin. Tomber dessus à coups de dames.

Battre une dame. Au trictrac, au revertier, etc., c'est mettre une dame sur la flèche où était placée celle de son adversaire.

Belle. Couleur d'atout au boston ; titre de la carte d'honneur : nom de la partie qui décide entre joueurs qui ont gagné chacun un même nombre de manches.

Bête. Amende que l'on paie à divers jeux. Nom d'un jeu.

Bezet. Au trictrac et autres jeux semblables, deux as en dés.

Billard. Nom du principal instrument à ce jeu.

Billarder. Chasser au billard les deux billes à la fois d'un même coup.

Bille. Boules ou balles sphériques en ivoire, de diverses couleurs, pour jouer au billard.

Bille collée. Conduite près de la bande du billard.

Bille faite. Mise dans la blouse.

Billets. Nom des cartes que l'on tire du second jeu de cartes, au jeu de la loterie, et que l'on donne aux joueurs pour servir de billets.

Bisque. Avantage donné au jeu de paume.

Bistoquet. Sorte d'instrument employé pour éviter de billarder.

Bloquer. Lancer, par le choc de sa bille, celle sur laquelle on joue dans une blouse.

Blouse. Les trous pratiqués aux quatre coins de la table de billard pour recevoir les billes.

Blouse défendue. Partie de billard qui va en huit points.

Blouser. Faire entrer la bille dans une blouse.

Bois. Les dames du trictrac, du revertier, etc.

Bon air. Quatre matadors à l'hombre.

Bonne. Bille qui par un contre coup compte au billard, à la partie du doublet.

Bonne. La dernière levée au reversis : la *première bonne* est la première levée.

Bonne couleur. Au whist, c'est la séquence principale.

Boston. Le valet de carreau au jeu de ce nom.

Boucher un dé. C'est mettre un dé qui empêche l'adversaire d'écouler ses autres dés semblables.

Bouchon. Principal instrument du jeu de ce nom.

Bouder. Manquer d'un dé convenable au jeu de domino, et en tirer un au talon.

Boules. Principal instrument au jeu de ce nom.

Bredouille. Douze points pris au trictrac ; le jeton qui marque la bredouille.

Brelan. Au jeu de ce nom, et à la bouillotte, c'est la réunion de trois cartes semblables.

Brelan carré. C'est trois cartes semblables, dont la quatrième fait la retourne.

Brelan cavé. Celui où la partie est limitée.

Brelan-tricon. Synonyme de brelan carré.

Bricole. Le chemin que fait la bille après avoir frappé une des bandes du billard.

Bricoler. Jouer de bricole.

Brisque. Atout au jeu de ce nom.

Brûler. Dépasser le point de 15, 21, aux jeux de ces noms.

Brûler une carte. La mettre au rebut.

Brusquembilles. Les as et les dix dans le jeu ainsi nommé.

C.

Cabaret. Une tierce au jeu de la *guinguette*. C'est aussi le nom du corbillon qui contient la mise de cette seconde chance du jeu.

Cadette. Nom de la seconde grande queue au billard.

Callade (gagner au *tre-sette*). C'est quand deux joueurs font toutes les levées.

Calladon. (Ibid.). Quand un seul joueur fait toutes les levées.

Calladondrion. C'est quand le premier à jouer montre une napolitaine.

Capot. Premier hasard du jeu de piquet : lorsqu'un des joueurs fait toutes les levées.

Carabins. Surnom des pontes au lansquenet.

Carambolage. Résultat du fait de caramboler au billard.

Caramboler. Au billard, toucher deux billes avec la sienne.

Carme. Double quatre au trictrac, quand les dés amènent tous deux ce point.

Carreau. Deuxième couleur rouge des cartes : terme du jeu de paume.

Carrer (se) à la bouillotte. Mettre au jeu autant de jetons qu'il y en a à la vade, plus un.

Carte double, triple, etc. C'est, au jeu précédent, quand les premières cartes retournées sont pareilles.

Cartes blanches. Les cartes qui ne représentent point de figures : elles se trouvent aux jeux de la comète, du piquet, etc.

Cartes du banquier. Celle que le banquier tire pour lui au *florentini*, et sur laquelle jouent les pontes.

Cartes peintes. Celles qui représentent des figures.

Case. A plusieurs significations. Aux jeux de tableau, il signifie les parties, ou étroites divisions qui contiennent chaque numéro ou chaque figure, comme aux jeux de l'*oie*, d'*histoire*, de *mappemonde*. Aux échecs, aux dames, ce mot signifie les carrés qui partagent l'échiquier et le damier; au trictrac, il se dit de deux dames posées sur une même flèche.

Case de l'écolier. La dixième case du tablier de trictrac; on l'appelle aussi la travanais.

Case du Diable. La septième au trictrac, parce qu'elle est difficile à faire : au jeu de dame les quatrième et quarante-septième, parce qu'il est dangereux de les quitter.

Casement. La manière de faire des *cases*, aux *dames* et au *trictrac*, toutes-tables, revertier, etc.

Caser. L'action de faire des cases : c'est accoupler deux dames ensemble aux jeux précédents, et du *jacquet*, *garouguet*.

Cases basses. Les plus proches du trictrac.

Cases contiguës de la première espèce. Ayant un côté commun à elles deux et une couleur différente.

Cases contiguës de la seconde espèce. N'ayant qu'un angle de commun, et une même couleur.

Cavaliers. Seconde espèce des grandes pièces des *échecs*; il y a le *cavalier* du roi, de la dame.

Cave. L'argent que met devant lui chaque joueur au *brelan*, à la *bouillotte* ou au *quinze*.

Caver. L'action de mettre cet argent.

Chanter. Appeler, au whist, lorsqu'on a deux honneurs en main.

Charivari. La réunion de quatre dames à l'*hombre*.

Chasse. Point à la paume où tombe la balle lancée.

Chelem. Au *whist* et au *boston*, c'est l'action de faire toutes les levées.

Chicane. Au mail, jouer en pleine campagne.

Chicorée. C'est quand l'hombre joue avec trois faux matadors.

Chopine. La valeur de trois jetons au jeu de la guinguette.

Chouette (faire la). Jouer seul contre deux autres joueurs.

Clique. C'est la réunion de trois ou quatre as, trois ou quatre dames, etc., au jeu du *quarante de rois*.

Cœur. Première couleur rouge des cartes.

Cochonnet. Nom d'un instrument au jeu de ce nom.

Codille (faire ou gagner). A l'*hombre*, au *médiateur*, *pique-*

medrillo, etc., c'est lorsqu'un joueur autre que l'hombre fait plus de levées que tout autre.

Codiller. Gagner ou faire codille.

Coin bourgeois. La case de *quine* ou *sonnez*.

Coin du repos. Au trictrac, dit aussi proprement le coin; c'est la onzième case.

Coller. Approcher la bille de la bande du billard.

Comète. Le neuf de couleur noire et celui de couleur rouge ajoutés au jeu de ce nom.

Commercer pour carte. Changer sa carte avec celle de son voisin de droite, au jeu de *commerce*, et donner un jeton en sus.

Commercer troc pour troc. Échanger sa carte sans rien payer.

Consolation. Bénéfice de plusieurs jetons que l'on donne dans plusieurs jeux à ceux qui gagnent.

Contre. Quand au billard une bille en rencontre une autre et l'empêche d'aller où le joueur voulait qu'elle allât.

Contre-invite. Aux jeux de partenaires, jouer une couleur différente de celle que l'on avait jouée d'abord.

Contrer. Lorsqu'à la *bête* un joueur croyant pouvoir faire trois levées, déclare jouer *contre*.

Corbillon. Petit panier ou corbeille pour recevoir les mises.

Cornet. Sorte de vase allongé en corne dans lequel on agite les dés.

Coster. Au quintille, se dit d'un joueur en cheville, qui, ayant une carte-roi, et une carte inférieure, jette la dernière, parce qu'il espère qu'elle ne sera pas levée.

Cotillon. Au jeu de la guinguette, c'est la troisième chance et le talon.

Cou-bas (mettre son). Étaler ses cartes au jeu de ce nom.

Coup de bas. Au billard, c'est de placer toutes les billes dans le quartier quand l'adversaire est en main.

Coup de repos. Aux dames, position dans laquelle un joueur prend plusieurs fois de suite, et l'autre joueur autant de fois librement.

Coup dur. Au billard, quand une bille est collée sous bande, qu'elle est touchée en plein par une autre, elle cause un contre-coup qui se nomme coup dur.

Coupe-gorge. Quand le banquier amène premièrement une

carte semblable à la sienne, ce qui lui fait perdre tout de ce coup-là.

Couper avec l'atout. C'est emporter avec l'atout la couleur dont on manque.

Couper les cartes. Les partager après qu'on les a mêlées.

Coups de manque. Coups manqués.

Coups de passe. Au passe-dix, coups de gain.

Coups de ressource. Se dit aux échecs.

Coups du jeu. Chance ou partie.

Coucou (dire). C'est, au jeu de ce nom, refuser d'échanger sa carte parce qu'on le roi.

Couvrir un dé. Au domino, c'est tout simplement jouer un domino sur le domino déjà joué.

Couvrir une dame au trictrac et à ses dérivés. C'est mettre deux dames l'une contre l'autre.

Crever. Excéder le point convenu du jeu.

Croix. Voyez *Pile*.

D.

Dame. La seconde grande pièce des échecs.

Dame. La seconde figure des cartes.

Dame découverte. C'est une dame seule placée sur une flèche.

Damer un pion au jeu de dames, c'est le *rendre dame* en le couvrant d'un autre pion de même couleur.

Dames. Au jeu de dames, au trictrac, etc., ce sont des morceaux d'ivoire, d'os, d'ébène, ou d'autre bois, plats et arrondis : on les appelle aussi *tables*. Il y a les blanches et les noires.

Dames accouplées. Voyez *accoupler les dames*.

Dames couvertes. Voyez *ibid*.

Damier. Tablette marquée de cases noires et blanches pour jouer aux dames.

David. Nom du roi de pique.

Débredouiller. Au trictrac, c'est lorsqu'ayant marqué deux jetons, on est obligé d'en ôter un.

Débarquer. Au jeu de boulan, au bouchon et au palet, chasser l'adversaire placé trop près du but.

Décoller. Éloigner une bille de la bande du billard.

Décompter. Au billard c'est annuler tous les points qu'on a faits, chaque fois que l'adversaire fait un point : pour jouer cette partie, il faut être de première force.

Défausser. Se défaire de ses fausses cartes.

Demander en *belle*, en *petite*, en *solo*, etc. C'est commencer, ou jouer ces différents coups au boston.

Demander en médiateur. Se dit quand l'*hombre* prend l'engagement de faire six levées.

Demander la permission, ou simplement *demander*. Se dit quand l'hombre annonce que n'ayant pas assez beau jeu pour faire six levées seul, il lui faut l'aide d'un associé.

Demi-septier. A la guinguette, c'est la valeur de deux jetons.

Dés. Petits cubes d'ivoire portant depuis 1 jusqu'à 6 sur toutes leurs faces.

Dés carrés. A nombre pair.

Dés pointus. A nombre impair.

Dévoler. Manquer la vole : on dit aussi être en *dévole*.

Discorde. La réunion de quatre rois au jeu de l'hombre.

Domino. Dé plat et allongé.

Domino (faire). Placer le premier ses dés au jeu de domino.

Donne (la). Le privilége de donner les cartes.

Donner. Distribuer les cartes.

Donner la chance, au krabs, annoncer le point sur lequel roulera le jeu.

Donneur. Le distributeur des cartes.

Double. Tout domino qui porte deux fois le même nombre.

Double (à la). Lorsque, par une convention faite en commençant, les parties sont doubles, et les paiements se répètent tous.

Doublé. On est doublé au trictrac quand on ne peut rentrer deux dames parce qu'on n'a qu'un passage.

Double-dé au domino. C'est lorsque le dé répète son point, comme double 2, double 6, etc.

Double-doublet. C'est un jeu de dés double.

Double-ningre au *romestecq*. C'est la réunion d'emblée de deux as et deux rois, ou deux as et deux dix, etc.

Double-rome, au même jeu. C'est deux as ou deux rois.

Doublet. Au billard envoyer la bille dans une blouse après lui avoir fait toucher la bande en un doublet.

Doublet. Jeu de dés amenant deux points semblables, comme deux 3, deux 4, etc.

Dupe. La banque au *florentini* : on dit *tenir la dupe*.

E.

Écart. Ce que l'on fait en écartant.

Écarter. Choisir et retrancher une ou plusieurs cartes de son jeu, et les remplacer par autant de cartes prises du talon.

Échec. C'est quand, aux échecs, on joue une pièce qui met le roi en danger d'être pris le coup suivant.

Échec du berger. Quand le fou prend le pion du fou du roi.

Échec et mat. Quand le roi est pris et la partie gagnée aux échecs.

Échecs. Les pions au jeu de ce nom.

Échiquier. La tablette sur laquelle on joue aux échecs.

École. Au jeu de trictrac, on dit : *faire une école, envoyer à l'école, marquer une école*, et l'école a lieu quand on oublie de marquer les points que l'on gagne.

École impossible. Quand au jeu précédent, on amène des points, qu'on ne peut marquer par impuissance, et qu'on vient à les oublier.

Empiler les dames. C'est les mettre en tas sur la première flèche du trictrac.

Emprunter. C'est, au jeu de l'emprunt, demander à son voisin, pour un prix convenu, celle des cartes qu'il faut jouer et qu'on n'a pas.

Élargir (s'). Au mail changer sa boule de place pour jouer plus commodément.

Enfilade au trictrac. C'est une série de dés contraires, résultant d'une mauvaise position, qui vous mettant dans l'impossibilité de jouer vos dames et vous forçant de relever, laisse gagner votre adversaire.

Enfilade au whist consiste à transporter sur la partie suivante le nombre de points excédant les dix qui complètent la première partie.

Enfiler son adversaire, au trictrac. Lui boucher les passages par où il pouvait couler ses dames.

Enfle (j'). Terme du jeu de ce nom, et qu'on dit en ramassant les cartes.

Enfler, au jeu de l'enfle. C'est ramasser et mettre dans son jeu les cartes jetées sur le tapis, lorsqu'on manque de la couleur jouée.

Enjeu. Argent que l'on met au jeu en commençant.

Entreprendre. Commencer un coup : on dit *entreprendre le reversis*, la *vole*, etc.

Entrer en jeu, à la bouillotte, etc. C'est ouvrir le jeu en proposant un certain nombre de jetons.

Espagnolette. C'est au reversis trois ou quatre as et le *quinola*, ou simplement la réunion de quatre as dans la main.

Etendre ses dames, aux jeux de trictrac, de dames, etc. En placer beaucoup.

Etendre (s'), au jeu de papillon, signifie étaler ses cartes sur la table.

Être doublé, au trictrac. C'est quand on ne peut rentrer deux dames, parce qu'on n'a qu'un seul passage.

Être en cheville au jeu de quintille. Se dit lorsqu'on n'est ni le premier ni le dernier à jouer.

Être en échec, aux échecs. C'est quand le roi est en prise.

Être hoc. Se dit de certaines cartes jouées au jeu du hoc.

Être hors de jeu, au revertier. Avoir plus de dames que de rentrées ou passages ouverts.

Être mieux placé. Se trouver à la droite du donneur, ce qui fait gagner en cas d'égalité.

Extrait : au loto, chance d'un seul point.

F.

Faire. C'est la même chose que mêler ou donner les cartes.

Faire bille : au billard envoyer une bille dans une blouse.

Faire domino. Placer le premier ses dés au jeu de ce nom.

Faire entrée, au reversis, signifie *faire levée*.

Faire panache. Jeter ses cartes au whist.

Faire son tout : à la bouillotte jouer tout ce qu'on a d'argent.

Faire table, au revertier. Être obligé de laisser ses dames découvertes.

Faire tant pour tant. C'est, au jeu de dames, l'action

de donner à prendre à son adversaire un ou plusieurs *pions*, une ou plusieurs dames, pour se trouver ensuite dans une position à lui prendre le même nombre de pièces que celui qu'il a pris.

Fanatique. C'est le quatrième hasard de l'*hombre*, ou la réunion de quatre valets.

Fausses cartes au *quintille*, *hombre*, *médiateur*. Ce sont les cartes qui ne sont point de la couleur de l'atout.

Fausse taille, aux jeux du *pharaon*, de la *roulette*, du *trente et quarante*, etc. C'est une taille où le banquier a fait une faute qui l'assujettit, quand elle est aperçue, à doubler ce que les pontes ont mis au jeu.

Faux jeu. Celui où il se trouve des cartes de moins, de plus, ou des cartes doubles.

Favorite couleur d'atout à l'hombre, au quintille, etc. Nouvelle partie ajoutée au whist.

Feinte, au whist. Elle consiste à jouer une carte inférieure tandis qu'on en a une supérieure, afin de faire prendre le change à l'adversaire.

Ferme. La banque, au jeu de ce nom.

Fermer le jeu: au domino jouer de manière à faire bouder tout le monde.

Fermier. Le banquier au jeu de la ferme.

Fiche. Petite bandelette d'ivoire, diversement colorée, qui sert de monnaie au jeu.

Fichet. Petite fiche, qu'on enfonce dans les trous au trictrac.

Flèches. C'est, au trictrac, des sortes de bandelettes, terminées en pointes, et tracées au fond du trictrac, au nombre de vingt-quatre : elles sont blanches et vertes, ou de deux autres couleurs. On les nomme aussi, mais plus rarement, *lames*. C'est sur les flèches que l'on fait les cases.

Flèche. C'est encore, au même jeu, une espèce de clou d'ivoire ou d'os, dont on se sert, en l'enfonçant dans les trous, pour marquer combien on a de parties.

Flux. C'est le nom qu'on donne au point à plusieurs jeux. (*Voyez Point*.)

Fond du jeu. La mise ou l'enjeu.

Force. La onzième carte des tarots suisses.

Forcer. Mettre une carte plus forte que celles que les autres ont jouées.

Forcer le quinola, au reversis. C'est jouer un cœur qui force le porteur du quinola à le jouer.

Fou. C'est la troisième pièce des échecs, et le valet de carreau au jeu de la guimbarde. C'est encore le nom de la carte la plus intéressante des tarots.

Fourcher. Lorsqu'aux échecs un cavalier commande la case d'une tour ou d'une dame pendant qu'il donne échec, la pièce doit être perdue, à moins qu'on ne puisse prendre le cavalier lui-même, c'est ce qu'on appelle *fourcher*.

Fredon, à l'ambigu. On nomme ainsi la réunion de quatre cartes de même valeur, comme quatre dames, quatre valets.

Freluche. Renoncer au jeu de ce nom.

G.

Galet : nom du palet.

Ganer. Faire, demander, ou accepter le gano.

Gano (demander). Cette demande consiste, au jeu de à l'hombre, inviter le joueur son associé pour défendre la poule, à laisser passer la carte qu'on a jouée.

Ge. Deux as, deux rois, etc., au gillet.

Gorger le quinola. C'est contraindre à le jouer.

Grand mariage. La réunion du roi et de la dame de cœur au jeu de la guimbarde.

Grands coups. Les principaux hasards du jeu.

Gruger, au romestecq. Lever la *rome*, la *virlique*. (Voyez ces mots.)

Guide, aux jeux de tableau. C'est celui qui indique la marche du jeu.

Guimbarde. La dame de cœur au jeu de ce nom.

Guinguette. C'est, à l'hombre, quand le joueur appelé l'hombre joue sans as noir. C'est aussi le nom d'un jeu commun.

H.

Hanneton, au jeu de papillon. C'est lever trois cartes avec un roi, un valet et une autre carte.

Hasard (jeux de). C'est aussi le synonyme de coup.

Her. Jeu du *coucou.*

Hoc. (faire). Gagner au jeu de ce nom.

Hocs, au jeu du hoc. Ce sont les quatre rois, la dame de pique et le valet de carreau.

Hombre. Nom du jeu et du joueur qui mène la partie et contre lequel les autres partenaires jouent.

Honneurs, à l'*hombre*, au *boston*, les figures d'atout.

Hors de jeu, au revertier, ne pouvoir rentrer ses dames faute de passage.

I.

Impair. Hasard à la roulette.

Impasse. (Ibid.)

Impériale. Au jeu de ce nom, c'est la réunion de quatre cartes semblables, ou de toutes les figures, de l'as et du sept de même couleur.

Impériale tombée. Celle que l'on achève en prenant dans les levées les cartes qui manquent.

Impériale tournée. Celle qu'achève la retourne.

Impuissance, au trictrac. (Voyez *jan qui ne peut.*)

Indépendance, au boston. C'est un coup que l'on fait seul et volontairement ; il exige au moins huit levées. (Voyez *Solo.*)

Invite (*faire*). Aux jeux de partenaires, c'est jouer.

J.

Jan. Se dit au trictrac quand il y a douze dames abattues deux à deux, qui font le plein d'un des côtés du trictrac.

Jan de deux tables,

Jan de mezéas,

Jan de récompense. Ce coup a lieu quand les dés tombent sur une dame découverte. Il y a aussi les

Jan de retour, le grand et le petit jan, les contre-jans, tous termes du trictrac dont la longue explication ne peut se reproduire ici.

Jan de trois coups,

Jan qui ne peut. Quand le passage d'une dame est bouché.

Jeter les cartes. Les jouer.

Jeton Petite pièce ronde d'ivoire qui sert de monnaie au

jeu : il y a au trictrac le *jeton* qui marque le jeu, puis un jeton percé et de couleur pour marquer la grande bredouille.

Jeu. Se prend pour coup à différents jeux de cartes. On dit perdre tant de jeux.

Jeu entier. Jeu composé de toutes les cartes ou de cinquante-deux.

Jeu fait. L'argent mis sur les cartes aux jeux de hasard.
Jeu noir. (Ibid:) Les cartes noires.
Jeu rouge à la comète. Les cartes rouges.
Jeux à partenaires. Où les joueurs s'associent.
Jeux de tableaux, pour lesquels on se sert d'un tableau préparé.

Joie. Voyez *consolation, se réjouir.*
Jouer pour tout. Avancer toutes ses dames.
Jouer tout d'une, au trictrac. Jouer une dame seule et la mettre sur la seconde dame.

K.

Krabs. Jeu de dés anglais.
Krabs. Points du jeu; il y en a de deux sortes.

L.

Lahire. Nom ordinaire du valet de cœur.
Lame. Voyez *Flèche.*
Lenturlu. Voyez *Mouche.*
Levée. Elle se compose des cartes que chacun jette successivement pendant un tour.

Lever les dames. A tous les jeux où l'on se sert de dames, les ôter après la fin de la partie.

Lever les cartes. Prendre, d'après les principes du jeu, les cartes jouées.

Lots. Les cartes tirées du premier jeu à la *loterie*, et qui servent de lots.

Lune : trou dans lequel à la paume, celui qui sert s'efforce de lancer la balle.

Lunette, au jeu de dames. C'est lorsque deux pions du même joueur laissent derrière eux une case vide où l'adversaire peut se placer.

M.

Main (avoir la). C'est donner; être en main, c'est commencer à jouer.

Mal-donne. Donne manquée.

Malheureux. Au piquet à écrire, c'est le joueur remplacé.

Manche : subdivision de la partie liée aux jeux du billard, des échecs, des dames et des dominos etc. : gagner une manche n'est rien; il faut gagner le premier le nombre de manches qui doit faire partie, ordinairement 2 ou 3.

Manille. Le neuf de carreau au jeu de ce nom. Le second matador de l'hombre, qui est le deux de pique ou de trèfle.

Manque, aux jeux de hasards, nom d'une chance.

Marche. L'action d'avancer les pions, dames, etc.

Mariage. A la brisque, quand, ayant la dame, on lève le roi.

Mariage de rencontre. A la guimbarde, lorsqu'on jette, en jouant, le roi et la dame de couleur semblable, et qu'ils tombent immédiatement l'un sur l'autre.

Mariage sur table. C'est le précédent, ou grand mariage.

Mariée. C'est la guimbarde.

Marqué. Certain nombre de points au billard partie à écrire.

Marquer. Tenir compte des points à tous les jeux, mais de différentes manières, suivant leurs règlements.

Marques. Les jetons de l'enjeu au coucou.

Martingale. C'est, aux jeux de hasard, une manière de jeu qui consiste à jouer toujours tout ce qu'on a perdu.

Mat. Voyez *Échec*.

Mat aveugle. Quand le joueur d'échec ne voit pas qu'il fait mat.

Matadors. A l'hombre, et aux jeux qui en dérivent, ce sont les trois atouts, ou triomphes principaux.

Mêler les cartes. Les battre de manière à les changer souvent de place : ce mot est encore synonyme de *faire* ou *donner*.

Même, faire la bille au; au billard blouser sans faire le doublet.

Mezéas (jan de). C'est, au trictrac, lorsqu'au commencement d'une partie l'on a pris son coin de repos, sans avoir aucune dame abattue.

Mirliro. C'est, à l'hombre, les deux as noirs sans matadors, ou l'as de trèfle avec les deux as rouges.

Misère. Au boston, c'est ne faire de levée en aucune couleur.

Mistigri. Le valet de trèfle au jeu de ce nom. (Voyez *Pamphile*.)

Mieux placé, le premier en carte à divers jeux.

Mouche; à ce jeu nom du joueur qui ne fait point de levée; point où l'on place les billes au billard.

Moyens. On dit, au trictrac, *moyens* pour battre, *moyens* pour remplir, *moyens* de compter, et *moyens* simples. Ce sont des voies qui servent à parvenir au gain, si elles ne sont traversées par d'autres.

N.

Nain jaune. Figure du centre du tableau, au jeu de ce nom.

Napolitaine. Au tre-sette, c'est la réunion du trois, du deux et de l'as de même couleur.

Navette (faire la). Au whist, c'est quand chaque associé coupe une couleur, et joue à son partenaire celle dans laquelle il coupe.

Noir; nom d'une chance à la roulette.

Noyon; nom des fossés au jeu des grosses boules.

O.

Obstacle. C'est lorsqu'au trictrac, voulant passer des dames, on trouve les passages bouchés.

Ogier. C'est le nom ordinaire du valet de pique.

Opéra. (faire). C'est gagner; autant que possible, tout ce qu'il y a au jeu.

Ouvrir un dé, poser un domino dont le point n'a pas encore été joué.

P.

Pair. Deuxième case latérale de la roulette: nombre qui se partage également en deux parties.

Palet : nom du galet, instrument de ce jeu.

Pallas. Le nom ordinaire de la dame de pique.

Pamphile. Le valet de trèfle, au jeu de ce nom.

Panache : au whist jetter les cartes.

Panier : au billard sorte de bouteille en osier dont on tire les numéros d'ordre pour jouer à la poule.

Panier (mettre a) déposer l'enjeu ou les jetons qu'on doit.

Papillon. (jeu du). Voyez *Petit Papillon.*

Parer. Empêcher que l'adversaire compte ses points ou ses hasards.

Parfait contentement. A l'hombre, c'est jouer *sans prendre* avec cinq matadors. (*Voyez* ces mots.

Parole. (avoir la). Demander et proposer au boston, aux jeux de renvi. On a la parole chacun à son tour.

Paroli. A la *roulette,* au *trente et quarante,* etc., c'est jouer le double de ce qu'on a joué précédemment.

Partie. Division ordinaire et gain des jeux; on dit *faire, gagner* la partie.

Partie bredouille. Au trictrac, c'est gagner douze points sans interruption ; à la partie simple, les points gagnés ont été interrompus.

Partie carrée. A l'hombre, huitième hasard de ce jeu, qui consiste en trois rois et une dame.

Partie liée : partie qui ne se termine pas en une ou plusieurs parties : elle se joue en trois ou cinq manches ; c'est le joueur qui acquiert le premier deux ou trois manches qui gagne.

Partout (faire un). Au domino, mettre le même nombre aux deux extrémités du jeu.

Passage ouvert. Une seule dame sur une case.

Passe. Troisième case latérale de la roulette : enjeu du brelan.

Passer. Ne point jouer faute de le pouvoir.

Passer dix. Au passe-dix, excéder le nombre de dix, que le joueur qui porte le dé parie toujours avoir.

Pavillon. Sorte d'instrument, ou petit étendard, avec lequel on marque le trictrac à écrire, en le plantant dans le trou de son fichet.

Peintures. Les cartes à figures.

Perdre la queue des jetons. (*Voyez* ce mot.)

Perdre (se), au billard faire tomber sa bille dans une blouse.

Petite. La seconde couleur dans laquelle on joue au boston.

Petit papillon. Au jeu de ce nom, faire trois cartes dan. le cours de la partie.

Pic. Au piquet, c'est quand on a compté un certain nombre de points sans que l'adversaire ait rien compté, et que l'on va, en jouant, jusqu'à trente.

Pièces de la dame. Voyez pièces du roi.

Pièces du roi. Aux échecs, les pions voisins du roi.

Pile. Un des côtés d'une pièce de monnaie jetée en l'air ; l'autre côté se nomme *croix.*

Pile de bois ou *de dames.* Ce sont les dames entassées sur la onzième case du trictrac.

Pile de misère. La case du coin du trictrac, où se trouvent empilées les quinze dames d'un joueur qui n'a pu encore en passer une dans son jan de retour.

Pinte. La valeur de quatre jetons au jeu de la guinguette.

Pion. Dame non couverte; — les 16 petites pièces aux échecs du roi, de la dame, du fou blanc, du fou noir, du cavalier blanc, du cavalier noir, de la tour blanche, de la tour noir, ceux placés devant ces pièces.

Pion coiffé : pion qu'on s'oblige à conduire à dame ; et que pour le reconnaître on couvre d'un peu de papier.

Pion découvert ; celui avec lequel on s'oblige à faire le mat.

Pionner : aux deux jeux des dames et des échecs faire pion pour pion plusieurs fois.

Pions doublés. Aux échecs, deux pions de même couleur, placés sur la base perpendiculaire.

Piquet. C'est-à-dire le jeu de cartes dont on se sert au piquet. On dit seulement *un piquet*, pour dire un jeu de trente-deux cartes.

Pirouette. Dé qui tourne sur lui-même.

Points d'annonce. Au tre-sette, qui se trouvent d'emblée.

Points de jeu. Points obtenus par les coups divers du jeu.

Pontes. On nomme ainsi les joueurs qui jouent tous ensemble contre un banquier.

Poque de retour. Deux sept en main, et un troisième qui fait la retourne.

Poquer (lever le poque), le renvier ; on dit : je poque d'un, de plusieurs jetons.

Poques. Au jeu du *poque*, ce sont les six cassetins mis sur la table qui sont marqués ainsi : l'un d'un as, l'autre d'un roi, l'autre d'une dame, le suivant d'un valet, l'autre d'un dix et neuf, et le sixième est marqué poque.

Postillonné (être). Au trictrac à écrire, le joueur qui a moins de marqués est *postillonné*, c'est-à-dire qu'on augmente son compte de vingt-huit points pour le premier marqué, et de huit points par chaque marque qui lui manque ensuite.

Postillons. Ce que l'on augmente par chaque marqué.

Poulans. Au médiateur, au quintille, etc., les fiches que l'on paie aux matadors.

Poule. Ce que l'on met au jeu. (Voyez **Enjeu**, **Prise**, **Vade**.)

Premier en cartes. Le joueur placé à la droite du donneur et qui joue toujours le premier : on dit aussi le premier à jouer.

Prendre : aux jeux de cartes, c'est lever ; aux échecs et aux dames c'est enlever une pièce ou un pion.

Prime. A l'ambigu, la réunion de quatre cartes de couleur particulière au-dessus de trente points. C'est la grande prime.

Prise. Au jeu de maryland, c'est l'enjeu.

Proposer. Aux jeux de renvi, à l'hombre, à la bouillotte, etc., c'est ouvrir ou commencer le jeu.

Q.

Quartier : bas du billard entre la petite bande et les mouches de la main.

Quaterne : nom du double quatre amené par les dés : nom d'une chance au loto.

Quatorze, au piquet, c'est quatre rois, ou quatre dames, ou quatre as, ou quatre valets, ou quatre dix.

Quatrième à la dame. Qui commence par la dame.

Quatrième au roi. Qui commence par le roi.

Quatrième au valet. Qui commence par le valet.

Quatrième basse. Qui commence par le dix. Ces quatrièmes

sont aussi d'usage à la brisque et à plusieurs autres jeux de combinaison.

Quatrième majeure. C'est, au même jeu, la réunion de l'as, du roi, de la dame et du valet.

Queue : c'est au jeu de la comète, le produit des paris.

Queue. Instrument long et recourbé avec lequel on pousse les billes au billard. Elle est ordinairement garnie par le gros bout d'os ou d'ivoire. On l'appelle aussi *masse.*

Queue des jetons. Au trictrac à écrire, c'est le surplus des jetons après le compte de chacun, quand on marque avec des jetons. On dit : *gagner la queue des jetons.*

Queue (fausse). Coup donné à faux à la bille.

Queutage. Le résultat de l'action précédente.

Queuter. Au billard. Donner un coup de l'un des bords de la pointe de la queue sur un des côtés de la bille, au lieu de rencontrer les deux centres.

Quilles. Instrument de ce jeu.

Quine. Au loto, la ligne des cinq numéros sortis de suite. Le double cinq que présentent les dés au trictrac.

Quinola. Le valet de cœur au reversis.

Quinte, au *whist*, au *piquet*, à la *brisque*, etc. C'est la réunion de cinq cartes de même couleur. Au piquet, il y a *quinte majeure*, qui commence par l'as ; *quinte à la dame*, commençant par la dame, et ainsi de suite, comme il est expliqué ci-dessus pour les *quatrièmes.* (Voyez Quatrième).

R.

Rachel. C'est le nom ordinaire de la dame de carreau.

Rafle. C'est au jeu de ce nom, un coup où les dés viennent sur le même point.

Rafle déterminée. Rafle pariée avant de jouer.

Rafler. Faire la rafle.

Raquette : Instrument pour chasser la balle au jeu de paume.

Rebours (jouer à), au whist. On entend par là jouer d'une façon opposée à celle qu'on suit ordinairement, afin de donner le change aux adversaires.

Refait. Au pharaon, au trente et quarante. C'est un coup nul, qui a lieu quand le point qu'on amène pour la couleur rouge est égal à celui qu'on a amené pour la couleur noire.

Refait, au trictrac à écrire. C'est, lorsqu'un joueur gagnant, reste pour avoir quelque chose de plus encore, et se trouve rejoint par son adversaire au nombre de trous exigé pour gagner la partie. A la bouillotte, c'est quand tout le monde passe.

Refait du trente et un. C'est un coup qui fait gagner au banquier la moitié de l'argent qu'ont exposé les pontes. Ce coup a lieu quand, après avoir amené trente et un pour la couleur noire, le même point se reproduit pour la couleur rouge.

Reine. La dame des cartes nouvelles; celle du jeu des tarots; pièce aux échecs.

Réjouir (*se*), aux jeux de la bête, de l'homme d'Auvergne, etc. C'est changer la retourne qui fait l'atout, pendant une, deux et même trois fois.

Relancer. A la bouillotte, offrir de jouer telle quantité de jetons de plus qu'a proposé celui qui a ouvert ce jeu.

Remplir. On dit au trictrac, *remplir son grand jan*, c'est-à-dire, mettre douze dames couvertes dans la seconde table du trictrac.

Rentrer: ou trictrac remettre dans le jeu les dames qui en étaient sorties.

Renonce (*la*). Résultat de l'action de renoncer.

Renoncer. Ne pas jouer, faute de pouvoir fournir une carte de la couleur jouée.

Renvi. Ce qu'on ajoute ou remet en renviant.

Renvier. Remettre sur ce qu'un ou plusieurs joueurs ont proposé.

Repic. C'est, au piquet, quand dans son jeu, sans que l'adversaire compte ou pare, on compte jusqu'à trente points.

Retourne. La carte qui marque la triomphe et l'atout.

Retourner. C'est, après avoir distribué les cartes, retourner celle qui suit pour désigner l'atout.

Reversis. C'est, au jeu de ce nom, le coup par lequel on fait toutes les levées.

Revirade. Au trictrac, c'est faire une case sur une flèche vide, avec des dames prises sur des cases déjà faites, et qui laissent une ou deux dames à découvert.

Robre, au whist. Deux parties réunies.

Roc, aux échecs. Le saut du roi.

Roi. La première figure des cartes; la principale du jeu des échecs ; le roi de cœur à la guimbarde. C'est aussi la réunion de deux tours de jeu.

Rome, au jeu du romestecq C'est la réunion de deux valets, deux dix, deux neuf.

Rompre. On dit *rompre le reversis*, *la vole*, *le chelem*, quand on fait une ou plusieurs levées, au préjudice des joueurs qui ont entrepris ces coups.

Rompre à la bonne, *à l'avant-bonne*. Rompre le reversis aux dernières levées.

Rompre les dés, en annuler le coup. On dit aussi barrer les dés.

Roquer. Faire sauter le roi au jeu des échecs.

Roue. Instrument au jeu de siam.

Rouge. Une des couleurs des cartes ; la première case latérale de la roulette.

S.

S'accommoder, au jeu de ma commère, *accommodez-moi*. C'est demander une carte à son voisin, et échanger la sienne avec lui.

Saco. C'est la navette au whist.

Sauter. Au billard, mouvement qui fait passer la bille par-dessus une autre, ou par-dessus les bandes.

Sauterelle. Au jeu de papillon, c'est lever toutes les cartes, ou la carte seule qui resterait sur le tapis.

Schiffé. Schoffé. Schorommé. Être obligé de payer un, deux, ou trois jetons, au schiff.

Se carrer. A la bouillotte, mettre au jeu autant de jetons qu'il y en a à la vade, plus un.

Se caver. A la bouillotte, mettre de l'argent devant soi.

Se faire contenter. Au coucou, échanger sa carte avec celle de son voisin de droite.

S'en aller. Au trictrac, retirer ses dames.

Sept et le va. C'est sept fois la première mise, on dit : quinze et le va, trente et le va, etc., pour dire quinze, trente fois la première mise.

Septième. C'est, au piquet, la réunion de sept cartes de suite de couleur semblable ; elle suit l'ordre des quatrièmes, et il y a *septième majeure* et *septième du roi,* c'est-à-dire, commençant, l'une par l'as, l'autre par le roi.

Séquence. La réunion de cartes se suivant sans interruption, et de la même couleur. Les quatrièmes, quintes, etc., sont des séquences.

Servant. Qui sert les dés ou la balle à divers jeux.

Sixain. On vend les cartes au sixain, c'est-à-dire en six jeux.

Sixième. C'est une séquence de six cartes, qui suit la même marche que les quatrièmes et les quintes. (*Voyez* ces mots.)

Sixte. Jeu de triomphe, où le nombre six domine.

Solo (au boston). Voyez *Indépendance.*

Sonnez. Au trictrac, c'est le double six des dés.

Souffler les dames. Les prendre au jeu de ce nom.

Souffler les pions. Aux échecs, les saisir.

Sortir. On dit au trictrac : *sortir de son coin ;* en ôter les dames.

Strammasette. Au tre-sette, quand deux joueurs associés font ensemble les neuf premières levées sans qu'il s'y trouve une figure ou un as.

Strammason. Au même jeu, quand un joueur fait seul les neuf premières levées exigées pour le coup précédent.

Sur-cases. Voyez *Batadours.*

Surcouper. Couper un atout par un atout supérieur.

S'y tenir. Ne pas demander de cartes au *quinze,* au *vingt-et-un,* à la *ferme,* etc. Ce mot signifie, en général, *ne pas demander.*

T.

Table. Se dit, au trictrac, des deux côtés du tablier où l'on joue avec les dames.

Table. Se prend aussi pour les dames mêmes.

Table de la tête, table-tête. Au revertier, c'est la onzième case. Voyez *Tête.*

Table du grand jan. La seconde table de l'autre côté.

Table du petit jan. La première table où les dames sont empilées.

Table (faire). Au revertier, laisser une table découverte.

Tablier. Voyez *Table.*

Taille. Ce terme se dit de chaque fois que le banquier, au trente et quarante, etc., achève de retourner toutes les cartes.

Talon. Le surplus des cartes, après la distribution qu'en a fait le donneur.

Tamis. Instrument au jeu de balles.

Tarots. Cartes usitées en Espagne, en Suisse et en Allemagne.

Tenace. Au whist, tenir le jeu.

Tenants. Les joueurs qui tiennent.

Tenir. A la bouillotte et autres jeux de renvi, c'est accepter la proposition de celui qui a ouvert le jeu. *Tenir,* au trictrac, *c'est ne pas s'en aller.*

Tenue. Le résultat de l'action de tenir ; laisser ses dames dans leur première position.

Terne. Les trois numéros de la loterie marqués sur une même ligne. Le double trois des dés au trictrac.

Tête. La seule lame où l'on puisse mettre plusieurs dames au *revertier.*

Tierce. Séquence de trois cartes, il y a la *tierce majeure,* etc. Voyez *quatrième, septième, quinte,* etc.

Tirer à la plus haute ou à la plus basse carte. Manière de connaître à qui appartient la donne.

Tonneau. Principal instrument au jeu de ce nom.

Tour. Au jeu précédent, c'est la partie ; aux jeux de cartes, c'est lorsque chaque joueur a jeté sa carte, et qu'on a fait la levée.

Tournant. Nom d'un certain point au mail.

Tours. Premières grandes pièces des échecs, qu'on place dans les cases angulaires de l'échiquier, l'une à droite et l'autre à gauche.

Travanais. Voyez *Case de l'écolier.*

Trèfle. Une des couleurs noires des cartes.

Tre-sette. Au jeu de ce nom, la réunion de trois sept.

Tricks. Au whist, c'est le nom des levées.

Tricon. Séquence de trois cartes de semblable valeur, comme trois as, trois rois.

Trictrac. Nom d'un jeu à dés et à dames; nom de la table ou tablier sur lequel il se joue ; il se prend aussi pour trou.

Triomphe. Voyez *Atout.*

Trou, ou *trictrac*. C'est le synonyme de partie au trictrac.

Trous de trictrac. Il en faut douze de chaque côté du tablier, percés chacun vis-à-vis les flèches.

Trousser le jeu. Au revertier, etc., le lever.

V.

Vade. La poule. *Voyez* ce mot.

Valet. Troisième figure dans chaque couleur aux cartes.

Valoir (faire) ses cartes. On fait valoir la manille, la comète, etc., ce que l'on veut ; c'est-à-dire qu'on leur attribue le nom d'autres cartes.

Vieux garçon. Nom du valet de pique au jeu de ce nom. Nom du joueur entre les mains duquel il reste en fin de partie.

Virade. Au jeu du vingt-quatre, c'est la retourne.

Vole. Voyez *faire la vole*.

Voler. Faire la vole.

Voler la passe. Au brelan, se dit du joueur qui, ayant mauvais jeu, propose une somme considérable, dans l'espérance qu'on ne tiendra pas.

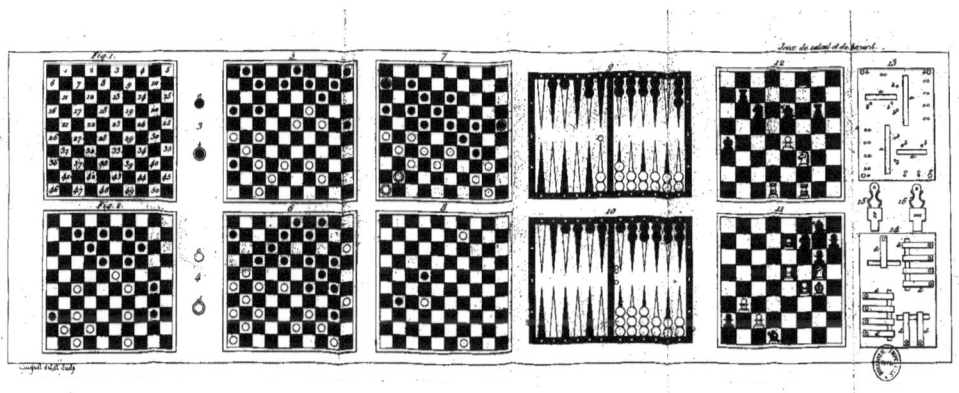

TABLE DES MATIÈRES.

PREMIÈRE PARTIE.

PREMIÈRE SECTION. — JEUX PRÉPARÉS.

Chap. Ier. — *Jeux composés faciles*.	1
Jeu de Mots.	ibid.
Jeu de l'Oie.	
Jeu d'Histoire.	3
Jeu de la Révolution française.	ibid.
Jeu de Mappemonde.	ibid.
Jeu de Marine.	4
Jeu des Monuments de Paris.	ibid.
Jeux des Merveilles de la Nature et de l'Art.	5
Jeu de la Guerre.	ibid.
Jeu de Loto.	ibid.
Jeu de Domino.	8
Domino voleur.	ibid.
Observations diverses.	11

DEUXIÈME SECTION.

Chap. II. — *Jeux préparés composés*.	ibid.
Jeu de Dames.	ibid.
Dames à la Polonaise.	12
Règles du jeu de Dames.	13
Jeu de Trictrac.	23
Tarif de la valeur des coups.	35
Principes généraux pour bien jouer au Trictrac.	53
Des diverses positions du jeu.	58

JEUX DE CALCUL.

Exemples des ressources du Trictrac.	63
Trictrac à écrire	64
Trictrac à la chouette.	66
Trictrac à tourner.	ibid.
Jeu de Dames rabattues	68
Jeu du Revertier.	71
Jeu de Gammon ou Toutes Tables.	77
Jeu du Garauguet.	81
Jeu du Plein	ibid.
Jeu du Jacquet	82
Jeu du Toc	83
Jeu de Tourne-Case	84
CHAP. III. — *Jeu des Échecs.*	86
Placement des pièces.	87
1° Partie d'après Philidor.	92
Règles du jeu des Échecs	96
Observations générales sur le jeu des Échecs	103
Débuts de partie	ibid.
Jeu des Pions.	104
Jeu des Gambits	105
Parties à avantages	106
Milieu de partie	107
Fins de partie.	109
Positions curieuses et parties spéciales.	112
Des Mats.	113
Exemples à l'appui des précédentes instructions	114
2° Partie du Traité des Amateurs.	ibid.
3° Partie d'après Stama	116
Exemples pour les Gambits	117
Gambit de la dame d'après Philidor	118
Exemple pour les Mats	123
Diagramme Espagnol.	ibid.

TABLE DES MATIÈRES.

Exemple emprunté aux exercices anglais du jeu des Échecs.	124
Autre exercice anglais.	ibid.
Partie du café de la régence	125
Jeu du Solitaire	ibid.
Marches diverses	127
Jeu de Billard.	129
Parties françaises avec différentes billes	135
Parties à trois ou quatre joueurs	140
Parties à deux billes, dites blanches	141
Parties de la Poule ou de la Guerre	ibid.
Nouvelle manière de jouer au Billard.	145
La Carambole.	ibid.
Billards ronds.	146
Partie de décompte	ibid.
Partie des Quilles.	147
Jeu de Siam	ibid.
Jeu du palet	ibid.
Bouchon	148
Tonneau	ibid.
Jeu de Boules.	149
Cochonnet.	ibid.

DEUXIÈME PARTIE.

PREMIÈRE SECTION. — JEUX DE CARTES.

CHAP. IV. — *Règles générales communes à tous les jeux de Cartes, et usages relatifs à ces jeux.* . . 151

JEUX D'ENFANTS.

Jeu de la Bataille.	156
Jeu de l'Enfle.	ibid.
Jeu de Brelan de Valets	157

TABLE DES MATIÈRES.

Jeu du petit Commerce 158
Jeu de la Freluche. 159
Jeu du Content 160
Jeu de la petite Brisque 161

DEUXIÈME SECTION. — JEUX COMMUNS.

Chap. V. — *Jeu de la Triomphe* 162
Jeu de la Mouche. 165
Jeu de la Bête. 168
Jeu du Lenturlu . . . . ibid.
Jeu du Phamphile *ou* de Mistigri. . . . . . ibid.
Jeu de Sixte 169
Jeu de la Guinguette . . . . ibid.
Jeu du Gilet 171
Jeu de la Brisque, Briscan *ou* du Mariage. . . 172
Manière de compter le jeu de la Brisque . . . 173
Jeu de la Guimbarde *ou* de la Mariée. . . . 174
Jeu de la Brusquembille 178
Jeu du Papillon 178
Jeu du Cou-Bas 180
Jeu de l'Homme d'Auvergne 182

TROISIÈME SECTION. — JEUX DE SALONS.

Chap. VI. — *Jeu du Reversis*. 183
Jeu du Boston. 191
Liste des paiements 200
Jeu de l'Écarté 205
Jeu de la Bouillotte 211
Jeu de Brelan. 216
Jeu du Quinze 217
Jeu du Hoc 119

TABLE DES MATIÈRES.

Jeu du Poque. 221

QUATRIÈME SECTION. — JEUX DE COMBINAISON.

Chap. VII. *Jeu du Whist* ou *Whisk* 224
Marche du jeu. . . . . *ibid.*
Jeux particuliers au Whist 232
Faire Panache. 235
Faire l'Impasse 236
Indications des plus essentielles. 237
Méthode facile pour aider la mémoire au Whist . . 240
La Favorite 241
Le mort ou Whist à trois 242
Le Short-Whist 243
Règles du Whist 244
Règles des autres parties 248
Jeu de Tre-sette ou Trois-sept.. 249
Des parties d'honneurs.. 251
Jeu du Romestecq. 253
Jeu de la Sizette. 256
Jeu de la comète. 257
Jeu de l'Impériale. 258
Jeu du Vingt-Quatre. 263
Jeu du Quarante de Rois. 264
Jeu du Médiateur. 266
Jeu du Maryland. 267
Jeu triple de la Belle, du Flux et du Trente et un. . *Ibid.*
Jeu de Tritrille. 268
Jeu du Médiateur solitaire. 269
Jeu de Pique-Medrille. . . . . *Ibid.*
Jeu de la Manille. 270
Jeu de Piquet. 272

TABLE DES MATIÈRES.

Piquet simple.	Ibid.
Piquet à écrire.	280
Nouvelle manière de jouer le piquet à trois et à cinq sans écrire.	282
Piquet normand *ou* Piquet à trois.	283
Piquet voleur *ou* Piquet à quatre.	Ibid.
Jeu de l'Ambigu.	284
Jeu de l'Hombre à trois.	288
Jeu de la Bête ombrée.	293
Jeu de Quadrille.	294
Jeu de Quintille.	Ibid

CINQUIÈME SECTION. — JEUX DE DISTRACTION.

CHAP. VIII. — *Jeu de la Ferme.*	295
Jeu du Vingt et un.	297
Jeu du Trente et un.	299
Jeu de la Tontine.	300
Jeu de la Loterie.	Ibid.
Jeu de la Loterie-Commerce.	301
Jeu de l'Espérance.	302
Schiff. — Schnoff. — Schorumm.	303
Jeu de l'Emprunt.	304
Le Rams.	305
Jeu du Nigaud *ou* de la Patience russe.	306
Le vieux garçon.	307
Jeu du Coucou.	308
L'as qui court.	309
Jeu de ma Commère, accommodez-moi.	Ibid.
Jeu du Commerce.	311
Jeu du Nain-Jaune *ou* Lindor.	312
Jeu de l'Hymen.	314

TABLE DES MATIÈRES.

TROISIÈME PARTIE.

SIXIÈME SECTION. — JEUX DE HASARD.

Chap. IX. *Jeu de Dés*.	316
Jeu de la Râfle.	319
Jeu de Quinquenove.	321
Jeu du Lansquenet.	*Ibid.*
Jeu du Passe-dix.	324
Jeu du Hasard.	326
Jeu de la Belle.	327
Jeu du Biribi.	329
Jeu de Cavagnole.	329
Jeu du Hoca.	329
La mourre.	330
Jeu de Croix *ou* Pile.	331
Jeu de la Roulette.	332
Jeu du Krabs *ou* Craps.	333
Craps à la table ronde.	335
Craps à la table de masque.	336
Craps à à banque parisienne.	337
Craps à la banque Portugaise.	337
Jeu de Baccara.	338
Jeu des Quatre Fleurs.	340
Jeu du Pharaon.	341
Jeu de la Bassette.	342
Jeu du Pair et l'Impair.	343
Jeu du Treize.	343
Jeu de Trente et Quarante *ou* du Trente et un.	345
Jeu du Florentin *ou* de la Dupe.	348
Petits paquets.	350

APPENDICE.

JEUX ÉTRANGERS. — JEUX DE COMBINAISON, GYMNASTIQUES.

1° Premier jeu des Tarots. 351
Second jeu des Tarots. 352
Troisième jeu des Tarots *ou* Tarots suisses. . . . 353
2° Jeu de la Courte-Paume *ou* Paume fermée. . . 354
Grande Paume. 355
Le Battoir. 355
La Balle. 355
Le Ballon. 356
Jeu du Mail. 356
Règlements divers du jeu de Mail. 357
Machine pour marquer les points dans les jeux de société. 358
Vocabulaire de tous les termes usités dans les Jeux. 359

FIN DE LA TABLE.

Toul, imp. de Bastien.

— SEPTEMBRE 1852. —

N. B. *Comme il existe à Paris deux libraires du nom de* RORET, *l'on est prié de bien indiquer l'adresse.*

LIBRAIRIE ENCYCLOPÉDIQUE

DE

RORET,

RUE HAUTEFEUILLE, 12,
AU COIN DE LA RUE SERPENTE,
A PARIS.

Cette Librairie, entièrement consacrée aux Sciences et à l'Industrie, fournira aux amateurs tous les ouvrages anciens et modernes en ce genre, publiés en France, et fera venir de l'Étranger tous ceux que l'on pourrait désirer.

DIVISION DU CATALOGUE.

	Pages.
Encyclopédie-Roret ou Collection de Manuels.	3
Suites a Buffon, format in-8°.	27
Suites a Buffon, format in-18.	31
Histoire naturelle.	33
Agriculture et Économie rurale.	46
Education, Morale, Piété, etc.	54
Ouvrages divers.	66
Bibliothèque des Arts et Métiers.	68

Publications annuelles à la Librairie Encyclopédique de Roret, *rue Hautefeuille, n° 12.*

LE TECHNOLOGISTE, ou *Archives des Progrès de l'Industrie française et étrangère*, publié par une Société de savants et de praticiens, sous la direction de

M. MALEPEYRE. Ouvrage utile aux manufacturiers, aux fabricants, aux chefs d'ateliers, aux ingénieurs, aux mécaniciens, aux artistes, etc., etc., et à toutes les personnes qui s'occupent d'arts industriels. 13e année. Prix : 18 fr. par an pour Paris, 21 fr. pour la province, et 24 fr. pour l'Etranger.

Chaque mois il paraît un cahier de 48 pages in-8°, grand format, renfermant des figures en grande quantité, gravées sur bois et sur acier.

Ce recueil a commencé à paraître le 1er octobre 1839. Le prix des 12 années est de 18 fr. chacune.

L'AGRICULTEUR-PRATICIEN, REVUE D'AGRICULTURE, DE JARDINAGE, ET D'ÉCONOMIE RURALE ET DOMESTIQUE sous la direction de MM. BOSSIN, MALEPEYRE, G. HEUZÉ, etc. 13e année. Prix : 6 f. par an.

Tous les mois il paraît un cahier de 30 pag. in-8, grand format, renfermant des gravur. sur bois intercalées dans le texte.

Il a paru 12 années de ce Journal, qui a commencé le 1er octobre 1839. Prix de chaque année, 6 fr.

ALMANACH ENCYCLOPÉDIQUE RÉCRÉATIF ET POPULAIRE pour 1853, d'après les travaux de savants et de praticiens célèbres. 1 vol. in-16, grand raisin, orné de jolies gravures.   50 c.

Il a paru 13 années de cet Annuaire, à 50 c. chaque.

BULLETIN DE LA SOCIÉTÉ INDUSTRIELLE DE MULHOUSE. Le prix de souscription est de 12 fr. par volume in-8°, composé de 6 cahiers, et de 15 fr. franc de port. Chaque cahier, séparément, 3 fr.

Ce recueil a commencé en 1836. Il a paru 65 cahiers, ou vol. 1 à 13 jusqu'en 1840; prix : 9 fr. le vol.   117 fr.

Il a paru les cahiers nos 66 à 116, ou vol. 14 à 24 ; prix : 12 fr. le volume.

LE GARDE-MEUBLE, JOURNAL D'AMEUBLEMENT; 54 planches par an. Prix des 3 catégories, fig. noires, 22 fr. 50 ; pour 2 catégories, 15 fr., et pour une catégorie, 7 fr. 50. En couleur, prix des 3 catégories, 36 fr.; pour 2 catégories, 24 fr., et pour une catégorie, 12 fr. — *Chaque feuille se vend séparément : en noir, 50 centimes, et en couleur, 80 centimes.*

ENCYCLOPÉDIE-RORET.

COLLECTION DES

MANUELS-RORET

FORMANT

UNE ENCYCLOPÉDIE DES SCIENCES ET DES ARTS,

FORMAT IN-18;

PAR UNE RÉUNION DE SAVANTS ET DE PRATICIENS,

Messieurs

AMOROS, ARSENNE, BARTHELEMY, BEAUVALET, DE BAVAY, BIOT, BIRET, BISTON, BOISDUVAL, BOITARD, BOSC, BOUTEREAU, BOYARD, BOYER DE FONSCOLOMBE, CAHEN, CHAUSSIER, CHEVRIER, CHORON, CONSTANTIN, D'ORBIGNY, DE GAYFFIER, DE LAFAGE, DE LÉPINOIS, DE PARETO, DE SIEBOLD, DE SAINT-VICTOR, DE VALICOURT, Paulin DÉSORMEAUX, Jules DESPORTES, DUBOIS, DUJARDIN, DUPUIS-DELCOURT, FRANCŒUR, GIQUEL, GUILLOUD, HAMEL, HERVÉ, JANVIER, JULIA-FONTENELLE, JULIEN, HUOT, KNECHT, LACORDAIRE, LACROIX, LAGARDE, LANDRIN, LAUNAY, LED'HUY, Sébastien LENORMAND, LESSON, LORIOL, MAGNIER, MALEPEYRE, MARCEL DE SERRES, MATTER, MINÉ, MULLER, NICARD, NOEL, Mme PARISET, PAULIN, Jules PAUTET, PEIMIONI, RANG, RENDU, RICHARD, RIFFAULT, ROUSSEL, SCHMIT, SCRIBE, SPRING, STANNIUS, TARBÉ, TERQUEM, TERRIEN, THIÉBAUT DE BERNEAUD, THILLAYE, THOUIN, TOUSSAINT, TREMERY, TRUY, VALÉRIO, VASSEROT, VAUQUELIN, VERDIER, VERGNAUD, WALKER, YVART, etc., etc.

Les personnes qui auraient quelque chose à faire parvenir dans l'intérêt des sciences et des arts, sont priées de l'envoyer franc de port à l'adresse de M. le *Directeur de l'Encyclopédie-Roret*, rue Hautefeuille, n. 12, à Paris.

Tous les Traités se vendent séparément. Les ouvrages indiqués *sous presse* paraîtront successivement. Pour recevoir chaque volume franc de port, l'on ajoutera 75 c. La plupart des volumes sont de 3 à 400 pages, renfermant des planches parfaitement dessinées et gravées.

MANUEL POUR GOUVERNER LES ABEILLES et en retirer un grand profit, par M. RADOUAN. 2 vol. 6 fr.
— ACCORDEUR DE PIANOS, par M. GIORGIO DE ROMA. 1 vol. 1 fr. 25

MANUEL DES ACIDES GRAS CONCRETS, voyez *Bougies stéariques.*

— ACTES SOUS SIGNATURES PRIVÉES en matières civiles, commerciales, criminelles, etc., par M. BIRET, ancien magistrat. 1 vol.   2 fr. 50

— AEROSTATION ou Guide pour servir à l'histoire ainsi qu'à la pratique des *Ballons*, par M. DUPUIS-DELCOURT. 1 vol. orné de figures.   3 fr.

— AGENTS-VOYERS, voyez *Constructeur en général.*

— AGRICULTURE ÉLÉMENTAIRE, à l'usage des écoles primaires et des écoles d'agriculture, par V. RENDU. (*Autorisé par l'Université.*)   1 fr. 25

— ALGÈBRE, ou Exposition élémentaire des principes de cette science, par M. TERQUEM. (*Ouvrage approuvé par l'Université.*) 1 gros vol.   3 fr. 50

— ALLIAGES MÉTALLIQUES, par M. HERVÉ, officier supérieur d'artillerie, ancien élève de l'Ecole polytechnique. 1 vol.   3 fr. 50

Ouvrage *approuvé par le Comité d'artillerie*, qui en a fait prendre un nombre pour les écoles, les forges et les fonderies.

— ALLUMETTES CHIMIQUES, COTON et PAPIER-POUDRE, POUDRES et AMORCES FULMINANTES; dangers, accidents et maladies qu'elles produisent; par le docteur ROUSSEL. 1 vol. orné de figures.   1 fr. 50

— AMIDONNIER et VERMICELLIER, par M. le docteur MORIN. 1 vol. avec figures.   3 fr.

— AMORCES FULMINANTES, voyez *Allumettes chimiques.*

— ANATOMIE COMPARÉE, par MM. de SIEBOLD et STANNIUS; traduit de l'allemand par MM. SPRING et LACORDAIRE, professeurs à l'Université de Liége. 3 vol. ensemble de plus de 1200 pages, prix   10 fr. 50

— ANECDOTIQUE, ou Choix d'Anecdotes anciennes et modernes, par madame CELNART. 4 vol. in-18.   7 fr.

— ANIMAUX NUISIBLES (Destructeur des) à l'agriculture, au jardinage, etc., par M. VERARDI. 1 vol. orné de planches.   3 fr.

— 2e *Partie*, contenant les HYLOPHTHIRES ET LEURS ENNEMIS, ou Description et Iconographie des Insectes les plus nuisibles aux forêts, avec une méthode pour apprendre à les détruire et à ménager ceux qui leur font la guerre, à l'usage des forestiers, des jardiniers, etc.; par MM. RATZEBURG DE CORBERON et BOISDUVAL. 1 vol. orné de 8 planches : prix 2 fr. 50

MANUEL DE LA TAILLE DES ARBRES FRUITIERS, contenant les notions indispensables de Physiologie végétale; un Précis raisonné de la multiplication, de la plantation et de la culture; les vrais principes de la taille et leur application aux formes diverses que reçoivent les arbres fruitiers, par M. L. DE BAVAY. 1 vol. orné de figures. 3 fr.

— D'ARCHÉOLOGIE, par M. NICARD. 3 volumes avec Atlas. Prix des 3 vol., 10 fr. 50; de l'Atlas, 12 fr., et de l'ouvrage complet : 22 fr. 50

— ARCHITECTE DES JARDINS, ou l'Art de les composer et de les décorer, par M. BOITARD. 1 vol. avec Atlas de 140 planches. 15 fr.

— ARCHITECTE DES MONUMENTS RELIGIEUX, ou Traité d'Archéologie pratique, applicable à la restauration et à la construction des Eglises, par M. SCHMIT. 1 gros volume avec Atlas contenant 20 planches. 7 fr.

— ARCHITECTURE, ou Traité de l'Art de bâtir, par M. TOUSSAINT, architecte. 2 vol. ornés de planches. 7 fr.

— D'ARITHMÉTIQUE DÉMONTRÉE, par MM. COLLIN et TREMERY. 1 vol. 2 fr. 50

— ARITHMÉTIQUE COMPLÉMENTAIRE, ou Recueil de Problèmes nouveaux, par M. TREMERY. 1 vol. 1 fr. 75

— ARMURIER, Fourbisseur et Arquebusier, par M. Paulin DESORMEAUX. 2 vol. avec figures. 6 fr.

— ARPENTAGE, ou Instruction élémentaire sur cet art et sur celui de lever les plans, par M. LACROIX, de l'Institut. MM. HOGARD, géomètre, et VASSEROT, avocat. 1 vol. avec figures. (*Autorisé par l'Université.*) 2 fr. 50.

— ARPENTAGE SUPPLÉMENTAIRE, ou Recueil d'exemples pratiques par MM. HOGARD, avec des Modèles de Topographie, par M. CHARTIER, 1 vol. avec fig. 2 fr. 50

— ART MILITAIRE, par M. VERGNAUD. 1 vol. avec figures. 3 fr.

— ARTIFICIER, Poudrier et Salpêtrier, par M. VERGNAUD, colonel d'artillerie. 1 vol. orné de planches. 3 fr 50

— ASSOLEMENTS, JACHÈRE et SUCCESSION DES CULTURES, par M. Victor YVART, de l'Institut, avec des notes par M. Victor RENDU, inspecteur de l'agriculture. 3 vol. 10 fr. 50

MANUEL D'ASTRONOMIE, *ou* Traité élémentaire de cette science, de W. HERSCHEL, par M. VERGNAUD. 1 vol. orné de planches. 2 fr. 50

— ASTRONOMIE AMUSANTE, traduit de l'anglais, par A. D. VERGNAUD. In-18, figures. 2 fr. 50

— BALLONS, voyez *Aérostation*.

— BANQUIER, Agent de change et Courtier, par MM. PEUCHET et TREMERY. 1 vol. 2 fr. 50

MANUEL OU BARÊME COMPLET DES POIDS ET MESURES, par M. BAGILET. In-18. 3 fr.

— BIBLIOGRAPHIE et Amateur de livres, par M. F. DENIS. (*Sous presse.*)

— BIBLIOTHÉCONOMIE, Arrangement, Conservation et Administration des bibliothèques, par L.-A. CONSTANTIN. 1 vol. orné de figures. 3 fr.

— BIJOUTIER, Joaillier, Orfèvre, Graveur sur métaux et Changeur, par M. JULIA DE FONTENELLE. 2 vol. 7 fr.

— BIOGRAPHIE, *ou* Dictionnaire historique abrégé des grands hommes, par M. NOEL, inspecteur-général des études. 2 vol. 6 fr

— BLANCHIMENT ET BLANCHISSAGE, Nettoyage et Dégraissage des fil, lin, coton, laine, soie, etc., par M. JULIA DE FONTENELLE. 2 vol. ornés de pl. 5 fr.

— BLASON, *ou* Traité de cet art sous le rapport archéologique et héraldique, par M. Jules PAUTET, bibliothécaire de la ville de Beaune. 1 vol. orné de planches. 3 fr. 50

— BOIS (Marchands de) et de Charbons, *ou* Traité de ce commerce en général, par M. MARIE DE LISLE. 1 volume avec figures. 3 fr.

— BOIS (Manuel-Tarif métrique pour la conversion et la réduction des), d'après le système métrique, par M. LOMBARD. 1 vol. 2 fr. 50

— BONNETIER ET FABRICANT DE BAS, par MM. LEBLANC et PREAUX-CALTOT. 1 vol. avec fig. 3 fr.

— BOTANIQUE, Partie élémentaire, par M. BOITARD. 1 vol. avec planches. 3 fr. 50

ATLAS DE BOTANIQUE pour la partie élémentaire, renfermant 36 planches. Prix 6 fr.

— BOTANIQUE, 2e partie, FLORE FRANÇAISE, *ou* Description synoptique des plantes qui croissent naturellement sur le sol français, par M. le docteur BOISDUVAL. 3 gros volumes. 10 fr. 50

ATLAS DE BOTANIQUE, composé de 120 planches, repré-

sentant la plupart des plantes décrites dans l'ouvrage ci-dessus. Prix : Fig. noires, 18 fr.
Figures coloriées. 36 fr.

MANUEL DU BOTTIER ET CORDONNIER, par M. Morin. 1 vol. avec figures. 3 fr.

— BOUGIES STÉARIQUES, et fabrication des acides gras concrets, etc., etc, par M. Malepeyre, un vol. orné de planches. 3 fr.

— BOULANGER, Négociant en grains, Meunier et Constructeur de Moulins, par MM. Benoit et Julia de Fontenelle. 2 vol. avec figures. 5 fr.

— BOURRELIER ET SELLIER, par M. Lebrun. 1 volume orné de figures. 3 fr.

— BOUVIER ET ZOOPHILE, ou l'Art d'élever et de soigner les animaux domestiques, par M. Boyard. 1 volume. 2 fr. 50

— BRASSEUR, ou l'Art de faire toutes sortes de Bières, par M. Vergnaud. 1 vol. 2 fr. 50

— BRODEUR, ou Traité complet de cet Art, par madame Celnart. 1 vol. avec un Atlas de 40 pl. 7 fr.

— CADRES (fabricant de), Passe-Partout, Châssis, Encadrement, etc., par M. de Saint-Victor, 1 volume orné de figures. 1 fr. 50

— CALENDRIER (Théorie du) et Collection de tous les calendriers des années passées et futures, par M. Francoeur, professeur à la Faculté des sciences. 1 vol. 3 fr.

— CALLIGRAPHIE, ou l'Art d'écrire en peu de leçons, par M. Tremery. 1 vol. avec Atlas. 3 fr.

— DU CANOTIER, ou Traité universel et raisonné de cet Art, par un Loup d'Eau douce; joli vol. orné de 50 vignettes sur bois Prix 1 fr. 75

— CARTES GEOGRAPHIQUES (Construction et Dessin des), par M. Perrot. 1 vol. orné de pl. 2 fr. 50

— CARTONNIER, Cartier et Fabricant de Cartonnage, par M. Lebrun. 1 vol. orné de figures. 3 fr.

— CHAMOISEUR, Pelletier-Fourreur, Maroquinier, Mégissier et Parcheminier, par M. Julia de Fontenelle. 1 vol. orné de planches. 3 fr.

— CHANDELIER, Cirier et Fabricant de Cire à cacheter, par M. Lenormand. 1 gros vol. orné de pl. 3 fr. 50

— CHAPEAUX (Fabricant de), par MM. Cluz, F. et Julia de Fontenelle. 1 vol. orné de planches. 3 fr.

— CHARCUTIER, ou l'Art de préparer et de conserver

les différentes parties du cochon, par M. LEBRUN. 1 volume avec figures. 2 fr. 50

MANUEL DU CHARPENTIER, ou Traité simplifié de cet Art, par MM. HANUS et BISTON. 1 vol. orné de 14 pl. 3 fr. 50

— CHARRON ET CARROSSIER, ou l'Art de fabriquer toutes sortes de Voitures, par MM. LEBRUN, LEROY et MALEPEYRE, 2 vol. ornés de 14 planches. 6 fr.

— CHASSELAS, sa culture à Fontainebleau, par un vigneron des environs. 1 vol. avec figures. 1 fr. 75

— CHASSEUR, contenant un Traité sur toute espèce de chasse, par MM. BOYARD et DE MERSAN. 1 vol. avec figures et musique. 3 fr.

— CHASSEUR-TAUPIER ou l'Art de prendre les Taupes par des moyens sûrs et faciles, par M. RÉDARÈS. 1 volume orné de figures. 90 cent.

— CHAUDRONNIER, Description complète et détaillée de toutes les opérations de cet Art, tant pour la fabrication des appareils en cuivre que pour ceux en fer, etc.; par MM. JULLIEN et VALERIO. 1 vol. avec 16 planches. 3 fr. 50

— CHAUFOURNIER, contenant l'Art de calciner la Pierre à chaux et à plâtre, de composer les Mortiers, les Ciments, etc., par MM. BISTON et MAGNIER. 1 v. avec fig. 3 fr.

— CHEMINS DE FER, ou Principes généraux de l'Art de les construire, par M. BIOT, l'un des gérants des travaux d'exécution du chemin de fer de Saint-Etienne. 1 volume orné de figures. 3 fr.

— CHIMIE AGRICOLE, par MM. DAVY et VERGNAUD. 1 vol. orné de figures. 3 fr. 50

— CHIMIE AMUSANTE, ou Nouvelles Récréations chimiques, par M. VERGNAUD. 1 vol. orné de figures. 3 fr.

— CHIMIE INORGANIQUE ET ORGANIQUE dans l'état actuel de la science, par M. VERGNAUD. 1 gros volume orné de figures. 3 fr. 50

— CIDRE ET POIRÉ (Fabricant de), avec les moyens d'imiter, avec le suc de pomme ou de poire, le Vin de raisin, l'Eau-de-Vie et le Vinaigre de vin, par M. DUBIEF. 1 volume avec figures. 2 fr. 50

— COIFFEUR, précédé de l'Art de se coiffer soi-même, par M. VILLARET. 1 joli vol. orné de figures. 2 fr. 50

— COLORISTE, contenant le mélange et l'emploi des Couleurs, ainsi que les différents travaux de l'Enluminure, par MM. PERROT, BLANCHARD et THILLAYE. 1 v. 2 fr. 50

— BONNE COMPAGNIE (De la), ou Guide de la Politesse et de la Bienséance, par Mme CELNART. 1 vol. 2 fr. 50

MANUEL DE COMPTES-FAITS, ou Barême général des poids et mesures, par M. ACHILLE NOUHEN. (Voir *Poids et Mesures*.)

— CONSTRUCTEUR en GENERAL et AGENTS-VOYERS, ouvrage utile aux ingénieurs des ponts et chaussées, aux officiers du génie militaire, aux architectes, aux conducteurs des ponts et chaussées, par M. LAGARDE, ingénieur civil. 1 vol. orné de figures. 3 fr.

— CONSTRUCTIONS RUSTIQUES, ou Guide pour les Constructions rurales, par M. DE FONTENAY (*Ouvrage couronné par la Société royale et centrale d'Agriculture*). 1 volume orné de figures. 3 fr.

— CONTRE-POISONS, ou Traitement des Individus empoisonnés, asphyxiés, noyés ou mordus, par M. H. CHAUSSIER, D.-M. 1 vol. 2 fr. 50

— CONTRIBUTIONS DIRECTES, Guide des Contribuables et des Comptables de toutes les classes, dépendant de la Direction générale des Contributions directes, etc.; par M. BOYARD. 1 vol. 2 fr. 50

— CORDIER, contenant la culture des Plantes textiles, l'extraction de la Filasse, et la fabrication de toutes sortes de cordes, par M. BOITARD. 1 vol. orné de fig. 2 fr. 50

— CORRESPONDANCE COMMERCIALE, contenant les Termes de commerce, les Modèles et Formules épistolaires et de comptabilité, etc., par MM. REES-LESTIENNE et TREMERY. 1 vol. 2 fr. 50

— CORPS GRAS CONCRETS. V. *Bougies stéariques*.

— COTON et PAPIER-POUDRE, voyez *Allumettes chimiques*

— COULEURS (fabricant de) ET VERNIS, contenant tout ce qui a rapport à ces différents arts, par MM. RIFFAULT, VERGNAUD et TOUSSAINT. 1 vol. orné de fig. 3 fr.

— COUPE DES PIERRES, par M. TOUSSAINT, architecte. 1 vol. avec Atlas. 5 fr.

— COUTELIER, ou l'Art de faire tous les Ouvrages de Coutellerie, par M. LANDRIN, ingénieur civil. 1 vol. 3 fr. 50

— CRUSTACÉS (Histoire naturelle des), comprenant leur Description et leurs Mœurs, par MM. BOSC et DESMAREST, de l'Institut, prof., etc. 2 v. ornés de pl. 6 fr.

ATLAS POUR LES CRUSTACÉS, 18 planches. Figures noires. 3 fr.; — figures coloriées. 6 fr.

MANUEL DU CUISINIER ET DE LA CUISINIÈRE,

à l'usage de la ville et de la campagne, par M. Cardelle. 1 gros volume de 464 pages, orné de figures. 2 fr. 50

— CULTIVATEUR FORESTIER, contenant l'Art de cultiver en forêts tous les Arbres indigènes et exotiques, par M. Boitard. 2 volumes. 5 fr.

— CULTIVATEUR FRANÇAIS, ou l'Art de bien cultiver les Terres et d'en retirer un grand profit, par M. Thiébaut de Berneaud. 2 volumes ornés de figures. 5 fr.

— DAGUERRÉOTYPIE, par M. de Valicourt. 1 vol. orné de figures. Voyez *Photographie*. 3 fr. 50

— DAMES, ou l'Art de l'Élégance, par madame Celnart. 1 vol. 3 fr.

— DANSE, comprenant la théorie, la pratique et l'histoire de cet art, par MM. Blasis et Vergnaud. 1 gros volume orné de planches. 3 fr. 50

— DÉCORATEUR-ORNEMENTISTE, du Graveur et du Peintre en Lettres, par M. Schmit, un vol. avec Atlas in-4° de 30 planches. 7 fr.

— DEMOISELLES, ou Arts et métiers qui leur conviennent, tels que Couture, Broderie, etc., par madame Celnart. 1 vol. orné de planches. 3 fr.

— DESSINATEUR, ou Traité complet du Dessin, par M. Boutereau. 1 v. avec At. de 20 pl. 3 fr. 50

— DISTILLATEUR ET LIQUORISTE, par M. Lebeau et M. Julia de Fontenelle. 1 vol. de 514 pages, orné de figures. 3 fr. 50

— DOMESTIQUES, ou l'Art de former de bons Serviteurs, par madame Celnart. 1 vol. 2 fr. 50

— DORURE ET ARGENTURE Electro-chimiques, par M. de Valicourt. 1 vol. 1 fr. 75

— DRAPS (Fabricant de), ou Traité de la Fabrication des Draps, par MM. Bonnet et Malepeyre. 1 vol. orné de figures. 5 fr. 50

— ÉCOLES PRIMAIRES, MOYENNES ET NORMALES, ou Guide des Instituteurs et Institutrices (*Ouvrage autorisé par l'Université*), par M. Matter, Inspecteur général de l'Université. 1 vol. 2 fr. 60

— ÉCONOMIE DOMESTIQUE, contenant toutes les recettes les plus simples et les plus efficaces, par madame Celnart. 1 vol. 2 fr. 50

— ÉCONOMIE POLITIQUE, par M. J. Pautet. 1 vol. 2 fr. 50

— ÉLECTRICITÉ, contenant les Instruc. pour établir

les Paratons. et les Paragrèles, par M. RIFFAULT. 1 v. 2 fr. 50

MANUEL D'ÉLECTRICITÉ MÉDICALE ou Éléments d'Electro-Biologie, suivi d'un Traité sur la Vision, par M. SMEE, traduit par M. MAGNIER, 1 joli volume orné de figures. 3 fr.

— ENREGISTREMENT ET DU TIMBRE, par M. BIRET. 1 vol. 3 fr. 50

— ENTOMOLOGIE ÉLÉMENTAIRE, ou Entretiens sur les Insectes en général, mis à la portée de tout le monde, par M. BOYER DE FONSCOLOMBE. 1 gros vol. 3 fr.

— D'ENTOMOLOGIE, ou Hist. nat. des Insectes et des Myriapodes, par M. BOITARD. 3 vol. in-18. 10 fr. 50

ATLAS D'ENTOMOLOGIE, composé de 110 planches représentant les Insectes décrits dans l'ouvrage ci-dessus. Figures noires, 17 fr. — Figures coloriées. 34 fr.

— EPISTOLAIRE (Style), par M. BISCARRAT et madame la comtesse d'HAUTPOUL. 1 vol. 2 fr. 50

— EQUITATION, à l'usage des deux sexes, par M. VERGNAUD. 1 vol. orné de figures. 3 fr.

— ESCALIERS EN BOIS (Construction des), ou manipulation et posage des Escaliers ayant une ou plusieurs rampes, par G. BOUTEREAU. 1 vol. et Atlas. 5 fr.

— ESCRIME, ou Traité de l'Art de faire des armes, par M. LAFAUGÈRE, maréchal-des-logis, 1 vol. 3 fr. 50

— ESSAYEUR, par MM. VAUQUELIN, GAY-LUSSAC et D'ARCET, publié par M. VERGNAUD. 1 vol. 3 fr.

— ÉTAT CIVIL (Officier de l'), pour la Tenue des Registres et la Rédaction des Actes, etc., etc., par M. LEMOLT, ancien magistrat. 2 fr. 50

— ÉTOFFES IMPRIMÉES (Fabricant d') et Fabricant de Papiers peints, par M. Seb. LENORMAND. 1 vol. 3 f.

— FABRICANT (du) DE PRODUITS CHIMIQUES ou Formules et Procédés usuels relatifs aux matières que la chimie fournit aux arts industriels et à la médecine, par M. THILLAYE, ex-chef des travaux chimiques de l'ancienne fabrique Vauquelin. 3 volumes ornés de planches. 10 fr. 50

— FALSIFICATIONS DES DROGUES simples et composées, par M. PEDRONI, professeur, un vol. orné de figures. 2 fr. 50

— FERBLANTIER ET LAMPISTE, ou l'Art de confectionner en fer-blanc tous les Ustensiles, par MM. LEBRUN et MALEPEYRE. 1 vol. orné de figures. 3 fr. 50

MANUEL DU FERMIER (du), ou l'Agriculture simplifiée et mise à la portée de tout le monde, par M. DE LÉPINOIS. 1 vol. 2 fr. 50

— FILATEUR, ou Description des Méthodes anciennes et nouvelles employées pour filer le Coton, le Lin, le Chanvre, la Laine et la Soie, par MM. C.-E. JULLIEN et E. LORENTZ. 1 vol. in-18, avec 8 pl. 3 fr. 50

— FLEURISTE ARTIFICIEL, ou l'Art d'imiter, d'après nature, toute espèce de Fleurs, suivi de l'Art du Plumassier, par madame CELNART. 1 vol. orné de fig. 2 fr. 50

— FLEURS (des) EMBLÉMATIQUES, ou leur Histoire, leur Symbole, leur Langage, etc., etc., par madame LENEVEUX. 1 vol. Fig. noires. 3 fr.
Figures coloriées. 6 fr.

— FONDEUR SUR TOUS MÉTAUX, par M. LAUNAY, fondeur de la colonne de la place Vendôme (*Ouvrage faisant suite au travail des Métaux*). 2 vol. ornés d'un grand nombre de planches. 7 fr.

— FORGES (Maître de), ou l'Art de travailler le fer, par M. LANDRIN. 2 vol. ornés de planches. 6 fr.

— FORESTIER PRATICIEN (le) et Guide des Gardes, Gardes Champêtres, traitant de la Conservation des Semis, de l'Aménagement, de l'Exploitation, etc., etc., des Forêts, par MM. CRINON et VASSEROT. 1 vol. 1 fr. 25

— GALVANOPLASTIE, ou Traité complet de cet Art, contenant tous les procédés les plus récents, par MM. SMÉE, JACOBI, DE VALICOURT, etc., etc. 1 vol. orné de fig. 3 fr. 50

— GANTS (Fabricant de) dans ses rapports avec la Mégisserie et la Chamoiserie, par VALLET D'ARTOIS, ancien fabricant. 1 vol. 3 fr. 50

— GARANTIE DES MATIÈRES D'OR ET D'ARGENT, par M. LACHÈZE, contrôleur à Paris. 1 v. 1 fr. 75

— GARDES-CHAMPÊTRES, FORESTIERS ET GARDES-PÊCHE, par M. BOYARD, président à la cour d'appel d'Orléans. 1 vol. 2 fr. 50

— GARDES-MALADES, et personnes qui veulent se soigner elles-mêmes, ou l'Ami de la santé, par M. le docteur MORIN. 1 vol. 2 fr. 50

— GARDES NATIONAUX DE FRANCE, contenant l'Ecole du soldat et de peloton, les Ordonnances, Règlements, etc., etc., par M. R. L. 33e édit. 1 vol. 1 fr. 25

— GAZ (Fabrication du) ou Traité de l'Eclairage à

l'usage des Ingénieurs, etc.; d'Usines à gaz, par M. MAGNIER. 1 vol. orné de figures. 3 fr. 50 c.

MANUEL DE GÉOGRAPHIE DE LA FRANCE, divisée par bassins, par M. LORIOL (*Autorisé par l'Université*). 1 volume. 2 fr. 50

— GÉOGRAPHIE GÉNÉRALE, par M. DEVILLIERS. 1 gros vol. de plus de 400 pag., orné de 7 jolies cartes. 3 f. 50

— GÉOGRAPHIE PHYSIQUE, ou Introduction à l'étude de la Géologie, par M. HUOT. 1 vol. 3 fr.

— GÉOLOGIE, ou Traité élémentaire de cette science, par MM. HUOT et D'ORBIGNY. 1 vol. orné de pl. 3 fr.

— GÉOMÉTRIE, ou Exposition élémentaire des principes de cette science, par M. TERQUEM (*Ouvrage autorisé par l'Université*). 1 gros vol. 3 fr. 50

— GNOMONIQUE, ou l'Art de tracer les cadrans, par M. BOUTEREAU. 1 vol. orné de figures. 3 fr.

— GOURMANDS (des), ou l'Art de faire les honneurs de sa table, par CARDELLI. 1 vol. 3 fr.

— GRAVEUR (du), ou Traité complet de l'Art de la Gravure en tous genres; par MM. PERROT et MALEPEYRE. 1 vol. orné de planches. 3 fr.

— GRÈCE (Histoire de la), depuis les premiers siècles jusqu'à l'établissement de la domination romaine, par M. MATTER, Inspecteur-général de l'Université. 1 v. 3 fr.

— GREFFES (Monographie des), ou Description des diverses sortes de Greffes employées pour la multiplication des végétaux, par M. THOUIN, de l'Institut, etc. 1 vol. orné de 8 planches. 2 fr. 50

— GYMNASTIQUE (de la), par le colonel AMOROS (*Ouvrage couronné par l'Institut, admis par l'Université*, etc.). 2 vol. et Atlas. 10 fr. 50

— HABITANTS DE LA CAMPAGNE et Bonne Fermière, contenant tous les moyens de faire valoir, de la manière la plus profitable, les terres, le bétail, les récoltes, etc., par madame CELNART. 1 vol. 2 fr. 50

— HÉRALDIQUE. Voyez BLASON.

— HERBORISTE, Épicier-Droguiste, Grainier-Pépiniériste et Horticulteur, par MM. TOLLARD et JULIA DE FONTENELLE. 2 gros vol. 7 fr.

— HISTOIRE NATURELLE, ou Genera complet des Animaux, des Végétaux et des Minéraux. 2 gros vol. 7 fr.

Atlas pour la Botanique, composé de 120 planches. Figures noires, 18 fr. — figures coloriées, 36 fr.

— pour les Mollusques, représentant les Mollusques nu. t les Coquilles. 51 planches. Figures noires, 7 fr.
figures coloriées. 14 fr.

Atlas pour les Crustacés, 18 planches, figures noires 3 francs, — figures coloriées. 6 fr.

— Pour les Insectes, 110 planches, figures noires, 17 fr.;
figures coloriées. 34 fr.

— Pour les Mammifères, 80 planches, fig. noires, 12 fr.;
figures coloriées. 24 fr.

— Pour les Minéraux, 40 planches, figures noires, 6 fr.;
figures coloriées. 12 fr.

— Pour les Oiseaux, 129 planches, figures noires, 20 fr.;
figures coloriées. 40 fr.

— Pour les Poissons, 155 planches, fig. noires, 24 fr.;
figures coloriées. 48 fr.

— Pour les Reptiles, 54 planches, fig. noires, 9 fr.;
figures coloriées. 18 fr.

— Pour les Zoophytes, représentant la plupart des Vers et des Animaux-Plantes, 25 pl., figures noires, 6 fr.
figures coloriées. 12 fr.

MANUEL D'HISTOIRE NATURELLE MÉDICALE ET DE PHARMACOGRAPHIE, ou Tableau des Produits que la Médecine et les Arts empruntent à l'Histoire naturelle, par M. LESSON, pharmacien en chef de la Marine à Rochefort. 2 vol. 5 fr.

— DE L'HISTOIRE UNIVERSELLE, depuis le commencement du monde jusqu'en 1836, par M. CAHEN, traducteur de la Bible. 1 vol. 2 fr. 50

— HORLOGER (de l'), ou Guide des Ouvriers qui s'occupent de la construc. des Machines propres à mesurer le temps, par MM. LENORMAND, JANVIER et MAGNIER. 1 v. f. 3 f. 50

— HORLOGES (Régulateur des), Montres et Pendules, par MM. BERTHOUD et JANVIER. 1 vol. orné de fig. 1 fr. 50

— HUILES (Fabricant et Épurateur d'), par M. JULIA DE FONTENELLE. 1 vol. orné de figures. 3 fr. 50

— HYGIENE, ou l'Art de conserver sa santé, par le docteur MORIN. 1 vol. 3 fr.

— INDIENNES (Fabricant d'), renfermant les Impressions des Laines, des Chalis et des Soies, par M. THILLAYE. 1 vol. 3 fr. 50

— MANUEL DE L'INGÉNIEUR CIVIL, par MM. JULLIEN, LORENTZ et SCHMITZ, Ingénieurs Civils. 2 gros vol. avec 1 Atlas renfermant beaucoup de pl. 10 fr. 50

— IRRIGATIONS ET ASSAINISSEMENT DES TERRES, ou Traité de l'emploi des Eaux en agriculture, par M. le marquis DE PARETO, 4 volumes ornés d'un atlas composé de 40 planches. 18 fr.

MANUEL DE JARDINAGE (PRATIQUE SIMPLIFIÉE) à l'usage des personnes qui cultivent elles-mêmes un petit domaine, contenant un Potager, une Pépinière, un Verger, des Espaliers, un Jardin paysager, des Serres, des Orangeries, et un Parterre, etc., par M. LOUIS DUBOIS. 1 volume orné de fig. 2 fr. 50

— JARDINIER, ou l'Art de cultiver et de composer toutes sortes de Jardins, par M. BAILLY. 2 gros vol. ornés de planches. 5 fr.

— JARDINIER DES PRIMEURS, ou l'Art de forcer les Plantes à donner leurs fruits dans toutes les saisons, par MM. NOISETTE et BOITARD. 1 vol. orné de fig. 3 fr.

— ART DE CULTIVER LES JARDINS, renfermant un Calendrier indiquant mois par mois tous les travaux à faire en Jardinage, les principes d'Horticulture, etc., par un *Jardinier agronome*. 1 gros vol. orné de fig. 3 fr. 50

— JAUGEAGE ET DÉBITANTS DE BOISSONS. 1 volume orné de figures (*Voyez* Vins). 3 fr 50

— DES JEUNES GENS, ou Sciences, Arts et Récréations qui leur conviennent, et dont ils peuvent s'occuper avec agrément et utilité, par M. VERGNAUD. 2 volumes ornés de figures. 6 fr.

— DE JEUX DE CALCUL ET DE HASARD, ou nouvelle Académie des Jeux, par M. LEBRUN. 1 v. 3 fr.

— JEUX ENSEIGNANT LA SCIENCE, ou Introduction à l'étude de la Mécanique, de la Physique, etc., par M. RICHARD. 2 vol. 6 fr.

— JEUX DE SOCIÉTÉ, renfermant tous ceux qui conviennent aux deux sexes, par madame CELNART. 1 g. v. 3 fr.

— JUSTICES DE PAIX, ou Traité des Compétences et Attributions tant anciennes que nouvelles, en toutes matières, par M. BIRET, ancien magistrat. 1 vol. 3 fr. 50

— LAITERIE, ou Traité de toutes les méthodes pour la Laiterie, l'Art de faire le Beurre, de confectionner les Fromages, etc., par THIEBAUD DE BERNEAUD. 1 vol. orné de figures, 2 fr. 50

MANUEL DE LA PURETÉ DU LANGAGE, par M. BLONDIN. 1 volume. 1 fr. 50
— LANGAGE (Pureté du), par MM. BISCARRAT et BONIFACE. 1 vol. 2 fr. 50
— LATIN (Classes élémentaires de), ou Thèmes pour ce Huitième et Septième, par M. AMÉDÉE SCRIBE, ancien instituteur. 1 vol. 2 fr. 50
— LIMONADIER, Glacier, Chocolatier et Confiseur, par MM. CARDELLI, LIONNET-CLÉMANDOT et JULIA DE FONTENELLE. 1 gros vol. de plus de 500 pages. 3 fr.
— LITHOGRAPHE (Imprimeur), par MM. BRÉGEAUT, KNECHT et Jules DESPORTES, 1 gros vol. avec atlas. 5 fr.
— LITTÉRATURE à l'usage des deux sexes, par madame D'HAUTPOUL. 1 fr. 75
— LUTHIER, contenant la Construction intérieure et extérieure des instruments à archets, par M. MAUGIN. 1 volume. 2 fr. 50
— MACHINES LOCOMOTIVES (Constructeur de), par M. JULLIEN, Ingénieur civil, etc. 1 gros vol. avec Atlas. 5 fr.
— MACHINES A VAPEUR *appliquées à la Marine*, par M. JANVIER, officier de marine et ingénieur civil. 1 volume avec figures. 3 fr. 50
— MACHINES A VAPEUR *appliquées à l'Industrie*, par M. JANVIER. 2 volumes avec figures. 7 fr.
— MAÇON, PLATRIER, PAVEUR, CARRELEUR, COUVREUR, par M. TOUSSAINT, architecte. 1 vol. 3 fr.
— MAGIE NATURELLE ET AMUSANTE, par M. VERGNAUD. 1 vol. avec figures. 3 fr.
— MAITRE D'HOTEL, ou Traité complet des menus, mis à la portée de tout le monde, par M. CHEVRIER. 1 vol. orné de figures. 3 fr.
— MAITRESSE DE MAISON ET MÉNAGÈRE PARFAITE, par madame CELNART. 1 vol. 2 fr. 50
— MAMMALOGIE, ou Histoire naturelle des Mammifères, par M. LESSON, corresp. de l'Institut. 1 gros vol. 3 f. 50
ATLAS DE MAMMALOGIE, composé de 80 planches représentant la plupart des animaux décrits dans l'ouvrage ci-dessus; figures noires. 12 fr.
Figures coloriées. 24 fr.
— MARINE, *Gréement, manœuvre du Navire et de l'Artillerie*, par M. VERDIER, capitaine de corvette. 2 volumes ornés de figures. 5 fr.
— MATHÉMATIQUES (Applications usuelles et amu-

santes), par M. Richard. 1 gros vol. avec figures. 3 fr.

MANUEL DU MÉCANICIEN-FONTAINIER, POMPIER ET PLOMBIER, par MM. Janvier et Biston. 1 vol. orné de planches. 3 fr.

— MÉCANIQUE, *ou* Exposition élémentaire des lois de l'Équilibre et du Mouvement des Corps solides, par M. Terquem, officier de l'Université, professeur aux Écoles royales d'Artillerie. 1 gros vol. orné de planches. 3 fr. 50

— MÉCANIQUE APPLIQUÉE A L'INDUSTRIE. Première partie. Statique et Hydrostatique, par M. Vergnaud, 1 vol. avec figures. 3 fr. 50

— Deuxième partie, Hydraulique, par M. Janvier. 1 volume avec figures. 3 fr.

— MÉCANIQUE PRATIQUE, à l'usage des directeurs et contre-maîtres, par Bernouilli, trad. par Valérius, un vol. 2 fr.

— MÉDECINE ET CHIRURGIE DOMESTIQUES, par M. le docteur Morin. 1 vol. 3 f. 50

— MÉNAGÈRE PARFAITE. (*V.* Maîtresse de maison.)

— MENUISIER, Ébéniste et Layetier, par M. Nosban, 2 vol. avec planches. 6 fr.

— MÉTAUX (Travail des), *Fer et Acier manufacturés*, par M. Vergnaud. 2 vol. 6 fr.

— MICROSCOPE (Observateur au), par F. Dujardin, 1 vol. avec Atlas de 30 planches. 10 fr. 50

— EXPLOITATION DES MINES. Première partie, Houille (ou charbon de terre), par J.-F. Blanc. 1 vol. in-18, figures. 3 fr 50

— *Idem*, deuxième partie, Fer, Plomb, Cuivre, Étain, Argent, Or, Zinc, Diamant, etc. 1 v. in-18, avec fig. 3 fr. 50

— MILITAIRE (De l'Art), à l'usage des Militaires de toutes les armes, par M. Vergnaud. 1 vol. orné de fig. 3 fr.

— MINÉRALOGIE, ou Tableau des Substances minérales, par M. Huot. 2 vol. ornés de figures. 6 fr.

Atlas de Minéralogie, composé de 50 planches représentant la plupart des Minéraux décrits dans l'ouvrage ci-dessus ; figures noires. 6 fr.

Figures coloriées. 12 fr.

— MINIATURE, Gouache, Lavis à la Sépia et Aquarelle, par MM. Constant Viguier et Langlois de Longueville. 1 gros vol. orné de planches. 3 fr.

MANUEL DES MOLLUSQUES (Histoire naturelle des) et de leurs coquilles, par M. SANDER-RANG, officier de marine. 1 gros vol. orné de planches. 3 fr. 50

ATLAS POUR LES MOLLUSQUES, représentant les Mollusques nus et les Coquilles. 51 planches, fig. noires. 7 fr.
Fig. coloriées. 14 fr.

— DU MORALISTE, ou Pensées et Maximes instructives pour tous les âges de la vie, par M. TREMBLAY. 2 volumes. 5 fr.

— MOULEUR, ou l'Art de mouler en plâtre, carton, carton-pierre, carton-cuir, cire, plomb, argile, bois, écaille, corne, etc., par M. LEBRUN. 1 vol. orné de fig. 2 fr. 50

— MOULEUR EN MÉDAILLES, etc., par M. ROBERT, 1 vol. avec figures. 1 fr. 50

— MUNICIPAUX (Officiers), ou Nouveau Guide des Maires, Adjoints et Conseillers municipaux, par M. BOYARD, président à la Cour d'appel d'Orléans. 1 gros vol. 3 fr.

— MUSIQUE, ou Grammaire contenant les principes de cet art, par M. LED'HUY. 1 v. avec 48 pages de musique. 1 f. 50

— MUSIQUE VOCALE ET INSTRUMENTALE, ou Encyclopédie musicale, par M. CHORON, ancien directeur de l'Opéra, fondateur du Conservatoire de Musique classique et religieuse, et M. DE LAFAGE, professeur de chant et de composition.

DIVISION DE L'OUVRAGE.

Ire PARTIE. — EXÉCUTION.

LIVRE I. Connaissances élémentaires.
  Sect. 1. Sons, Notations.
  — 2. Instruments, exécution. { 1 volume avec Atlas. } 5 fr.

IIe PARTIE. — COMPOSITION.

— 2. De la composition en général, et en particulier de la Mélodie.
— 3. De l'Harmonie.
— 4. Du Contre-Point.
— 5. Imitation.
— 6. Instrumentation.
— 7. Union de la Musique avec la Parole.
— 8. Genres.

  Sect. 1. Vocale. { Église. Chambre ou Concert. Théâtre. }
  — 2. Instrumentale. { particulière. générale. }

{ 5 volumes avec Atlas. } 20

III° PARTIE. — COMPLÉMENT OU ACCESSOIRE.

- 9. Théorie physico-mathématique.
- 10. Institutions.
- 11. Histoire de la musique.
- 12. Bibliographie. Résumé général.

2 volumes avec Atlas. 10 50

SOLFÈGES ; MÉTHODE.

Solfège d'Italie.	12 f. »	Méthode de Cor.	»	50
— de Rodolphe.	4 »	— de Basson.	1	75
Méthode de Violon.	3 »	— de Serpent.	1	50
— d'Alto.	1 »	— de Trompette et Trombone.	»	75
— de Violoncelle.	4 50	— d'Orgue.	3	50
— de Contre-basse.	1 25	— de Piano.	4	50
— de Flûte.	5 »	— de Harpe.	3	50
— de Hautbois.	} 1 75	— de Guitare.	3	»
— de Cor anglais.		— de Flageolet.	2	»
— de Clarinette.	2 »			

MANUEL DES MYTHOLOGIES grecque, romaine, égyptienne, syrienne, africaine, etc., par M. Dubois. (Ouvrage autorisé par l'Université.) 2 fr. 50

— NAGEURS, Baigneurs, Fabricants d'eaux minérales et des Pédicures, par M. Julia de Fontenelle. 1 vol. 3 fr.

— NATURALISTE PRÉPARATEUR, ou l'Art d'empailler les animaux, de conserver les Végétaux et les Minéraux, de préparer les pièces d'Anatomie et d'embaumer, par M. Boitard. 1 vol. avec figures. 3 fr 50

— SUR LA NAVIGATION, contenant la manière de se servir de l'Octant et du Sextant, de rectifier ces instruments et de s'assurer de leur bonté ; l'exposé des méthodes les plus usuelles d'astronomie nautique, pour déterminer l'instant de la pleine mer, etc., etc., et les tables nécessaires pour effectuer ces différents calculs, par M. Giquel, professeur d'hydrographie. 1 volume orné de figures. 2 fr. 50

—NAVIGATION INTÉRIEURE, à l'usage des Pilotes, Mariniers et Agents, ou Instructions relatives aux devoirs des mariniers et agents employés au service de la navigation intérieure, par M. Beauvalet, inspecteur de la navigation de la Basse-Seine. 1 v. 2 fr. 50

— NÉGOCIANT ET MANUFACTURIER, contenant les lois et règlements, les usages dans les ventes et achats, les douanes, etc., par M. Peuchet, 1 vol. 2 fr. 50

— NUMISMATIQUE ANCIENNE, par M. Barthelemy, ancien élève de l'Ecole des Chartes. 1 gros vol. orné d'un Atlas renfermant 433 figures. Prix 5 fr.

MANUEL DE NUMISMATIQUE MODERNE ET DU MOYEN-AGE, par M. BARTHELEMY. 1 gros vol. orné d'un Atlas renfermant 12 planches. Prix 5 fr.

— OCTROIS et autres impositions indirectes, par M. BIRET. 1 vol. 3 fr. 50

— OISELEUR (De l'), ou Secrets anciens et modernes de la Chasse aux Oiseaux, par M. J. G., 1 vol. orné de figures. 2 fr. 50

— ONANISME (dangers de l'), par M. DOUSSIN-DUBREUIL 1 vol. 1 fr. 25

— D'OPTIQUE, ou Traité complet de cette science, par BREWSTER et VERGNAUD. 2 v. avec fig. 6 fr.

— ORGANISTE, ou Nouvelle Méthode pour exécuter sur l'orgue tous les offices de l'année, etc., par M. MINÉ, organiste à Saint-Roch. 1 vol. oblong. 3 fr. 50

— ORGUES (Facteur d'), contenant le travail de DOM BÉDOS, etc., etc., par M. HAMEL, juge à Beauvais, 3 vol. avec un grand atlas. 18 fr.

— ORNEMENTISTE. Voyez *Décorateur*.

— ORNITHOLOGIE, ou Description des genres et des principales espèces d'oiseaux, par M. LESSON, correspondant de l'Institut. 2 gros vol. 7 fr.

ATLAS D'ORNITHOLOGIE, composé de 129 planches représentant les oiseaux décrits dans l'ouvrage ci-dessus; figures noires. 20 fr.

Figures coloriées. 40 fr.

— ORNITHOLOGIE DOMESTIQUE, ou Guide de l'Amateur des oiseaux de volière, par M. LESSON, correspondant de l'Institut. 1 vol. 2 fr. 50

— ORTHOGRAPHISTE, ou Cours théorique et pratique d'Orthographe, par M. TREMERY. 1 vol. 2 fr. 50

— PALEONTOLOGIE, ou des Lois de l'organisation des êtres vivants comparées à celles qu'ont suivies les Espèces fossiles et humatiles dans leur apparition successive; par M. MARCEL DE SERRES, professeur à la Faculté des Sciences de Montpellier. 2 vol., avec Atlas. 7 fr.

— PAPETIER ET RÉGLEUR (Marchand), par MM. JULIA DE FONTENELLE et POISSON. 1 gros vol. avec planches. 3 fr.

— PAPIERS (Fabricant de), Carton et Art du Formaire, par M. LENORMAND. 2 vol. et Atlas. 10 fr. 50

— PAPIERS DE FANTAISIE (Fabricant de), Papiers marbrés, jaspés, maroquinés, gaufrés, dorés, etc.; Peau d'âne factice, Papiers métalliques; Cire et Pains à cacheter, Crayons, etc.; etc.; par M. FICHTENBERG. 1 vol. orné de modèles de papiers. Prix 3 fr.

— PARFUMEUR, par Mme CELNART. 1 vol. 2 fr. 50

— PARIS (Voyageur dans), ou Guide dans cette capitale, par M. LEBRUN. 1 gros vol. orné de fig. 3 fr. 50

— PARIS (Voyageur aux environs de), par M. DEPATY. 1 vol. avec figures. 3 fr.

— PATISSIER ET PATISSIÈRE, ou Traité complet et simplifié de Patisserie de ménage, de boutique et d'hôtel, par M. LEBLANC. 1 vol. 2 fr. 50

— PÊCHEUR, ou Traité général de toutes sortes de pêches, par M. PESSON-MAISONNEUVE. 1 vol. orné de planches 3 f.

— PÊCHEUR-PRATICIEN, ou les Secrets et Mystères de la Pêche dévoilés, par M. LAMBERT, amateur; suivi de l'Art de faire des filets. 1 joli vol. orné de fig. 1 fr. 75

— PEINTRE D'HISTOIRE ET SCULPTEUR, ouvrage dans lequel on traite de la philosophie de l'Art et des moyens pratiques, par M. ARSENNE, peintre. 2 vol. 6 fr.

— PEINTURE A L'AQUARELLE (Cours de), par M. P. D., un vol. orné de planches coloriées. 1 fr. 75

— PEINTRE EN BATIMENTS, Vitrier, Doreur, argenteur et Vernisseur, par MM. RIFFAULT, VERGNAUD et TOUSSAINT. un vol. orné de figures. 3 fr.

— PEINTURE SUR VERRE, SUR PORCELAINE ET SUR ÉMAIL; contenant la Théorie des émaux, etc., par M. REBOUILLEAU. 1 vol. in-18 avec figures. 2 fr. 50

— PERSPECTIVE, Dessinateur et Peintre, par M. VERGNAUD, chef d'escadron d'artillerie. 1 vol. orné d'un grand nombre de planches. 3 fr.

— PHARMACIE POPULAIRE, simplifiée et mise à la portée de toutes les classes de la société, par M. JULIA DE FONTENELLE. 2 vol. 6 fr.

— PHILOSOPHIE EXPÉRIMENTALE, à l'usage des collèges et des gens du monde, par M. AMICE, régent dans l'Académie de Paris. 1 gros vol. 3 fr. 50

— DE PHOTOGRAPHIE sur Métal, sur Papier et sur Verre, contenant toutes les découvertes les plus récentes dans la Daguerréotypie, par M. DE VALICOURT. 1 vol. orné de figures. 3 fr. 50

MANUEL DE PHYSIOLOGIE VÉGÉTALE, Physique, Chimie et Minéralogie appliquées à la culture, par M. BOITARD 1 vol. orné de planches. 3 fr.

— PHYSIONOMISTE ET PHRÉNOLOGISTE, ou les Caractères dévoilés par les signes extérieurs, d'après Lavater, par MM. H. CHAUSSIER fils et le docteur MORIN. 1 vol. avec figures. 3 fr.

— PHYSIONOMISTE DES DAMES, d'après Lavater, par un Amateur. 1 vol. avec figures 3 fr.

— PHYSICIEN-PRÉPARATEUR et de l'Amateur, ou nouvelle Description d'un cabinet de Physique, par MM. Ch. CHEVALIER et le docteur FAU. 2 gros vol. avec un Atlas de 86 planches. 18 fr.

— PHYSIQUE, ou Eléments abrégés de cette Science mise à la portée des gens du monde et des étudiants, par M. BAILLY, 1 vol. avec figures. 2 fr. 50

— PHYSIQUE APPLIQUÉE AUX ARTS ET MÉTIERS, principalement à la construction des Fourneaux, des Calorifères, des Machines à vapeur, des Pompes, l'Art du Fumiste, l'Opticien, Distillateur, Sècheries, Artillerie à vapeur, Eclairage, Bélier et Presse hydrauliques, Aréomètres, Lampe à niveau constant, etc., par M. GUILLOUD, 1 volume orné de figures. 3 fr. 50

— PHYSIQUE AMUSANTE, ou Nouvelles Récréations physiques, par M. JULIA DE FONTENELLE. 1 vol. orné de planches. 3 fr. 50

— PLAIN-CHANT ECCLÉSIASTIQUE, romain et français, par M. MINÉ, organiste à St-Roch. 1 vol. 2 fr. 50

— POELIER-FUMISTE, indiquant les moyens d'empêcher les cheminées de fumer, de chauffer économiquement et d'aérer les habitations, les ateliers, etc., par MM. ARDENNI et JULIA DE FONTENELLE. 1 vol. 3 fr. 50

— POIDS ET MESURES, Monnaies, Calcul décimal et Vérification, par M. TARBÉ, conseiller à la Cour de Cassation; *approuvé par le Ministre du Commerce, l'Université, la Société d'Encouragement, etc.* 1 vol. 3 fr.

— POIDS ET MESURES (Fabrication des), contenant en général tout ce qui concerne les Arts du Balancier et du Potier d'étain, et seulement ce qui est relatif à la Fabrication des Poids et Mesures dans les Arts du Fondeur, du Ferblantier, du Boisselier, par M. RAVON, vérificateur au bureau central des Poids et Mesures. 1 vol. orné de fig. 3 fr.

PETIT MANUEL à l'usage des Ouvriers et des Écoles, avec *Tables de conversions*, par M. TARBÉ. 25 c.

PETIT MANUEL classique pour l'enseignement élémentaire, *sans Tables de conversions*, par M. TARBÉ. (*Autorisé par l'Université.*) 25 c.

PETIT MANUEL à l'usage des Agents Forestiers, des Propriétaires et Marchands de bois, par M. TARBÉ. 75 c.

POIDS ET MESURES à l'usage des Médecins, etc., par M. TARBÉ. 25 c.

TABLEAU SYNOPTIQUE DES POIDS ET MESURES, par M. TARBÉ. 75 c.

TABLEAU FIGURATIF des Poids et Mesures, par M. TARBÉ. 75 c.

MANUEL DES POIDS ET MESURES, *Manuel Comptes faits*, ou Barême général des Poids et Mesures, par M. ACHILLE NOUHEN. *Ouvrage divisé en cinq parties qui se vendent toutes séparément.*

   1re partie : Mesures de LONGUEUR. 60 c.
   2e partie, — de SURFACE. 60 c.
   3e partie, — de SOLIDITÉ. 60 c.
   4e partie, POIDS. 60 c.
   5e partie : Mesures de CAPACITÉ. 60 c.

— POLICE DE LA FRANCE, par M. TRUY, commissaire de police à Paris. 1 vol. 2 fr. 50

— PONTS ET CHAUSSÉES : *première partie*, ROUTES et CHEMINS, par M. DE GAYFFIER, ingénieur des Ponts et Chaussées. 1 vol. avec fig. 3 fr. 50

— *Seconde partie*, contenant les PONTS, AQUEDUCS, etc. 1 volume avec figures. 3 fr. 50

— PORCELAINIER, Faïencier, Potier de terre, Briquetier et Tuilier, contenant des notions pratiques sur la fabrication des Porcelaines, des Faïences, des Pipes, Poêles, des Briques, Tuiles et Carreaux, par M. BOYER. Nouv. édit. très-augmentée, par M. B..... 2 vol. ornés de pl. 6 fr.

— PRATICIEN, ou Traité de la Science du Droit, mise à la portée de tout le monde, par MM. D..... et RONDONNEAU. 1 gros vol. 3 fr. 50

— PRATIQUE SIMPLIFIÉE DU JARDINAGE (Voyez Jardinage.

— PROPRIÉTAIRE ET LOCATAIRE, ou Sous-Locataire, tant des biens de ville que des biens ruraux, par M. SERGENT. 1 vol. 2 fr. 50

— RELIEUR dans toutes ses parties, contenant les Arts d'assembler, de satiner, de brocher et de dorer, par M. Seb. Lenormand et M. R. 1 gros vol. orné de pl. 3 fr.

— ROSES (l'Amateur de), leur Monographie, leur Histoire et leur Culture, par M. Boitard. 1 vol. fig. noires, 5 fr. 50 c., — et fig. coloriées. 7 fr.

MANUEL DU SAPEUR-POMPIER, ou Théorie sur l'extinction des Incendies, par M. Paulin, commandant les Sapeurs-Pompiers de Paris. 1 vol. 1 fr. 50

Atlas composé de 50 planches, faisant connaître les machines que l'on emploie dans ce service, la disposition pour attaquer les feux, les positions des Sapeurs dans toutes les manœuvres, etc. 6 fr.

— SAPEUR-POMPIER, ouvrage composé par le corps des Officiers formant l'état-major, *publié par ordre du Ministre de la Guerre*. 1 joli volume renfermant une foule de gravures sur bois imprimées avec le texte. Prix. 3 fr.

— SAVONNIER, ou l'Art de faire toutes sortes de Savons, par Mme Gacon-Dufour, MM. Thillaye et Malepeyre. 1 vol. orné de fig. 3 fr.

— SERRURIER, ou Traité complet et simplifié de cet Art, par MM. B. et G., serruriers, et Toussaint, architecte. 1 volume orné de planches. 3 fr.

— SOIERIE, contenant l'Art d'élever les Vers à soie et de cultiver le Mûrier; l'Histoire, la Géographie et la Fabrication des Soieries, à Lyon, ainsi que dans les autres localités nationales et étrangères, par M. Devilliers. 2 volumes et Atlas. 10 fr. 50

— SOMMELIER, ou la Manière de soigner les Vins, par M. Julien. 1 vol. avec figures. 3 fr.

— SORCIERS, ou la Magie blanche dévoilée par les découvertes de la Chimie, de la Physique et de la Mécanique, par MM. Comte et Julia de Fontenelle. 1 gros vol. orné de planches. 3 fr.

— SOUFFLEUR A LA LAMPE ET AU CHALUMEAU (Art du), par M. Peproni, professeur de chimie, un vol. orné de figures. 2 fr. 50

— SUCRE ET RAFFINEUR (Fabricant de), par MM. Blachette, Zobga et Julia de Fontenelle. 1 vol. orné de figures. 3 fr. 50

— STÉNOGRAPHIE, ou l'Art de suivre la parole en écrivant, par M. H. Prévost. 1 volume. 1 fr. 75

— TABAC (Fabricant et Amateur de), contenant son Histoire, sa Culture et sa Fabrication, par P. Ch. Joubert. 1 vol. 2 fr. 50

MANUEL DE L'IMPRIMEUR EN TAILLE-DOUCE, par MM. Berthiaud et Boitard. 1 vol. avec fig. 3 fr.

— TAILLEUR D'HABITS, contenant la manière de tracer, couper et confectionner les Vêtements, par M. Vandael, tailleur. 1 vol. orné de pl. 2 fr. 50

— TANNEUR, Corroyeur, Hongroyeur et Boyaudier, par M. Julia de Fontenelle. 1 vol. avec fig. 3 fr. 50

— TAPISSIER, Décorateur et marchand de Meubles, par M. Garnier Audiger, ancien vérificateur du Garde-Meuble de la Couronne. 1 vol. orné de fig. 2 fr. 50

— TÉLÉGRAPHE-ÉLECTRIQUE, ou Traité de l'Electricité et du Magnétisme appliqués à la transmission des signaux, par MM. Walker et Magnier, un vol. orné de figures. 1 fr. 75

— TENEUR DE LIVRES, renfermant un Cours de tenue de Livres à partie simple et à partie double, par M. Tremery. (*Autorisé par l'Université.*) 1 vol. 3 fr.

— TEINTURIER, contenant l'Art de Teindre en Laine, Soie, Coton, Fil, etc., par M. Vergnaud. 1 gros vol. avec figures. 3 fr.

— TERRASSIER, par MM. Etienne et Masson, un vol. orné de 20 planches. 3 fr. 50

— TISSERAND, ou description des procédés et machines employés pour les divers tissages, par MM. Lorentz et Jullien. 1 vol. orné de fig. 3 fr. 50

— TOISEUR EN BATIMENT; *première partie :* Terrasse et Maçonnerie, par M. Lebossu, architecte-expert. 1 vol. avec figures. 2 fr. 50

— *Deuxième partie :* Menuiserie, Peinture, Tonture, Vitrerie, Dorure, Charpente, Serrurerie, Couverture, Plomberie, Marbrerie, Carrelage, Pavage, Poêlerie, Fumisterie, etc., par M. Lebossu. 1 vol. 2 fr. 50

— TONNELIER ET BOISSELIER, suivi de l'Art de faire les Cribles, Tamis, Soufflets, Formes et Sabots, par M. Désormeaux. 1 vol. avec figures. 3 fr.

— TOURNEUR, ou Traité complet et simplifié de cet Art, d'après les renseignements de plusieurs Tourneurs de la capitale, par M. De Valicourt. 2 vol. avec pl. 6 fr.

— Supplément à cet ouvrage (tome 3e), un joli volume avec Atlas. 3 fr. 50

— DU TREILLAGEUR ET MENUISIER DES JARDINS, par M. Désormeaux. 1 vol. avec planches. 3 fr.

MANUEL DE TYPOGRAPHIE, FONDERIE. (*Sous presse.*)

— TYPOGRAPHIE, IMPRIMERIE, par M. Frey, ancien prote. 2 vol. avec planches. 5 fr

— VERRIER ET FABRICANT DE GLACES, Cristaux, Pierres précieuses factices, Verres coloriés, Yeux artificiels, par M. Julia de Fontenelle. 1 gros vol. orné de planches. 3 fr.

— VÉTÉRINAIRE, contenant la connaissance des chevaux, la manière de les élever, les dresser et les conduire; la Description de leurs maladies, les meilleurs modes de traitement, etc., par M. Lebeau et un ancien professeur d'Alfort. 1 vol. avec planches. 3 fr.

— VINS DE FRUITS (Fabrication des), contenant l'art de faire le Cidre, le Poiré, les Boissons rafraîchissantes, Bières économiques, Vins de Grains, de Liqueurs, Hydromels, etc., par MM. Accum, Guil... et Malpeyre, 1 vol. 1 fr. 80

— VIGNERON FRANÇAIS, ou l'Art de cultiver la Vigne, de faire les Vins, les Eaux-de-Vie et Vinaigres, par M. Thiébaut de Berneaud. 1 vol. avec Atlar. 3 fr. 50

— VINAIGRIER ET MOUTARDIER, par M. Julia de Fontenelle. 1 vol. avec planches. 3 fr.

— VINS (Marchand de), débitants de Boissons et Jaugeage, par M. Laudier. 1 vol avec planches. 3 fr 50

— ZOOPHILE, ou l'Art d'élever et de soigner les animaux domestiques (*voyez* Bouvier). 1 vol. 2 fr. 50

BELLE ÉDITION, FORMAT IN-OCTAVO.

SUITES A BUFFON

FORMANT,

AVEC LES OEUVRES DE CET AUTEUR,

UN COURS COMPLET

D'HISTOIRE NATURELLE

embrassant

LES TROIS RÈGNES DE LA NATURE.

Les possesseurs des OEuvres de BUFFON pourront, avec ses suites, compléter toutes les parties qui leur manquent, chaque ouvrage se vendant séparément, et formant, tous réunis, avec les travaux de cet homme illustre, un ouvrage général sur l'histoire naturelle.

Cette publication scientifique, du plus haut intérêt, préparée en silence depuis plusieurs années, et confiée à ce que l'Institut et le haut enseignement possèdent de plus célèbres naturalistes et de plus habiles écrivains, est appelée à faire époque dans les annales du monde savant.

Les noms des Auteurs indiqués ci-après, sont, pour le public une garantie certaine de la conscience et du talent apportés à la rédaction des différents traités.

ZOOLOGIE GÉNÉRALE (Supplément à Buffon), ou Mémoires et notices sur la zoologie, l'anthropologie et l'histoire de la science, par M. ISIDORE GEOFFROY-SAINT-HILAIRE. 1 volume avec Atlas. Prix : fig. noires. 9 fr. 50
Figures coloriées. 12 fr. 50.

CÉTACÉS (BALEINES, DAUPHINS, etc.), ou Recueil et examen des faits dont se compose l'histoire de ces animaux, par M. F. CUVIER, membre de l'Institut, professeur au Muséum d'Histoire naturelle, etc. 1 vol. in-8 avec 22 planches (*Ouvrage terminé*), figures noires. 12 fr. 50
Fig. coloriées. 18 fr. 50

REPTILES (Serpents, Lézards, Grenouilles, Tortues, etc.), par M. DUMÉRIL, membre de l'Institut, professeur à la faculté de Médecine et au Muséum d'Histoire naturelle, et M. BIBRON, professeur d'Histoire naturelle, 9 vol. et 9 livraisons de planches, fig. noires. 85 fr. 50
Fig. coloriées. 142 fr. 50
— *Les tomes 1 à 6 et 8 sont en vente; les tomes 7 et 9 paraîtront incessamment.*

POISSONS, par M.

ENTOMOLOGIE (Introduction à l'), comprenant les principes généraux de l'Anatomie et de la Physiologie des Insectes, des détails sur leurs mœurs, et un résumé des principaux systèmes de classification, etc., par M. LACORDAIRE, doyen de la faculté des sciences à Liège. (*Ouvrage terminé, adopté et recommandé par l'Université pour être placé dans les bibliothèques des Facultés et des Collèges, et donné en prix aux élèves*). 2 vol. in-8 et 24 planches, fig. noires. 19 fr.
Fig. coloriées. 29 fr.

INSECTES COLÉOPTÈRES (Cantharides, Charançons, Hannetons, Scarabées, etc.), par M. LACORDAIRE, doyen à l'Université de Liège.

ORTHOPTÈRES (Grillons, Criquets, Sauterelles), par M. SERVILLE, ex-président de la Société entomologique de France. 1 vol. et 14 pl. (*Ouvrage terminé*). fig. noires. 9 fr. 50 c., et fig. coloriées. 12 fr. 50 c.

— **HÉMIPTÈRES** (Cigales, Punaises, Cochenilles, etc.), par MM. AMYOT et SERVILLE. 1 vol. et une livraison de pl. (*Ouv. terminé.*)
Fig. noires. 9 fr. 50 c.
Et fig. coloriées. 12 fr. 50 c.

— **LÉPIDOPTÈRES** (Papillons), par MM. BOISDUVAL et GUÉNÉE: tome 1er, avec 2 livraisons de pl.; tomes 5, 6 et 7, avec 2 liv. de pl.; Fig. noires. 38 fr.
Fig. coloriées. 50 fr.

— **NÉVROPTÈRES** (Demoiselles, Éphémères, etc.), par M. le docteur RAMBUR, 1 vol. avec une livraison de planches. (*Ouvrage terminé*). fig. noires 9 fr. 50 c., et fig. coloriées 12 fr. 50 c.

— **HYMÉNOPTÈRES** (Abeilles, Guêpes, Fourmis, etc.), par M. le comte LEPELETIER DE SAINT-FARGEAU et M. BRULLÉ; 4 vol. avec 4 livraisons de planches. (*Ouv. terminé.*)
Fig. noires. 38 fr.
Fig. coloriées. 50 fr.

— **DIPTÈRES** (Mouches, Cousins, etc.), par M. MACQUART, directeur du Mu-

séum d'Histoire naturelle de Lille; 2 vol. in-8 et 24 planches. (*Ouv. terminé.*)
Fig. noires. 19 fr.
Fig. coloriées. 25 fr.
— APTÈRES (Araignées, Scorpions, etc.), par M. WALCKENAER et le docteur GERVAIS ; 4 vol. avec 5 cahiers de pl. (*Ouv. term.*) Fig. noires. 41 fr.
Fig. coloriées. 56 fr.
CRUSTACÉS (Écrevisses, Homards, Crabes, etc.), comprenant l'Anatomie, la Physiologie et la Classification de ces animaux, par M. MILNE-EDWARDS, membre de l'Institut, etc. (*Ouvrage terminé*), 3 vol. avec 4 livraisons de pl. fig. noires. 31 fr. 50
Fig. coloriées. 43 fr. 50
MOLLUSQUES (Moules, Huîtres, Escargots, Limaces, Coquilles, etc.), par M. DE BLAINVILLE, membre de l'Institut, professeur au Muséum d'Histoire naturelle, etc.
HELMINTHES, ou Vers intestinaux, par M. DUJARDIN, de la Faculté des Sciences de Rennes. 1 vol. avec une livraison de pl. (*Ouvrage terminé*). Prix : fig. noires, 9 fr. 50, et fig. coloriées, 12 fr. 50.
ANNÉLIDES (Sangsues, etc.), par M.
ZOOPHYTES ACALÈPHES (Physale, Béroé, Angèle, etc.) par M. LESSON, correspondant de l'Institut, pharmacien en chef de la Marine, à Rochefort, 1 vol. avec 1 livraison de pl. (*Ouvrage terminé.*) fig. noires. 9 fr. 50
Fig. coloriées. 12 fr. 50
— ÉCHINODERMES (Oursins, Palmettes, etc.), par M.
— POLYPIERS (Coraux, Gorgones, Eponges, etc.), par M. MILNE-EDWARDS, membre de l'Institut, prof. d'Histoire naturelle, etc.
— INFUSOIRES (Animalcules microscopiques), par M. DUJARDIN, doyen de la Faculté des Sciences, à Rennes, 1 vol. avec 2 livraisons de pl. (*Ouv. terminé.*)
Fig. noires. 12 fr 50
Fig. coloriées. 18 fr. 50
BOTANIQUE (Introduction à l'étude de la), ou Traité élémentaire de cette science, contenant l'Organographie, la Physiologie, etc., par ALPH. DE CANDOLLE, professeur d'Histoire naturelle à Genève (*Ouvrage terminé, autorisé par l'Université pour les collèges royaux et communaux*). 2 vol. et 8 pl. 16 fr.
VÉGÉTAUX PHANÉROGAMES (Organes sexuels apparents, Arbres, Arbrisseaux, Plantes d'agrément, etc.), par M. SPACH, aide-naturaliste au Muséum

d'Histoire naturelle; 14 v. et 15 livr. de pl., (*ouvrage terminé*) fig. noires 136 fr. Fig. coloriées. 181 fr.
— CRYPTOGAMES, à Organes sexuels peu apparents ou cachés, Mousses, Fougères, Lichens, Champignons, Truffes, etc., par M. BRÉBISSON, de Falaise.
GÉOLOGIE (Histoire, Formation et Disposition des Matériaux qui composent l'écorce du Globe terrestre), par M. HUOT, membre de plusieurs Sociétés savantes. 2 vol. ensemble de plus de 1500 pages, avec un atlas de 24 pl. (*Ouv. terminé.*) 19 fr.
MINÉRALOGIE (Pierres, Sels, Métaux, etc.) par M. ALEX. BRONGNIART, membre de l'Institut, professeur au Muséum d'Histoire naturelle, etc., et M. DELAFOSSE, maître des conférences à l'École Normale, aide-naturaliste, etc., au Muséum d'Histoire naturelle.

CONDITIONS DE LA SOUSCRIPTION.

Les SUITES à BUFFON formeront soixante-quinze volumes in-8 environ, imprimés avec le plus grand soin et sur beau papier; ce nombre paraît suffisant pour donner à cet ensemble toute l'étendue convenable. Ainsi qu'il a été dit précédemment, chaque auteur s'occupant depuis longtemps de la partie qui lui est confiée, l'Éditeur sera à même de publier en peu de temps la totalité des traités dont se composera cette utile collection.

En juillet 1852, 52 volumes sont en vente, avec 57 livraisons de planches.

Les personnes qui voudront souscrire pour toute la Collection auront la liberté de prendre par portion jusqu'à ce qu'elles soient au courant de tout ce qui a paru.

POUR LES SOUSCRIPTEURS A TOUTE LA COLLECTION :

Prix du texte, chaque volume (1) d'environ 500 à 700 pages. 5 fr. 50
Prix de chaque livraison d'environ 10 pl. noires. 3 fr.
— coloriées. 6 fr.

Nota. Les personnes qui souscriront pour des parties séparées, paieront chaque volume 6 fr. 50. Le prix des volumes papier vélin sera double du papier ordinaire.

(1) L'Éditeur ayant à payer pour cette collection des honoraires aux auteurs, le prix des volumes ne peut être comparé à celui des réimpressions d'ouvrages appartenant au domaine public et exempts de d'auteurs, tels que Buffon, Voltaire, etc.

ANCIENNE COLLECTION
DES
SUITES A BUFFON,

FORMAT IN-18;

Formant avec les OEuvres de cet Auteur

UN COURS COMPLET D'HISTOIRE NATURELLE,

CONTENANT

LES TROIS RÈGNES DE LA NATURE;

Par Messieurs

BOSC, BRONGNIART, BLOCH, CASTEL, GUÉRIN, DE LAMARCK, LATREILLE, DE MIRBEL, PATRIN, SONNINI et DE TIGNY;

La plupart Membres de l'Institut et professeurs au Jardin-du-Roi.

Cette Collection, primitivement publiée par les soins de M. Déterville, et qui est devenue la propriété de M. Rorel, ne peut être donnée par d'autres éditeurs, n'étant pas, comme les OEuvres de Buffon, dans le domaine public.

Les personnes qui auraient les suites de Lacépède, contenant seulement les Poissons et les Reptiles, auront la liberté de ne pas les prendre dans cette collection.

Cette Collection forme 54 volumes, ornés d'environ 600 planches, dessinées d'après nature par Desève, et précieusement terminées au burin. Elle se compose des ouvrages suivants:

HISTOIRE NATURELLE DES INSECTES, composée d'après Réaumur, Geoffroy, Degeer, Roesel, Linné, Fabricius, et les meilleurs ouvrages qui ont paru sur cette partie, rédigée suivant les méthodes d'Olivier, de Latreille, avec des notes, plusieurs observations nouvelles et des figures dessinées d'après nature : par F.-M.-G. DE TIGNY et BRONGNIART, pour les généralités. Edition ornée de beaucoup de figures, augmentée et mise au niveau des connaissances actuelles, par M. GUÉRIN. 10 vol. ornés de planches, figures noires. 23 fr. 40

Le même ouvrage, figures coloriées. 39 fr.

— **NATURELLE DES VÉGÉTAUX** classés par familles, avec la citation de la classe et de l'ordre de Linné, et l'indication de l'usage qu'on peut faire des plantes dans les arts, le commerce, l'agriculture, le jardinage, la médecine, etc.; des figures dessinées d'après nature, et un GENERA complet, selon le système de Linné, avec des renvois aux familles naturelles de Jussieu; par J.-B. LAMARCK, membre de l'Institut, professeur au Muséum d'Histoire naturelle, et par C.-F.-B. MIRBEL, membre de l'Académie des Sciences, professeur de botanique. Edition ornée de 120 planches représentant plus de 1600 sujets. 15 volumes ornés de planches, figures noires. 30 fr. 90

Le même ouvrage, figures coloriées. 46 fr. 50

HISTOIRE NATURELLE DES COQUILLES, contenant leur description, leurs mœurs et leurs usages, par M. BOSC, membre de l'Institut. 5 vol. ornés de planches, figures noires. 10 fr 65

Le même ouvrage, figures coloriées. 16 fr. 50

— NATURELLE DES VERS, contenant leur description, leurs mœurs et leurs usages, par M. BOSC. 3 vol. ornés de planches, figures noires. 6 fr. 50

Le même ouvrage, figures coloriées. 10 fr. 50

— NATURELLE DES CRUSTACÉS, contenant leur description, leurs mœurs et leurs usages, par M. BOSC. 2 vol. ornés de planches, figures noires. 4 fr. 75

Le même ouvrage, figures coloriées. 8 fr.

— NATURELLE DES MINÉRAUX, par M. E.-M. PATRIN, membre de l'Institut. Ouvrage orné de 40 planches, représentant un grand nombre de sujets dessinés d'après nature. 5 volumes ornés de planches, figures noires. 10 fr. 30

Le même ouvrage, figures coloriées. 16 fr. 50

— NATURELLE DES POISSONS, avec des figures dessinées d'après nature, par BLOCH. Ouvrage classé par ordres, genres et espèces, d'après le système de Linné, avec les caractères génériques, par RÉNÉ RICHARD CASTEL. Edition ornée de 160 planches représentant 600 espèces de poissons, 10 volumes. 26 fr. 90

Avec figures coloriées. 47 fr.

— NATURELLE DES REPTILES, avec des figures dessinées d'après nature, par SONNINI, homme de lettres et naturaliste, et LATREILLE, membre de l'Institut. Edition ornée de 54 planches, représentant environ 150 espèces différentes de serpents, vipères, couleuvres, lézards, grenouilles,

tortues, etc. 4 vol. avec planches, figures noires. 9 fr. 85
Le même ouvrage, figures coloriées. 17 fr.

Cette collection de 54 volumes a été annoncée en 108 demi-volumes; on les enverra brochés de cette manière aux personnes qui en feront la demande.

Tous les ouvrages ci-dessus sont en vente.

BOTANIQUE ET HISTOIRE NATURELLE.

(Voir aussi la Collection de Manuels, page 3.)

ANNALES (NOUVELLES) DU MUSÉUM D'HISTOIRE NATURELLE, recueil de mémoires de MM. les professeurs administrateurs de cet établissement, et autres naturalistes célèbres, sur les branches des sciences naturelles et chimiques qui y sont enseignées. Années 1832 à 1835, 4 vol. in-4. Prix : 30 fr. chaque volume.

ARCHIVES DE LA FLORE DE FRANCE et D'ALLEMAGNE, par SCHULTZ. 1842. In-8.

Il paraîtra plusieurs feuilles par an. Prix : 50 c. par feuille.

ARCHIVES DU MUSÉUM D'HISTOIRE NATURELLE, publiées par les professeurs administrateurs de cet établissement.

Cet ouvrage fait suite aux *Annales*, aux *Mémoires* et aux *Nouvelles Annales du Muséum.*

Il paraît par volumes in-4, sur papier grand-raisin, d'environ 60 feuilles d'impression, et orné de 30 à 40 planches gravées par les meilleurs artistes, et dont 15 à 20 sont coloriées avec le plus grand soin.

Il en paraît un volume par an, divisé en quatre livraisons.

Prix de chaque volume { Papier ordinaire. 40 fr.
Papier vélin. 80

Les tomes 1 à 4 sont en vente.

BOTANIQUE (la), de J.-J. Rousseau, contenant tout ce qu'il a écrit sur cette science, augmentée de l'exposition de la méthode de Tournefort et de Linné, suivie d'un Dictionnaire de botanique et de notes historiques; par M. DEVILLE. 2e édition, 1 gros volume in-12, orné de 8 planches. 4 fr.

Figures coloriées 5 fr.

BOTANOGRAPHIE BELGIQUE, ou Flore du nord de

la France et de la Belgique proprement dite, par Th. Lestiboudois. 2 vol. in-8. 14 fr.

BOTANOGRAPHIE ÉLÉMENTAIRE, ou Principes de Botanique, d'Anatomie et de Physiologie végétale, par Th. Lestiboudois. in-8. 7 fr.

CALENDRIER DE FLORE, ou Etudes de Fleurs d'après nature. 3 vol. in-8. 10 fr.

CATALOGUE DE LA FAUNE DE L'AUBE, ou Liste méthodique des animaux de cette partie de la Champagne, par J. Ray. In-12. 2 fr. 50

— DES LÉPIDOPTÈRES, ou Papillons de la Belgique, précédé du tableau des Libellulines de ce pays, par M. de Sélis-Longchamps. In-8. 2 fr.

CAVERNES (des), de leur origine et de leur mode de formation, par Th. Virlet. In-8. 1 fr.

COLLECTION ICONOGRAPHIQUE ET HISTORIQUE DES CHENILLES, ou Description et figures des chenilles d'Europe, avec l'histoire de leurs métamorphoses, et des applications à l'agriculture, par MM. Boisduval, Rambur et Graslin.

Cette collection se composera d'environ 70 livraisons, format grand in-8, et chaque livraison comprendra *trois planches coloriées* et le texte correspondant.

Le prix de chaque livraison est de 3 fr. sur papier vélin, et franche de port 3 fr. 25 c. — *42 livraisons ont déjà paru.*

Les dessins des espèces qui habitent les environs de Paris, comme aussi ceux des chenilles que l'on a envoyées vivantes à l'auteur, ont été exécutés avec autant de précision que de talent. L'on continuera à dessiner toutes celles que l'on pourra se procurer en nature. Quant aux espèces propres à l'Allemagne, la Russie, la Hongrie, etc., elles seront peintes par les artistes les plus distingués de ces pays.

Le texte est imprimé sans pagination; chaque espèce aura une page séparée, que l'on pourra classer comme on voudra. Au commencement de chaque page se trouvera le même numéro qu'à la figure qui s'y rapportera, et en titre le nom de la tribu, comme en tête de la planche.

Cet ouvrage, avec l'Icones des Lépidoptères de M. Boisduval, de beaucoup supérieurs à tout ce qui a paru jusqu'à présent, formeront un supplément et une suite indispensable aux ouvrages de Hubner, de Godart, etc. Tout ce que nous pouvons dire en faveur de ces deux ouvrages remarquables peut se réduire à cette expression employée par M. Dejean dans le cinquième volume de son Species : M. Boisduval est de tous nos entomologistes celui qui connaît le mieux les lépidoptères.

CONFÉRENCES SUR LES APPLICATIONS DE L'ENTOMOLOGIE A L'AGRICULTURE, précédées d'un discours, par M. MACQUART. (Extrait des publications agricoles de la Société des sciences, de l'agriculture et des arts de Lille), br. in-8o. 75 c.

CONNAISSANCES (Des) CONSIGNÉES DANS LA BIBLE, mises en parallèle avec les découvertes des sciences modernes, par M. MARCEL DE SERRES. In-8. 1 fr. 50

CONSPECTUS SYSTEMATIS Ornithologiæ, 1 vol. in-f°, par M. le Prince DE CANINO.
——— . Mastologiæ, *idem.*
——— Herpetologiæ, *idem.*
——— Icthyologiæ, *idem.*

COUPE THEORIQUE DES DIVERS TERRAINS, ROCHES ET MINÉRAUX qui entrent dans la composition du sol du Bassin de Paris, par MM. CUVIER et ALEXANDRE BRONGNIART. Une feuille in-fol. 2 fr. 50

COURS D'ENTOMOLOGIE, ou de l'Histoire naturelle des crustacés, des arachnides, des myriapodes et des insectes, à l'usage des élèves de l'Ecole du Muséum d'Histoire naturelle, par M. LATREILLE, professeur, membre de l'Institut, etc., contenant le discours d'ouverture du cours. — Tableau de l'histoire de l'entomologie. — Généralités de la classe des crustacés et de celle des arachnides, des myriapodes et des insectes. — Exposition méthodique des ordres, des familles, et des genres des trois premières classes. 1 gros vol. in-8, et un Atlas composé de 24 planches. 15 fr.

COURS D'HISTOIRE NATURELLE conforme au nouveau programme de l'Université, par M. FOURNEL. 1re partie. — *Règne animal.* In-8. 6 fr.

DESCRIPTION DES FOSSILES DES TERRAINS MIOCENES DE L'ITALIE SEPTENTRIONALE, par MICHELOTTI. 1 v. in-4 cart. et 17 pl. noires. Leyde, 1847. 40 f.

DESCRIPTION ET FIGURES DES PLANTES NOUVELLES *et rares du jardin botanique de Leyde*, etc., par H. de VRIESE. 1 vol. en 5 liv. in-folio de 5 pl. et 3 à 5 feuilles de texte. La 1re liv. a paru. Prix 15 fr.

DESCRIPTION GÉOLOGIQUE DE LA PARTIE MÉRIDIONALE DE LA CHAINE DES VOSGES, par M. ROZET, capitaine au corps royal d'état-major. In-8 orné de planches et d'une jolie carte. 10 fr.

DESCRIPTION GÉOLOGIQUE DES ENVIRONS

DE PARIS, par MM. G. Cuvier et A. Brongniart. In-4, figures. 40 fr.

DESCRIPTION DES MOLLUSQUES FLUVIATILES ET TERRESTRES DE LA FRANCE, et plus particulièrement du département de l'Isère, ouvrage orné de planches représentant plus de 140 espèces, par M. Albin Gras. In-8. 6 fr.

—OURSINS FOSSILES (Des), ou Notions sur l'Organisation et la Glossologie de cette classe, p. Albin Gras. In-8. 6 fr.

DICTIONNAIRE DE BOTANIQUE MÉDICALE ET PHARMACEUTIQUE, contenant les principales propriétés des minéraux, des végétaux et des animaux, avec les préparations de pharmacie, internes et externes, les plus usitées en médecine et en chirurgie, etc., par une Société de médecins, de pharmaciens et de naturalistes. Ouvrage utile à toutes les classes de la société, orné de 17 grandes planches représentant 278 figures de plantes gravées avec le plus grand soin, 3e édition, revue, corrigée et augmentée de beaucoup de préparations pharmaceutiques et de recettes nouvelles, par M. Julia de Fontenelle et Barthez. 2 gros vol. in-8, figures noires. 18 fr.

Le même, figures coloriées d'après nature. 25 fr.

Cet ouvrage est spécialement destiné aux personnes qui sans s'occuper de la médecine, aiment à secourir les malheureux.

*DICTIONNAIRE (nouveau) D'HISTOIRE NATURELLE appliquée aux arts, à l'agriculture, à l'économie rurale et domestique, à la médecine, etc., par une Société de naturalistes et d'agriculteurs. 36 vol. in-8, fig. noires. 120 fr.

Idem, figures coloriées. 250 fr.

*DICTIONNAIRE RAISONNÉ ET UNIVERSEL D'HISTOIRE NATURELLE, contenant l'histoire des animaux, des végétaux et des minéraux, par Valmont Bomare. 15 volumes in-8. 35 fr.

DILUVIUM (du). Recherches sur les dépôts auxquels on doit donner ce nom et sur les causes qui les ont produits, par M. Melleville; in-8. 2 fr. 50.

*DIPTÈRES DU NORD DE LA FRANCE. Par M. J. Macquart. 2 volumes in-8. 12 fr.

*DIPTÈRES EXOTIQUES NOUVEAUX OU PEU CONNUS, par M. J. Macquart, membre de plusieurs sociétés savantes; t. 1 et 2, et supplém., 6 livraisons in-8, prix, figures noires. 42 fr.

Le même ouvrage, fig. coloriées. 72 fr.

— Le Supplément 1846-1847-1848. 1 vol. in-8. 7 fr.
— *Idem*, figures coloriées. 12 fr.

DISCOURS SUR L'AVENIR PHYSIQUE DE LA TERRE, par Marcel de Serres, professeur de minéralogie et de géologie à la Faculté des Sciences de Montpellier, in-8; prix 2 fr. 50.

ÉLÉMENTS DE MINÉRALOGIE appliquée aux sciences chimiques, d'après Berzélius, par MM. Girardin et Lecocq, 2 volumes in-8. 14 fr.

ÉLÉMENTS DES SCIENCES NATURELLES, par A.-M. Constant-Duméril. 5e édition, 1846, 2 vol. in-12, fig. 8 fr.

ÉNUMÉRATION DES ENTOMOLOGISTES VIVANTS, suivie de notes sur les collections entomologistes des musées d'Europe, etc., avec une table des résidences des entomologistes. Par Silbermann, in-8. 3 fr.

ESQUISSES ORNITHOLOGIQUES, descriptions et figures d'oiseaux nouveaux ou peu connus, par le vicomte Bernard Du Bus. 1re livraison. Bruxelles, 1845, in-4.
Il paraîtra 20 livraisons, de 5 pl. col. à 12 fr. la liv.

ESSAI MONOGRAPHIQUE sur les Campagnols des environs de Liège, par M. de Sélys-Longchamps, in-8, figures. 3 fr.

ESSAI SUR L'HISTOIRE NATURELLE DU BRABANT, par feu M. (Mammifères.) 2 fr. 50
(Analyse et Extraits par M. de Sélys-Longchamps.)

ESSAI SUR L'HISTOIRE NATURELLE DES SERPENTS de la Suisse, par J. F. Wyder. in-8, fig. 2 fr. 50

ESSAI SUR LES BASES ONTOLOGIQUES de la Science de l'Homme, par P. E. Gasseau. 1846, in-8. 5 fr.

ESSAIS DE ZOOLOGIE GÉNÉRALE, ou Mémoires et notices sur la Zoologie générale, l'anthropologie et l'histoire de la science, par M. Isidore Geoffroy Saint-Hilaire. 1 volume in-8, orné de planches noires. 8 fr. 50.
Figures coloriées.

ÉTUDES DE MICROMAMMALOGIE, revue des Sorex, mus et arvicola d'Europe, suivie d'un index méthodique des mammifères européens, par M. Edm. de Sélys-Longchamps. 1 volume in-8.

ÉTUDES PROGRESSIVES D'UN NATURALISTE,

pendant les années 1834 et 1835, par M. E. GEOFFROY
SAINT-HILAIRE. Paris; 1835; in-4. 15 fr.

ÉTUDES SUR L'ANATOMIE et la Physiologie des
Végétaux, par TREM. LESTIBOUDOIS. in-8, fig. 6 fr.

EUROPEORUM MICROLEPIDOPTERORUM Index
methodicus, sive Spirales, Tortrices, Tineæ et aluciæ Linnæi.
Auct. A. GUÉNÉE. Pars prima, in-8. 5 fr. 75

FACULTÉS INTÉRIEURES DES ANIMAUX IN-
VERTÉBRÉS, par M. MACQUART, 1 vol. in-8o. 3 fr.

FAUNA JAPONICA, sive descriptio animalium quæ in
itinere per Japoniam jussu et auspiciis superiorum, qui
summum in India Batava imperium tenent, suscepto annis
1823-1830, collegit, notis, observationibus et adumbra-
tionibus illustravit PH. FR. DE SIEBOLD. Prix de chaque livraison : 26 fr. en noir; celles en couleur, 32 fr.

Cet ouvrage, auquel participent pour sa rédaction MM. Temminck, Schlegel et Déhaan, se continue avec activité. 41 livraisons
sont en vente; savoir: Mammalogie, 3 liv.; Reptiles, 3 liv.;
Crustacés, 7 liv.; Poissons, 16 liv.; Oiseaux, 12 liv.

FAUNE BELGE, 1re partie, indication méthodique des
mammifères, oiseaux, reptiles et poissons observés jusqu'ici
en Belgique, par ED. DE SÉLYS-LONGCHAMPS, in-8. 7 fr.

FAUNE ENTOMOLOGIQUE DES ENVIRONS DE
PARIS, par MM. BOISDUVAL et LACORDAIRE, tome 1er
(le seul qui ait paru); 1 vol. in-18 de 696 pages. 8 fr. 50.

FAUNE DE L'OCÉANIE, par le docteur BOISDUVAL.
Un gros vol. in-8, imprimé sur grand papier vélin.

FAUNE ENTOMOLOGIQUE DE MADAGASCAR,
BOURBON ET MAURICE. Lépidoptères, par le docteur BOISDUVAL, classée avec notes sur les métamorphoses,
par M. Sganzin.

Huit livraisons, renfermant chacune 5 pl. coloriées, avec
le texte correspondant, sur papier vélin. 32 fr.

FILLE BICORNE de Prunay (sous-Abbé), connue dans
la science sous le nom de Teutopsys de Prunay, par
M. GEOFFROY SAINT-HILAIRE. In-4. Figures. 3 fr.

FLORA JAPONICA, sive Plantæ quas in imperio Japonico
collegit, descripsit, ex parte in ipsis locis pingendas curavit,
D. PH.-FRANZ SIEBOLD. Prix de chaque livraison 16 fr. coloriées, et 8 fr. noire. Pour paraît 5e livraison.

FLORA JAVÆ nec non insularum adjacentium; auctore
BLUME. In-folio. Bruxelles. Livraisons 1 à 35. 10 fr. chaque.

FLORE DU CENTRE DE LA FRANCE et du Bassin

de la Loire, par M. A. BOREAU, directeur du Jardin des Plantes d'Angers, etc. 2ᵉ édition. 2 vol. in-8, prix : 13 fr.

FLORE DES JARDINS ET DES GRANDES CULTURES, etc., par SERINGE, 5 vol. in-8º.   27 fr.

FRAGMENTS BIOGRAPHIQUES, précédés d'études sur la vie, les ouvrages et les doctrines de Buffon, par M. GEOFFROY SAINT-HILAIRE. In-8.   2 fr.

GENERA ET INDEX METHODICUS Europæorum Lepidopterorum, pars prima sistens Papiliones sphinges, Bombyces nocturn, auctore BOISDUVAL. 1 vol. in-8. 5 fr.

HERBARII TIMORENSIS DESCRIPTIO, cum tabulis 6 æneis; auctore J. DECAISNE. 1 vol. in-4. 15 fr.

HERBIER GÉNÉRAL DES PLANTES DE FRANCE ET D'ALLEMAGNE, par M. SCHULTZ. In-folio, livraisons 1 à 4.   20 fr. chacune.

HISTOIRE ABRÉGÉE DES INSECTES, nouvelle édition, par M. GEOFFROY. 2 vol. in-4, figures. 25 fr.

HISTOIRE DES MOEURS ET DE L'INSTINCT DES ANIMAUX, distributions naturelles de toutes leurs classes, par J. J. VIREY. 2 vol. in-8.   12 fr.

HISTOIRE DES PROGRÈS DES SCIENCES NATURELLES, depuis 1789 jusqu'en 1831, par M. le baron G. CUVIER. 5 vol. in-8.   22 fr. 50.

Le tome 5 séparément.   7 fr.

Le Conseil royal de l'Université a décidé que cet ouvrage serait placé dans les bibliothèques des collèges et donné en prix aux élèves.

HISTOIRE D'UN PETIT CRUSTACÉ (*Artemia salina*, LINNÉ), auquel on a faussement attribué la coloration en rouge des marais salants méditerranéens, etc., par N. JOLY. In-4, fig.   8 fr.

HISTOIRE NATURELLE DES LÉPIDOPTÈRES, RHOPALOCÈRES, ou Papillons diurnes des départements des Haut et Bas-Rhin, de la Moselle, de la Meurthe et des Vosges, publiée par L. D. GANTENER. 15 livraisons in-8, fig. col.   30 fr.

HISTOIRE NATURELLE ET MYTHOLOGIQUE DE L'IBIS, par J.-G. SAVIGNY. In-8, avec 6 pl. 4 fr.

HISTOIRE NATURELLE GÉNÉRALE ET PARTICULIÈRE, par M. le comte de BUFFON; nouvelle édition accompagnée de notes, etc.; rédigée par M. SONNINI. Paris, Dufart, 127 vol. in-8.   300 fr.

HISTOIRE NATURELLE, ou Éléments de la Faune française, par MM. Braguier et Maurette. In-12, cahiers 1 à 5, à 2 francs chaque. 10 fr.

ICONES HISTORIQUES DES LÉPIDOPTÈRES NOUVEAUX OU PEU CONNUS, collection, avec figures coloriées, des papillons d'Europe nouvellement découverts; ouvrage formant le complément de tous les auteurs iconographes; par le docteur Boisduval.

Cet ouvrage se composera d'environ 50 livraisons grand in-8, comprenant chacune deux planches coloriées et le texte correspondant; prix, 3 francs la livraison sur papier vélin, et franche de port, 3 fr. 25.

Comme il est probable que l'on découvrira encore des espèces nouvelles dans les contrées de l'Europe qui n'ont pas été bien explorées, l'on aura soin de publier, chaque année, une ou deux livraisons pour tenir les souscripteurs au courant des nouvelles découvertes. Ce sera en même temps un moyen très-avantageux et très-prompt pour MM. les entomologistes, qui auront trouvé un lépidoptère nouveau, de pouvoir les publier les premiers. C'est-à-dire que, si, après avoir subi un examen nécessaire, leur espèce est réellement nouvelle, leur description sera imprimée textuellement; ils pourront même en faire tirer quelques exemplaires à part. — 42 livraisons ont déjà paru.

ICONOGRAPHIA DELLA FAUNA ITALICA; di Carlo-Luciano Bonaparte, principe di Musignano, 30 livraisons in-folio à 21 fr. 60 chaque.

ICONOGRAPHIE ET HISTOIRE DES LÉPIDOPTÈRES ET DES CHENILLES DE L'AMÉRIQUE SEPTENTRIONALE, par le docteur Boisduval, et par le major John Leconte, de New-York.

Cet ouvrage, dont il n'avait paru que huit livraisons, et interrompu par suite de la révolution de 1830, va être continué avec rapidité. Les livraisons 1 à 26 sont en vente, et les suivantes paraîtront à des intervalles très-rapprochés.

L'ouvrage comprendra environ 80 livraisons. Chaque livraison contient 3 planches coloriées, et le texte correspondant. Prix pour les souscripteurs, 5 fr. la livraison.

ICONOGRAPHIE ET HISTOIRE NATURELLE DES COLÉOPTÈRES D'EUROPE, famille des *Carabiques*, par M. le comte Dejean et M. le docteur Boisduval. 46 livraisons gr. in-8, fig. col. A 6 fr. la liv. 276 fr.

ILLUSTRATIONES PLANTARUM ORIENTALIUM, ou Choix de Plantes nouvelles ou peu connues de l'Asie occidentale, par M. le comte Jaubert et M. Spach. Cet ouvrage formera 5 vol. grand in-4, composés chacun de 10 planches et d'environ 30 feuilles de texte; il paraît par livraisons de 10 planches. Le prix de chacune est de 15 fr. Il en a paru 30 livraisons.

INSECTA CAFFRARIA, annis 1838-45, a J. V. VAHLBERG, collecta descripsit CAROLUS H. BOHEMAN. Pars 1. Fasc. 1. COLEOPTERA (*Carabici, Hydrocanthari, Gyrini et Staphylinii*). 1 vol. in-8°.   8 fr.

INSECTA SUECICA, descripta a Leonardo GYLLENHAL. Scaris, 1808 à 1827. 4 vol. in-8.   48 fr.

INTRODUCTION A L'ÉTUDE DE LA BOTANIQUE, par PARLATORE. 3 vol. in-8°; fig. col.   18 fr.

ITER HISPANIENSE or a synopsis of plants collected in the Southern provinces of Spain and in Portugal; by P. B. WEBB. In-8°.   3 fr.

MEMOIRES DE L'ACADÉMIE DES SCIENCES ET LETTRES DE MONTPELLIER. — Mémoire de la section des sciences, 1847—1848. 2 forts vol. in-4° avec fig. Chaque.   8 fr.

MÉMOIRE SUR LA FAMILLE DES COMBRÉTACÉES, par M. DE CANDOLLE. In-4°; fig.   3 fr.

MÉMOIRE SUR LES TERMITES observés à Rochefort et dans divers autres lieux du département de la Charente-Inférieure, par M. BOBE-MOREAU. In-8°.   3 fr.

MÉMOIRE DE LA SOCIÉTÉ DE PHYSIQUE DE GENÈVE, in-4°. — Divers Mémoires, séparés, sur les Salagines, les Lythraires, les Dypsacées, le Mont-Saxonnet, etc.

— DE LA SOCIÉTÉ D'HISTOIRE NATURELLE de Paris. 5 vol. in-4° avec planches. Prix : 20 fr. chaque volume. Prix total.   100 fr.

MÉMOIRES DE LA SOCIÉTÉ ROYALE DES SCIENCES DE LIÉGE. Tome 1, 1843, in-8°.   8 fr.
— Tome 2, 1845.   10 fr.
— Tome 3, 1845 (contenant la Monog. des Coléoptères subpentamères phytophages, par LACORDAIRE, t. 1).   12 fr.
— Tome 4, 2e partie, in-8° et atlas.   10 fr.
— Tome 5, 1848. Monog. des Coléoptères subpentamères phytophages, par M. LACORDAIRE, tome 2.   12 fr.
— Tome 6, 1849. Monog. des Odonates, 1 vol.   10 fr.
— Tome 7, 1851. Exposé élémentaire de la Théorie des Intégrales définies, par MEYER. 1 vol. in-8°.   10 fr.

MÉMOIRES pour servir à l'Histoire des Insectes, par DE RÉAUMUR. 6 vol. in-4°.   50 fr.

MÉMOIRES SUR LES ANIMAUX SANS VERTÈBRES, par J.-C. Savigny. Paris, 1816, 1re partie, premier fascicule, avec 12 pl. 6 fr.
— 2e partie, premier fascicule, avec 24 pl. col. 24 fr.
MÉMOIRES SUR LES MÉTAMORPHOSES DES COLÉOPTÈRES, par De Haan. In-4°; fig. 10 fr.
MONITEUR (Le) DES INDES orientales et occidentales, Recueil de Mémoires et de Notices scientifiques et industrielles, etc.: publié par F. De Siébold et P. Melvill De Carnbée. 1846, n°s 1, 2, 3, un cahier in-4.
MONOGRAPHIE DES ÉROTYLIENS, famille de l'ordre des Coléoptères, par M. Th. Lacordaire. In-8. 9 fr.
— DES LIBELLULIDÉES D'EUROPE, par Edm. De Sélys-Longchamps. 1 vol. gr. in-8, avec quatre planches représentant 44 figures. Prix : 5 fr.
MONOGRAPHIA CASSIDIDARUM auctore Carolo H. Boheman. Tomus primus, cum tab. IV. Holmiæ. 1850. 1 vol. in-8° 14 fr.
NATURE (La) CONSIDÉRÉE comme force instinctive des organes, par J. Guislain. In-8. 3 fr. 50
NOTES GÉOLOGIQUES sur la Provence, par M. Marcel De Serres. In-8, fig. 3 fr.
NOTICE GÉOLOGIQUE sur le Département de l'Aveyron, par M. Marcel De Serres. In-8. 3 fr. 50
NOTICE SUR LES DIFFÉRENCES SEXUELLES des Diptères du genre Dolichopus, tirées des nervures des ailes; par M. Macquart. 1844, in-8. 1 fr.
NOTICE SUR L'HISTOIRE, les Mœurs et l'Organisation de la Girafe, par M. Joly. In-8. 1 fr.
NOTICES SUR LES LIBELLULIDÉES, extraites des Bulletins de l'Académie de Bruxelles, par Edm. De Sélys-Longchamps. In-8, fig. 2 fr.
OBSERVATIONS BOTANIQUES, par B.-C. Dumortier. In-8. 4 fr.
— OISEAUX (Sur les) AMÉRICAINS admis dans la Faune européenne, par M. Sélys-Longchamps, 1 volume in-8°. 1 fr. 25
OBSERVATIONS SUR LES PHÉNOMÈNES PÉRIODIQUES DU RÈGNE ANIMAL, et particulièrement sur les migrations des oiseaux en Belgique de 1841 à 1846, résumées par E. De Sélys-Longchamps. Brochure in-4°, prix : 3 fr. 50

OISEAUX AMÉRICAINS (Sur les) admis dans la France européenne, par M. DE SÉLYS-LONGCHAMPS. In-8. 1 fr 25

ORNITHOLOGIE EUROPÉENNE ou Catalogue analytique et raisonné des oiseaux observés en Europe, par M. DEGLAND. 2 vol. in-8°. 18 fr.

*PAPILLONS D'EUROPE peints d'après nature, par ERNST. 8 tomes en 4 vol. in-4, avec 342 pl. col. 200 fr.

*PAPILLONS EXOTIQUES DES TROIS PARTIES DU MONDE, l'Asie, l'Afrique et l'Amérique, par P. CRAMER. 4 vol. in-4, rel., avec 400 planches coloriées. 400 fr.

PLANTES (les), Poëme, par R. R. CASTEL; nouvelle édition, ornée de 5 figures en taille douce. In-18. 3 fr.

PLANTES RARES DU JARDIN DE GENÈVE, par A. P. DE CANDOLLE; livraisons 1 à 4, in-4, fig. col., à 15 fr. la livraison. Prix total. 60 fr.

PRINCIPES DE PHILOSOPHIE ZOOLOGIQUE, discutés, en mars 1830, au sein de l'Académie des Sciences, par M. GEOFFROY-SAINT-HILAIRE, 1 vol. in-8°. 4 fr. 50

RECHERCHES HISTORIQUES, ZOOLOGIQUES, ANATOMIQUES ET PALÉONTOLOGIQUES sur la Girafe, par MM. N. JOLY et A. LAVOCAT. In-4, fig. 10 fr.

RECHERCHES SUR LE DÉVELOPPEMENT et les Métamorphoses d'une petite Salicoque d'eau douce, par M. JOLY. In-8. 2 fr.

RÈGNE ANIMAL, d'après M. DE BLAINVILLE, disposé en séries, en procédant de l'homme jusqu'à l'éponge, et divisé en trois sous-règnes; tableau supérieurement gravé. Prix: 3 fr. 50

Et collé sur toile, avec gorge et rouleau. 8 fr.

REVUE ENTOMOLOGIQUE, publiée par G. SILBERMANN. Strasbourg, 1833 à 1837; 5 vol. in-8. 36 fr. par an. (2 vol.)

*RUMPHIUS (G. Ev.); Cabinet des raretés de l'Ile d'Amboine (en hollandais). Amsterdam, 1705; in-folio, fig. 50 fr.

*RUMPHII (G. Ev.) Herbarium Amboinense, Belgice et Lat., cura et studio J. BURMANNI. Amstelod., 1750; 7 vol. in-folio 200 fr.

RÉCAPITULATION DES HYBRIDES OBSERVÉS DANS LA FAMILLE DES ANATIDÉES, par E. DE SÉLYS-LONGCHAMPS, brochure in-8°. 1 fr. 25

RUMPHIA, sive Commentationes botanicæ imprimis de plantis Indiæ Orientalis, tum penitus incognitis, tum quæ in libris Rheedii, Rumphii, Roxburghii, Gallichii, aliorum recenseptur, auctore C.-J. BLUME, cognomine RUMPHIO. Le prix de chaque livraison est fixé, pour les souscripteurs, à 15 fr. L'ouvrage complet, 40 livraisons. 600 fr.

SINGULORUM GENERUM CURCULIONIDUM unam alteramve speciem, additis Iconibus a David LABRAM, illustravit L. IMHOF. Fascic. 1 à 7, in-12. à 2 fr. chaque.

SPECIES GÉNÉRAL DES COLÉOPTÈRES, de M. DEJEAN, avec les Hydrocanthares de M. AUBÉ, 7 vol. in-8°. 100 fr.

L'on vend séparément le tome V en deux parties (ce volume a été détruit dans un incendie). 35 fr.

SYNONYMIA INSECTORUM. — GENERA ET SPECIES CURCULIONIDUM (ouvrage comprenant la synonymie et la description de tous les Curculionites connus), par M. SCHOENHERR. 8 tomes en 16 parties. (*Ouvrage terminé.*) Prix : 144 fr.

CURCULIONIDUM DISPOSITIO methodica cum generum characteribus, descriptionibus atque observationibus variis, seu Prodromus ad Synonymiæ insectorum partem IV, auctore C.-J. SCHOENHERR. 1 vol. in-8. Lipsiæ, 1826. 4 fr.

L'éditeur vient de recevoir de Suède et de mettre en vente le petit nombre d'exemplaires restant de la Synonymia insectorum du même auteur. Chaque volume qui compose ce dernier ouvrage est accompagné de planches coloriées, dans lesquelles l'auteur a fait représenter des espèces nouvelles.

SYNONYMIA INSECTORUM. Oder Versuch, etc. SCHOENHERR. Skaræ et Upsaliæ, 1817. 4 vol. in-8. 50 fr.

* SPECTACLE (le) DE LA NATURE, ou Entretiens sur l'Histoire naturelle, suivi de l'Histoire du Ciel, par PLUCHE. 11 vol. in-12. 20 fr.

STATISTIQUE GÉOLOGIQUE ET MINÉRALOGIQUE du Département de l'Aube, par A. LEYMERIE. Troyes, 1846, 1 vol. in-8 et Atlas in-4. Prix. 15 fr.

TABLEAU DE LA DISTRIBUTION MÉTHODIQUE DES ESPÈCES MINÉRALES, suivie dans le cours de minéralogie fait au Muséum d'Histoire naturelle en 1833, par M. Alexandre BRONGNIART, professeur. Brochure in-8. 2 fr.

TABLEAU DU RÈGNE VÉGÉTAL, d'après la méthode de A.-L. DE JUSSIEU, modifiée par M. A. RICHARD, com-

prenant toutes les familles naturelles; par M. Ch. D'ORBI-
GNY. 2e édition; 1 feuille et quart in-plano. 2 fr.
Idem, coloriée. 3 fr.

TAILLE DU POIRIER ET DU POMMIER en fuseau,
par CHOPPIN. 1 vol. in-8°, fig. 2me éd. 3 fr.

THÉORIE ÉLÉMENTAIRE DE LA BOTANIQUE,
ou Exposition des Principes de la Classification naturelle et
de l'Art de décrire et d'étudier les végétaux, par M. DE
CANDOLLE. 3e édition; 1 vol. in-8. 8 fr.

THÉORIE POSITIVE DE LA FÉCONDATION DES
MAMMIFÈRES, basée sur l'observation de toute la série
animale, par F.-A. POUCHET. In-8. 4 fr.

*TRAITÉ ANATOMIQUE de la Chenille qui ronge le
bois de saule, par LIONNET. In-4. figures. 36 fr.

TRAITÉ DE L'EXTÉRIEUR DU CHEVAL et des
principaux animaux domestiques, par LECOQ. 1 vol. in-8°,
2me édit., fig. 10 fr.

— ÉLÉMENTAIRE DE MINÉRALOGIE, par F.-S.
BEUDANT, de l'Académie royale des Sciences, nouvelle édition considérablement augmentée. 2 vol. in-8, accompagnés
de 24 planches. 21 fr.

TROIS CENTS ANIMALCULES INFUSOIRES des-
sinés à l'aide du microscope, par M. PRITCHARD, et publié
par CH. CHEVALIER. In-8, figures. 3 fr.

ZEITSCHRIFT FUR DIE ENTOMOLOGIE herausge-
geben von ERNST FRIEDRICH GERMAR. Leipzig, 1839 à
1844. 5 vol. in-8. 52 fr.

ZOOLOGIE CLASSIQUE, ou Histoire naturelle du
Règne animal, par M. F.-A. POUCHET, professeur de zoologie au Muséum d'Histoire naturelle de Rouen, etc.: seconde édition, considérablement augmentée. 2 vol. in-8,
contenant ensemble plus de 1,300 pages, et accompagnés
d'un Atlas de 44 planches et de 5 grands tableaux gravés
sur acier. Prix des 2 vol. 16 fr.
Prix de l'Atlas, figures noires. 10 fr.
— figures coloriées. 30 fr.

NOTA. *Le Conseil de l'Université a décidé que cet ouvrage
serait placé dans les bibliothèques des collèges.*

AGRICULTURE,
ÉCONOMIE RURALE ET JARDINAGE.

(Voir aussi la Collection de Manuels, page 5.)

ABRÉGÉ DE L'ART VÉTÉRINAIRE, ou Description raisonnée des Maladies du Cheval et de leur Traitement, suivi de l'anatomie et de la physiologie du pied et des principes de ferrure, avec des observations sur le régime et l'exercice du cheval, etc., par WHITE; traduit de l'anglais et annoté par M. V. DELAGUETTE, vétérinaire. 2e édition, in-12.   3 fr. 50

AGRICULTURE FRANÇAISE, par MM. les Inspecteurs de l'agriculture, publiée d'après les ordres de M. le Ministre de l'Agriculture et du Commerce, contenant la description géographique, le sol, le climat, la population, les exploitations rurales; instruments aratoires, engrais, assolements, etc., de chaque département. 6 vol., accompagnés chacun d'une belle carte, sont en vente, savoir :

Département de l'Isère. 1 vol. in-8.   5 fr.
— du Nord. In-8.   5
— des Hautes-Pyrénées. In-8.   5
— de la Haute-Garonne. In-8.   5
— des Côtes-du-Nord. In-8.   5
— du Tarn.   5

AGRICULTURE DES ANCIENS, par DICKSON; traduit de l'anglais. 2 vol. in-8.   10 fr.

— PRATIQUE des différentes parties de l'Angleterre, par MARSCHAL. 5 vol. in-8 et Atlas.   20 fr.

ALIMENTAIRES (des CONSERVES), nouveau procédé, par M. WILLAUMEZ. In-12.   2 fr. 25

AMATEUR DES FRUITS (l'), ou l'Art de les choisir, de les conserver, de les employer, principalement pour faire des compotes, gelées, marmelades, confitures, etc., par M. L. DUBOIS. In-12.   4 fr. 50

AMÉLIORATION (De l') DE LA SOLOGNE, par M. R. PARETO. In 8.   2 fr. 50

ANATOMIE DE LA VIGNE, par W. CAPPER, traduit de l'anglais par V. DE MOLÉON. In-8.   3 fr.

ANIMAUX (les) CÉLÈBRES, anecdotes historiques sur les traits d'intelligence, d'adresse, de courage, de bonté, d'attachement, de reconnaissance, etc., des animaux de toute espèce, ornés de gravures, par A. ANTOINE. 2 vol. in-12. 2e édition. 5 fr.

MM. Lebigre frères et Béchet, rue de la Harpe, *ont été condamnés* pour avoir vendu *une contrefaçon* de cet ouvrage.

ANNALES AGRICOLES DE ROVILLE, ou Mélanges d'Agriculture, d'Économie rurale et de Législation agricole, par M. C.-J.-A. MATHIEU DE DOMBASLE. 9 vol. in-8, figures. 61 fr. 50

Les volumes se vendent séparément, savoir :
Les tomes 1, 2, 3, 4, chacun 7 fr. 50
Et 5, 6, 8 et supplément, chacun 6 fr.

ANNUAIRE DU BON JARDINIER ET DE L'AGRONOME, renfermant la description et la culture de toutes les plantes utiles ou d'agrément qui ont paru pour la première fois.

Les années 1826, 27, 28, chacune 1 fr. 50
Les années 1829 et 1830, idem 3 fr.
Les années 1831 à 1842, idem 3 fr. 50

APPLICATION (De l') DE LA NOUVELLE LOI SUR LA POLICE DE LA CHASSE, en ce qui regarde l'agriculture et la reproduction des animaux, par L.-L. GADEBLED. In-8. 1 fr. 50

APPLICATION (De l') DE LA VAPEUR A L'AGRICULTURE, de son influence sur les Mœurs, sur la Prospérité des Nations et l'Amélioration du Sol, par GIRARD. Grand in-8. 75 c.

ART (l') DE COMPOSER ET DÉCORER LES JARDINS, par M. BOITARD, ouvrage entièrement neuf, orné de 140 planches gravées sur acier. Prix de l'ouvrage complet, texte et planches. 45 fr.

Cette publication n'a rien de commun avec les autres ouvrages du même genre, portant même le titre de Boitard. Le traité que nous annonçons est un travail tout neuf, que M. Boitard vient de terminer après des travaux immenses. Il est très-complet et à très-bas prix, quoiqu'il ait 140 planches gravées sur acier. L'auteur et l'éditeur ont donc rendu un grand service aux amateurs de jardins en leur mettant à même de doter de leurs propriétés le meilleur parti possible.

ART (l') DE CRÉER LES JARDINS, contenant les préceptes généraux de cet art, leur application développée par des vues perspectives, coupe et élévations, par des exemples choisis dans les jardins les plus célèbres de France et d'Angleterre; et le tracé pratique de toutes espèces de jardins; par M. N. VERGNAUD, architecte à Paris. Ouvrage imprimé sur format in-fol., et orné de lithographies dessinées par nos meilleurs artistes.

Prix : rel. sur papier blanc. 45 fr.
— sur papier chine. 56.
— colorié. 80

ART DE CULTIVER LES JARDINS, ou Annuaire du bon Jardinier et de l'Agronome, renfermant un calendrier indiquant, mois par mois, tous les travaux à faire tant en jardinage qu'en agriculture : les principes généraux du jardinage; la culture et la description de toutes les espèces et variétés de plantes potagères, ainsi que toutes les espèces et variétés de plantes utiles ou d'agrément; par un *Jardinier agronome*. 1 gros vol. in-18. 1843. Orné de figures. 3 fr. 50

ART (l') DE FAIRE LES VINS DE FRUITS, précédé d'une Esquisse historique de l'Art de faire le Vin de Raisin, de la manière de soigner une cave; suivi de l'Art de faire le Cidre, le Poiré, les Aromes, le Sirop et le Sucre de Pommes de terre, etc; traduit de l'anglais, de ACCUM, par MM. G*** et OL***. un vol. avec planches. 2 fr. 50

ASSOLEMENTS, JACHÈRES ET SUCCESSION DES CULTURES, par feu V. YVART, annoté par M. V. RENDU, inspecteur de l'agriculture. 3 vol. in-18. 10 fr. 50

Idem. Edition en 1 vol. in-4. 12 fr.

Ouvrage contenant les méthodes usitées en Angleterre, en Allemagne, en Italie, en Suisse et en France.

BOUVIER (le nouveau), ou Traité des Maladies des Bestiaux, Description raisonnée de leurs maladies et de leur traitement, par M. DELAGUETTE, médecin-vétér. In-12. 3 fr. 50

CALENDRIER DU BON CULTIVATEUR, ou Manuel de l'Agriculteur-Praticien, par C.-J.-A. MATHIEU DE DOMBASLE. 8e édition. In-12, figures. 4 fr. 50

CHASSEUR-TAUPIER (le), ou l'Art de prendre les taupes par des moyens sûrs et faciles, précédé de leur histoire naturelle, par M. RÉDARÈS. in-18, fig. 90 cent.

CODE FORESTIER, conféré et mis en rapport avec la législation qui régit les différents propriétaires et usagers dans les bois, par M. CURASSON. 2 vol. in-8. 12 fr.

COLLECTION DE NOUVEAUX BATIMENTS pour la décoration des grands jardins, avec 44 pl. in-fol. 50 fr.

CORRESPONDANCE RURALE, contenant des observations critiques et utiles, par DE LA BRETONNERIE. 3 vol. in-12. 7 fr. 50

CORDON BLEU (le), nouvelle Cuisinière bourgeoise, rédigée et mise par ordre alphabétique, par Mlle MARGUERITE, 12e édition, considérablement augmentée. In-18. 1 fr.

COURS ÉLÉMENTAIRE D'AGRICULTURE, par M. BIXIO. In-12. 2 fr. »

COURS COMPLET D'AGRICULTURE (nouveau), du 19e siècle, contenant la grande et la petite culture, l'économie rurale domestique, la médecine vétérinaire, etc., par les Membres de la section d'Agriculture de l'Institut royal de France, etc. Nouvelle édition revue, corrigée et augmentée. Paris, Deterville. 16 vol. in-8, de près de 600 pages chacun, ornés de planches en taille-douce. 56 fr.

— D'AGRICULTURE (petit), ou Encyclopédie agricole, par M. MAUNY DE MORNAY, contenant les livres du Cultivateur, du Jardinier, du Forestier, du Vigneron, de l'Économie et Administration rurales, du Propriétaire et de l'Éleveur d'animaux domestiques. 7 volumes grand in-18, avec figures. 15 fr. 50

COURS COMPLET D'AGRICULTURE PRATIQUE, par BURGER, PFEIL, ROHLWES et RUFFINY; trad. de l'all. par N. NOIROT; suivi d'un Traité sur les Vers à Soie et la Culture du Mûrier, par M. BONAFOUS, etc. In-8. 10 fr.

— D'HIPPIATRIQUE, ou Traité complet de la Médecine des Chevaux, par LAFOSSE. Paris, 1772. Grand in-fol. Figures noires. 60 fr.

— SIMPLIFIÉ D'AGRICULTURE, par L. DUBOIS (Voyez Encyclopédie du Cultivateur). 9 vol. in-18. 20 fr.

*CULTIVATEUR (le) ANGLAIS, ou OEuvres choisies d'Agriculture et d'Économie rurale et politique, par ARTHUR YOUNG. 18 vol. in-8. 50 fr.

CULTURE DE LA VIGNE dans le Calvados et autres pays qui ne sont pas trop froids pour la végétation de cet intéressant arbrisseau, et pour que ses fruits y mûrissent, par M. JEAN-FRANÇOIS NOGET. In-8. 75 c.

DICTIONNAIRE D'AGRICULTURE PRATIQUE, contenant la grande et la petite culture, par M. le comte FRANÇOIS DE NEUFCHATEAU. 2 vol. in-8. 12 fr.

*DICTIONNAIRE DES JARDINIERS, ouvrage traduit de l'anglais de MILLER. 10 vol. in-4. 50 fr.

ÉCOLE DU JARDIN POTAGER, suivie du Traité de la Culture des Pêchers, par M. DE COMBLES, 6ᵉ édition, revue par M. LOUIS DUBOIS. 3 vol. in-12.   4 fr. 50

ÉCONOMIE AGRICOLE, lait obtenu sans le secours de la main. *Trayons artificiels*; par M. PARISOT.   75 c.

ÉCUSSON-GREFFE, ou nouvelle manière d'écussonner les ligneux, par VERGNAUD ROMAGNÉSI. 1830. in-12. 1 fr.

ÉLÉMENTS D'AGRICULTURE, ou Leçons d'Agriculture appliquées au département d'Ille-et-Vilaine, et à quelques départements voisins, par J. BODIN. 2ᵉ édition, in-12 figures.   1 fr. 60

ÉLOGE HISTORIQUE de l'Abbé FRANÇOIS ROZIER, restaurateur de l'Agriculture française, par A. THIÉBAUT DE BERNEAUD. in-8.   1 fr. 50

ENCYCLOPÉDIE DU CULTIVATEUR, ou Cours complet et simplifié d'agriculture, d'économie rurale et domestique, par M. LOUIS DUBOIS. 2ᵉ édition, 9 vol. in-12 ornés de gravures.   20 fr.

Le vol. 9 se vend séparément   4 fr.

Cet ouvrage, très-simplifié, est indispensable aux personnes qui ne voudraient pas acquérir le grand ouvrage intitulé : Cours d'agriculture au XIXᵉ siècle.

ESSAI SUR L'ÉDUCATION DES ANIMAUX, le Chien pris pour type, par AD. LÉONARD. in-8.   5 fr.

FABRICATION DU FROMAGE, par le Dʳ F. GERA, traduit de l'italien par V. RENDU. In-8, fig. (Couronné par la Société royale et centrale d'agriculture.)   5 fr.

GREFFES (Des) ET DES BOUTURES FORCÉES pour la rapide Multiplication des Roses rares et nouvelles, par M. LOISELEUR DESLONGCHAMPS. In-8. (Extrait de l'*Agriculteur praticien*.)   50 c.

HISTOIRE DU PÊCHER, par M. DUVAL, in-8. 1 fr 50

HISTOIRE DU POIRIER (Pyrus sylvestris), par DUVAL. Br. in-8º (extrait de l'Agriculteur praticien).   1 fr. 50

HISTOIRE DU POMMIER, par M. DUVAL. In-8. 1 fr. 50

INSTRUCTION SUR LE CHOU MARIN, par ROUSSELOT. In-8.   50 c.

——— LA TOMATE,   *idem.*   25 c.

——— LE CHAMPIGNON,   *idem.*   25 c.

INSTRUCTION SUR LA CULTURE NATURELLE ET FORCÉE DE L'ASPERGE, par ROUSSELON. In-8.   50 c.

JOURNAL D'AGRICULTURE, d'Économie rurale et des Manufactures du royaume des Pays-Bas. La collection complète, jusqu'à la fin de 1823, se compose de 16 vol. in-8. Prix, à Paris. 75 fr.

JOURNAL DE MÉDECINE VÉTÉRINAIRE théorique et pratique, et Analyse raisonnée de tous les ouvrages français et étrangers qui ont du rapport avec la médecine des animaux domestiques; recueil publié par MM. BRACY-CLARK, CRÉPIN, CRUZEL, DELAGUETTE, DUPUY, GODINE jeune, LEBAS, PRINCE, RODET, médecins vétérinaires. 6 vol. in-8. (1830 à 1835.) 60 fr.
Chaque année séparée. 12 fr.

LAIT (Du) ET DE SES EMPLOIS en Bretagne, par GUSTAVE HEUZÉ. In-8. 1 fr. 50

*MAISON RUSTIQUE (la nouvelle), ou Économie rurale-pratique des biens de campagne. 3 vol. in-4. fig. 24 fr.

MANUEL POPULAIRE D'AGRICULTURE, d'après l'état actuel des progrès dans la culture des champs, des prairies, de la vigne, des arbres fruitiers; dans l'éducation du gros bétail, etc., par J. A. SCHLIPF; trad. de l'All. par NAPOLÉON NICKLÈS 1844. In-8. 4 fr.

MANUEL DE L'ÉLEVEUR, ou Méthode simplifiée du Dressage des Chevaux au Montoir, au Trait, par DE MONTIGNY. In-8 avec planches. 4 fr.

MANUEL DES INSTRUMENTS D'AGRICULTURE ET DE JARDINAGE les plus modernes, contenant la gravure et la description détaillée des Instruments nouvellement inventés ou perfectionnés, la plupart dessinés dans les meilleurs Ateliers de la capitale. Ouvrage orné de 121 planches et de gravures sur bois intercalées dans le texte, par M. BOITARD. 1 vol. grand in-8°. 12 fr.

MANUEL COMPLET DU JARDINIER, Maraîcher, Pépiniériste, Botaniste, Fleuriste et Paysagiste, par M. NOISETTE. 2e édition. 5 vol. in-8. 30 fr.

MANUEL DU FABRICANT D'ENGRAIS, ou de l'Influence du noir animal sur la végétation, par M. BERTIN. 1 vol. in-18. 2 fr. 50

MANUEL DU PLANTEUR. Du Reboisement, de sa nécessité et des méthodes pour l'opérer, par DE BAZELAIRE. In-12. 1 fr. 25

MELON (Du) ET DE SA CULTURE, par M DUVAL. Brochure in-8. (Extrait de l'Agriculteur praticien.) 75 c.

MÉMOIRE SUR L'ALTERNANCE DES ESSENCES FORESTIÈRES, par GUSTAVE GAND. In-8. 1 fr. 50

MÉTHODE ABRÉGÉE DU DRESSAGE DES CHE-
VAUX DIFFICILES, et particulièrement des Chevaux
d'armes. In-8. 2 fr.

MÉMOIRE SUR LES DAHLIAS, leur culture, leurs
propriétés économiques et leurs usages comme plantes d'or-
nement, par ARSÈNE THIÉBAUT DE BERNEAUD. Brochure
in-8, 2e édition. 75 c.

MÉTHODE DE LA CULTURE DU MELON en
pleine terre, par M. J.-F. NOGET. In-8. 1 fr. 25

MONOGRAPHIE DU MELON, contenant la Culture,
la Description et le Classement de toutes les variétés de
cette espèce, etc., par M. JACQUIN aîné, 1 volume in-8°
avec planches. Figures coloriées, 15 fr.
Figures noires, 7 fr. 50

NOTICE SUR LA PLEUROPNEUMONIE ÉPIZOO-
TIQUE DE L'ESPÈCE BOVINE, régnant dans le département du Nord, par A. B. LOISET, 1 vol. in-8°. 2 fr.

OBSERVATIONS GÉNÉRALES sur les Plantes qui
peuvent fournir des Couleurs Bleues à la Teinture, suivies
de Recherches sur le Polygonum Tinctorium, etc.; par
N. JOLY. In-4, fig. 5 fr.

ORDONNANCE DE LOUIS XIV, roi de France et de
Navarre, indispensable à tous les marchands de bois flottés,
de charbon, à tous autres marchands et à tous les propriétaires de biens situés près des rivières navigables. In-18. 2 fr.

PATHOLOGIE CANINE, ou Traité des Maladies des
Chiens, contenant aussi une dissertation très-détaillée sur
la manière d'élever et de soigner les chiens; par
M. DELABÈRE-BLAINE, traduit de l'anglais et annoté par
M. V. DELAGUETTE, vétérinaire. Avec 2 planches repré-
sentant 18 espèces de chiens. 1 vol. in-8. 6 fr.

PHARMACOPÉE VÉTÉRINAIRE, ou Nouvelle Phar-
macie hippiatrique, contenant une classification des médi-
caments, les moyens de les préparer et l'indication de leur emploi, etc., par M. BRACY-CLARK. 1 vol. in-12, planches. 2 fr.

PRATIQUE DU JARDINAGE, par ROGER SCHABOL.
2 vol. in-12, fig. 7 fr. 50

PRATIQUE RAISONNÉE de la taille du pêcher en es-
palier carré, par LENOIR. In-8. Figures. 4 fr.

PRATIQUE SIMPLIFIÉE DU JARDINAGE, à l'u-
sage des personnes qui cultivent elles-mêmes un petit domaine, contenant un potager, une pépinière, un verger,
des espaliers, un jardin paysager, des serres, des orangeries

— 53 —

et un parterre, etc.; 6e édition; par M. L. DUBOIS. 1 vol. in-18, orné de planches. 2 fr. 50

PRINCIPES D'AGRICULTURE et d'Hygiène-Vétérinaire, par MAGNE. 1 vol. in-8. 10 fr.

QUATRE (les) JARDINS ROYAUX DE PARIS, ou Descriptions de ces quatre jardins. 3e édition, in-18. 1 fr. 50

RECUEIL DE MÉMOIRES, notices et procédés choisis sur l'agriculture, l'industrie, l'économie domestique, le mûrier multicaule, etc. (ou l'Omnibus journal, année 1834.) 1 vol. in-8. 3 fr.

SECRETS DE LA CHASSE AUX OISEAUX, contenant la manière de fabriquer les filets, les divers pièges, appeaux, etc.; l'art de les élever, de les soigner, de les guérir, etc., par M. G..., amateur. 1 vol. in-18 avec figures. 2 fr. 50

SERRES CHAUDES, Galerie de Minéralogie et de Géologie, ou Notice sur les constructions du Muséum d'Histoire Naturelle, par M. ROHAULT (architecte). In-folio. 30 fr.

*SYSTEM OF AGRICULTURE, from the Encyclopedia britannica, seventh edition, by JAMES CLEGHORN. Edimburgh, 1831, in-4, fig. 13 fr. 50

TABLEAUX DE LA VIE RURALE, ou l'Agriculture enseignée d'une manière dramatique, par M. DESORMEAUX. 3 vol. in-8. 18 fr.

TARIF POUR CUBER LES BOIS en grume et équarris, par E. PRUGNEAUX. in-12. 2 fr.

*THÉATRE D'AGRICULTURE et ménage des champs, d'OLIVIER DE SERRES, nouv. édition. 2 vol. in-4. 25 fr

TRAITÉ DES ARBRES ET ARBUSTES que l'on cultive en pleine terre en Europe et particulièrement en France, par *Duhamel du Monceau*, rédigé par MM. *Veillard*, *Jaume Saint-Hilaire*, *Mirbel*, *Poiret*, et continué par M *Loiseleur-Deslonchamps*; ouvrage enrichi de 500 planches gravées par les plus habiles artistes, d'après les dessins de *Redouté* et *Bessa*, peintres du muséum d'histoire naturelle; 7 vol. in-fol., papier jésus vélin, figures coloriées. Au lieu de 3.300 francs, 750 fr.

— Le même, papier carré vélin, figures coloriées. Au lieu de 2,100 francs, 450 fr.

— Le même, papier carré fin, figures coloriées. 350 fr.

— Le même, figures noires. Au lieu de 775 fr. 200 fr.

On a extrait de cet ouvrage le suivant:

NOUVEAU TRAITÉ DES ARBRES FRUITIERS,

par DUHAMEL, nouvelle édition, très-augmentée par MM. VAILLARD, DE MIRBEL, POIRET et LOISELEUR-DESLONGCHAMPS. 2 vol. in-folio, ornés de 145 planches. Prix :
Fig. noires 50 fr.; — fig. coloriées. . . . . 100 fr.
Fig. coloriées, format jésus vélin. . . . . . 150 fr.
TRAITÉ DE CULTURE FORESTIÈRE, par HENRI COTTA, traduit de l'allemand par GUSTAVE GAND, garde général des forêts. 1 vol. in-8. 7 fr.

*TRAITÉ PARFAIT DES MOULINS, ou Recherches exactes de toutes sortes de moulins connus jusqu'à présent, par L.-V. NATRUS, J. POLLY et C.-V. VUUREN. Amsterdam, 1734 (en hollandais), grand in-folio, fig. 75 fr.

TRAITÉ DE LA COMPTABILITÉ AGRICOLE, par l'application du système complet des écritures en parties doubles, par MM. PERRAULT DE JOTEMPS père et fils. 4 cahiers in-folio. 12 fr.

TRAITÉ DE L'AMÉNAGEMENT DES FORÊTS, enseigné à l'école royale forestière, par M. DE SALOMON. 2 vol. in-8 et Atlas in-4. 20 fr.

TRAITÉ DES MALADIES DES BESTIAUX, ou Description raisonnée de leurs maladies et de leur traitement; suivi d'un aperçu sur les moyens de tirer des bestiaux les produits les plus avantageux, par M. V. DELAGUETTE, vétérinaire. In-12. 3 fr. 50

TRAITÉ DU CHANVRE DU PIÉMONT, DE LA GRANDE ESPÈCE, sa culture, son rouissage et ses produits, par REY, in-12. 1 fr. 50

TRAITÉ RAISONNÉ SUR L'ÉDUCATION DU CHAT DOMESTIQUE, et du Traitement de ses Maladies, par M. R***. In-12. 1 fr. 50

TRAITÉ THÉORIQUE ET PRATIQUE sur la Culture des Grains, suivi de l'Art de faire le pain, par PARMENTIER, etc. 2 vol. in-8, fig. 12 fr.

ÉDUCATION, MORALE, PIÉTÉ.

ABRÉGÉ CHRONOLOGIQUE DE L'HISTOIRE DE FRANCE, depuis les temps les plus anciens jusqu'à nos jours, par H. ECKELHARD. In-18, broché. 75 c.
Idem, cartonné. 90 c.

ABRÉGÉ DE LA TABLE ou de l'Histoire poétique, par le P. JOUVENCY, in-18. 1 fr. 50

ABRÉGÉ DE LA GRAMMAIRE ALLEMANDE, pour les élèves des cinquième et quatrième classes des collèges de France, par M. MARAUS. In-12, broché. 1 fr. 50

ABRÉGÉ DE LA GRAMMAIRE LATINE (ou Méthode brévidoctive de prompt enseignement), par B. JULLIEN. 1844, in-12. 2 fr.

ABRÉGÉ DE LA GRAMMAIRE DE WAILLY, in-12. 75 c.

ABRÉGÉ DE LA GRAMMAIRE DU NOUVEAU MONDE, par F. MOINE, in-12. 1 fr.

ABRÉGÉ DE L'HISTOIRE SAINTE, avec des preuves de la religion, par demandes et par réponses, in-12. 60 c.

ABRÉGÉ D'HISTOIRE UNIVERSELLE, première partie, comprenant l'histoire des Juifs, des Assyriens, des Perses, des Egyptiens et des Grecs, jusqu'à la mort d'Alexandre-le-Grand, avec des tableaux de synchronismes, par M. BOURGON, professeur de l'Académie de Besançon, 2e édition. In-12. 3 fr.

— Deuxième partie, comprenant l'histoire des Romains, depuis la fondation de Rome, et celle de tous les peuples principaux, depuis la mort d'Alexandre-le-Grand jusqu'à l'avènement d'Auguste à l'empire, par M. BOURGON, etc. In-12. 3 fr. 50

— Troisième partie, comprenant un ABRÉGÉ DE L'HISTOIRE DE L'EMPIRE ROMAIN, depuis sa fondation jusqu'à la prise de Constantinople, par M. BOURGON. In-12. 2 fr. 50

— Quatrième partie, comprenant l'histoire des Gaulois, les Gallo-Romains, les Francs et les Français jusqu'à nos jours, avec des tableaux de synchronismes, par M. J.-J. BOURGON. 2 vol. in-12. 6 fr.

ABRÉGÉ DU COURS DE LITTÉRATURE de D. LA HARPE, publié par RENÉ PÉRIN. 2 vol. in-12. 7 fr.

ANALYSE DES SERMONS du P. GUYON, précédée de l'Histoire de la mission du Mans, par GUYARD. 1 vol. in-12, 3e édition, au Mans, 1835. 2 fr.

ANALYSE DES TRADITIONS RELIGIEUSES des peuples indigènes de l'Amérique, in-8. 5 fr.

ANNÉE AFFECTIVE (l'), ou Sentiments sur l'amour de Dieu, tirés du Cantique des Cantiques, pour chaque jour de l'année, par le Père AVRILLON, in-12. 2 fr. 50

ARITHMÉTIQUE DES DEMOISELLES, ou Cours élément. d'arithm. en 12 leç., par M. VENTENAC. In-12. 1 fr. 50

Cahier de questions pour le même ouvrage. 50 c.

ARITHMÉTIQUE DES ÉCOLES PRIMAIRES, en 22 leçons, par L.-J. GEORGE, In-8. 1 fr.

ARITHMÉTIQUE ÉLÉMENTAIRE, théorique et pratique, par M. JOUANNO. In-8. 3 fr. 50

ART DE BRODER, ou Recueil de modèles coloriés, analogues aux différentes parties de cet art, à l'usage des demoiselles, par AUGUSTIN LEGRAND. 1 vol. oblong. 7 fr.

ART (l') D'ÉCRIRE DE LA MAIN GAUCHE enseigné, en quelques leçons, à toutes les personnes qui écrivent selon l'usage, comme ressource en cas de perte ou d'infirmité du bras droit ou de la main droite, par M. PILLON. 1 vol. oblong avec une planche lithographiée. 1 fr.

— MODÈLES DE MINUSCULES ANGLAISES, 1 cahier 1 fr.
— *Idem*, RONDES. 50 c.
— *Idem*, GOTHIQUE ALLEMANDE. 50 c.
— Taille de la plume, 1 cahier. 1 fr. 50

ART (l') DE PEINTURE de C.-A. DU FRESNOY, traduit par DE PILES. in-12. 2 fr. 50

ASTRONOMIE DES DEMOISELLES, ou Entretiens entre un frère et sa sœur, sur la Mécanique céleste, démontrée et rendue sensible sans le secours des mathématiques, suivie de problèmes dont la solution est aisée, par JAMES FERGUSSON et M. QUÉTRIN. 1 vol. in-12. 3 fr. 50

ATLAS (NOUVEL) NATIONAL DE LA FRANCE, par départements, divisés en arrondissements et cantons, avec le tracé des routes royales et départementales, des canaux, rivières, cours d'eau navigables, des chemins de fer construits et projetés, etc., dressé à l'échelle de 1:1.350.000, par CHARLES, géographe, avec des augmentations, par DARMET, chargé des travaux topographiques au ministère des affaires étrangères. In-folio, grand-raisin des Vosges.

Le *Nouvel Atlas national* se compose de 80 planches (à cause de l'uniformité des échelles ; sept feuilles contiennent deux départements).

Chaque carte séparée, en noir. 40 c.
Idem, coloriée. 60 c.

AVENTURES DE ROBINSON CRUSOÉ, par DANIEL DE FOE, édition mignone, 4 vol. in-32. 5 fr.

AVIS AUX PARENTS sur la nouvelle méthode de l'enseignement mutuel, par G. C. HERPIN. In-12. 2 fr. 50

BEAUTÉS (les) DE LA NATURE, ou Description des arbres, plantes, cataractes, fontaines, volcans, montagnes, mines, etc., les plus extraordinaires et les plus admirables qui se trouvent dans les quatre parties du monde; par M. ANTOINE. In-12, orné de 6 grav. 2e édition. 2 fr. 50

BEAUX TRAITS DU JEUNE AGE, par A.-F.-J. FRE-VILLE. In-12. 3 fr.

CAHIERS DE CHIMIE, à l'usage des Écoles et des Gens du monde, par M. BURNOUF. Prix, l'ouvrage complet, 4 cahiers in-12. 5 fr.

CATÉCHISME du diocèse de Toul, qui doit être enseigné dans toutes les écoles. In-12. 1 fr. 25

— HISTORIQUE, par FLEURY, 1822, in-18. 50 c.

— HISTORIQUE (Petit), contenant, en abrégé, l'Histoire sainte, par M. FLEURY. in-18. Au Mans, 1838. 50 c.

— en Abrégé de la Foi. In-18. 50 c.

CHOIX (Nouveau) D'ANECDOTES ANCIENNES ET MODERNES, tirées des meilleurs auteurs; contenant les faits les plus intéressants de l'histoire en général; les exploits des héros, traits d'esprit, saillies ingénieuses, bons mots, etc., etc. 5e édition, par Mme CELNART. 4 vol. in-18, ornés de jolies vignettes. (Même ouvrage que le *Manuel anecdotique*.) 7 fr.

CHOIX DE LECTURES ALLEMANDES, par STOEBER.
In-8, 1re partie. 1 fr. 50
In-8, 2e partie. 1 fr. 75

CICERONIS (M. T.) ORATOR. Nova editio, ad usum scholarum Tulli-Leucorum, 1823; in-18. 75 c.

COLLECTION DE MODÈLES pour le Dessin linéaire, par M. BOUTEREAU. 40 tableaux in-4. 4 fr.
Cet ouv. est extrait de la Géométrie usuelle du même auteur.

COURS COMPLET, THÉORIQUE ET PRATIQUE, D'ARITHMÉTIQUE, par RIVAIL. 3e éd., in-12. 2 fr. 25
— Solutions. In-12. 80 c.

COURS D'ARITHMÉTIQUE ET D'ALGÈBRE, par P.-F. JOUANNO. In-8.

COURS D'ARITHMÉTIQUE PRATIQUE, à l'usage des écoles primaires des deux sexes et des pères de famille, par J. MOLLET. In-18. 1er cahier, Connaissance des chiffres. 40 c.

2e cahier, Multiplication. Division, etc.   40 c.
3e cahier, Fractions, Nombres, etc.   40 c.
Livret des solutions.   1 fr.

COURS DE CHIMIE ÉLÉMENTAIRE ET INDUS-TRIELLE, à l'usage des gens du monde, par M. PAYEN. 2 vol. in-8.   14 fr.

NOUVEAU COURS RAISONNÉ DE DESSIN INDUSTRIEL appliqué principalement à la mécanique et à l'architecture, etc., par ARMENGAUD aîné, ARMENGAUD jeune et AMOUROUX. 1 vol. grand in-8° et un atlas de 45 planches in folio.   25 fr.

— DE THÈMES, pour l'enseignement de la traduction du français en allemand dans les collèges de France, renfermant un Guide de conversation, un Guide de correspondance, et des Thèmes pour les élèves des classes élémentaires supérieures. 1 vol. in-12 broché.   4 fr.

COURS DE THÈMES pour les sixième, cinquième, quatrième, troisième et deuxième classes, à l'usage des collèges, par M. PLANCHE, professeur de rhétorique au collège royal de Bourbon, et M. CARPENTIER. *Ouvrage recommandé pour les collèges par le Conseil royal de l'Université.* 2e éd., entièrement refondue et augmentée. 5 vol. in-   10 fr.

Avec les corrigés à l'usage des maîtres. 10 vol.   22 fr. 50

On vend séparément :

Cours de sixième à l'usage des élèves.   2 fr.
Le corrigé à l'usage des maîtres.   2 fr. 50.
Cours de 5e à l'usage des élèves. 2 fr. Le corrigé. 2 fr. 50
Cours de 4e à l'usage des élèves. 2 fr. Le corrigé. 2 fr. 50
Cours de 3e à l'usage des élèves. 2 fr. Le corrigé. 2 fr. 50
Cours de 2e à l'usage des élèves. 2 fr. Le corrigé. 2 fr. 50

COURS ÉLÉMENTAIRE DE DESSIN LINÉAIRE appliqué aux ornements, à l'usage des écoles d'arts et métiers, par M. A. GUETTIER. In-fol. obl.   6 fr.

DÉVOTION PRATIQUE aux sept principaux mystères douloureux de la très-sainte Vierge, mère de Dieu. In-12. 2 fr.

DIALOGUES ANGLAIS, ou Éléments de la Conversation anglaise, par PERRIN. In-12.   1 fr. 25

DIALOGUES MORAUX, instructifs et amusants, à l'usage de la jeunesse chrétienne. In-18.   1 fr.

DICTIONNAIRE (Nouveau) DE POCHE français-anglais et anglais-français, par NUGENT; revu par L.-F. FAIN. 2 vol. in-12 carré.   4 fr.

ÉDUCATION (De l') DES JEUNES PERSONNES, ou Indication de quelques améliorations importantes à introduire dans les pensionnats, par Mlle Faure. In-12. 1 fr. 50

ÉLÉMENTS (Premiers) D'ARITHMÉTIQUE, suivis d'exemples raisonnés en forme d'anecdotes, à l'usage de la jeunesse, par un membre de l'Université. In-12. 1 fr. 50

ÉLÉMENTS DE LA GRAMMAIRE FRANÇAISE, p. Lhomond. Ed. ref., p. L. Gilbert; 2e éd. in-12. 75 c.

— DE LA GRAMMAIRE LATINE, à l'usage des collèges, par Lhomond. Paris, 1858; in-12. 75 c.

— (Nouveaux) DE LA GRAMMAIRE FRANÇAISE, par M. Fellens. 1 vol. in-12. 1 fr. 25

ENSEIGNEMENT (l'), par MM. Bernard-Jullien, docteur ès-lettres, licencié ès-sciences, et C. Hippeau, docteur ès-lettres, bachelier ès-sciences. 1 gros vol. in-8 de 500 pages. 6 fr.

Cet ouvrage est indispensable à tous ceux qui veulent s'occuper avec intelligence des questions d'éducation, traiter à fond les points les plus difficiles et les moins connus de cette science difficile.

ÉPITRES et ÉVANGILES des dimanches et fêtes de l'année. In-12. 2 fr. 50

ESSAIS DE GÉOMÉTRIE APPLIQUÉE, par P. Le-pelletier. In-8. 4 fr.

ESSAI D'UNITÉ LINGUISTIQUE, par Jos. Bouzeran. In-8. 1 fr. 50

ÉTRENNES (Mes) A LA JEUNESSE, par Mlle Émilie B***. In-12. 1 fr. 50

ÉTUDES ANALYTIQUES SUR LES DIVERSES ACCEPTIONS DES MOTS FRANÇAIS, par Mlle Faure. 1 vol. in-12. 2 fr. 50

EXERCICES SUR LES HOMONYMES FRANÇAIS, par A. Champalbert. 2e édition, in-12. 1 fr.

EXERCICES SUR L'ORTHOGRAPHE ET LA SYNTAXE, calqués sur toutes les règles de la grammaire classique, par Villeroy. In-12. 1 fr. 25

EXPLICATION DES ÉVANGILES DES DIMANCHES, par de la Luzerne. In-12, 5 vol. 6 fr.

EXPOSÉ ÉLÉMENTAIRE DE LA THÉORIE DES INTÉGRALES DÉFINIES, par A. Meyer, professeur à l'Université de Liège. 1 vol. in-8°. 10 fr.

FABLES DE FÉNÉLON. Nouv. édit. Clermont, 1839, in-18. 50 c.

FABLES DE LESSING, adaptées à l'étude de la langue allemande dans les cinquième et quatrième classes des collèges de France, moyennant un Vocabulaire allemand-français, une Liste des formes irrégulières, l'indication de la construction, et les règles principales de la succession des mots, par MARCUS. 1 vol. in-12. 2 fr. 50

FLÉCHIER. Morceaux choisis. In-18, avec portrait. 1 f. 80
FLEURY. Morceaux choisis. In-18, avec portrait. 1 f. 80
GÉOGRAPHIE CLASSIQUE, suivie d'un Dictionnaire explicatif des lieux principaux de la géographie ancienne, par VILLEROY. In-12. 1 fr. 25.
— DES ÉCOLES, par M. HUOT, continuateur de la Géographie de Malte-Brun et Guibal, ancien élève de l'École polytechnique. 1 vol. 1 fr. 50
Atlas de la Géographie des Écoles. 2 fr. 50
GÉOMÉTRIE PERSPECTIVE, avec ses applications à la recherche des ombres, par G.-H. DUFOUR, colonel du génie. In-8., avec un Atlas de 22 planches in-4. 4 fr.
— USUELLE. Dessin géométrique et dessin linéaire, sans instruments, en 120 tableaux, par V. BOUTEREAU, professeur des Cours publics et gratuits de géométrie, de mécanique et de dessin linéaire, à Beauvais. In-4. 10 fr.
L'on vend séparément la Collection de modèles pour le Dessin linéaire, par M. BOUTEREAU. 40 tableaux. (Extrait de l'ouvrage ci-dessus.)
GRADUS AD PARNASSUM, ou Dictionnaire poétique latin-français. In-8. 7 fr.
GRAMMAIRE DE LAURENCE. Clermont-Ferrand, 1839, in-18 , cart. 1 fr. 25
GRAMMAIRE, ou TRAITÉ COMPLET DE LA LANGUE ANGLAISE, par GROLPE. In-8. 5 fr.
GRAMMAIRE ABRÉGÉE de la Langue universelle, par A. GROSSELIN. In-8. 2 fr.
— CLASSIQUE, ou Cours complet et simplifié de langue française, par M. VILLEROY. In-12. 1 fr. 25
Idem, Exercices. 1 fr. 25
— COMPLETE DE LA LANGUE ALLEMANDE, pour les sixièmes classes supérieures des collèges de France, renfermant, de plus que les autres précédentes, un Traité complet de la succession des mots ; un autre sur l'influence qu'elle a exercée sur l'emploi de l'indicatif, du subjonctif, de l'infinitif et des participes ; un Vocabulaire français-alle-

mand des conjonctions et des locutions conjonctives; par Marcus. 1 vol. in-12 broché. 3 fr. 50
GRAMMAIRE FRANÇAISE à l'usage des pensionnats de demoiselles, par Mme ROULLEAUX. In-12. 60 c.
GRAMMAIRE (Nouvelle) ITALIENNE, méthodique et raisonnée, par le comte DE FRANCOLINI. In-8. 7 fr. 50
GUIDE (Nouveau) DES MÈRES DE FAMILLE, en Éducation physique, morale et intellectuelle de l'Enfance jusqu'à la 7e année, par le docteur MAIRE. In-8. 6 fr.
HISTOIRE ABRÉGÉE DU MOYEN-AGE, suivie d'un Tableau chronologique et ethnographique, par Henri ENGELHARDT. In-8. 5 fr.
HISTOIRE DE LA LANGUE ET DE LA LITTÉRATURE PROVENÇALES, par E. DE LAVELEYE. Gr. in-8. 6 fr.
HISTOIRE DE LA SAINTE BIBLE, contenant le Vieux et le Nouveau Testament, par DE ROYAUMONT. Au Mans, 1834; in-12. 4 fr.
HISTOIRE DES FÊTES CIVILES ET RELIGIEUSES DE LA BELGIQUE MÉRIDIONALE, par Mme CLÉMENT, née HÉMERY. 1 vol. in-8, avec fig. 8 fr.
HISTOIRE DES VARIATIONS DES ÉGLISES PROTESTANTES, par BOSSUET. 4 vol. in-8. 16 fr.
IMITATION DE JESUS-CHRIST, avec une Pratique et une Prière à la fin de chaque chapitre, traduite par le P. GONNELIEU. In-18. 1 fr. 75
INSTRUCTION MATERNELLE, ou Direction morale de l'enfance, par mademoiselle A. FAURE. Paris, 1840, in-12. 3 fr.
INSTRUCTIONS POUR LA CONFIRMATION, à l'usage des jeunes gens qui se disposent à recevoir ce sacrement, par l'abbé BRENEULT. Toul, 1846, in-8. 75 c.
JARDIN (le) DES RACINES GRECQUES, recueillies par LANCELOT, et mis en vers par LE MAISTRE DE SACY, par G. BOREL. In-8. 3 fr.
JEUX DE CARTES HISTORIQUES, par M. JEUX, au nombre de 15, sur la Mythologie, la Géographie, la Chronologie, l'Astronomie, l'Histoire Sainte, l'Histoire Romaine, l'Histoire de France, d'Angleterre, etc. — A fr. chaque.
JUSTINI HISTORIARUM ex Trogo Pompeio, libri XLIV. Accedunt excerptiones chronologicæ et ad usum scho-

latum. Tulli-Leucorum. 1823, in-18. 1 fr. 50

LEÇONS ÉLÉMENTAIRES de Philosophie, destinées aux élèves de l'Université de France qui aspirent au grade de bachelier-ès-lettres, par J.-S. FLOTTE. 5º édition. 3 v. in-12. 7 fr. 50

LEVÉS (des) A VUE, et du Dessin d'après nature, par M. LEBLANC. In-18, figures. 25 c.

MANUEL COMPLET ET MÉTHODIQUE D'ÉDUCATION. Livre de Lectures journalières à l'usage des Écoles primaires, par A. DUCASTEL. In-12. 2 fr.

MANUEL DE L'HISTOIRE DE FRANCE, par ACHMET D'HÉRICOURT. 2 vol. in-8. 15 fr.

MANUEL DES INSTITUTEURS ET DES INSPECTEURS D'ÉCOLES PRIMAIRES, par ***. In-12. 4 fr.

— DU STYLE, en 40 leçons, à l'usage des Maisons d'éducation, des jeunes littérateurs et des gens du monde. Édition augmentée d'un résumé des études parlementaires sur les orateurs de la Chambre des députés, par M. CORMENIN, sous le pseudonyme de TIMON, par RAYNAUD. 1 vol. in-8. 3 fr. 50

MAPPEMONDE (la) de l'Atlas, de LESAGE. 2 fr.

MÉTHODE COMPLÈTE DE CARSTAIRS, dite AMÉRICAINE, ou l'Art d'écrire en peu de leçons par des moyens prompts et faciles; traduit de l'anglais, sur la dernière édition, par M. TREMERY, professeur. 1 vol. oblong, accompagné d'un grand nombre de modèles mis en français. 5 fr.

MODÈLES DE L'ENFANCE, par l'abbé Th. PERRIN. In-32. 50 c.

MORALE DE L'ENFANCE, ou Quatrains moraux, à la portée des Enfants, et rangés par ordre méthodique, par M. le vicomte de MOREL-VINDÉ, pair de France et membre de l'Institut de France. 1 vol. in-16. (Adopté par la Société élémentaire, la Société des méthodes, etc.) 1 fr.

— Le même ouvrage, papier vélin, format in-12. 2 fr.

— Le même, tout latin, traduction faite par M. VICTOR LECLERC. 1 fr.

— Le même, latin-français en regard. 2 fr.

MORALE (la) EN ACTION, ou Choix de faits mémorables et Anecdotes instructives. In-12. 2 fr.

MUSIQUE DES CANTIQUES RELIGIEUX ET MORAUX, pour le Cours d'éducation de M. AMOROS. In-18. 2 fr

PARAFARAGARAMUS, ou Croquignole et sa famille. In-18. 1 fr. 25

PARFAIT MODÈLE (le), ou la Vie de Berchmans. In-18. 1 fr. 25

PARTICIPES RENDUS FACILES, surtout pour les jeunes intelligences, par M. COLLIN. In-12. 80 c.

PÉLERINAGE (le) DE DEUX SOEURS, COLOMBELLE ET VOLONTAIRETTE, vers Jérusalem. In-12, fig. 1 fr. 75

PENSÉES ET MAXIMES DE FÉNÉLON. 2 vol. in-18, portrait. 3 fr.

— DE J.-J. ROUSSEAU. 2 vol. in-18, portrait. 3 fr.

— DE VOLTAIRE. 2 vol. in-18, portrait. 3 fr.

PETITS PROVERBES DRAMATIQUES, à l'usage des jeunes gens, par VICTOR CHOLET. In-12. 2 fr. 50

PHRÉNOLOGIE DES GENS DU MONDE. Leçons publiques données à Mulhouse, par le dr A. PÉNOT. In-8. 7 fr. 50

PREMIÈRES PAGES DE L'HISTOIRE DU MONDE. Leçons publiques, données à Mulhouse, par A. PÉNOT In-8. 7 fr. 50

PRINCIPES DE LITTÉRATURE, mis en harmonie avec la morale chrétienne, par J.-B. PÉRENNES. In-8. 5 fr.

PRINCIPES DE PONCTUATION, fondés sur la nature du langage écrit, par M. FREY. (*Ouvrage approuvé par l'Université.*) 1 vol. in-12. 1 fr. 50

PRINCIPES GÉNÉRAUX ET RAISONNÉS DE LA GRAMMAIRE FRANÇAISE, par DE RESTAUT. In-12. 2 fr. 50

PROGRAMME D'UN COURS ÉLÉMENTAIRE DE GÉOMÉTRIE, par M. R... In-8. 1 fr. 50

RECHERCHES SUR LA CONFESSION AURICULAIRE, par M. l'abbé GUILLOIS. In-12. 1 fr. 75

RECUEIL DE MOTS FRANÇAIS, rangés par ordre de matières, avec des notes sur les locutions vicieuses et des règles d'orthographe, par B. PAUTEX. 6e éd. in-8. 1 fr. 50

— Abrégé de l'ouvrage ci-dessus. 30 c.

— Exercices sur l'Abrégé ci-dessus. 1 fr.

RHÉTORIQUE FRANÇAISE, composée pour l'instruction de la jeunesse, par M. DOMAIRON. In-12. 5 fr.

RUDIMENTS DE LA LANGUE ALLEMANDE, par FARES. 1 vol. in-8º. 2 fr.

SAINTE (la) BIBLE. Paris, 1819, 7 vol. in-18., sur papier coquille. 25 fr.

SAINTE BIBLE en Latin et en Français, contenant

— 64 —

l'Ancien et le Nouveau Testament, par DE CARRIÈRES. 10 vol. in-8. 65 fr.

SCIENCE (la) ENSEIGNÉE PAR LES JEUX, ou Théorie scientifique des jeux les plus usuels, accompagnée de recherches historiques sur leur origine, servant d'Introduction à l'étude de la mécanique, de la physique, etc.; imitée de l'anglais, par M. RICHARD, professeur de mathématiques. Ouvrage orné d'un grand nombre de vignettes gravées sur bois par M. GODARD. 2 jolis vol. in-18. (Même ouvrage que le *Manuel des Jeux enseignant la science*.) 6 fr.

SELECTÆ E NOVO TESTAMENTO HISTORIÆ ex Erasmo decerptæ. Tulli-Leucorum, 1823, in-18. 1 fr. 40

SERMONS DU PÈRE LENFANT, Prédicateur du roi Louis XVI. 8 gros vol. in-12, ornés de son portrait. 2e édition. 20 fr.

SIX (les) PREMIERS LIVRES DES FABLES DE LA FONTAINE, par VANDEREST. In-18. 1 fr.

SYNONYMES (Nouveaux) FRANÇAIS à l'usage des demoiselles, par mademoiselle FAURE. 1 vol. in-12. 3 fr.

SYSTÈME (Nouveau) D'ENSEIGNEMENT DU LATIN, par F.-G. POTTIER. In-8. 5 fr.

TABLEAU DE LA MISÉRICORDE DIVINE, tirée de l'Écriture-Sainte, par l'abbé BERGIER. In-12. 1 fr.
Id. Édition in-8, papier fin. 3 fr.

TABLEAUX (35) DE GRAMMAIRE FRANÇAISE, applicables à tous les modes d'enseignement, par M. J.-B. WALEFF. In-folio. 3 fr. 50

TABLE DES VERBES IRRÉGULIERS de la langue allemande. Tours, in-8. 1 fr. 50

THE ELEMENTS OF ENGLISH CONVERSATION, by J. PERRIN, in-12. 1 fr. 40

THE KEY, ou la traduction des thèmes de la grammaire anglaise de GIDOLPH. In-8. 1 fr. 50

TRAITÉ D'ARITHMÉTIQUE ET D'ALGÈBRE, par A. RÉVILLE. In-8. 3 fr.

TRAITÉ DE L'ORTHOGRAPHE des Verbes réguliers, irréguliers et défectueux, par V.-A. BOULANGER. Paris, 1831, in-18. 50 c.

TRAITÉ DES PARTICIPES, par E. Sarre. In-12. 30 c.

USAGE DE LA RÈGLE LOGARITHMIQUE, ou Règle à calcul. In-18. 20 c.

VÉRITABLE PERFECTION DU TRICOTAGE, in-12 par GAZYBOWSKA. 1 fr.

VOCABULAIRE USUEL DE LA LANGUE FRANÇAISE, par A. Peter. In-12. 2 fr. 50
VOYAGES DE GULLIVER. 4 vol. in-18, fig. 6 fr.

OUVRAGES DE MM. NOEL, CHAPSAL, PLANCHE ET FELLENS.

GRAMMAIRE LATINE (nouvelle) sur un plan très-méthodique, par M. Noel, inspecteur-général à l'Université, et M. Fellens. Ouvrage adopté par l'Université. 1 fr. 80
  EXERCICES (latins-français). 1 fr. 80
  THÈMES pour 7ᵉ et 8ᵉ. 1 fr. 50
  CORRIGÉS. 1 fr. 50
ABRÉGÉ DE LA GRAMMAIRE FRANÇAISE, par MM. Noel et Chapsal. 1 vol. in-12. 90 c.
EXERCICES ÉLÉMENTAIRES, adaptés à l'abrégé de la Grammaire française de MM. Noel et Chapsal. 1 fr.
GRAMMAIRE FRANÇAISE (nouvelle) sur un plan très méthodique, par MM. Noel et Chapsal. 3 vol. in-12 qui se vendent séparément, savoir :
  — La Grammaire, 1 vol. 1 fr. 50
  — Les Exercices. (Première année.) 1 vol. 1 fr. 50.
  — Le Corrigé des exercices 2 fr.
EXERCICES FRANÇAIS SUPPLÉMENTAIRES, sur les difficultés qu'offre la syntaxe, par M. Chapsal. (Seconde année.) 1 fr 50.
CORRIGÉ DES EXERCICES SUPPLÉMENTAIRES. 2 fr.
LEÇONS D'ANALYSE GRAMMATICALE, par MM. Noel et Chapsal. 1 vol. in-12. 1 fr 80
LEÇONS D'ANALYSE LOGIQUE, par MM. Noel et Chapsal. 1 vol. in-12. 1 fr. 80.
TRAITÉ (nouveau) DES PARTICIPES, suivi de dictées progressives, par MM. Noel et Chapsal. 3 vol. in-12 qui se vendent séparément, savoir :
  — Théorie des Participes. 1 vol. 2 fr.
  — Exercices sur les Participes. 1 vol. 2 fr.
  — Corrigé des Exercices sur les Participes. 1 vol. 2 fr.
SYNTAXE FRANÇAISE, par M. Chapsal, à l'usage des classes supérieures. 1 vol. 3 fr. 75.

COURS DE MYTHOLOGIE. 1 vol. in-12. 2 fr.
DICTIONNAIRE (nouveau) DE LA LANGUE FRANÇAISE, 2e édition. 1 vol. in-8, grand papier. 8 fr.

OUVRAGES DE M. MORIN.

GÉOGRAPHIE ÉLÉMENTAIRE ancienne et moderne, précédée d'un Abrégé d'astronomie. In-12, cart. 1 fr. 80.

OEUVRES DE VIRGILE, traduction nouvelle, avec le texte en regard et des remarques. 3 vol. in-12. 7 fr. 50.

BUCOLIQUES ET GÉORGIQUES. 1 vol. in-12. 2 fr. 50.

PRINCIPES RAISONNÉS DE LA LANGUE FRANÇAISE, à l'usage des collèges. Nouv. éd. In-12. 1 fr. 20

— DE LA LANGUE LATINE, suivant la méthode de Port-Royal, à l'usage des collèges. 1 vol. in-12. 1 fr. 25.

NOUVEAU SYLLABAIRE, ou Principes de lecture. Ouvrage adopté par l'Université, à l'usage des écoles primaires. 60 c

TABLEAUX DE LECTURE destinés à l'enseignement mutuel et simultané, 50 feuilles. 4 fr.

OUVRAGES DIVERS.

ABUS (des) EN MATIÈRE ECCLÉSIASTIQUE, par M. BOYARD. 1 vol. in-8. 2 fr. 50

ALBUM PHOTOGRAPHIQUE publié par livraisons, à 6 fr. chacune, par BLANQUART-EVRARD. V. page 84.

ALBUM de l'Exposition de Londres, publié par une société. In-folio. 20 fr.

ALLÉGORIE (de l'), ou Traité sur cette matière, par WINCKELMANN, ADDISON, SULZER, etc. 2 vol. in-8. 6 fr.

ALPHABET DU TRAIT, Appliqué à la Menuiserie (Méthode élémentaire à l'aide de laquelle on peut apprendre le trait sans maître), par J.-B.-R. DELAUNAY. 1 vol. grand in-8 et 20 planches. 10 fr.

ANIMAUX (les) PARLANTS, poème épique en 26 chants, de CASTI, traduit de l'italien par MARÉCHAL. 1 vol. in-8. 6 fr.

ANNALES DE L'INDUSTRIE NATIONALE ET ÉTRANGÈRE, par MM. LENORMAND et DE MOLÉON. 1820 à 1826. 24 vol. in-8, demi-rel. 190 fr.

— RECUEIL INDUSTRIEL, Manufacturier, Agricole et Commercial, par M. DE MOLÉON. 1827 à 1831. 20 vol. in-8, cartonnés. 150 fr.

ANNALES DES ARTS ET MANUFACTURES, par MM. O'Reilly et Barbier-Vemars. 23 vol. in-8. 35 fr.

ANNÉE (L') DE L'ANCIENNE BELGIQUE, Mémoire, etc., par le docteur Coremans. Bruxelles, 1844, in-8.

ANNÉE FRANÇAISE, ou Mémorial des Sciences, des Arts et des Lettres. 1825, 1re année. 1 vol. in-8. 7 fr.
— 1826, 2e année. 2 vol. in-8. 14 fr.

ANNUAIRE ENCYCLOPÉDIQUE Récréatif et Populaire, pour 1851. 1 vol. in-16, grand-raisin, orné de jolies gravures. 50 c.

Les années 1840 à 1851 se vendent chacune 50 c.

APPLICATION DE L'APPAREIL PAULIN aux Arts industriels, du doreur sur métaux, du broyeur de couleurs, fabrication du minium, étamage, etc. In-4, fig. 3 fr.

AQUARELLE-MINIATURE PERFECTIONNÉE, reflets métalliques et chatoyants, et peinture à l'huile sur velours, par M. Saint-Victor. 1 vol. grand in-8, orné de 8 planches. 8 fr.

Le même ouvrage, augmenté de 6 planches peintes à la main. 12 fr.

ARCHIVES DES DÉCOUVERTES ET DES INVENTIONS NOUVELLES faites dans les Sciences, les Arts et les Manufactures, en France et à l'Étranger. Paris, 1808 à 1838. 30 vol. in-8, rel. 210 fr.

ARCHIVES (nouvelles) HISTORIQUES DES PAYS-BAS, ou Recueil pour la Géographie, la Statistique, l'Histoire, etc., par le baron de Reiffenberg. Juillet 1829 à mai 1831. 9 numéros in-8. 18 fr.

ART DU PEINTRE, DOREUR ET VERNISSEUR, par Watin; 11e édition entièrement refondue, par M. Bourgeois, architecte des Tuileries. 1 vol. in-8. 4 fr. 50

ART DU TEINTURIER-COLORISTE sur laine, soie, fil ou coton, par Vinçard. 1 vol. in-32. 1 fr. 50

ART (l') DE CONSERVER ET D'AUGMENTER LA BEAUTÉ, corriger et déguiser les imperfections de la nature, par Lami. 2 jolis vol. in-18, ornés de gravures. 6 fr.

— DE LEVER LES PLANS, et nouveau Traité d'Arpentage et de Nivellement, par Mastaing. 1 vol. in-12. Nouvelle édition. 4 fr.

ARTISTE (l') EN BATIMENTS. Ordres d'architecture, consoles, cartouches, décors et attributs, etc.; par L. Berthaux. In-4 oblong. 6 fr.

ATLAS DU MÉMORIAL DE SAINTE-HÉLÈNE. In-4. 6 fr.

ATTENDS-MOI AU MONT-SAINT-MICHEL, par Anne Beaulès. Paris, 1840, 2ᵉ édition, in-8. 75 c.

BARBARIE (La) FRANKE et la Civilisation Romaine, études historiques, par Gérard. In-18. 3 fr.

BARÈME DU LAYETIER, contenant le toisé par voliges de toutes les mesures de caisses, depuis 12-6-6, jusqu'à 72-72-72, etc., par Bien-Aimé. 1 vol. in-12. 1 fr. 25

BESANÇON : DESCRIPTION HISTORIQUE des Monuments et Etablissements publics de cette ville, par A. Guénard. In-18. 2 fr.

BIBLIOGRAPHIE ACADEMIQUE BELGE, ou Répertoire systématique et analytique des mémoires, dissertations, etc., publiés jusqu'à ce jour par l'ancienne et la nouvelle Academie de Bruxelles, par P. Namur. 1 vol. in-8. 5 fr.

BIBLIOGRAPHIE-PALÉOGRAPHICO-DIPLOMATICO-BIBLIOLOGIQUE générale, ou Répertoire systématique indiquant 1° tous les ouvrages relatifs à la Paléographie, à la Diplomatie, à l'Histoire de l'Imprimerie et de la Librairie, et suivi d'un Répertoire alphabétique général, par M. P. Namur. 2 vol. in-8. 15 fr.

BIBLIOTHÈQUE CHOISIE DES PÈRES DE L'ÉGLISE grecque et latine, ou Cours d'Eloquence sacrée, par M.-N.-S. Guillon. Paris, 1824 à 1828. 26 vol. in-8. demi-rel. 80 fr.

BIBLIOTHÈQUE DES ARTS ET METIERS,
Format in-18, grand papier.

LIVRE de l'ARPENTEUR-GÉOMÈTRE, par MM. Place et Foucard, 1 vol. 2 fr.

— du BRASSEUR, par M. Deleschamps, 1 vol. 1 fr. 50

LIVRE de la COMPTABILITÉ DU BATIMENT, par M. Digeon. 1 vol. 2 fr.

— du CULTIVATEUR, par M. Mauny de Mornay. 1 vol. 2 fr. 50

— de l'ÉCONOMIE et de l'ADMINISTRATION RURALE, par M. de Mornay. 1 vol. 2 fr. 50

— du FORESTIER, par M. de Mornay. 1 vol. 2 fr.

— du JARDINIER, par M. de Mornay. 2 vol. 4 fr.

LIVRE des LOGEURS et TRAITEURS. 1 vol. 1 fr. 50
— du MEUNIER, par M. DE MORNAY. 1 vol. 2 fr. 50
— du PROPRIÉTAIRE et de l'ÉLEVEUR D'ANIMAUX DOMESTIQUES, par M. DE MORNAY. 1 vol. 2 fr. 50
— du FABRICANT DE SUCRE et du RAFFINEUR, par M. DE MORNAY. 1 vol. 2 fr. 50
— du TAILLEUR, par M. AUGUSTIN CANEVA. 1 vol. 1 fr. 50
— du TOISEUR-VÉRIFICATEUR, par M. DIGNON. 1 vol. 2 fr.
— du VIGNERON et du FABRICANT DE CIDRE, par M. DE MORNAY. 1 vol. 2 fr.

Cette collection, publiée par les soins de M. *Pagnerre*, étant devenue la propriété de M. ROBET, c'est à ce dernier que MM. les libraires dépositaires de ces ouvrages devront rendre compte des exemplaires envoyés en commission par M. *Pagnerre*.

BILAN EN PERSPECTIVE DES CHEMINS DE FER en France; Envahissement du travail national par le mécanisme, par DAGNEAU-SYMONSEN. In-8. 2 fr. 25

BONNE (la) COUSINE, ou Conseils de l'Amitié; ouvrage destiné à la Jeunesse; par Mme EL. CELNART. 2e édition, in-12. 2 fr. 50

BULLETIN DE LA SOCIÉTÉ D'ENCOURAGEMENT pour l'industrie nationale, publié avec l'approbation du Ministre de l'Intérieur. An XI à 1845. 44 vol. in-4, avec beaucoup de gravures. Prix de la collection. 336 fr.
On vend séparément les années 1 à 28, 9 fr.; 29e à 45e, 15 fr.; table, 6 fr.; notice, 2 fr.

BULLETIN DU BIBLIOPHILE BELGE, sous la direction du baron DE REIFFENBERG. Tomes 1, 2, 3, 4, 5 et 6, 1844 à 1849. 72 fr.
Il paraît par livraisons qui forment un vol. in-8 de 500 pages par an. 12 fr.

CARACTÈRES POÉTIQUES, par ALLETZ. In-8. 6 fr.

CARTE TOPOGRAPHIQUE DE L'ILE SAINTE-HÉLÈNE, dressée pour le Mémorial de Sainte-Hélène. Imprimée. 1 fr. 50

CAUSES (des) DE LA DÉCADENCE DE LA POLOGNE, par D'HERBELOT. In-8. 1 fr.

CHANTS (les) DU TOMBEAU. Poésies, par ED. GRUEY. In-18. 1 fr. 50

CHARTE (de la) D'UN PEUPLE LIBRE et digne de la liberté, par A.-D. Vergnaud. In-8. 1 fr. 50

CHRIST, ou l'Affranchissement des Esclaves, Drame humanitaire en cinq actes, par M. H. Cavel. In-8. 3 fr. 50

CHEMISE (la) SANGLANTE DE HENRY-LE-GRAND. In-8. 75 c.

CHIMIE APPLIQUÉE AUX ARTS, par Chaptal, membre de l'Institut. Nouvelle édition avec les additions de M. Guillery. 5 livraisons formant un gros volume in-8, grand papier. 20 fr.

CHINE (la), L'OPIUM ET LES ANGLAIS, contenant des documents historiques sur le commerce de la Grande-Bretagne en Chine, etc., par M. Saurin. 5 fr.

CHOLÉRA (le) A MARSEILLE, en 1834-1835. In-8. Marseille, 1835. 4 fr.

CODE DES MAITRES DE POSTE, des Entrepreneurs de Diligences et de Roulage, et des Voitures en général par terre et par eau, ou Recueil général des Arrêts du Conseil, Arrêts de règlement, Lois, Décrets, Arrêtés. Ordonnances du roi et autres actes de l'autorité publique, etc., par M. Lanoe, avocat à la Cour Royale de Paris. 2 vol in-8. 12 fr.

COLLECTION DE MANUELS-ROBET, formant une Encyclopédie des Sciences et des Arts. 295 vol. in-18, avec un grand nombre de planches gravées. (Voir le détail p. 3.)

COLLECTION UNIQUE de sujets peints à la main, à la manière dite aquarelle-miniature, par le chev. Saint-Victor. 4 livraisons in-4. 40 fr.

COMPTES-FAITS des intérêts à 6 du cent par an, etc., par Dupont aîné. In-12. 1 fr. 25

COMPTES-RENDUS HEBDOMADAIRES des séances de l'Académie des Sciences, par MM. les Secrétaires perpétuels. Paris, 1835 à 1842. 15 vol. in-4. 150 fr.

CONCORDANCE DE L'ÉCRITURE-SAINTE, avec les traditions de l'Inde, par Ad. Karstner. In-8. 3 fr.

CONDUITE (la) DE St-IGNACE DE LOYOLA, menant une âme à la perfection, par le P. A. Vatier. In-12. 1 fr. 75

CONGRÈS SCIENTIFIQUE de France. Première Session, tenue à Caen, en juillet 1833. In-8. 4 fr. 50

CONSEILS AUX ARTISTES et aux amateurs sur l'application de la Chambre claire à l'art du Dessin, par Ch. Chevalier. In-8. 2 fr.

CONSIDÉRATIONS SUR LES TROIS SYSTÈMES DE COMMUNICATIONS INTÉRIEURES, au moyen des routes, des chemins de fer et des canaux, par M. NADAULT, ingénieur des Ponts-et-Chaussées. 1 vol. in-4.   6 fr.

CONSTRUCTION (de la) DES ENGRENAGES, et de la meilleure forme à donner à leur denture, par S. HAINDL. In-12. Fig.   4 fr. 50

CONSTRUCTION (De la) ET DE L'EXPLOITATION DES CHEMINS DE FER en France, par P. DENIEL. In-8.   4 fr.

COUP-D'OEIL GÉNÉRAL ET STATISTIQUE sur la Métallurgie considérée dans ses rapports avec l'Industrie et la richesse des peuples, etc., par TH. VIRLET. In-8. 3 fr.

COUP-D'OEIL GÉNÉRAL SUR LES POSSESSIONS NÉERLANDAISES dans l'Inde archipélagique, par C.-J. TEMMINCK. Tome 1, in-8.   12 fr.

COUR DE CASSATION, Lois et Règlements, par M. TARBÉ. 1 vol. in-8, grand format.   18 fr.

COURS ÉLÉMENTAIRE DE DESSIN INDUSTRIEL, à l'usage des écoles primaires, par ARMENGAUD aîné, ARMENGAUD jeune, et LAMOUROUX. in-4 oblong. 8 fr.

COURS DE PEINTURE A L'AQUARELLE, contenant des Notions générales sur le Dessin, les Couleurs, etc.; par DUMÉNIL. In-18.   1 fr. 50

COUTUME DU BAILLAGE DE TROYES, avec les Commentaires de M. LOUIS-LE-GRAND. Paris, 1737, in-folio. Relié.   30 fr.

CULTE (du) MOSAIQUE au XIXe siècle, par P.-B. In-12.   2 fr.

DÉCOUVERTES DANS LA LUNE, au Cap de Bonne-Espérance, par sir JOHN HERSCHEL. In-8.   1 fr.

DERNIERS MOMENTS DE LA RÉVOLUTION DE POLOGNE, en 1831, par M. JANOWSKI. In-8.   3 fr.

DESCRIPTION D'UN APPAREIL DESTINÉ A ÉVITER LES DANGERS D'EMPOISONNEMENT dans la Fabrication du Fulgimate de mercure, par G.-V.-P. CHARBDELON. In-8.   40 c.

*DESCRIPTION DES MACHINES et procédés spécifiés dans les BREVETS D'INVENTION, de perfectionnement et d'importation, dont la durée est expirée, publiée d'après les ordres du Ministre de l'Intérieur, par MM. MOLARD, CHRISTIAN, etc. 63 vol. in-4, avec un grand nombre de planches gravées. Paris, 1812 à 1847. Les 63 vol. 900 fr.

Chaque volume se vend séparément : 1er à 5e à 15 fr.; 6e à 20e à 12 fr.; 21e à 63e à 15 fr.

— Table générale des matières contenues dans les 40 premiers volumes. In-4. 5 fr.

DESCRIPTION GÉNÉRALE DE LA CHINE, par l'abbé GROSIER. 2 vol. in-8. 12 fr.

*DICTIONNAIRE DES DÉCOUVERTES, Inventions, Innovations, Perfectionnements, etc., en France, dans les Sciences, la Littérature et les Arts, de 1789 à 1820. 17 vol. in-8. Demi-rel. 50 fr.

DICTIONNAIRE DES GIROUETTES, ou nos Contemporains peints par eux-mêmes. Paris, 1815, in-8. 5 fr.

*DICTIONNAIRE TECHNOLOGIQUE, ou Nouveau Dictionnaire universel des Arts et Métiers, et de l'économie industrielle et commerciale, par une Société de savants et d'artistes. Paris, 1822. 22 vol. in-8, et Atlas. In-4. 222 fr.

DICTIONNAIRE UNIVERSEL géographique, statistique, historique et politique de la France. 5 vol. in-4. 40 fr.

DICTIONNAIRE UNIVERSEL de la Géographie commerçante, par J. PEUCHET. 5 vol. in-4 reliés. 40 fr.

DZIETA KRASICKIEGO, dziesiec Tomow W Jednym. Barbezata, in-8. (Œuvres poétiques de Krasicki.) 25 fr.

ÉCLECTISME (de l') EN LITTÉRATURE, Mémoire auquel la médaille d'or de 1re classe a été décernée par la Société royale des Sciences de Clermond-Ferrand, par Mme CELNART, in-8. 1 fr. 25

ÉLECTIONS (des) SELON LA CHARTE et les lois du royaume, par M. BOYARD. In-8. 3 fr.

ELEMENTS OF ANATOMY GENERAL, special, and comparative, by DAVID CRAIGIE. Edimburgh, 1831, in-4. figures. 15 fr.

ÉLÉONORE DE FIORETTI, ou Malheurs d'une jeune Romaine sous le pontificat de ***. 2 vol. in-12. 3 fr.

ÉLOGE DE CHOBON. Br. in-8. 2 fr. 50

ÉLOGE DE LA FOLIE, par ÉRASME, traduction nouvelle, par C. B. de PANALBE, in-8. 6 fr.

EMMELINE ET MARIE, suivies des Mémoires par Madame BRUNTON; traduit de l'anglais, 4 vol. in-12. 10 fr.

EMPLOI (de l') DU REMÈDE CONTRE LES GLAIRES, et observations sur ses effets, in-8. 75 c

EMPRISONNEMENT (de l') pour dettes. Considérations sur son origine, ses rapports avec la morale publique et les intérêts du commerce, des familles, de la société, suivies de la statistique générale de la contrainte par corps en France et en Angleterre, et de la statistique détaillée des prisons pour dettes de Paris et de Lyon, et de plusieurs autres grandes villes de France, par J.-B. BAYLE-MOUILLARD. *Ouvrage couronné en 1835 par l'Institut.* 1 volume in-8. 7 fr. 50

ENCYCLOPEDIA BRITANNICA, or a Dictionnary of Arts, Sciences, and miscellaneous Litterasure. Edimburgh, 20 vol. in-4, fig., cartonnés. 300 fr.

ENTRÉE DE CHARLES-QUINT A ORLÉANS, par VERGNAUD. In-8. 1 fr.

ÉPILEPSIE (de l') EN GÉNÉRAL, et particulièrement de celle qui est déterminée par des causes morales, par M. DOUSSIN-DUBREUIL. 1 vol. in-12, 2e édition. 5 fr.

ÉPITAPHE DES PARTIS; celui dit *juste milieu*, son avenir; par H. CAVEL. In-8. 1 fr. 50

ESPAGNE (de l') ET DE SES RELATIONS COMMERCIALES, par F.-A. de CH. In-8. 2 fr. 50

ESPRIT DE LA COMPTABILITÉ COMMERCIALE, ou Résumé des Principes généraux de Comptabilité, par VALENTIN MEYER-KŒCHLIN. In-8. 2 fr. 50

ESPRIT DES LOIS, par Montesquieu. 4 volumes in-12. 12 fr.

ESQUISSE D'UN TABLEAU HISTORIQUE des progrès de l'esprit humain, par CONDORCET. In-18. 3 fr.

ESSAI HISTORIQUE ET CRITIQUE SUR LES JOURNAUX BELGES, par A. WARZÉE. 1re partie, *Journaux politiques*; in-8. 5 fr.

ESSAI SUR L'ADMINISTRATION, par le Sous-Préfet de Béthune. In-8. 3 fr.

ESSAI SUR LE COMMERCE et les intérêts de l'Espagne et de ses colonies, par F.-A. DE CHRISTOPHORO D'AVALOS. In-8. 2 fr. 50

ESSAI SUR LES ARTS et les Manufactures de l'empire d'Autriche, par MARCEL DE SERRES. 3 vol. in-8. 12 fr.

ESSAI SUR L'ANALOGIE DES LANGUES, par HENNEQUIN. In-8. 3 fr. 50

ESSAI SUR L'HISTOIRE GÉNÉRALE DES MATHÉMATIQUES, par Ch. BOSSUT. 2 vol. in-8. 10 fr.

ÉVÉNEMENTS DE BRUXELLES ET DES AUTRES VILLES DU ROYAUME DES PAYS-BAS, depuis le 25 août 1830, précédés du Catéchisme du citoyen belge et de chants patriotiques. 1 vol. in-18. 1 fr. 25

EXAMEN DE CE QUE RENFERME LA BIBLIO-

THÈQUE DU MUSÉE BRITANNIQUE, par Oct. Delepierre. In-12. 1 fr 50

EXAMEN DU SALON DE 1827, avec cette épigraphe: *Rien n'est beau que le vrai.* 2 brochures in-8. 3 fr.

— Idem. de 1834, par Vergnaud. 1 fr. 50

EXAMEN HISTORIQUE DE LA RÉVOLUTION ESPAGNOLE, suivi d'Observations sur l'esprit public, la religion, etc., par Ed. Blaquière; traduit de l'anglais par J.-C. P***. 2 vol. in 8. 10 fr.

EXPÉDITIONS DE CONSTANTINE, accompagnées de réflexions sur nos positions d'Afrique, par V. Devoisins. In-8. fig. 2 fr. 50

EXPLICATIONS DU MARÉCHAL CLAUZEL. In-8. 1837. 3 fr.

EXTRAIT D'UN DISCOURS sur l'Origine, les Progrès et la Décadence du Pouvoir temporel du Clergé, par S. E. Mgr l'ancien Archevêque de T.., In-8. 2 fr.

EXTRAITS DES REGISTRES DES CONSAUX DE TOURNAY, 1472 à 1581; suivis de la Liste des Mayeurs de cette ville, depuis 1667 jusqu'en 1794; par M. Gachard. In-8. 3 fr. 50

EXTRAITS TIRÉS D'UN JOURNAL ALLEMAND destiné à rendre compte de la législation et du droit, dans toutes les contrées civilisées, par M. J.-J. de Sellon In-8. 1 fr. 50

EXTRAIT DU TRAITÉ DE LA CONSTRUCTION DES MACHINES A VAPEUR, par Jullien. In-8.

FASTES DE LA FRANCE, ou Tableaux chronologiques, synchroniques et géographiques de l'Histoire de France, par C. Mullié. 1841, in-fol. 55 fr.

FILLE (la) D'UNE FEMME DE GÉNIE, traduit de l'anglais de madame Hofland. 2 vol. in-12. 4 fr.

FLEURS DE BRUYÈRE, par Mlle M. F. Séguin, dédiées à M. A. de Lamartine. in-8. 6 fr.

FLEURS DE L'ARRIÈRE-SAISON (Poésies). In-8. Genève, 1840. 2 fr. 50

FONCTIONS (des) DE LA PEAU, et des maladies graves qui résultent de leur dérangement, par J.-L Doussin-Dubreuil. Paris, 1827. In-12. 2 fr. 50

FRANCE (la) CONSTITUTIONNELLE, ou la Liberté reconquise; poème national, par M. Boyard. In-8. 6 fr.

FRANCE (la) MOURANTE, consultation historique à trois personnages. 1829. In-8. 2 fr.

GÉNIE (Le) DE L'ORIENT, commenté par ses monuments monétaires, études historiques, numismatiques, etc.; par SAWASZKIEWICZ. In-12, fig. 7 fr.

GÉOGRAPHIE ANCIENNE DES ÉTATS BARBARESQUES, d'après l'allemand de MANNERT, par MM. MARCUS et DUESBERG. In-8. 10 fr.

GLAIRES (des), DE LEURS CAUSES, de leurs effets, et des indications à remplir pour les combattre; 8ᵉ édition, par DOUSSIN-DUBREUIL. Paris, in-8. 4 fr.

GLOSSAIRE ROMAN-LATIN du XVᵉ siècle, extrait de la bibliothèque de la ville de Lille, par E. GACHET. In 8. 1 f. 50

GRAISSINET (M.), ou Qu'est-il donc? Histoire comique, satirique et véridique, publiée par Duval. 4 v. in-12. 10 fr

Ce roman, écrit dans le genre de ceux de Pigault, est un des plus amusants que nous ayons.

GUIDE DES ARCHITECTES, Vérificateurs, Entrepreneurs et de toutes les personnes qui font bâtir, par L. LEJUSTE. 1 vol. in-4º. 12 fr.

GUIDE DE L'INVENTEUR dans les principaux États de l'Europe, ou Précis des lois sur les brevets d'invention, par CH. ARMENGAUD jeune. In-8. 2 fr. 50

GUIDE DES MAIRES (nouveau), ou Manuel des Officiers municipaux, dans leurs rapports avec l'ordre administratif et l'ordre judiciaire, les collèges électoraux, la garde nationale, l'armée, l'administration forestière, l'instruction publique et le clergé; par M. BOYARD, président à la Cour d'appel d'Orléans, etc. 1 gros vol. in-18 de 538 pages. 3 fr.

GUIDE DES MALADES, Manuel des personnes affectées de maladies chroniq., par le doct. BELLIOL. In-12. 6 fr.

GUIDE DU MÉCANICIEN, ou Principes fondamentaux de mécanique expérimentale et théorique, appliqués à la composition et à l'usage des machines, par M. SUZANNE, ancien professeur. 2ᵉ édition. 1 vol. in-8 orné d'un grand nombre de planches. 12 fr.

GUIDE GÉNÉRAL EN AFFAIRES, ou Recueil des modèles de tous les actes, par J.-B. NOELLAT. 4ᵉ édition. 1 vol. in-12. 4 fr.

HARPE HELVÉTIQUE, par CH.-M. DIDIER. In-8. 1 fr. 50

HISTOIRE AUTHENTIQUE du prisonnier d'État connu sous le nom du Masque-de-Fer, extraite des documents trouvés aux archives des affaires étrangères du Royaume; trad. de l'anglais de GEORGE AGAR ELLIS. In-8. 5 fr.

HISTOIRE CONSTITUTIONNELLE DE LA VILLE

DE GAND et de la Chatellenie du Vieux-Bourg, jusqu'à l'année 1305, par Warnkoenig; trad. de l'all. par Cheldorf. In-8. 5 fr.

HISTOIRE D'ANGLETERRE, de David Hume. 20 vol. in-12.
— Plantagenet. 6 vol. 18 fr.
— Tudor. 6 vol. 18 fr.
— Stuart. 8 vol. 24 fr.

HISTOIRE DE LA LÉGISLATION NOBILIAIRE DE BELGIQUE, par P.-A.-F. Gérard. In-8, t. 1. 7 fr.
(L'ouvrage aura 2 vol.)

HISTOIRE DE LA MAISON DE SAXE-COBOURG-GOTHA, par A. Scheler. Gr. in-8, fig. 7 fr.

HISTOIRE GÉNÉRALE DE LA MUSIQUE ET DE LA DANSE, par Adrien De Lafage. 2 vol. in-8 et 2 atlas. 1re liv. 15 fr. 2e liv. 12 fr.

HISTOIRE DE LA PEINTURE FLAMANDE ET HOLLANDAISE, par Alfred Michiels. In-8, t. 1, 2, 3 et 4; chaque vol. 8 fr.
(L'ouvrage aura 4 vol.)

HISTOIRE DE LA VILLE D'ORLÉANS, de ses édifices, monuments, etc., par Vergnaud-Romagnesi. 2 vol. in-12. 7 fr.

HISTOIRE DE LA VILLE DE TOUL, et de ses évêques; suivie d'une Notice sur la cathédrale, ornée de 16 lithographies, par A.-D. Thiéry. 2 vol. in-8. 10 fr.

HISTOIRE DES BELGES à la fin du XVIIIe siècle, par A. Borgnet. 2 vol. in-8. 10 fr.

— DES BIBLIOTHÈQUES publiques de la Belgique, par Namur. 3 vol. in-8.
Tome 1er Bibl. de Bruxelles. 9 fr.
— 2e Bibl. de Louvain. 6 fr. 50
— 3e Bibl. de Liège. 6 fr. 50

— DES CAMPAGNES de 1814 et de 1815, par A. de Beauchamp. 2 vol. in-8. 12 fr.

— DES DOUZE CÉSARS, trad. du latin de Suétone, par de Laharpe. 3 vol. in-32. 6 fr. 50

— DES LÉGIONS POLONAISES EN ITALIE, sous le commandement du général Dombrowski, par Léonard Chodzko. 2 vol. in-8. 17 fr.

— DES VANDALES, depuis leur première apparition sur la scène historique jusqu'à la destruction de leur empire en Afrique; accompagnée de recherches sur le commerce que les États barbaresques firent avec l'Etranger dans les six premiers siècles de l'ère chrétienne. 2ᵉ éd. in-8. 7 fr. 50

HISTOIRE GÉNÉRALE DE POLOGNE, d'après les historiens polonais Naruszewiez, Albertrandy, Czacki, Lelewel, Bandtkie, Niemcewiez, Zielinskis, Kollontay, Oginski, Chodzko, Podzaszynski, Mochnacki, et autres écrivains nationaux. 2 vol. in-8. 7 fr.

— IMPARTIALE DE LA VACCINE, par C.-A. Barrey. In-8. 3 fr. 50

HISTOIRE NUMISMATIQUE DE LA RÉVOLUTION BELGE, par M. Guioth. In-4, liv. 1 à 10, à 2 fr. la livraison (l'ouvrage en aura 15).

HOMME (l') AUX PORTIONS, ou Conversations philosophiques et politiques, publiées par J.-J. Fazy. 1 vol. in-12. 3 fr.

I BACI DI GIOVANI SECONDO volgarizzati da Cesare L. Bixio. Parigi, 1834, in-12. 1 fr. 50

INAUGURATION DU CANAL du duc d'Angoulême, à Amiens, le 31 août 1825. In-folio. 1 fr. 50

INDICATEUR GÉNÉRAL du Haut-Rhin pour 1841. In-12. 1 fr. 25

INFLUENCE (de l') DES ÉRUPTIONS ARTIFICIELLES DANS CERTAINES MALADIES, par Jenner, auteur de la découverte de la vaccine, Brochure in-8. 2 fr. 50

INVASION DES ARMÉES ÉTRANGÈRES dans le département de l'Aube, en 1814 et 1815; par F.-E. Pougiat. In-8. 6 fr.

JEANNE HACHETTE, ou le Siège de Beauvais, poème, par madame Fanny Denoix. In-8. 1 fr.

— DES VOYAGES, Découvertes et Navigations modernes, novembre 1818 à déc. 1829. 44 vol. in-8, cart. 176 fr.

JOURNAL DU PALAIS, présentant la Jurisprudence de la Cour de Cassation et des Cours royales. Nouvelle édition, par M. Bourjois. (1791 à 1828.) Paris, 1823 à 1828. 42 vol. in-8. 100 fr.

JOURNALISME (du), ou Il est temps d'en finir avec la mauvaise presse, par D.-J. 1832. In-12. 50 c.

LANGUE (De la) ET DE LA POÉSIE PROVENÇALES, par le baron E. Van Bemmel. In-12. 3 fr. 50

LEÇONS D'ARCHITECTURE, par Durand. 2 vol. in-4. 40 fr.

— La partie graphique, ou tome 3ᵉ du même ouv. 20 fr.

LEÇONS DE DROIT DE LA NATURE ET DES GENS, par DE FÉLICE. 4 vol. in-12. 6 fr.
LETTERA INTORNO ALL'INTRODUZIONE DEL METODO-WILHEM, nelle Scuole di torino indirizzata, al signor maestro Luici-Felice ROSSI, dal maestro Adriano DE LAFAGE. In-8. 1 fr.
LETTRES DE JEAN DE MULLER à ses amis MM. De Bonstetten et Gleim. In-8. 6 fr.
— DE MADEMOISELLE AISSÉ. In-12. 2 fr. 50
— DE MESDAMES DE COULANGES et de NINON DE L'ENCLOS. In-12. 2 fr. 50
— DE MESDAMES DE VILLARS, DE LAFAYETTE et DE TENCIN. In-12. 2 fr. 50
— INÉDITES de Buffon, J.-J. Rousseau, Voltaire, Piron, de Lalande, Larcher, etc., avec fac simile, publiées par C.-X. GIRAULT. In-8. 3 fr.
— Idem, in-12. 3 fr.
— PERSANNES, par MONTESQUIEU. In-12. 3 fr.
LEÇONS SUR LA MINIATURE, par M. MANSION. 1 vol. in-12, figures. 4 fr.
— SUR LA VALACHIE. 1 vol. in-12. 2 fr. 50
LIBERTÉS (des) GARANTIES PAR LA CHARTE, ou de la Magistrature dans ses rapports avec la liberté des cultes, de la presse, etc., par M. BOYARD. In-8. 6 fr.
LOI DU 3 MAI 1841 sur l'Expropriation pour cause d'Utilité publique. Br. in-18. 50 c.
LOIS D'HOWEL-DDA mab Cadell, Brenin Cymru (fils de Cadell, chef du pays des Kimris), par M. A. DUCHATEL-LIER. In-8. 2 fr.
MACHINES ET INVENTIONS approuvées par l'Académie R. des Scien., par GALLON. 7 vol. in-4. 80 fr.
MAGISTRATURE (de la) dans ses rapports avec la liberté des cultes, par M. BOYARD. In-8. 6 fr.
MANUEL (Nouveau) COMPLET DES EXPERTS, Traité des matières civiles, commerciales et administratives donnant lieu à des expertises, 7e édit., par CH. VASSEUR, avocat à la Cour Royale de Paris. 6 fr.
MANUEL (Nouveau) COMPLET DES MAIRES, Adjoints, Conseils municipaux, des Préfets, Conseils de Préfecture et Conseils généraux, Juges de paix, Commissaires de police, Prêtres, Instituteurs, et des Pères de famille, etc., par M. BOYARD, président à la Cour d'appel d'Orléans, 3e édition, 2 vol. in-8. 12 fr.

MANUEL DE L'ÉCARTÉ, contenant des notions générales sur ce jeu. 2ᵉ édition. Bordeaux. In-18. 1 fr.

MANUEL DE L'OCULISTE, ou Dictionnaire ophthalmologique, par De Wenzel. 2 vol. in-8, 24 planches. 12 fr.

— DE PEINTURES ORIENTALES ET CHINOISES en relief, par Saint-Victor. In-18, fig. noires. 3 fr.

— DES ARBITRES, ou Traité des principales connaissances nécessaires pour instruire et juger les affaires soumises aux décisions arbitrales, soit en matières civiles ou commerciales, contenant les principes, les lois nouvelles, les décisions intervenues depuis la publication de nos Codes, et les formules qui concernent l'arbitrage, etc., par M. Ch., ancien jurisconsulte. Nouvelle édition. 8 fr.

— DES BAINS DE MER, leurs avantages et leurs inconvénients, par M. Blot. 1 vol. in-18. 2 fr.

— DES CANDIDATS à l'emploi de Vérificateurs des poids et mesures, par P. Ravon. 2ᵉ édition, in-8. 5 fr.

— DES JUSTICES DE PAIX, ou Traité des fonctions et des attributions des Juges de Paix, des Greffiers et Huissiers attachés à leur tribunal, avec des formules et modèles de tous les actes qui dépendent de leur ministère, etc., par M. Levasseur, ancien jurisconsulte. Nouvelle édition, entièrement refondue, par M. Biret. 1 gros volume in-8. 1839. 8 fr.

— Idem, en 1 vol. in-18. 3 fr. 50

MANUEL DES MARINS, ou Dictionnaire des termes de marine, par Bourdé. 2 vol. in-8. 8 fr.

MANUEL DES MYOPES et des Presbytes, par Ch. Chevalier. In-8. 2 fr. 50

— DES NÉGOCIANTS, ou le Code commercial et maritime, commenté et démontré par principes, par P.-B. Boucher. 2 vol. in-8. 10 fr.

— DES NOURRICES, par Mᵐᵉ El. Celnart. In-18. 1 fr. 50

— DU BOTTIER, par A. Mourey. In-12. 1 fr. 50

— DU CAPITALISTE, par M. Bonnet. 1 vol. in-8. 11ᵉ édition. 8 fr.

— DU FABRICANT DE ROUENNERIES, comprenant tout ce qui a rapport à la fabrication, par un Fabricant. 1 vol. in-18. 2 fr. 50

— DU NÉGOCIANT, dans ses rapports avec la douane, par M. Bauzon-Magnier. In-12. 4 fr.

— DU PEINTRE A LA CIRE, application des divers

procédés propres à la peinture artistique et autres, par A.-M. Duroziez. In-8. 1 fr. 75

MANUEL DU POSEUR DE SONNETTES, Cordons de Portes cochères et Grilles, etc. par J. Cleff. In-4, fig. 3 fr.

— DU SYSTÈME MÉTRIQUE, ou Livre de Réduction de toutes les mesures et monnaies des quatre parties du monde, par P.-L. Lionet. 1 vol. in-8. 7 fr.

MANUEL DU TISSEUR, contenant les Armures et les Montages usités pour la Fabrication des divers Tissus, par Lions. In-8. 1 fr. 75

MANUEL DU TOURNEUR, ouvrage dans lequel on enseigne aux amateurs la manière d'exécuter tout ce que l'art peut produire d'utile et d'agréable, par M. Hamelin-Bergeron. 2 vol. in-4, avec Atlas et le Supplément. 40 fr.

MANUEL DU VOILIER, ou Traité pratique du Tracé, de la Coupe et de la Confection des Voiles, par J.-F.-M. Lelièvre. In-12. 3 fr.

— MÉTRIQUE DU MARCHAND DE BOIS, par M. Tremblay. 1 vol. in-12. 1840. 1 fr. 50

MATÉRIAUX POUR L'HISTOIRE DE GENÈVE, recueillis et publiés par J.-A. Galiffe. tome 1, in-8. 6 fr.

MÉDECINE DOMESTIQUE, ou Traité complet des moyens de se conserver en santé, et de guérir les maladies par le régime et les remèdes simples, par Buchan; traduit par Duplanil. 5 vol. in-8. 20 fr.

MÉDECINE (la) POPULAIRE, ou l'art de guérir, indiqué par la nature, par L. Riond. 3e édition. in-8. 6 fr.

MÉDITATIONS LYRIQUES, par J.-J. Gallois. In-8. 1 fr. 50

MÉLANGES DE POÉSIE ET DE LITTÉRATURE, par Florian. 3 vol. in-18. 4 fr. 50

MÉLANGES PHOTOGRAPHIQUES. Complément des nouvelles instructions sur l'usage du Daguerréotype, par Ch. Chevalier. In-8. 2 fr.

MÉMOIRE SUR LA CONSTRUCTION DES INSTRUMENTS à Cordes et à Archet, par Félix Savart. In-8. 3 fr.

MÉMOIRE SUR LES INSTITUTIONS CONTRACTUELLES entre Epoux, par Gérard. In-8. 1 fr. 50

MÉMOIRES DU CARDINAL DE RETZ, DE GUY-JOLI ET DE LA DUCHESSE DE NEMOURS. 6 vol. in-8. 36 fr.

MÉMOIRES DU COMTE DE GRAMMONT, par Hamilton. 2 vol. in-32. 3 fr.

MÉMOIRES RÉCRÉATIFS, SCIENTIFIQUES ET ANECDOTIQUES, du physicien-aéronaute ROBERTSON. 2 vol. in-8, fig.   12 fr.

MÉMOIRES SUR LA GUERRE DE 1809 EN ALLEMAGNE, avec les opérations particulières des corps d'Italie, de Pologne, de Saxe, de Naples et de Walcheren, par le général PELET, d'après son journal fort détaillé de la campagne d'Allemagne, ses reconnaissances et ses divers travaux, la correspondance de Napoléon avec le major général, les maréchaux, etc. 4 vol. in-8.   28 fr.

L'Auteur fera paraître bientôt un Atlas pour cet ouvrage.

MÉMOIRE SUR LE PARTI AVANTAGEUX que l'on peut tirer des bulbes de safran, par M. VERGNAUD-ROMAGNÉSI. In-8.   1 fr.

MÉMOIRE SUR LES OPÉRATIONS de l'avant-garde du 8e Corps de la Grande Armée, formé de troupes polonaises en 1813. In-8.   1 fr. 50

MÉMOIRE SUR DES SCULPTURES ANTIQUES, par VERGNAUD. In-8.

— SUR DES MÉDAILLES ROMAINES. *idem.*

MÉMOIRES TIRÉS DES ARCHIVES DE LA POLICE DE PARIS, par PEUCHET. 6 vol. in-8.   24 fr.

MÉNESTREL (le), poème en deux chants, par JAMES BEATTIE, traduit de l'anglais, avec le texte en regard, par M. LOUET. 2e édition. In-18.   3 fr.

MENUISERIE DESCRIPTIVE, nouveau Vignole des menuisiers, utile aux ouvriers, maîtres et entrepreneurs, par COULON. 2 vol. in-4, dont un de planches.   20 fr.

MICROSCOPES (des) et de leur usage, par CH. CHEVALIER. In-8.   9 fr.

MINISTRE DE WAKEFIELD, traduit en français par M. AIGNAN, de l'Académie française. Nouvelle édition. 1841, 1 vol. in-12, fig.   1 fr. 50

MONITEUR DE L'EXPOSITION DE 1839, ou Archives des produits de l'industrie. In-8.   5 fr.

MONNAIES DES ÉVÊQUES DE TOURNAI, par J. LELEWEL. In-8.   1 fr. 50

MON ONCLE LE CRÉDULE, ou Recueil des prédictions les plus remarquables qui ont paru dans le monde, etc., par DÉODAT DE BOISPRÉAUX. 3 vol. in-12, fig.   4 fr. 50

MORALE DE L'ÉVANGILE, comparée à la morale des philosophes anciens et modernes, par madame E. CELNART. In-8.   75 c.

MULTIPLICATEURS DES INTÉRÊTS SIMPLES, établis sur les taux de 3, 4 et 5 pour cent, etc., par Moreau. 1re partie. 1 vol. in-8° obl. 3 fr. 50

NATURE (La) CONSIDÉRÉE COMME FORCE INSTINCTIVE, par Guislain. In-8. 2 fr. 50

NÉCESSITÉ (de la) ET DE L'EXPÉRIENCE, considérées comme critérium de la vérité, par G. M***. in-8. 7 fr. 50

NOSOGRAPHIE GÉNÉRALE ÉLÉMENTAIRE, ou Description et Traitement rationnel de toutes les maladies; par M. Seigneur gens, docteur de la Faculté de Paris. Nouvelle édition, 4 vol. in-8. 20 fr.

NOTES SUR LES PRISONS DE LA SUISSE, et sur quelques-unes du continent de l'Europe; moyen de les améliorer, par M. Fr. Cuningham; suivies de la description des prisons améliorées de Gand, Philadelphie, Ilchester et Millbank, par M. Buxton. In-8. 4 fr. 50

NOTICE HISTORIQUE sur la ville de Toul, ses antiquités et ses célébrités, par C.-L. Bataille. In-8. 4 fr.

NOTICE SUR LA PROJECTION DES CARTES GÉOGRAPHIQUES, par E.-A. Leymonnerye. In-18, figures. 1 fr. 50

— SUR L'OEUVRE de François Girardon, de Troyes, sculpteur, avec un précis sur sa vie. In-8. 1 fr 50

NOTIONS SYNTHÉTIQUES, historiques et physiologiques de philosophie naturelle, par M. Geoffroy-St.-Hilaire. In-8. 6 fr.

NOVELLE ITALIANE DI GIOVANNI LA CECILIA. In-8. 4 fr.

NOUVELLE MÉTHODE DE TENUE DES LIVRES, par Nicol. Br. in-8. 75 c.

* OEUVRES CHOISIES de l'abbé Prévost, avec fig. 39 vol. in-8, reliés. 100 fr.

OBSERVATIONS SUR LES PERTES DE SANG des femmes en couche et sur les moyens de les guérir, par M. Leroux. 2e édition. In-8. 4 fr. 50

OBSERVATIONS SUR UN ARTICLE de la Revue Encyclopédique relatif à la traduction du Talmud de Babylone, et à la théorie du judaïsme, par l'abbé Chiarini. in-8. 2 fr.

OEUVRES COMPLÈTES DE CHAMFORT, recueillies et publiées par P.-A. Auguis. 5 vol. in-8. 15 fr.

OEUVRES DE BALLANCHE, de l'Académie de Lyon. 4 vol. in-18. 15 fr.

OEUVRES DE BOILEAU, nouvelle édition, accompagnées de Notes faites sur Boileau par les commentateurs ou littérateurs les plus distingués, par M. J. PLANCHE, professeur de rhétorique au collège royal de Bourbon, et M. NOEL, inspecteur général de l'Université. In-12.   1 fr. 50
— DE SERVAN, nouvelle édition, avec une notice, par X. DE PORTETS. 5 vol. in-8.   18 fr.
— DE VOLTAIRE, avec Préfaces, Avertissements, Notes, etc., par M. BEUCHOT, t. 71 et 72. TABLE ALPHABÉTIQUE ET ANALYTIQUE DES MATIÈRES, par MIGER. 2 vol. in-8.   24 fr.
 Idem, papier vélin.   36 fr.
 Idem, grand papier jésus.   48 fr.
OEUVRES D'ÉVARISTE PARNY. 5 vol. in-18.
  12 fr. 50
— DIVERSES DE LAHARPE, de l'Académie française. 16 vol. in-8.   64 fr.
— DIVERSES. Économie politique; Instruction publique; Haras et Remontes, par C.-J.-A. MATHIEU DE DOMBASLE. In-8.   8 fr.
— DRAMATIQUES DE N. DESTOUCHES. Nouvelle édition. Paris. 6 vol. in-8.   24 fr.
— POÉTIQUES DE KRASICKI. 1 seul vol. in-8, à 2 col. grand papier vélin.   25 fr.
OPUSCULES FINANCIERS sur l'effet des privilèges, des emprunts publics et des conversions sur le crédit de l'industrie en France, par J.-J. FAZY. 1 vol. in-8   5 fr.
ORDONNANCE SUR L'EXERCICE ET LES MANŒUVRES D'INFANTERIE, du 4 mars 1831. (Ecole du soldat et de peloton). 1 vol. in-18, orné de fig. 75 c.
ORGUE (l') DE SAINT-DENIS, par LAFAGE. In-8. 2 fr.
OUVRIER (l') MÉCANICIEN, Guide de mécanique pratique, précédé de notions élémentaires d'arithmétique décimale, d'algèbre et de géométrie, par CH. ARMENGAUD jeune. 2e édition, in-12.   4 fr.
PARFAIT CHARRON - CARROSSIER, ou Traité complet des Ouvrages faits en Charronnage et Ferrure, par L. BERTHAUX. In-8.   10 fr.
— Le Parfait Charron, seul.   5 fr.
— Le Parfait Carrossier, seul.   5 fr.
PARFAIT (le) CUISINIER, ou le Bréviaire des Gourmands. 4e édition, par RAIMBAULT. In-12.   5 fr.
PARFAIT SERRURIER, ou Traité des ouvrages faits

en fer, par Louis Berthaux, 1 vol. in-8, cartonné. 9 fr.

PASSÉ (DU), DU PRÉSENT ET DE L'AVENIR de l'Organisation municipale de la France, par H. Champagnac, tome 1er. in-8. 4 fr.

PEINTRES BRUGEOIS (Les), par Alfred Michiels. In-12. 2 fr.

PETIT (le) BARÊME DES CAISSES D'ÉPARGNE, ou Méthode simple et facile pour calculer les intérêts depuis 1 jusqu'à 40 ans, par Van-Tenac. In-32. 40 c.

PETIT PAMPHLET sur quelques tableaux du salon de 1835, par A.-D. Vergnaud. In-8. 30 c.

PHILOSOPHIE ANTI-NEWTONIENNE, ou Essai sur une nouvelle physique de l'univers, par J. Bautés. Paris, 1835, 2 livraisons in-8. 3 fr.

PHOTOGRAPHIQUE (Album), par M Blanquart-Evrard. Livraisons 1 à 4, contenant chacune 3 planches. — La publication se continue. — Prix de la livraison 6 fr.

PHOTOGRAPHIE SUR PLAQUES MÉTALLIQUES, par M. le baron Gros, 2e édition, in-8. fig. 5 f.

PHOTOGRAPHIE SUR PAPIER, par M. Blanquart-Evrard. Brochure in 8. 1 fr. 50

POÉSIES DE CHARLES FROMENT. 2 vol. in-18. 7 fr.
— GENEVOISES. 3 vol. in-32. 3 fr.

POÈTES (les) FRANÇAIS depuis le XIIe siècle jusqu'à Malherbe, avec une Notice historique et littéraire sur chaque poète. Paris, 1824, 6 vol. in-8. 48 fr.

POEZYE ADAMA MICKIEWICZA, tomes 5 et 6. In-12. Prix, chacun 5 fr.

POLITIQUE POPULAIRE, ou Manuel des droits et des devoirs du citoyen. In-18 carré. 50 c.

PRÉCIS DE L'HISTOIRE DES TRIBUNAUX SECRETS DANS LE NORD DE L'ALLEMAGNE, par A. Loève Veimars, 1 vol. in-18. 1 fr. 25

— HISTORIQUE SUR LES RÉVOLUTIONS DES ROYAUMES DE NAPLES ET DU PIÉMONT, en 1820 et 1821, suivi de documents authentiques sur ces évènements, par M. le comte D..... 2e édition. In-8. 4 fr. 50

PROJET D'UN NOUVEAU SYSTÈME BIBLIOGRAPHIQUE des Connaissances humaines, par Namur. In-8. 4 fr.

QUELQUES MOTS SUR LA GRAVURE, au millésime de 1418, par C. D. B. In-4, avec 7 planches. 4 fr.

QUELQUES RÉFLEXIONS sur la Législation commer-

— 85 —

...tiale; par A.-J. MENOT. Paris, 1823. In-8. 2 fr. 50

QUESTION DE L'ORIENT sous ses rapports généraux et particuliers, par M. DE PRADT. In-8. 5 fr.

QUESTION DES ENTREPOTS ET PORTS FRANCS, contenant onze lettres publiées dans le journal le *Commerce de Dunkerque et du Nord*, par M. BATLIER. Grand in-8. 3 fr.

RAPPORT FAIT A LA CHAMBRE des Représentants et au Sénat, par le Ministre des affaires étrangères, sur l'état des négociations en 1831. Bruxelles, in-8. 6 fr.

RAPPORTS DES MONNAIES, POIDS ET MESURES des principaux États de l'Europe (ce tarif est collé sur bois). 3 fr.

RAYONS (les) DU MATIN, poésies par ELIE SAUVAGE. In-18. 2 fr. 50

RÉCEPTION (de la) DU MATÉRIEL DES CHEMINS DE FER et des Appareils Mécaniques en général, par BENOIT DUPORTAIL. In-8. 2 fr. 50

RECHERCHES ANATOMIQUES, Physiologiques, Pathologiques et Séméiologiques, sur les glandes labiales, par A.-A. SEBASTIAN. In-4. 2 fr. 50

— SUR L'ANATOMIE et les Métamorphoses de différentes espèces d'insectes; ouvrage posthume, de PIERRE LYONNET, publié par M. W. DEHAAN; accompagnées de 15 planches. 1 vol. in-4. 40 fr.

— HISTORIQUES SUR LA VILLE DE SALINS, par M. BECHET. 2 vol. in-12. 5 fr.

RECHERCHES SUR LA VILLE DE MAESTRICHT et sur ses Monnaies, par A. PERREAU. In-8. 3 fr.

— (Nouvelles) sur les mouvements du camphre et de quelques autres corps placés à la surface de l'eau, par MM. JOLY et BOISGIRAUD aîné. In-8. 1 fr. 50

— SUR LE SYSTÈME LYMPHATICO-CHYLIFÈRE, par le docteur LIPPI; traduit de l'italien par JULIA DE FONTENELLE. In-8. 75 c.

RECUEIL D'ACTES DES 12e ET 13e SIÈCLES en langue romane wallonne du nord. 1 gros vol. in-8°, publié par la Société des sciences et arts du nord. 10 fr.

RECUEIL DE MÉMOIRES SUR LA PHOTOGRAPHIE, par Ch. CHEVALIER. Grand in-8. 3 fr.

RECUEIL ET PARALLÈLES D'ARCHITECTURE, par M. DURAND. Grand in-folio. 180 fr.

— GÉNÉRAL ET RAISONNÉ DE LA JURISPRU-

DENCE et des attributions des justices de paix, en toutes matières, civiles, criminelles, de police, de commerce, d'octroi, de douanes, de brevets d'invention, contentieuses et non contentieuses, etc., par M. BIRET. 4e éd. In-8. 2 vol. 14 fr.

RÉFORME (de la) ANGLAISE et de ses suites probables, par M. DE PRADT. In-8. 5 fr.

RÈGLES DE POINTAGE à bord des vaisseaux, par MONTGÉRY. In-8. 4 fr.

RÉGNICIDE ET RÉGICIDE, par M. DE PRADT. In-8. 75 c.

RELATION (nouvelle) DE LA BATAILLE DE FRIEDLAND (14 juin 1807), par M. DERODE. In-8. 2 fr. 25
— Idem, papier vélin. 5 fr.

— DES FAITS qui se sont passés lors de la descente de Napoléon, etc., par J.-B. LAUNAY. In-8. 75 c.

— DU CAPITAINE MAITLAND, ex-commandant du Bellérophon, concernant l'embarquement et le séjour de l'empereur Napoléon à bord de ce vaisseau. Traduit de l'anglais par PARISOT. In-8. 3 fr.

RELATION DU VOYAGE AU POLE SUD ET DANS L'OCÉANIE, sur les corvettes l'Astrolabe et la Zélée, exécuté par ordre du Roi pendant les années 1837, 1838, 1839 et 1840, sous le commandement de M. J. DUMONT-D'URVILLE, capitaine de vaisseau. 10 vol. in-8, avec cartes. 50 fr.

RELATIONS DE VOYAGES D'AUCHER-ÉLOY EN ORIENT, de 1830 à 1838, revues et annotées par M. le comte JAUBERT. 2 vol. in-8, avec titre. 12 fr.

RELIGION (de la), DU CLERGÉ ET DES JÉSUITES, par un Magistrat. In-8. 1 fr. 25.

RENSEIGNEMENTS (nouveaux) SUR LA PHOTOGRAPHIE SUR PAPIER, par de VALICOURT, d'après le procédé de M. Blanquart-Évrard. Br. in-8°. 1 fr.

RÉPERTOIRE ADMINISTRATIF DES PARQUETS, par L.-G. FAURE. 2 vol. in-8. 16 fr.

— (Nouveau) DE LA JURISPRUDENCE et de la Science du Notariat, par J.-J.-S. SEBIRE. In-8. 7 fr.

RÉPUBLIQUE (la) PARTHÉNOPÉENNE, épisode de l'histoire de la république française, par JEAN LA CECILIA. Traduit de l'italien par TRIBAUD. In-8. 7 fr. 50

RÉSERVE (de la) LÉGALE en Matière de Succession, et de ses conséquences, par J.-B. KUHLMANN. In-8. 10 fr.

RÉSUMÉ SUCCINCT DES EXPÉRIENCES DE M. ANATOLE, sur une branche nouvelle de l'hydraulique,

Grand in-8. 1 fr. 50
RÉVISION IMMÉDIATE DE LA CONSTITUTION avec la Sanction du Peuple, par Boyard. Br. in-8.
RÉVOLUTIONS DE CONSTANTINOPLE en 1807 et 1808, précédées d'observations sur l'empire ottoman, par A. De Juchereau de Saint-Denis. 2 vol. in-8. 9 fr.
— DE JUILLET 1830. Caractère légal et politique du nouvel établissement fondé par la Charte constitutionnelle. 1833. In-8. 1 fr. 50
RODRIGUE ET EUDOXIE, dialogue en vers et en prose, par A. F. Gérard. In-12. 1 fr.
ROMAN COMIQUE, par Scarron, nouvelle édition revue et augmentée. 4 vol. in-12. 8 fr.
SECRÉTISME (le) ANIMAL, nouvelle doctrine fondée sur la philosophie médicale, par A. Christophe. In-8. 3 fr.
SIÈCLE (le), Revue critique de la littérature, des Sciences et des Arts. 2 vol. in-8. 20 fr.
SIGNES DE CORRECTION, par Frey. 1 fllle. 75 c.
SITES PITTORESQUES DU DAUPHINÉ, dessinés d'après nature et lithog., par Gagnan. In-f°. 40 vues. 50 fr.
— Chaque vue séparément. 2 fr.
SOIRÉES DE MADRID, ou Recueil de nouvelles historiques, etc., par Mme Amédée de B***. 4 vol. in-12. 10 fr.
SOURCE (La) DE LA VIE ou Choix d'Idées, Axiomes, Sentences, Maximes, etc., contenus dans le Talmud, trad. par Samson Lévy. 2 parties in-12. 2 fr.
SOUVENIRS DE MADAME DE CAYLUS, suivis de quelques-unes de ses lettres. Nouv. édit. in-12. 2 fr. 50
STATISTIQUE DE LA SUISSE, par M. Picot, de Genève. 1 gros vol. in-12 de plus de 600 pages. 7 fr.
SUÈDE (la) SOUS CHARLES XIV JEAN, par Fr. Schmidt. In-8. 6 fr.
SUITE AU MÉMORIAL DE SAINTE-HÉLÈNE, Orné du portrait de M. Las-Cases. 1 vol. in-8. 7 fr.
SUITE DU RÉPERTOIRE DU THÉÂTRE FRANÇAIS, par Lepeintre. Paris, Vve Dabo. 81 vol. in-18. 60 fr.
TABLE ALPHABÉTIQUE ET CHRONOLOGIQUE des instructions et circulaires émanées du Ministère de la Justice, depuis 1795 jusqu'au 1er janvier 1837, par M. Massabiau. 1 vol. in-4. 3 fr. 50
TABLEAU DES PRINCIPAUX ÉVÉNEMENTS QUI SE SONT PASSÉS A REIMS, depuis Jules-César jusqu'à Louis XVI inclusivement, par M. Camus-Daras. 20

édition, revue et augmentée. 1 vol. in-8. 10 fr.

TABLETTES BRUXELLOISES, ou Usages, mœurs et coutumes de Bruxelles, par MM. Imbert et Bellet. In-18. 2 fr. 50

TARIF (Nouveau) DES PRIX COMPARATIFS des anciennes et nouvelles mesures, suivi d'un abrégé de géométrie graphique, par Rousseau. In-12. 2 fr. 50

TEMPÉRAMENT (du) PITUITEUX ou glaireux, et de l'identité des vices goutteux et hémorrhoïdal, par J.-L. Doussin-Dubreuil. In-8. 2 fr.

THÉORIE DES SIGNES, ou Introduction à l'étude des langues, par l'abbé Sicard. 2 vol. in-8. 12 fr.

THÉORIE DU JUDAISME appliquée à la réforme des Israélites de toutes les parties de l'Europe, par l'abbé L.-A. Chiarini. 2 vol. in-8. 10 fr.

THÉORIE MUSICALE, par V. Magnien. In-8. 1 fr. 25

TOURNEUR (supplément à tous les ouvrages sur l'art du). Orné de planches. In-4. 5 fr.

TRAITÉ COMPLET DE LA FILATURE DU CHANVRE ET DU LIN, par MM. Coquelin et Decoster 1 gros vol. avec un bel Atlas in-folio, renfermant 37 planches gravées avec beaucoup de soin. Paris, 1846. 36 fr.

TRAITÉ DE CHIMIE APPLIQUÉE AUX ARTS ET MÉTIERS, et principalement à la fabrication des acides sulfurique, nitrique, muriatique ou hydro-chlorique; de la soude, de l'ammoniac, du cinabre, minium, céruse, alun, couperose, vitriol, verdet, bleu de cobalt, bleu de Prusse, jaune de chrome, jaune de Naples, stéarine et autres produits chimiques; des eaux minérales, de l'éther, du sublimé du kermès, de la morphine, de la quinine, et autres préparations pharmaceutiques; du sel, de l'acier, du fer-blanc, de la poudre fulminante, etc., etc., par M. J.-J. Guilloud, professeur de chimie et de physique; avec planches, représentant près de 60 figures. 2 forts vol. in-12. 10 fr.

TRAITÉ DE LA COMPTABILITÉ DU MENUISIER, applicable à tous les états de la bâtisse, par D. Clousier. 1 vol. in-8. 2 fr. 50

TRAITÉ DES MANIPULATIONS ÉLECTRO-CHIMIQUES, appliquées aux arts et à l'industrie, par M. Brandely, ingénieur civil. In-8° orné de 6 pl. 5 fr.

TRAITÉ DE LA MORT CIVILE en France, par A.-T. Desquiron. In-8. 7 fr.

TRAITÉ DES MOTEURS, suivi de l'Application de

Moteurs aux Machines, par C. COURTOIS. 2 v. in-8. 15 fr. 50

TRAITÉ DES MOYENS DE RECONNAITRE LES FALSIFICATIONS des Drogues simples et composées, et d'en constater le degré de pureté, par BUSSY et BOUTRON-CHARLARD. In-8.

TRAITÉ DE LA NATATION, d'après la découverte d'ORONCIO BERNARDI, napolitain. In-18. 1 fr. 50

— DE LA POUDRE LA PLUS CONVENABLE AUX ARMES A PISTON, par VERGNAUD aîné. In-18. 75 c.

— DE PHYSIQUE APPLIQUÉE AUX ARTS ET MÉTIERS, et principalement à la construction des fourneaux, des calorifères à air et à vapeur, des machines à vapeur, des pompes, à l'art du fumiste, de l'opticien, du distillateur; aux sécheries, artillerie à vapeur, éclairage, bélier et presses hydrauliques, aréomètres, lampes à niveau constant, etc., par J.-J. GUILLOUD, professeur de chimie et de physique, avec pl. représentant 160 fig. 1 fort vol. in-18. 3 fr. 50

TRAITÉ D'ÉQUITATION sur des bases géométriques, contenant 74 fig., par A.-C.-M. PARISOT. In-8. 10 fr.

TRAITÉ DES ABSENTS, contenant des Lois, Arrêtés, Décrets, etc., par M. TALANDIER. In-8. 7 fr.

— DES PARAFOUDRES ET DES PARAGRÊLES, en cordes de paille, 3e suppl., par LAPOSTOLE. In-8. 1 fr. 50

— ÉLÉMENTAIRE DE LA FILATURE DU COTON, par M. OGER, directeur de filature. In-8 et Atlas. 16 fr.

TRAITÉ ÉLÉMENTAIRE DU PARAGE ET DU TISSAGE MÉCANIQUE DU COTON, par L. BEDEL et E. BOURCART. In-8, fig. 7 fr. 50

— PRATIQUE DE CHIMIE appliquée aux arts et manufactures, à l'hygiène et à l'économie domestique, par GRAY. Traduit par RICHARD. 3 vol. in-8 et Atlas. 20 fr.

TRAITÉ PRATIQUE DES NOUVELLES MESURES, ou Nouveaux Comptes faits pour les Mètres superficiels et cubes, par LANCELOT aîné. 22e édit. In-8. 4 fr.

— SUR LA NATURE ET LA GUÉRISON DES MALADIES DE LA PEAU, par le Dr BELLIOL. In-8. 5 fr.

— SUR LA NOUVELLE DÉCOUVERTE DU LEVIER VOLUTE, dit LEVIER-VENET. In-18. 1 fr. 50

TRAITÉ DE VOTATION, ou Machines à Voter inventées, par F. RAYMOND. Grand in-8 avec fig. 1 fr. 50

TROIS RÈGNES de l'Histoire d'Angleterre, par M. SAUQUAIRE-SOULIGNÉ. 2 vol. in-8. 10 fr.

UNE ANNÉE, ou la France depuis le 25 juillet 1830,

jusqu'au 27 juillet 1831, par M. De Jailly. In-8. 7 fr.

VACCINE (de la) et ses heureux résultats, par MM. Brunet, Doussin-Dubreuil et Charmont. In-8. 4 fr.

VÉRITABLE (le) ESPRIT de J.-J. Rousseau, par l'abbé Sabatier de Castres. 3 vol. in-8. 15 fr.

VICTOIRES, Conquêtes, Désastres, Revers et Guerres civiles des Français. Paris, 1817 à 1825. 29 vol. in-8. 175 fr.

VIEUX (le) CÉVENOL, ou Anecdotes de la vie d'Ambroise Borély, par Rabaud-Saint-Etienne. In-18. 1 fr. 75

VIRGINIE, ou l'Enthousiasme de l'Honneur, tiré de l'histoire romaine, par Mme Elisabeth C**. 4 vol. in-12. 10 fr.

VISITE DE MADAME DE SÉVIGNÉ, à l'occasion de la révocation de l'édit de Nantes, ou le Rubis du Père-Lachaise. In-8. 1 fr.

VOCABULAIRE DU BERRY et de quelques cantons voisins, par un amateur du vieux langage. 1 vol. in-8. 3 fr.

VOYAGE DE DÉCOUVERTE AUTOUR DU MONDE, et à la recherche de La Pérouse, par M. J. Dumont d'Urville, capitaine de vaisseau, exécuté sous son commandement et par ordre du gouvernement, sur la corvette l'Astrolabe, pendant les années 1826, 1827, 1828 et 1829. — Histoire du Voyage. 5 gros vol. in-8. avec des vignettes en bois, dessinées par MM. De Sainson et Tony Johannot; gravées par Pourret, accompagnées d'un Atlas contenant 20 planches ou cartes grand in-fol. 60 fr.

Cet important ouvrage, totalement terminé, qui a été exécuté par le gouvernement sous le commandement de M. Dumont d'Urville et rédigé par lui, n'a rien de commun avec le voyage pittoresque publié sous sa direction.

VOYAGE HISTORIQUE dans le département de l'Aube, en vers. In-8. 1 fr. 50

— MÉDICAL AUTOUR DU MONDE, exécuté sur la corvette du roi *la Coquille*, commandée par le capitaine Duperrey, pendant les années 1822, 1823, 1824 et 1825, suivi d'un Mémoire sur les Races humaines répandues dans l'Océanie, la Malaisie et l'Australie, par M. Lesson. In-8. 4 fr. 50

VOYAGE EN ALSACE, par Rouvrois. 1 vol. gr. in-8° illustré. 6 fr.

— AUX PRAIRIES OSAGES, Louisiane et Missouri, 1839-40, par Victor Tixier. In-8. 3 fr.

— IMAGINAIRES, Songes, Visions et Romans cabalistiques, ornés de fig. 39 vol. in-8, rel. 100 fr.

BAR-SUR-SEINE. — IMP. DE SAILLARD.

pagnements plus moelleux et plus sensibles. On a ajouté à cette grosse taille une autre plus menue, dont on pourra se servir pour de moindres orgues ou pour le positif, lorsqu'on le jugera à propos. On n'a marqué pour cette menue taille que le premier tuyau 15, et les trois ou quatre derniers pour éviter la confusion. On tirera la ligne entière quand on voudra s'en servir. Le premier tuyau de cette menue taille a 2 pouces 8 lignes et demie (73 milli.) de diamètre et 8 pouces 8 lignes (235 milli.) de circonférence. Le dernier C sol ut 49 à 8 lignes trois quarts (19 milli.) de diamètre et demie (62 milli.) de circonférence.

201. On trouvera, sur le diapason de la quarte de nasard, celui des dessus des *bourdons bouchés*, qui ont le même diamètre et la même circonférence que les précédents, soit pour la grosse soit pour la menue taille. Ils ne sont différents que pour la longueur, ne devant avoir que celle de nasard,

68   1re PARTIE, CHAP. V, SECTION I.

de ces deux tuyaux; ce seront les largeurs requises. Le diamètre de tout cercle est à sa circonférence comme 100 est à 314; c'est-à-dire, que si un cercle a 100 lignes (226 milli.) ou 100 pouces (2.m 82) de diamètre, il aura 314 lignes (710 milli.) ou 314 pouces (8.m 85) de circonférence. Sur ce

plus grand tuyau de ce jeu,

186. Pour la construction connaître trois choses : 1° la longueur ou plus grand tuyau ; 2° la petit ou dernier ; 3° les rapports de la quinte. Pour la première voici comment il faut l'entendre les déterminera toujours pour ci comme 1 à 2 ; c'est-à-dire que court qu'un autre, il sonnera un ci. Par exemple, s'il s'agit de a 2 pieds (650 milli.) de lon n'aura que la moitié de cette lo (325 milli.). Le rapport de la q à-dire, que si un tuyau a les l d'un autre, il sonnera la quart

DIAPASONS DES JEUX

une de ces trois parties de 20 quarte plus bas que G $ré$ sol, 2(

Divisez l'espace 15, X, en tr en deux de X à 22, cela fera la dessus de D la $ré$ 15.

ENCYCLOPÉDIE-RORET

COLLECTION
DES
MANUELS-RORET
FORMANT UNE
ENCYCLOPÉDIE
DES SCIENCES ET DES ARTS,
FORMAT IN-18;

Par une réunion de Savans et de Praticiens
MESSIEURS

Amoros, Arsenne, Biot, Biset, Biston, Boisouval, *......*, Bosc, Boyard, Cahen, Chaumier, Choron, De Gaffien, De Lafage, P. Desormeaux, Dubois, Huot, Janvier, *......*, Fontenelle, Julien, Lacroix, Landois, Launay, *......*, Sébastien Lenormand, Lenon, Loriol, Matter, *......*, Noel, Rans, Richard, Riffault, Scribe, Tarbé, *......*, Thiébaut de Berneaud, Thillaye, Toussaint, *......*, Vauquelin, Vergnaud, Vergnaud, etc., etc.

Tous les *Manuels* se vendent séparément, 250 volumes environ sont en vente ; pour recevoir franc de port chacun d'eux, il faut ajouter 50 centimes. Tous les ouvrages qui ne portent pas au bas du titre à *la Librairie Encyclopédique de Roret* n'appartiennent pas à la *Collection de Manuels Roret* : il a en des imitateurs et des contrefacteurs (M. Ford, *......*, gérant de la maison *Martial Ardent frères*, à Paris, et M. *......* ont été condamnés comme tels).

Cette Collection étant une entreprise toute philanthropique, les personnes qui auraient quelque chose à nous faire parvenir dans l'intérêt des sciences et des arts, sont priées de l'envoyer franc de port à l'adresse de M. le *Directeur de l'Encyclopédie-Roret, format in-18*, chez M. Roret, libraire, rue Hautefeuille, n. 10 bis, à Paris.

www.ingramcontent.com/pod-product-compliance
Lightning Source LLC
Chambersburg PA
CBHW050235230426
43664CB00012B/1708